U0016855

毛澤東時代和後毛澤東時代（1949-2009）

另一種歷史書寫

［下冊］

THE MAO ZEDONG ERA AND POST MAO ERA (1949-2009)
An Alternative Writing of History
[Volume I]

錢理群 著

台社論壇

18

感謝世新大學台灣社會研究國際中心贊助部分編輯費用

目錄

第十講

文化大革命時代（上）

1966-1976

| 2009 年 11 月 10 日、17 日講 |

　　文革的歷史特別複雜，可謂「千頭萬緒」，可以從各個角度各個方面去敘述、闡釋。這一講到下一講，將從文革民間運動和毛澤東的互動關係出發，前面加一個「發端」，後面是一個「尾聲」，當中則是「文革故事」。

發端：「無產階級專政條件下的繼續革命」——毛澤東為文化大革命繪製的宏圖

　　我們首先遇到的問題是：毛澤東為什麼要發動文化大革命？他要達到什麼目的？ 1949 年以後，毛澤東主要做了三件大事：一是 1956-1957 年間的「無產階級專政條件下的改革」，二是 1958 年的「無產階級專政條件下的空想社會主義實驗」，第三件大事就是 1966 年開始的「無產階級專政條件下的繼續革命」，也就是我們通常說的「無產階級文化大革命」。

　　首先說明「無產階級專政條件下繼續革命」的理論。這個理論有一段形成的過程。我們上一堂課說過，1964 年的「九評」文章〈關於赫魯曉夫的假共產主義及其在世界歷史上的教訓〉裡，提出了防止資本主義復辟的十五條原則，大概已見這個理論的雛形；到 1966 年 5 月發動文化大革命時的〈中央關於撤銷文化大革命五人小組關於當前學術討論的彙報提綱的通知〉（一般稱〈五一六通知〉）、1966 年 8 月〈中國共產黨中央委員會關於無產階級文化大革命的決定〉（一般稱為〈十六條〉）裡，有更進一步的闡釋。最後在 1967 年 11 月《人民日報》、《紅旗》雜誌、《解放軍報》編輯部的文章〈沿著十月革命開闢的道路前進〉裡，才作出系統、全面的概括。我現在以「關於無產階級專政下繼續革命的理論要點」為題，選載在《課用選文》，同學們可以仔細去讀。這裡只作一個簡單介紹。其要點，大概有三條。

　　第一，無產階級專政條件下繼續革命的對象是什麼？回答非常明確：「走資本主義道路的當權派」和「資產階級的反動學術『權威』」。前者是後者的黨內保護者，因此，「這次運動的重點，是整黨內那些走資本主義道路當權派」。[1]

　　這就意味著，革命對象已經由傳統階級鬥爭的對象——社會上被打倒的「地主」、「富農」、「反革命分子」和「壞分子」、「右派分子」（簡稱「地富反壞右」）——轉向黨內走資本主義道路當權派。但大家注意，這裡不再提「官僚主義者階級」，而只提「黨內走資本主義道路當權派」，也就是說，是從黨內鬥爭的角度、從執行什麼路線、以「跟誰走」為標準來確定革命對象，這就引發出許多問題和爭論。而所謂的「反動學術權威」，重點也在黨內的學術權威，也即通常說的「黨內大知識分子」。

　　第二，用什麼辦法來進行文化大革命？毛澤東提出，要「公開地、全面地、由下而上地發動廣大群眾來揭發我們的黑暗面」，[2] 又叫「無產階級專政下的大民主」，也就是要擺脫現有的組織、制度、紀律、方法，而直接訴之於群眾。所謂群眾民主、「大民主」，在當時稱為「四大自由」（實際上是「五大自由」），即大鳴、大放、大字報、大辯論和大串連。其實就是有限度地給予言論、出版、結社、遊行示威、集會等自由，這在1949年後的中國是破天荒的。

　　選擇「由下而上」的群眾「大民主」的方式，其實顯示了毛澤東的一個矛盾。如我們在前幾講裡一再談到的，毛澤東在反右運動以後，苦心經營建立起來的「五七體制」最根本的特點，就是黨「獨攬一切」，從中央到地方的第一書記專政。在這樣的黨及書記個人一元化的領導結構裡，各級權力機構，對上只接受單一主管黨委的垂直領導，對下則壟斷屬下一切事權乃至人權，成為一個個大大小小的「針插不進，水潑不進」的獨立王國（這是毛澤東對當時的北京市委的批評），而又上下勾連，難以撼動。毛澤東本是希望通過這樣一個嚴密的權力結構，來實現他個人對全黨、全國的一元化領導；但當毛澤東

1　〈中國共產黨中央委員會關於無產階級文化大革命的決定〉（1966年8月8日通過），《人民日報》1966年8月9日，第1版。

2　毛澤東：〈同卡博、巴盧庫的一段談話〉（1967年2月8日），《建國以來毛澤東文稿》第12冊（北京：中央文獻出版社，1998），頁220。林彪1969年4月1日在中共九大上的政治報告裡引用了這段話。

決定要發動全面的階級鬥爭，而且要以黨內走資本主義道路當權派為革命對象時，他就發現，如果仍然沿用「自上而下」的傳統方式，例如「反右運動」，1962年以來的「學術批判運動」，以至「四清運動」等，讓各級黨組織直接掌控鬥爭的領導權，這無異於與虎謀皮，不僅會遇到頑強的抵制，而且還會被轉移鬥爭方向。他更發現，被「五七體制」所強化的黨官僚系統，已經為劉少奇所控制，成為其權力基礎。毛澤東明白，要從劉少奇手裡奪回領導權，他所要面對的是整個黨的組織系統。因此，他就必須採取非常手段──自下而上地直接發動群眾。這樣也就必然要在一定程度上衝擊他自己建立起來的「五七體制」，打破反右運動以後確立的某些觀念（如：「批評基層黨組織領導就是反黨」）、紀律、制度，給群眾有限度的民主權利。

需要說明的是，毛澤東在文化大革命中所講的「大民主」，是有一個前提的：這是「無產階級專政條件下」的「大民主」。也就是說，文化大革命的階級屬性是「無產階級」的，因此，它的根本目的是要強化「無產階級專政」，而且還提出了一個新的概念，叫「全面專政」。這就是說，不僅在政治、經濟上要實行無產階級專政，而且「必須在上層建築其中包括各個文化領域對資產階級實行全面專政」，[3] 這才是無產階級文化大革命的本意，「全面專政」是毛澤東「無產階級條件下繼續革命」理論的基本點，是繼續革命的前提，同時也是其最後歸宿。

同樣是無產階級專政，文革時期的專政和過去十七年的專政，包括「五七體制」的無產階級專政，還是有區別、有變化的。這裡我想介紹1957年的學生「右派」理論家譚天榮對文革專政的分析。他引述馬克思〈路易‧波拿巴的霧月十八日〉對拿破崙專政的獨到剖析：馬克思說，原來法國的社會結構裡，皇權居最高位置，中間是貴族階層，最下面是作為臣民的農民。拿破崙專政

3　毛澤東：〈對兩報一刊編輯部文章〈沿著十月社會主義革命開闢的道路前進〉的批語〉（1967年10月、11月），《建國以來毛澤東文稿》第12冊，頁433。「毛澤東同志關於無產階級專政下繼續革命的理論要點」，見《人民日報》、《解放軍報》、《紅旗》雜誌社論：〈沿著十月社會主義革命開闢的道路前進〉（1967年11月6日）。又，毛澤東在1966年4月〈對中央關於撤銷〈文化革命五人小組關於當前學術討論的彙報提綱〉通知稿的批語和修改〉裡，首先提出了「無產階級在上層建築其中包括在各個文化領域的專政」命題，見《建國以來毛澤東文稿》第12冊，頁41。

的特點就在於，他掃蕩了貴族階層，實行皇權和臣民直接結合，由拿破崙這個「農民的好皇帝」直接代表農民利益。譚天榮用馬克思的分析來解釋文革，認為毛澤東發動文化大革命，以「走資本主義道路當權派」和「反動學術權威」為革命對象，實際上就是要掃蕩黨官僚和知識分子這兩個中間階層，而實行自稱代表人民的毛澤東的「領袖獨裁」和「群眾專政」兩者的直接結合。[4]而另一位研究者則指出，毛澤東所要試驗的是一條「反科層化」的發展道路。[5]這樣的分析，都是有啟發性的。

第三，革命的目標是什麼？或者說毛澤東的理想藍圖是什麼？我們先看《課用選文》裡的一篇文章〈對總後勤部關於進一步搞好部隊農副業生產報告的批語〉，寫作時間是1966年5月7日、14日，在文革史上就通稱為〈五七指示〉。毛澤東強調「軍隊應該是一個大學校」，在「這個大學校，學政治、學軍事、學文化。又能從事農副業生產。又能辦一些中小工廠，生產自己需要的若干產品與國家等價交換的產品」。毛澤東又提出：「同樣，工人也是這樣，以工為主，也要兼學軍事、政治、文化。也要搞四清，也要參加批判資產階級。在有條件的地方，也要從事農副業生產」，「農民以農為主（包括林、牧、副、漁），也要兼學軍事、政治、文化，在有條件的時候也要由集體辦些小工廠，也要批判資產階級」，「學生也是這樣，以學為主，兼學別樣，即不但學文，也要學工、學農、學軍，也要批判資產階級」。[6]大家對這樣的設計，應該比較熟悉，其實這本來是1958年毛澤東提出的空想社會主義實驗，後來因為大饑荒未能實現。現在毛澤東又再次提出，還是堅持他那個在低生產水平上，打破社會分工、促進人的全面發展的理想。

這裡有一點值得注意，他提出要把解放軍辦成一個「大學校」，緊接著《人民日報》就發了一篇社論，強調要通過文革，使全中國都成為一個「毛澤東思想的大學校」。[7]於是我們就需要注意毛澤東的一個說法：「無產階級文化大革

4　譚天榮：〈我所理解的馬克思主義〉（手稿）。參看錢理群：〈譚天榮：永在探索真理〉，《拒絕遺忘：「1957年學」筆記》（香港：香港牛津大學出版社，2007），頁169-200。

5　金觀濤、劉青峰：《毛澤東思想和儒學》，頁37。

6　毛澤東：〈對總後勤部關於進一步搞好部隊農副業生產報告的批語〉（1966年5月7日），《建國以來毛澤東文稿》第12冊，頁53-54。

7　社論：〈全國都應該成為毛澤東思想的大學校──紀念中國人民解放軍建軍三十九周年〉，

命是一場觸及人們靈魂的大革命」。[8]在〈毛澤東同志關於無產階級專政下繼續革命的理論要點〉裡，還有這樣的闡述：「無產階級文化大革命是觸及人們靈魂的大革命，是要解決人們的世界觀問題」，並且強調毛澤東思想是「改造人們靈魂的馬克思列寧主義」。[9]這就透露了毛澤東發動文化大革命的一個重要意圖，是要把全中國，以至全世界都辦成一個「毛澤東思想大學校」，用他的思想來改造中國人民以至世界人民的靈魂。所以，後來林彪、陳伯達、康生貢獻給毛澤東「四個偉大」(偉大導師、偉大領袖、偉大統帥、偉大舵手)時，毛澤東拒絕了後三頂帽子，卻欣然接受了「偉大導師」的稱號。[10]這就道破了毛澤東的真實想法，他念念不忘的還是年輕時候就懷有的「聖人夢」，現在他的夢想更大，要當影響世界人民思想的全球聖人，這應該是毛澤東發動文化大革命的個人目的：不僅要輸出中國革命，更要將他的思想傳播到全世界。陳伯達在文化大革命一開始就提出了「毛澤東思想中心論」：「全世界的文化是從東方開始的，〔後來〕從東方轉到西方，現在又轉了一個圈，又回到東方來了」(括號內文字為錢所加)，「在東方起來的這個新文化比西方資本主義文化高得多。這個新文化的創造者是毛澤東同志代表的中國人民群眾、中國無

《人民日報》1966年8月1日，第1版。社論還對毛澤東「五七指示」精神，也即他發動文革背後的理想作了這樣的概括：「促進人們思想的革命化，促進人們同舊社會遺留下來的一切舊思想、舊文化、舊風俗、舊習慣決裂」，「促進逐步縮小工農差別、城鄉差別、體力勞動和腦力勞動的差別，就可以避免城市和工業的畸形發展，就可以使知識分子勞動化，勞動人民知識化」，「實現全民皆兵」，「培養出有高度政治覺悟的、全面發展的億萬共產主義新人」，「拿起錘子就能做工、拿起鋤頭犁耙就能種田，拿起槍桿子就能打敵人，拿起筆桿子就能寫文章」。

8　毛澤東：〈要用文鬥，不用武鬥〉(1966年8月)，《建國以來毛澤東文稿》第12冊，頁115。

9　毛澤東：〈對兩報一刊編輯部文章〈沿著十月社會主義革命開闢的道路前進〉的批語〉(1967年10月、11月)，《建國以來毛澤東文稿》第12冊，頁434。毛澤東在審稿時將「改造人們靈魂的馬克思列寧主義」一語刪去。

10　毛澤東：〈會見斯諾的談話紀要〉(1970年12月18日)：「什麼『四個偉大』，『Great Teacher, Great Leader, Great Superme Commander, Great Helmsman』(偉大導師，偉大領袖，偉大統帥，偉大舵手)，討嫌！總有一天要統統去掉，只剩下一個Teacher，就是教員。因為我歷來是當教員的，現在還是當教員。其他的一概辭去」。文收：《建國以來毛澤東文稿》第13冊(北京：中央文獻出版社，1998)，頁174。參看閻長貴：〈「四個偉大是」是誰提出來的？〉，閻長貴、王廣宇：《問史求信集》(北京：紅旗出版社，2009)，頁51-54。

產階級」。[11]這種把「以毛澤東思想為核心」的所謂「中國新文化」，置於高於人類一切文化之上的中心地位，「既比西方文化高明、又是東方文化的最高代表」的說法，實際上就是要在新的歷史條件下，復活傳統的中華中心主義，同時也將毛澤東的聖人夢賦予某種文化理論的色彩，成為文化大革命的一個目標──如果說，毛澤東在1958年大躍進時期的聖人夢主要局限在中國，而且是從經濟領域入手；那麼現在，文化大革命就真正地要用文化來征服中國與世界了。

北京大學哲學系的幾位教師，在文革一開始，曾寫過一張大字報，把矛頭直接指向了北大黨委和北京市委。後來毛澤東把這張大字報稱之為「全國第一張馬列主義大字報」，並且說這是「20世紀60年代的巴黎公社宣言──北京公社」。[12]這也透露了毛澤東的一個重要意圖：他要通過文化大革命建立「北京公社」，將中國改造成「巴黎公社」那樣的新型國家，用巴黎公社形式代替舊的國家機器──我們在前面的討論中已經提到，毛澤東在1958年所發動的「人民公社運動」，就是受到巴黎公社的啟發。1958年時他強調巴黎公社的「全民武裝」原則和「經濟組織和政權組織的合一」；現在當毛澤東發動文化大革命時，關注的是馬克思對巴黎公社經驗的總結，即所謂「巴黎公社三原則」：國家機關各級官員都通過全面直接選舉產生；官員一律實行低工資制，工資不能超過工人；人民隨時有權罷免不稱職的官吏。為了貫徹毛澤東對於國家制度的這一新設計，在1966年8月8日通過的〈關於無產階級文化大革命的決定〉裡就規定：「文化革命小組、文化革命委員會的成員和文化革命代表大會的代表的產生，要像巴黎公社那樣，必須實行全面的選舉制〔……〕不應當是臨時性的組織，而應當是長期的常設的群眾組織。它不但適用於學校、機

---

11 〈陳伯達在中國科學院萬人大會上的講話〉（1966年7月30日）。轉引自劉曉：《意識形態與文化大革命》，頁176-177。

12 毛澤東中央政治局常委擴大會議上的講話（1966年8月4日）。轉引自王年一：《1949─1989年的中國：大動亂的年代》（河南：河南人民出版社，1996），頁53。據說，劉少奇在1966年8月18日毛澤東第一次接見紅衛兵時，在天安門城樓上對人說他「自己把聶元梓的大字報反覆看了幾遍，實在看不出它的意義為什麼比巴黎公社還要重大」。轉引自閻長貴：〈「上海人民公社」名稱使用和廢止的內情〉，閻長貴、王廣宇：《問史求信集》，頁89。

關，也基本上適用於工礦企業、街道、農村」。[13]1966年8月21日《紅旗》雜誌第11期專門發表了〈巴黎公社的全面選舉制〉一文，具體介紹了巴黎公社三原則，強調巴黎公社是「第一個無產階級專政的國家〔……〕被選出來擔任公職的人員，必須是為人民服務的勤務員，而不是壓迫人民的資產階級式的官僚政客」。[14]1966年11月3日林彪在接見全國各地來京師生的天安門群眾大會講話裡，對文化大革命的「大民主」，又作了新的解釋，提出「要按照巴黎公社的原則，充分實現人民民主權利」，[15]也就是要通過文化大革命來實現人民民主主權。這和毛澤東在〈政治經濟學教科書筆記〉裡關於勞動者「全面參加國家管理」的思想，也是一致的。這兩個思想對文革中的民間思想都有重要影響。

　　這裡，還需要補充一個很有意思的材料。文革前夕，毛澤東選擇於1965年5月21日至30日「重上井岡山」，這本身就有很大的象徵意義。更值得注意的是，他對陪同上山的湖南省委書記張平化（1907-2001）暗示：「現在看來光搞社教運動不能完全解決問題」，[16]顯然此時毛澤東心中正在醞釀著比社教運動更為徹底的文化大革命的發動。正是在這樣的背景下，他對隨行人員意味深長地談到：「一想到建立紅色政權犧牲了那麼多的好青年、好同志，我就擔心今天的政權」，[17]「共產黨掌權了，過去的優良作風還要不要繼承？怎

13　〈中國共產黨中央委員會關於無產階級文化大革命的決定〉（1966年8月8日通過），《人民日報》1966年8月9日，第1版。

14　劉惠明：〈巴黎公社的全面選舉制〉，《紅旗》1966年第11期（1966年8月21日出版），頁36。此外，毛澤東：〈對北京語言學院七名學生來信的批語〉裡提到，這七位大學生來信提出為防止革命幹部「蛻化成特殊階層」，必須進行「徹底的改革：1、降薪，取消各種特殊待遇。2、革命幹部應該經常地參加勞動。3、凡是違犯黨紀國法，做出不符合人民利益的事，應一律予以制裁。4、儘快在全國普及半工半讀、半農半讀的教育制度」。值得注意的是毛澤東的回覆：「他們所談的問題，確實重要，應在運動中解決」，這表明，毛澤東確有在文革中進行「徹底的改革」，以防止「特權階層」的產生的設想。毛澤東：〈對北京語言學院七名學生來信的批語〉（1966年7月12日），《建國以來毛澤東文稿》第12冊，頁77-78。

15　〈在接見全國各地來京革命師生大會上林彪同志的講話〉（1966年11月3日講），《人民日報》1966年11月4日，第2版。

16　據張平化的祕書梅永祿回憶（2005年7月18日梅永祿口述），馬社香：《前奏：毛澤東1965年重上井岡山》，頁149。

17　馬社香：《前奏：毛澤東1965年重上井岡山》，頁156。

樣繼承？」[18]毛澤東顯然試圖從過去的革命傳統裡，尋找文革新思路的思想資源。於是，他就向隨行者提出了這樣的問題：「井岡山的好制度、好作風是什麼？」[19]隨行者按照當時（也是至今）流行的觀念，談到了「艱苦奮鬥」的作風和「黨支部建在連上」，以保證黨對軍隊的絕對領導這兩點。[20]毛澤東給予了肯定，同時又指出：你們忘記了一點：「井岡山時期士兵委員會是有很大作用的」。[21]其實，早在1928年毛澤東在〈井岡山的鬥爭〉一文裡，就已經總結說：「紅軍的物質生活如此菲薄，戰鬥如此頻繁，仍能維持不敝，除黨的作用外，就是靠實行軍隊內的民主主義。官長不打士兵，官兵待遇平等，士兵有開會說話的自由，廢除煩瑣的禮節，經濟公開」。毛澤東當時就強調：「中國不但人民需要民主主義，軍隊也需要民主主義。軍隊內的民主主義制度，將是破壞封建僱傭軍隊的一個重要的武器」。[22]

毛澤東在1965年重提「民主主義制度」的問題，自然是有明確指向的：「隨著我們掌握政權〔……〕黨的力量加強了。但自覺接受群眾監督，實行政治民主，保證我們黨不脫離群眾，比井岡山時士兵委員會就要差多了。全國性的政治民主更沒有形成為一種制度，一種有效的方式」。[23]當有人問道：「現在工廠不是有工會，農村有貧下中農協會，這和士兵委員會是不是差不多的組織？」[24]毛澤東明確回答說：「士兵委員會可以監督連長、營長、團長，它有很大的權利。現在工廠的工會真的可以監督廠長、書記嗎？誰又來監督我們的市委書記、省委書記？誰來監督中央的領導，中央出修正主義怎麼辦？」[25]毛澤東還談到：「應該合理地逐步縮小而不應當擴大黨、國家、企

18　馬社香：《前奏：毛澤東1965年重上井岡山》，頁157。

19　馬社香：《前奏：毛澤東1965年重上井岡山》，頁173-174。

20　參看馬社香：《前奏：毛澤東1965年重上井岡山》，頁173-174。

21　毛澤東主要隨行人員王卓超（原江西省委常委、副省長）口述（2001年7月28日），馬社香：《前奏：毛澤東1965年重上井岡山》，頁174。

22　毛澤東：〈井岡山的鬥爭〉（1928年11月25日），《毛澤東選集》（一卷本）（北京：人民出版社，1967），頁64。

23　王卓超口述（2001年7月28日），馬社香：《前奏：毛澤東1965年重上井岡山》，頁174。

24　孫玉衡（劉俊秀遺孀）口述（2001年9月2日），馬社香：《前奏：毛澤東1965年重上井岡山》，頁176-177。

25　孫玉衡口述（2001年9月2日），馬社香：《前奏：毛澤東1965年重上井岡山》，頁177。

業、人民公社的工作人員同人民群眾之間的個人收入的差距。防止一切工作人員利用職權享受任何特權，〔……〕在怎樣防止特權階層方面要有一整套好制度，要繼承井岡山的好制度、好作風」。[26] 由此我們可以知道，在1966年毛澤東發動文革時，提出要按照巴黎公社的原則來重建國家機器，絕不是偶然的，因為巴黎公社三原則和1965年毛澤東所說的「井岡山的好制度，好作風」之間，存在著內在一致性，兩者都嘗試建立以人民民主權利為中心的「民主主義制度」。

現在我們作一個簡單總結。從以上分析看來，毛澤東主要想在文革中做三件事情。第一件事情，是要掃蕩中間階層的黨官僚和知識分子，建立一個領袖獨裁和群眾專政直接結合的新的一黨專政模式。第二件事情，是想繼續堅持他空想社會主義的烏托邦實驗。第三件事情，是試圖創建一個能體現人民民主主權的公社式的新的國家體制。做這三件事要達到三個目的。其一，保持黨和國家的革命性，保證紅色江山不變色，牢牢地掌握黨和他自己的絕對領導權力，一方面實行人民民主，一方面加強對資產階級的全面專政。其二，這樣一個不變顏色的中國就可以成為世界革命的中心，以此為根據地，推動世界革命。其三，由此達到一個個人目的，他要成為世界革命導師，用自己的思想來影響中國以至整個世界，以此立德、立功、立言，實現聖人理想。這大概就是毛澤東為文化大革命，也是為中國、世界和他自己繪製的一個藍圖。

為了實現這樣的理想，毛澤東以前所未有的魄力來發動文化大革命，甚至不惜把他創立的黨的機器砸爛。但是他也就同時面臨一個矛盾或困境，就是我們在前面講課時多次提到的，當這個搗毀一切的瘋狂機器發動起來以後，就是毛澤東自己也無法完全控制。文革尤其如此，毛澤東確實把全民族、各階層的幾億中國人都發動起來，所有的地方，連最偏僻的地方，所有的人無一例外地都捲入到這場大革命中來。這當然是他巨大的成功，這是史無前例的，中國沒有過，世界也沒有過，其動員力度、廣度，遠遠超過了法國大革命，真可謂「空前絕後」。毛澤東1967年夏天視察華北、中南和華東地

---

26 王卓超口述（2001年7月28日），馬社香：《前奏：毛澤東1965年重上井岡山》，頁178-179。

區以後，曾躊躇滿志地說：「從來的群眾運動都沒有像這次發動得這麼廣泛，這麼深入。全國的工廠、農村、機關、學校、部隊，到處都在討論無產階級文化大革命的問題，大家都在關心國家大事。過去一家人碰到一塊，說閒話的時候多。現在不是，到一塊就是辯論無產階級文化大革命的問題。父子之間、兄弟姐妹之間、夫妻之間，連十幾歲娃娃和老太太，都參加了辯論」。[27]他說的是事實，並未誇張。

但毛澤東同時也冒著巨大的風險。因為群眾是有利益區分的，各個階級、各個階層的人都按照自己的利益需求對文化大革命作出自己的理解和闡釋，並且用自己的方式參與其間。在參與的過程中，人們就會根據某種利益的共通點，逐漸組織起來，形成不同的利益群體，產生文革中五花八門的群眾組織。這樣，各個利益群體之間，利益群體和政府之間、黨組織之間，以至和軍隊之間，以及和毛澤東之間，都形成了空前複雜而相互糾纏的關係，並且發生空前尖銳、複雜的思想分歧和利益衝突，最後造成了由地方性到全國性的大亂局面。

毛澤東自己喜歡大亂，文革一開始，他就在給江青的信裡明確表達了他的信念和設想：「天下大亂，達到天下大治。過七八年又來一次」。[28]他自信有能力，也確實在一定程度上控制了局面，文革沒有出現全國崩潰，這也是一個奇蹟。但這樣一個「打倒一切」和「全面內戰」的局面，又是毛澤東所不願意看到的，是出乎他意料的。他後來也承認，這是文化大革命的「兩大缺陷」，[29]其實就是承認他雖然總體上控制了形勢，但也有部分的失控。這種失控，就是因為群眾在利益驅動下的行動，反過來對毛澤東所預設的藍圖，形成不同程度的衝擊，這種衝突和衝擊，有利用、有抵制，也有曲解、修正和異化。可以說，是毛澤東發動了革命、發動了群眾；革命和群眾又反過來裹挾了毛澤東，影響了毛澤東。在以後的分析中，我們將可以看到，毛澤東最初預定的目標，有的實際上被擱置，毛澤東自己也在逐漸後退，而且到最

27　毛澤東：〈視察華北、中南和華東地區時的談話〉（1967年7月-9月），《建國以來毛澤東文稿》第12冊，頁385。

28　毛澤東：〈給江青的信〉（1966年7月8日），《建國以來毛澤東文稿》第12冊，頁71。

29　中共中央印發的〈毛主席重要指示〉（經毛澤東審閱）（1975年10月至1976年1月）。轉引自逄先知、金沖及主編：《毛澤東傳》（下）（北京：中央文獻出版社，2003），頁1770。

後，幾乎所有的努力都走到預設的反面，這是一個非常複雜的歷史過程。

因此，文革的敘述是十分困難的，它太複雜，涉及面也太廣了，我們只能如前所說，從民間思潮與毛澤東的互動的角度來展開敘述，討論民間社會的各個利益群體，對毛澤東的號召的不同理解，不同反應，他們所形成的不同的民間思潮，都會導致不同的行動，引發不同的結果，這又和毛澤東之間發生複雜關係。這樣的民間思潮，具有很大的流動性，就像我們以前講過，中國大陸所發生的事情，瞬息之間會有很大的變化，並與文化大革命歷史發展的不同階段相應，形成了幾個不同的時期。大體上可分成兩大時期。

第一個時期是1966-1968年，也可以延續到1970年，基本上是屬於二十世紀六十年代中後期；第二時期則是1968-1976年。底下將先討論第一時期，第二時期留待下一章作討論。第一時期的中心是紅衛兵和造反派的「造反運動」，大概經歷了以下幾個階段。

一、以高幹子弟為主體的紅衛兵造反運動和思潮

這是一個非常有意思的現象：首先起來響應毛澤東發動文革的召喚的，是青年學生，主要是中學生，而且是中學生裡面的高幹子弟。也就是說，文革這樣一個影響深遠、舉世矚目的革命，竟然首先由一群中學生娃娃所引發，這恐怕在人類歷史上也是空前未有的。

這正是毛澤東精心謀劃的結果。發動革命，首先要尋找火種。我們已經講過，1957年當毛澤東試圖打擊黨內官僚的時候，他尋找的火種是民主黨派和知識分子。但到了1966年，民主黨派、知識分子早就已被毛澤東打整得毫無火氣，不可能成為火種，何況這些知識分子本身就是文化大革命的對象，這一次再也不能由知識分子來點火了。按理似乎應該是從工人農民那裡尋求火種，但毛澤東既是理想主義革命家，同時又是非常實際的實幹家，他清醒地知道，再怎麼發動革命，也不能影響生產建設，畢竟吃飯是最重要的，因此毛澤東需要工人農民堅守生產崗位，如果工人農民亂起來，沒人種地做工，天下就真的要大亂了，這當然不行。於是，毛澤東把目光轉向年輕學生，他們的無知和激情正可以利用。其實，如我們前面所說，張中曉早已經發出過警告，林昭在回顧自己的人生道路時，也提到了青春激情被利用的教

訓。但是政治家毛澤東卻正要利用孩子的無知和激情，來達到自己的政治目的。在某種程度上，這正是毛澤東面對他的政敵（這回是劉少奇為首的所謂「資產階級司令部」）所出的險棋怪招，在對方完全想不到的地方，出其不意地發動進攻。

毛澤東發動青年起來造反，也不完全是出於政治家的謀略，還和他的一個信念有關。這裡有一個材料：我們在《毛澤東讀文史古籍批語集》裡，看到毛澤東讀《初唐四傑集》時有一個批註：「青年人比老年人強，貧人、賤人、被人們看不起的人、地位低的人，大部分發明創造，占百分之七十以上，都是他們幹的。百分之三十的中老年而有幹勁的，也有發明創造。這種三七開的比例，為什麼如此，值得大家深深地想一想。結論就是因為他們貧賤低微，生力旺盛，迷信較少，顧慮少，天不怕，地不怕，敢想敢說敢幹。如果黨再對他們加以鼓勵，不怕失敗，不潑冷水，承認世界主要是他們的，那就會有很多的發明創造」。毛澤東最後還寫了一段話，很有意思。他說，他這番「三七開」論積壓在心，實在想把它吐出來，「一九五八年黨大會上我曾吐了一次，現在又想吐，將來還要吐」。[30]1958年那一次應該是指我們已經說過的，毛澤東在成都會議和八屆二中全會的講話，他後來還進一步提出「卑賤者最聰明，高貴者最愚蠢」的命題。所謂「現在又想吐」，此條批語沒有註明寫作時間，估計應是六十年代初的困難時期；但毛澤東又預言「將來還要吐」，那麼，毛澤東在準備發動文革時，再次想到自己的「三七論」，就是順理成章的。事實上，文革就是發動「青年人」、「貧人、賤人、被人們看不起的人、地位低的人」去造老年人、有錢有權有勢的人、地位高的人、那些「黨內當權派」和「學術權威」的反。毛澤東看重和欣賞「紅衛兵小將」，就是因為他們「生力旺盛，迷信較少，顧慮少，天不怕，地不怕，敢想敢說敢幹」，毛澤東要做的事，就是要對他們「加以鼓勵」，「承認世界主要是他們的」，當然，也同時利用他們來達到自己的目的。

早在1964年6月、7月，毛澤東就接見了他的外甥女和侄子，他們都是在校大學生，毛澤東在他們面前猛烈地批判當時的學校教育，意味深長地說：

30　毛澤東：〈讀《初唐四傑集》批語〉，中共中央文獻研究室編：《毛澤東讀文史古籍批語集》（北京：中央文獻出版社，1993），頁11-13。

「學校就應該允許學生造反。回去帶頭造反」、[31]「階級鬥爭是你們的一門主課」。[32]並且有意識地讓他們把談話擴散到黨內和社會上去，實際上就是煽了一把火。

　　首先得到信息的，當然是高級幹部的子弟，毛澤東和他侄子的談話迅速在中學生中傳抄。順便說一下，中共的許多高級幹部，因為常年打仗，結婚都比較晚，到了1964、1965年，他們的子女基本上都還是中學生，只有少數像毛澤東的子女已經上了大學。就是這樣一個多少有點偶然的原因，就把中學生的高幹子弟推到歷史舞台的最前沿。早在1964、1965年間，北京重點中學「四中」、「六中」、「八中」以高幹子弟為主的部分學生就開始串聯，罷課罷考，還給中共中央寫了「進言書」，對中學教育表示不滿，要求向中學派駐「四清工作隊」，推動中學教育革命，同時要求親身參加四清運動，到社會階級鬥爭的大風大浪中鍛煉自己，他們自稱為「四、六、八學潮」，這可以看成是一次紅衛兵運動的預演。[33]到1965年10月28日清華附中預651班的幹部子弟駱小海（生平不詳），就在學校的教室裡貼了一張小字報，題目是赫然六個字：〈造反精神萬歲〉，實際上就是對毛澤東1964年11月發出造反號召的一年後的回應。[34]後來就是這位駱小海起草了文革中第一張紅衛兵大字報，他完全沒有想到，毛澤東是通過他之手來點燃了文化大革命的造反之火。

　　現在我們就來讀這張大字報。文章已經收入了《課用選文》。大字報的題目是〈無產階級的革命造反精神萬歲〉，一共有三篇，通稱「三論」。[35]據說原

31　毛澤東：〈和王海蓉同志的談話〉（1964年6月24日）。該文出自於文革中流傳的《毛澤東思想萬歲（1961-1968）》（內部出版），頁134。

32　毛澤東：〈教育制度要改革〉（〈和毛遠新談話紀要〉摘要）（1964年7月5日），《建國以來毛澤東文稿》第11冊，頁96。

33　參看米鶴都：《紅衛兵這一代》（香港：三聯書店（香港）有限公司，1993），頁114、117-118。參看印紅標：《失蹤者的足跡：文化大革命期間的青年思潮》（香港：香港中文大學出版社，2009），頁10。

34　〈造反精神萬歲〉（1965年10月28日）參見《首都紅衛兵》1967年第1期「紀念八‧一八專刊」。轉引自印紅標：《失蹤者的足跡：文化大革命期間的青年思潮》，頁10-11。

35　此三篇分別為〈無產階級的革命造反精神萬歲〉（1966年6月24日）、〈再論無產階級的革命造反精神萬歲〉（1966年7月4日）、〈三論無產階級的革命造反精神萬歲〉（1966年7月27日），作者皆署名「清華大學附屬中學紅衛兵」，皆刊於《紅旗》1966年第11期（1966年8月

來的題目是〈革命造反精神萬歲〉，「無產階級」幾個字是後來大字報在《紅旗》雜誌上公開發表時，編者加上去的，大概是要強調造反精神的階級性，以和「資產階級造反」區分開來。這篇文章的署名是「清華大學附屬中學紅衛兵」，這是紅衛兵組織的第一次公開亮相，時間是1966年6月24日。此時這些清華大學附中的高幹子弟，已經響應毛澤東號召，批判所謂修正主義教育路線，並和學校的團組織和團中央派來的工作組織之間發生非常劇烈的衝突。他們要求成立學生自己的組織，由於1957年以後，黨內有一個規定，不允許任何一個黨不能控制的獨立組織存在（今天也是如此），因此，學校黨組織和工作組自然不予批准，並竭力壓制。這些高幹子弟就於1966年5月29日在圓明園的舊址秘密聚會，決定不受學校黨組織、工作組的制約，自己組織起來，並命名為「紅衛兵」，意思是自命為「捍衛紅色江山的戰士」──順便說一下，命名者就是大家都熟悉的著名作家張承志（1948- ）。在他們之後，北京大學附中的部分學生又在1966年6月2日成立了「紅旗戰鬥隊」，這大概就是文革中最早成立的兩個自發性的紅衛兵組織，但他們的合法地位一直得不到承認，當時劉少奇就有明確指示：「學生搞的自發組織還是要用黨、團組織來代替。黨外、團外，都不能搞秘密組織、秘密活動。搞秘密組織，後果不好」，[36]「紅衛兵是秘密組織，也是非法的」。[37]這些一開始不被承認的、以高幹子弟為主體的早期紅衛兵，在以後的文革敘述裡，一般稱為「老紅衛兵」，以和我們之後要討論的「造反派紅衛兵」相區別。

　　了解以上基本背景後，我們就可以討論了。大字報很短，我們先來朗讀其中的「一論」（〈無產階級的革命造反精神萬歲〉），感受一下文章所渲染的氣氛：

　　　革命就是造反，毛澤東思想的靈魂就是造反。我們說，要在「用」字上狠

21日出版）。

36 〈劉少奇、鄧小平在討論「北京市中學文化革命的初步規劃」時的黑指示〉（1966年7月13日），載《黨內最大的走資本主義道路的當權派劉少奇在青年工作中的黑話（供批判用）》第二集，頁26。轉引自印紅標：《失蹤者的足跡：文化大革命期間的青年思潮》，頁20。

37 〈文化革命時期劉少奇對師大一附中運動的部分指示〉，據原編者註，劉少奇的指示是依據劉少奇的女兒劉平平的工作日記，刊載在一份封面缺失的群眾組織編印的劉少奇講話資料，頁233。轉引自印紅標：《失蹤者的足跡：文化大革命期間的青年思潮》，頁20。

下功夫，就是說，主要在「造反」二字上下功夫。敢想、敢說、敢做、敢闖、敢革命，一句話敢造反，這是無產階級革命家最基本最可貴的品質，是無產階級黨性的基本原則！不造反就是百分之一百的修正主義！修正主義統治學校十七年了，現在不反，更待何時？

有些大膽的反對造反的人，今天突然變得忸怩起來，絮絮叨叨、吞吞吐吐。什麼太片面了呀，什麼太狂妄了呀，什麼太粗暴了呀，什麼太過分了呀。

這統統是謬論！要反對就反對，何必羞羞答答的呢？

我們既然要造反，就由不得你們了！我們就是要把火藥味搞得濃濃的。爆破筒、手榴彈一起投過去，來一場大搏鬥、大廝殺。什麼「人情」呀，什麼「全面」呀，都滾一邊去！

你們不是說我們太片面了嗎？你們要的是什麼樣的全面呢？看來你們的全面是「合二而一」，是折衷主義。

你不是說我們太狂妄嗎？我們就是要「狂妄」。毛主席說：「糞土當年萬戶侯」。我們不但要打倒附中的反動派，我們還要打倒全世界的反動派。革命者以天下為己任，不「狂妄」怎麼行呢？

你們不是說我們太粗暴了嗎？我們就是要粗暴！對待修正主義怎麼能纏纏綿綿，大搞溫情主義呢？對敵人的溫情，就是對革命的殘忍！

你們不是說我們太過分了嗎？老實說，你們所謂不過分，就是改良主義，就是「和平過渡」。這是妄想！我們就是要把你們打翻在地上，再踏上一只腳！

還有些人，對革命者害怕得要死，對造反害怕得要死。你們循規蹈矩、唯唯諾諾，縮在修正主義的蝸牛殼裡，一有造反的風聲，你們就神經緊張。這些日子，無情的斥責聲天天送入你們的耳中，你們天天心驚膽顫，你們不感到難受嗎？你們怎麼活得下去呢？

革命者就是孫猴子，金箍棒厲害得很，神通廣大得很，法力無邊得很，這不是別的，正是戰無不勝的偉大的毛澤東思想。我們就是要掄大棒、顯神通、施法力，把舊世界打個天翻地覆，打個人仰馬翻，打個落花流水，打得亂亂的，越亂越好！對今天這個修正主義的清華附中，就要這樣大反特反，反到底！搞一場無產階級的大鬧天空，殺出一個無產階級

的新世界！

無產階級的革命造反精神萬歲！[38]

你們覺得這腔調是不是非常像我們上次說過的「九評」？它完全繼承「九評」的傳統，同時，很多句子都是從毛澤東的著作（比如〈湖南農民運動考察報告〉）那裡移過來的，這是典型毛派思路和文風。

我們讀老紅衛兵這些大字報，首先感到的是濃濃的火藥味：「革命就是造反，毛澤東思想靈魂就是造反」，「敢想、敢說、敢做、敢闖、敢革命」，「革命者就是孫猴子，要掄大棒、顯神通、施法力，把舊世界打個天翻地覆，打個人仰馬翻，打個落花流水，打得亂亂的，越亂越好」，「要搞一場無產階級的大鬧天宮，殺出一個無產階級的新世界」。這些話，都是毛澤東在1966年最想講的話，他就是想把整個天下搞亂，越亂越好。毛澤東早就寫過詩詞，叫做「今日歡呼孫大聖，只緣妖霧又重來」，這些紅衛兵小將以孫大聖自居，起來掄金箍棒，要打翻整個中國、打翻舊世界：這正是毛澤東想做的，是毛澤東所期待的局面。因此，我們可以說這些敏感的中學生，他們感受到了毛澤東的意圖，接受了毛澤東的思想，然後用毛澤東語言說出他們自己的、其實也是毛澤東的心聲。所以毛澤東立刻寫信給他們，表示他們的大字報「說明對反動派造反有理，我向你們表示熱烈的支持」。同時表態：「不論在北京，在全國，在文化大革命運動中，凡是同你們採取同樣革命態度的人們，我們一律給予熱烈的支持」。[39]在毛澤東指示下，清華附中紅衛兵的大字報在1966年8月21日出版的《紅旗》第11期公開發表，紅衛兵「造反」的呼聲及毛澤東對紅衛兵公開支持的信息，立刻傳遍全中國。

問題是全國如何反應？這裡我想講一講我自己的反應。我第一個反應是驚呆了：怎麼這樣理直氣壯地「造反」？這在當時是絕對想不到的，因為「造反」兩個字在1957年反右運動以後，成為一個禁區，已經久違了。在「五七體制」統治下，我們已經習慣於做黨的馴服工具。現在突然聽見要造反的聲音，能不大吃一驚嗎？接著第二個反應是恐懼和憂慮，因為反右以後，我們都是

38　清華大學附屬中學紅衛兵：〈無產階級的革命造反精神萬歲〉（1966年6月24日），《紅旗》1966年第11期（1966年8月21日出版），頁27。

39　毛澤東：〈給清華大學附屬中學紅衛兵的信〉（1966年7月31日、8月1日），《建國以來毛澤東文稿》第12冊，頁87-88。

驚弓之鳥了，立刻想到這些不知天高地厚的孩子，肯定是新「右派」，《紅旗》雜誌發表他們的大字報，恐怕又是一次「引蛇出洞」，由此我預感到可能新的反右運動又要開始了。但是冷靜下來，我又產生第三個反應，就是深深地被吸引，有一種在重重的壓抑下被重新喚醒的感覺，而且很快地想起我自己的種種遭遇，包括我和校長、支部書記所發生的衝突、我所受到的壓抑等等，也就在內心深處引發出「造反」的衝動。應該說，我這一種「吃驚—恐懼」和「憂慮—被吸引」的反應是有一定代表性的。

因此，可以說在1966年的政治環境和歷史語境下，老紅衛兵的「三論」所傳達出的毛澤東對「造反」的召喚，以及所內含的懷疑、批判精神，是對「五七體制」的一個巨大衝擊，對我們這些長期束縛於做黨的馴服工具桎梏中的知識分子和青年學生，無疑起到了思想解放的作用。

但是另一方面，老紅衛兵的造反運動，是以高幹子弟為主體的，它有自己特殊的內涵，它的理念與行動，都表達和反映了這一特殊群體的利益需求，需要作更具體的分析。我們大體上可以作五個方面的討論。

第一，他們為什麼要造反？為什麼首先不是由工人農民，不是由一般的受壓抑的知識分子和青年學生起來造反，而是高幹子弟要造反？回答是：「我們是頂天立地的革命後代，我們是天生的造反者」。理由很簡單，只有兩條：一條是我們的父母就是造反者，我們當然繼承他們的傳統，「老子的革命精神時時刻刻滲入我們的體內，我們從裡到外都紅透了」，「我們是純純粹粹的無產階級血統」，「我們生到這個世界上來，就是為了造資產階級的反」。[40]因此，這是「天賦造反權」，其背後的血統論觀念是很強的。第二條，也是更重要的，據說高幹子弟也是一個受壓抑者。這背後顯示了我們前面已經討論過的，中國共產黨在掌握政權之後所面臨的一個新的矛盾。中華人民共和國的成立，意味著由革命向建設的過渡和轉變，如果說革命主要是靠武器，建設就必須靠知識和文化。而在知識和文化方面，被推翻的舊階級和知識分子家庭是占有優勢的。這就出現一個非常有意思的現象：那些被推翻的舊階級和

40　北大附中《紅旗》戰鬥小組：〈自來紅們站起來了！〉，原載北京《兵團戰報》1966年11月26日，現收錄於宋永毅、孫大進編著：《文化大革命和它的異端思潮》（香港：田園書屋，1997），頁83。

知識分子的子女，在政治上受到歧視，但在知識和文化上，卻占有事實上的優越地位。而「十七年」的教育制度，又越來越強調智育教育，在這樣的體制中，受到鼓勵的是知識分子的子女，甚至是被推翻階級的子女，我自己大概就是一個非常典型的例子，我在中學的時候憑藉學習上的優勢，發展非常順利。相形之下，這些高幹子弟雖然在政治上占有強勢，但卻因為在文化知識上不占優勢而不被老師重視。這樣，政治上的優越感和思想、文化上的自卑感，就構成了高幹子弟和工農子弟心理的不平衡。由自傲、自卑與妒嫉，轉化為對非高幹出身，特別是知識分子出身或舊階級子弟的所謂「階級仇恨」，並產生出造反的衝動。

其二，這些高幹子弟紅衛兵又揚言：我們是天生的掌權者，「大權一定要我們掌，這是毛主席給我們的最大權利」，理由也非常簡單，而且看起來理直氣壯：我們父母流血打下江山，我們當然是權力的繼承者，「老子拿下了政權，兒子就要接過來，這叫一代一代往下傳」。[41]天生造反就變成了「天生接班」，「天下是我們的」、「二十年後的世界是我們幹部子弟的」，[42]這樣的豪言壯語在當時的高幹子弟中不脛而走。這也並非沒有根據，有材料說，1966年7月，正是紅衛兵大造反的時候，正和劉少奇一起主持文化大革命領導工作的鄧小平就明確提出：「要使工農革幹子弟逐步掌握學校的領導權，這要成為一種趨勢」，這大概也是他預設的文化大革命的目標之一。[43]而事實上，那一時期劉少奇、鄧小平，以及許多高幹的子女，就掌握了所在學校的領導權。此種把領導權交給高幹子弟的思想，在中共最高領導層一直沒有變。四十年後的今天，「高幹子弟要掌權」成為當下中國政治的核心問題、黨內鬥爭的焦點，這其實正源於1966年老紅衛兵的造反運動。這背後隱含著的正是「打天

41　北大附中《紅旗》戰鬥小組：〈自來紅們站起來了！〉，宋永毅、孫大進編著：《文化大革命和它的異端思潮》，頁83-84。

42　署名「北京一〇一中，你們的爺爺──老紅衛兵」給造反派的恐嚇信，成文時間應當不晚於1967年4月，參看新北大附中井岡山兵團總部編：《大字報選》，1967年4月，頁22。轉引自印紅標：《失蹤者的足跡：文化大革命期間的青年思潮》，頁16。

43　轉引自陳曉農編撰：《陳伯達最後口述回憶》（香港：陽光環球出版香港有限公司，2005），頁293。該書引用本段文字時說明：「參見1986年在美國出版的《知識份子》雜誌春季號，原刊不在手邊，這裏只記大意」。

下者坐江山」的中國農民起義的傳統邏輯，帶有極大的封建性，卻恰恰是一切
獨裁政權統治合法性的基礎。但這合法性是極其脆弱的；因此，在理直氣壯
地宣稱「權力掌定了」的同時，掩飾不住其內在的理不直、氣不壯。

其三，不但造反的目的是為了掌權，而且還要壟斷造反權利。於是就有
了「只許『左派』造反，不許右派造反」的口號，公開宣稱：「你們膽敢造反，
我們就立即鎮壓！這就是我們的邏輯，反正國家機器在我們手裡」。[44]對專政
的強調和造反的鼓噪，形成強烈對比，卻又有著內在的統一，這倒也道出了
高幹紅衛兵造反依然是要維護無產階級專政，也即一黨專政，這是他們的根
本利益所在。

其四，那麼，我們就要追問：這些以高幹子弟為主體的老紅衛兵，他們
如何理解「造反」、他們如何「造反」？

我們剛才讀的紅衛兵的大字報說得很清楚：造反就是暴力，要排除一切
人情、溫情，實行人與人之間的「大廝殺」，這就極容易導致對人性內在的惡
與嗜殺性的大誘發。但是他們同時又相信，只有經過這樣一個大破壞、大殺
戮，才能「殺出一個新世界」，而他們理解的「新世界」，又是一個矛盾的終結
點，一個與所謂「舊思想、舊文化、舊風俗、舊習慣」徹底決裂的、無限純粹
的、沒有任何污染的理想社會。這就是紅衛兵的造反雙重性，是理想主義與
專制、屠戮的奇特組合，更準確地說，是在理想主義旗號下的專制和屠戮。
紅衛兵也就成了天使與惡魔的混合體。

其實踐結果，就是群眾專政。正是老紅衛兵的造反，直接造成1966年的
「八月屠殺」，文革史上稱為「血八月」。首當其衝的是城市裡的老師、校長。
劉少奇早在7月初就發出指示：「中學文化革命的主要任務是審查教師隊伍」，
「中學教師要集中交待問題」。[45]而所謂「審查」，按文化革命的專政邏輯，就
必然是暴力的；這樣，中學老師和校長就自然成為紅衛兵施暴、拷打到屠殺
的對象。北京師範大學附屬中學的卞仲耘(1916-1966)校長是第一個倒在血

44　清華大學附屬中學紅衛兵：〈再論無產階級的造反精神萬歲〉(1966年7月4日)，《紅旗》
　　1966年第11期(1966年8月21日出版)，頁28。

45　劉少奇：1966年7月初的批示。轉引自劉國凱：〈文化革命簡析〉，收錄於劉國凱主編：
　　《封殺不了的歷史》(香港：田園書屋，1996)，頁311。

泊中的老師，一群女中學生把她們的女校長活活打死，這確實駭人聽聞。[46]
在當時的紅衛兵監獄（稱為「牛棚」）的牆上赫然寫著「紅色恐怖萬歲」幾個字。
從8月下旬到9月下旬的40天內，北京地區被紅衛兵抄家近3萬4,000戶，被
殘酷打死或自殺人數達1,700餘人。[47]而這樣的群眾暴力正是毛澤東所鼓勵和
支持的。正是在「血八月」高潮時，《人民日報》於1966年8月20日發表〈毛主
席和群眾在一起〉的社論，大談不要「用許多清規戒律來束縛群眾的手腳」。[48]
江青還專門傳達了毛澤東關於發生打人的指示：「好人打壞人活該，壞人打好
人，好人光榮。好人打好人是誤會，不打不相識。今後不要再打了」。[49]這無
異於火上澆油。

　　農村裡更是掀起一股「屠殺四類分子（地富反壞）及其子女」之風。最典型
的是北京大興縣。從1966年8月27日到9月1日，僅僅三天，在大興縣的13
個公社，被殺害的四類分子和子女就有325人，滿門抄斬22戶，年齡最大的
是80歲，最小的只有38天。[50]

　　問題是，這是在「殺反革命有理」的理論指導下，有組織、有領導、有計
劃的殺人。大興縣的大屠殺，就是在毛澤東「保衛首都安全」的號召下，在公
安部長關於公安機關不要出面制止紅衛兵的殺戮，在「我們過去的許多規定都
不適用了」、公安幹警要為紅衛兵抄家「當參謀，提供黑五類的情報」的指示
下，由縣公安局制定計劃、公社主任和黨委副書記直接指揮，並由民兵執行
的。一位學者指出，文革中的大屠殺，是「中共的國家機器行為」，「『暴民政

46　參看王友琴：《文革受難者──關於迫害、監禁和殺戮的尋訪實錄》（香港：香港開放雜誌
　　出版社，2004）。參看馮敬蘭、劉進、葉維麗、宋彬彬、于羚：〈卞仲耘之死的另一種陳
　　述〉，《炎黃春秋》2010年第8期，頁67-75。

47　陳東林、杜蒲主編：《中華人民共和國實錄：內亂與抗爭──「文化革命」的十年》（長春：
　　吉林人民出版社，1994），頁154。轉引自胡鞍鋼：《毛澤東與文革》，頁177。

48　社論：〈毛主席和群眾在一起〉，《人民日報》1966年8月20日，第1版。

49　江青對北京市海澱區中學生的講話（1966年7月28日），宋永毅主編：《中國文化大革命文
　　庫》電子光盤（香港：香港中文大學中國研究服務中心，2002）。

50　高皋、嚴家其：《「文化大革命」十年史》（天津：天津人民出版社，1986），頁68。參看遇
　　羅文：〈北京大興縣慘案調查〉，宋永毅主編：《文革大屠殺》（香港：香港開放雜誌社，
　　2002），頁16。

治』只不過是國家機器行為的一個結果和延伸」，[51]這是擊中要害的。我們在下面將要討論的1967年的「二月大鎮壓」、「七月大鎮壓」，1968年的「夏季大鎮壓」，1968年的「清理階級隊伍」，1970年的「一打三反」運動，無一不是對群眾的鎮壓與屠殺，而且都是國家機器、軍隊和政府的行為，現在許多人把文革中的屠殺與死亡完全歸之於紅衛兵、造反派的「暴民」行為，這是對國家體制的罪責的一個有意無意的遮蔽和開脫。當然，參與殺人的「暴民」，也自有他們的責任，問題是，他們之所以參與殺人，大都是懷著神聖、高尚的革命激情和幻覺，以及革命恐懼感，它和我們上次講的大饑荒求生性的吃人不一樣，此種革命的嗜殺狂，是更令人恐懼的。而這又是毛澤東和中國共產黨長期的有組織、有領導的階級鬥爭觀念的灌輸的結果，這本身也是國家教育的責任。

其五，我們還要追問：這些以高幹子女為主體的紅衛兵，造反的對象是什麼？仔細研究清華附中紅衛兵的大字報，可以發現，他們要造四個方面的反。一是反修正主義黑幫；二是破「四舊」，即舊思想、舊文化、舊風俗、舊習慣；三是反統治學校十七年的修正主義教育路線；四是反「一切牛鬼蛇神」。

老紅衛兵的革命造反行動，最著名的大概就是「破四舊」，大家可能有興趣，但或許覺得不能理解，我這裡作一個簡單的介紹。「破四舊」應該是毛澤東發動文化大革命的目標之一，早在文革前夕的1965年，毛澤東接見法國國務部長時，就說過：「應當消失的是中國過去的思想、文化和風俗，應當出現的是那些現在還不存在的思想、風俗和文化」。[52]也就是說，毛澤東在文革中所要推行的是一條和一切傳統徹底決裂的文化路線，這突出地表現在文革的另一個口號上，即所謂「徹底批判封、資、修」，中國傳統文化、西方文化，以及蘇聯社會主義文化、中國自己的左翼革命文化，都在掃蕩之列。從這一角度看，紅衛兵的焚毀一切的「革命行動」是符合毛澤東的意圖的；但紅衛兵的一些具體作為，卻又把毛澤東的意圖簡單化與庸俗化了。比如當時北京二中紅衛兵發布過一個〈最後通牒〉，要「向舊世界宣戰」。其實，他們真正宣戰

51　宋永毅：〈中共的國家機器行為〉，宋永毅主編：《文革大屠殺》，頁16-17、19-20、24-25。

52　轉引自莫里斯・邁斯納：〈文化革命的概念〉，蕭延中主編：《從奠基者到「紅太陽」——外國人怎樣評論毛澤東》，頁391。

的不是「舊世界」，而是他們所理解的「舊世界」的象徵。那是些什麼東西呢？
首先是一些時髦青年的港式髮型，比如說飛機頭、螺旋寶塔型、「牛仔褲」、
「牛仔衫」和各種港式衣裙等等[53]——大家不要把毛澤東時代的中國想得很簡
單，它也有稀奇古怪的事情，雖然不直接受台灣影響，但還是受香港的影
響，所以也有奇怪的髮型。此外，還有火箭鞋（尖頭皮鞋）等等。所謂紅衛兵
的革命造反，就是站在馬路上，過路行人中，凡有梳飛機頭，穿尖頭鞋的，
就立即強制把頭髮剪了，把鞋扔了，讓你赤著腳走路。這其實就是孩子的惡
作劇，但也造成恐怖氣氛，誰也不敢上街。

這裡，還有一份北京二十六中（當時改名為「毛澤東主義學校」）編發的
〈破舊立新一百例〉，其中宣稱：「凡是不為廣大工農兵服務的日用品（香水、
雪花膏），立即停止出售」（第28條）；「不許資產階級混蛋隨便逛東蹓西、逛
公園〔……〕，不許他們想入非非」（第45條）[54]——這樣一個讓今人會覺得很
荒謬的宣告，其所隱含的絕對平均主義、排除日常生活的、禁欲主義的所謂
「革命化生活」想像，以及不允許「想入非非」的單一化、模式化的思想管控，
倒是道出了文革所要推行的「破舊立新」的某些實質性意圖。

「破四舊」還有一個內容，就是改街道的名字。比如東交民巷，當年是外
國大使館集中地，就叫反帝路，蘇聯大使館門前的路則叫反修路。大家現在
常去的長安街，就叫東方紅大街等等，以為名字一改，就實現「革命化」了。
這都可以叫作「革命幼稚病」。

造成災難的，是焚燒圖書、搗毀寺廟。其中最為轟動，影響最大的，
就是1966年10月在「中央文革小組」的支持下，北師大紅衛兵大造孔夫子的
反。據說有十萬人聚集召開「徹底搗毀孔家店大會」，結果毀壞了文物6,000
餘件，其中國家一級保護文物70餘件，燒毀古書2,700餘冊，其中珍本1,000
多冊，各種字畫900多軸，歷代石碑1,000多座。[55]在某種意義上，這是毛澤

53 　北京二中紅衛兵：〈最後通牒——向舊世界宣戰〉（1966年8月18日）。轉引自印紅標：《失
　　蹤者的足跡：文化大革命期間的青年思潮》，頁23。1966年8月26日《人民日報》在略作修
　　改後，發表了這張傳單，在全國產生了很大影響。

54 　汪學文：《中共文化大革命與紅衛兵》（台北：國立政治大學東亞研究所，1969），頁392-
　　394。轉引自金觀濤、劉青峰：《毛澤東思想和儒學》，頁129。

55 　轉引自劉曉：《意識形態與文化大革命》，頁328-329。

東所要鼓動的「破四舊」的一個象徵性事件。其實，早年的毛澤東就提出過要「將唐宋以後之文集詩集，焚諸一爐」的主張。[56]現在竟在毛澤東權力的推動下，在全國範圍內造成了民族文物與文化的一次大劫難。現在我們也終於明白：1953年焚燒沈從文的書，不過是一個預兆。

這種有著濃重的反智主義色彩的「破舊」的另一面，就是所謂「立新」。文革所要建立的新意識形態，在1966年的紅衛兵運動中也得到了充分的表現。其主要內容就是「三崇拜」：領袖崇拜、革命崇拜與群眾崇拜。「崇拜」二字，是最能顯示文革意識形態的非理性特徵的。

首先是「領袖崇拜」。我們說過，1958年在毛澤東的「要有正確的個人崇拜」的鼓勵下，曾有過歌頌毛澤東的熱潮；而文革的領袖崇拜，則有新的特點，主要有三。其一，文革前的個人崇拜是和黨崇拜聯結在一起的，崇拜和服從毛澤東，同時也要崇拜和服從黨；但在文革，特別是初期，毛澤東為了要打亂各級黨組織上下勾連的統治秩序，需要一定程度上破除黨迷信，於是就在《人民日報》文章所說「我們無條件地接受的，是以毛主席為首的黨中央的領導」之後，特意加上一句：「危害革命的錯誤領導，不應當無條件接受，而應當堅決抵制」。[57]這樣把黨分割成「正確領導」與「錯誤領導」，實際上就是要建立毛澤東個人的絕對權威，來取代黨的權威，甚至掃蕩、破壞各級黨組織的權威，於是就有了這樣的號召：「凡是反對毛主席，反對毛澤東思想，反對毛主席和黨中央的指示的，不論他們打着什麼旗號，不管他們有多高的職位、多老的資格，他們實際上是代表被打倒了的剝削階級的利益，全國人民都會起來反對他們，把他們打倒，把他們的黑幫、黑組織、黑紀律徹底摧毀」。[58]其二，文革中的毛澤東崇拜，從一開始就具有宗教儀式化的特徵。毛澤東的像章、畫像、座像、塑像、著作、語錄、詩詞，都成了「聖物」，幾乎供奉在每一個家庭。背誦毛澤東語錄，三呼「敬祝毛主席萬壽無疆」，成為集會等公共活動的基本儀式，還修建了各種「忠字台」、「忠字牌」，大跳「忠字舞」。以後又發展成「早請示」、「晚彙報」，要求在毛澤東像面前每天懺悔，

56　毛澤東：〈張昆弟記毛澤東的兩次談話〉（1917年9月），《毛澤東早期文稿》，頁639。

57　毛澤東：〈在《歡呼北大的一張大字報》一文中所加寫的批註〉（1966年8月5日），《建國以來毛澤東文稿》第12冊，頁93。

58　本報評論員：〈歡呼北大的一張大字報〉，《人民日報》1966年6月2日，第1版。

「鬥私批修」、「狠鬥私字一閃念」。[59]不但在工作單位，連家庭裡也要做這樣的準宗教儀式。最具有諷刺意味的是，毛澤東號召人民大破四舊時，是打著「破除迷信」的旗號的；而在號召「立新」時卻倡導新的、更大的迷信，造成更大的愚昧。其三，文革中的個人崇拜是服從於一個政治的，也是毛澤東個人的目標，就是要「用毛澤東思想統帥一切」。而用毛澤東思想統帥一切，就意味著思想上的絕對排異性。用林彪的話來說，就是「誰反對毛主席，反對毛澤東思想，全黨共誅之，全國共討之」。這就是意識形態專政，而且是以國家政治權力作為後盾的。文化大革命一開始就頒布的〈關於在無產階級文化大革命中加強公安工作的若干規定〉（一般稱為〈公安六條〉）裡，就明確規定「攻擊污蔑偉大領袖毛主席和他的親密戰友林彪同志的，都是反革命行為，應當依法懲辦」。而如研究者所說，「意識形態與國家權力的高度結合」，也就是「思想文化領域的全面專政」，這正是毛澤東發動文化大革命的目標之一。[60]

　　文革意識形態的第二個要點是「革命崇拜」。如前所說，紅衛兵打出的第一個旗號就是「造反有理」，也就是把革命（造反）的合理性推到極致，具有絕對的、至高無上的，甚至是唯一的價值。除了這樣的絕對性與唯一性外，文革中的革命崇拜也有三個特點。首先，如研究者注意到的，文革紅衛兵和後來的造反派，在高呼「造反有理」的同時，還高喊「革命無罪」，也就是說，革命造反的參加者都有一種「受虐─反抗」的心態，這既有事實依據（如在「五七體制」下受壓，或在文革的不同階段因為不同原因而受壓），也有在想像中被誇大了的悲情。[61]這正是毛澤東所要利用的，這樣的受虐心理支配下的革命，是具有極大的煽動力和社會動員力量的，它也極容易趨向狂熱與非理性。

　　其次，文革中的革命具有強烈的暴力傾向，紅衛兵的口號就是「紅色恐怖萬歲」。文革中最流行、影響最大、後果最嚴重的毛澤東的語錄就是他在〈湖南農民運動考察報告〉裡那句名言：「革命不是請客吃飯，不是做文章，不是繪畫繡花，不能那麼雅緻，那樣從容不迫，文質彬彬，那樣溫良恭儉讓。革

59　這也是文革中最響亮的口號，「鬥私、批修」被視為「無產階級文化大革命在思想領域中的根本綱領」。《人民日報》、《紅旗》雜誌、《解放軍報》編輯部文章：〈沿著十月社會主義革命開闢的道路前進〉，《人民日報》1967年11月6日，第1版。

60　劉曉：《意識形態與文化大革命》，頁354。

61　劉曉：《意識形態與文化大革命》，頁254-255。

命是暴動，是一個階級推翻一個階級的暴烈的行動」。毛澤東為「痞子」的辯護詞，更是傳遍文革時期的中國：「他們舉起他們那粗黑的手，加在紳士們頭上了。他們用繩子捆綁了劣紳，給他戴上高帽子，牽著遊鄉。他們那粗重無情的斥責聲，每天都有些送進紳士們的耳朵裏去。他們發號施令，指揮一切。他們站在一切人之上」，「他們打翻了大小土豪劣紳在地上，並且踏上一隻腳」。[62] 不僅毛澤東的暴力思想，連同他鼓勵的暴力行為，都成為紅衛兵和後來的造反派的行為典範。文革中的許多暴行，都是在「革命」的神聖旗號下發生的；文革中的革命也具有鮮明的「痞子」，即流氓化的特色。

其三，文革中的革命，也同樣具有宗教儀式化的色彩。研究者特別注意到了文革中，各種色彩的象徵意義：紅色與草綠色（軍服的顏色）被看作革命的象徵，白色與黑色，則是反革命的象徵。所有的革命鬥爭場所都是一片「紅色的海洋」，其間被遊鬥的「敵人」（從「走資派」，「反動學術權威」，到「地主」、「富農」、「歷史與現行反革命」、「壞分子」、「右派」），都戴白色高帽、掛黑牌。[63] 動輒幾萬、幾十萬、幾百萬的集會（批判會，申討會）、遊行示威，還有革命大串連，都成了革命儀式。宏大的場面、如潮的人群、山呼海嘯的口號，顯示了革命的非凡氣勢，更成為革命動員方式、心理控制方式，以形成非理性的群眾革命意志。

文革意識彤態的第三個要點是「群眾崇拜」。林彪公開鼓吹：「革命的群眾運動，它天然是合理的」。[64] 這就將毛澤東思想中的「人民至上」觀推向極致，「將群眾意志神聖化，普遍化，以群眾的思想和行為為絕對價值」，「將群眾的無拘束、無控制、非理性的『自由』當作一種烏托邦式的理想」，所謂「群眾自己相信自己，自己教育自己」變成了「群眾的自我崇拜」，「人民群眾當家作主」

---

62 毛澤東：〈湖南農民運動考察報告〉（1927年3月），《毛澤東選集》（一卷本），頁17-18、21。

63 劉曉：《意識形態與文化大革命》，頁257-258。文革中的「紅色海洋」，及其所象徵的革命暴力崇拜，其內蘊的暴力美學，引起了對於色彩極度敏感的畫家張汀的極度反感，以至引起生理的反應，嘔吐不已，「直至反感所有色彩，甚至必須把花色被面翻過去作裡子，顏色模糊些。作畫也只能用墨，故此畫起了純焦墨山水」，自成一派。參看灰娃：《我額頭青枝綠葉：灰娃自述》（北京：人民文學出版社，2010），頁103。

64 林彪在中央工作會議上的講話（1966年10月25日），宋永毅主編：《中國文化大革命文庫》電子光盤。

變成了無政府主義的隨心所欲，這就是文革中的「大民主」的實質。[65]這樣的群眾拜物教，也是文革暴力的一個重要根源，即所謂「群眾，群眾，多少暴力假汝之名以行！」

還需要指出的是，文革意識形態的「領袖崇拜」、「革命崇拜」，以及「群眾崇拜」，是以「領袖崇拜」為軸心的：毛澤東被視為革命的象徵和化身，群眾利益的最高代表，毛澤東思想則是革命與群眾的力量源泉，所謂革命意志與群眾意志，都是毛澤東意志的外化，而且最終要服從毛澤東的意志。文革中真正具有絕對性、唯一性的是毛澤東及其思想。毛澤東正是要利用群眾對革命的廣泛參與，來實現他的政治抱負。有研究者將文革時期的政治文化概括為「高度參與的依附型政治文化」，是很有道理的。[66]

應該說，文革初期的老紅衛兵是上述文革意識形態的忠實推行者，是符合毛澤東的意志的，因此，他們得到毛澤東的支持和利用，也理所當然。但隨著紅衛兵運動的發展，毛澤東卻越來越不滿意這些老紅衛兵。這裡主要的問題是，老紅衛兵看起來氣勢洶洶，打擊面很寬，不僅國家文物，連普通人民，包括青年的生活，日常穿戴，都要干預，而且還揚言「橫掃一切牛鬼蛇神」，但他們革命、造反的對象，恰恰沒有毛澤東最在意，也最要打擊的「走資本主義道路當權派」。因為當權派都是他們的父母，所以後來有人反對他們，說他們是「保爹保媽派」。事實也確實如此。當他們的父母受到衝擊時，他們就組織起來，成立「中央、北京黨政軍幹部子弟（女）聯合行動委員會」（簡稱「聯動」）和「首都紅衛兵糾察大隊西城分隊」（簡稱「西糾」），公開發表通告，宣稱要「保衛黨的各級組織和優秀、忠實的領導幹部」，「忠於馬列主義和一九六〇以前的毛澤東思想」，[67]「堅決、徹底、全面、乾淨地粉碎中共中央

65　劉曉：《意識形態與文化大革命》，頁289。

66　劉曉：《意識形態與文化大革命》，頁301。

67　這裡以「1960年」為界，似乎有些費解。其實老紅衛兵所反對的是準備發動文化大革命以後的毛澤東思想，如第八講所分析，實際上是從1962年開始，以「1960年」為界，是一個籠統的時間概念。但其所表達的意思還是清楚的：老紅衛兵反對的是準備和發動文革的毛澤東，而擁護的是準備和發動文革之前的毛澤東，也就是通常說的「十七年」的毛澤東，也即我們所討論的建立「五七體制」的毛澤東。

委員會，二個主席，幾個委員左傾機會主義路線」，[68]「堅決地，全力以赴地打倒左傾機會主義路線產生的反動造反組織」。[69]其實這些高幹子弟老紅衛兵他們真正要保衛的，是不受制約、監督的黨的絕對權力，以及各級黨領導幹部獨攬大權的書記專政的「五七體制」，維護體制給他們的父母、家庭和自己帶來的既得利益和既定秩序，這就顯示了本質上的保守性。

其實，和這些老紅衛兵同時，還有一批人，我們把他叫「保守派」。保守派跟老紅衛兵都要維護「十七年體制」，不同之處在於，老紅衛兵要維護的是「十七年體制」下的高幹利益，而保守派的主要骨幹成員，是「十七年體制」群眾當中的「左派」，還有一些基層黨領導幹部的子女、親友，其中也有工人、農民基本群眾，特別是老工人、老農民、老勞動模範，他們或是要維護自己在「十七年體制」下的既得利益，或者是出於對共產黨的感恩之情，也都要「保衛黨和各級領導幹部」。

但他們不知道，在1966年的中國政治中，要「保衛黨和各級領導幹部」恰恰違背了毛澤東發動文化大革命，搞亂各級黨組織的意圖。這樣，從文革一開始，不僅是保守派，而且更是這些首先響應號召起來造反的高幹子弟老紅衛兵，都和毛澤東發生了衝突。對毛澤東而言，他處心積慮地發動紅衛兵起來造反，固然想利用紅衛兵煽風，點起了文化大革命造反之火，部分地達到了自己的目的，但這些高幹子弟老紅衛兵出於自身的利益，卻最終走到了毛澤東意圖的反面。在毛澤東看來，他們只打擊地富反壞右，卻放過當權派，都會轉移文化大革命的鬥爭方向，甚至他們的「破四舊」，也有使革命庸俗化，造成社會混亂的負作用。這更意味著，毛澤東的「無產階級專政條件下的繼續革命」從一開始就遭到了歪曲和抵制，這是毛澤東所不能容忍的。

更重要的是，這些高幹子弟背後還站著他們的父母。現在很多的材料都

68　這裡所說「二個主席」，應指毛澤東和林彪，「幾個委員」自然是指陳伯達、康生等（當時江青、張春橋、姚文元等都不是中央委員）。但〈通告〉又同時宣布要在「中共中央主席和第一副主席直接指示下工作」。宋永毅、孫大進編著：《文化大革命和它的異端思潮》，頁106。

69　這裡所說的「反動造反組織」，也就是我們下文所要討論的「造反派紅衛兵」。以上引文見〈中央、北京黨政軍幹部子弟（女）聯合行動委員會通告〉，宋永毅、孫大進編著：《文化大革命和它的異端思潮》，頁106-107。

證明，紅衛兵的造反行動有很多高級幹部的支持與參與。[70]比如鄧小平的女兒就是打死北師大附中女校長的紅衛兵頭頭，鄧小平本人對這所學校的運動也有具體指示。最近這位當年的老紅衛兵頭頭寫回憶錄，恰好迴避這樣一段歷史，引起許多人的不滿，這是可以理解的。

這就說到了黨內以劉少奇為首的高級幹部，對毛澤東發動的文化大革命的反應、態度和對策。劉少奇說：「至於怎麼進行無產階級『文化大革命』？」「我老實回答你們，誠心地回答你們：『我也不曉得』」，鄧小平則說：「有的同志說，老革命碰到新問題，的確是這樣」。這裡說的「有的同志」，據陶鑄說，實際上是一位中學生[71]——文化大革命確實是這些黨的高級幹部從來沒有遇到過的特殊「革命」。所以，或者是出於本能的抵制，或者是出於習慣性的反應，在一開始，以劉少奇為代表的中共各級幹部，都把文化大革命理解為新一輪的反右運動。他們首先做的第一件事，就是把黨內掌握了文化領導權的知識分子，當作「修正主義黑幫」拋了出來，實際是這些黨內大知識分子都有一定的獨立思考能力，和獨攬大權的黨官僚之間時有衝突，現在就趁革命之機予以打擊，其做法和我們以前講過的藉反右排除異己同出一轍。同時他們又把眼睛盯著群眾中有獨立思想的人，準備他們跳出來就打成「右派」。劉少奇對此有明確的部署：「當牛鬼蛇神紛紛出籠開始攻擊我們的時候，不要急於反擊。要告訴左派，要硬著頭皮頂住，領導上要善於掌握火候。等到牛鬼蛇神大部分暴露了，就要及時組織反擊」，「對大學生中的反黨反社會主義分子，一定要把他們揪出來」，高中應屆畢業生「經過市委批准，可以批判鬥爭和戴帽」。[72]這完全是按照反右運動的做法來部署文化大革命。而且劉少奇的這一部署是符合各級黨組織的利益和要求的，因此，得到了堅決的貫徹和執行。四川省委第一書記，人稱「西南王」的李井泉就公開宣布：「這一次要捉二

70　參看印紅標：《失蹤者的足跡：文化大革命期間的青年思潮》，第一章註釋（11），頁43-44。

71　劉少奇、鄧小平在人民大會堂召開的「北京大中院校和中等學校師生文化大革命積極分子大會」上的講話（1966年7月29日）。轉引自閻長貴：〈「老革命遇到新問題」這句話是誰說的？〉，閻長貴、王廣宇：《問史求信集》，頁102-103。

72　劉少奇：〈批轉中南局〈關於文化大革命的情況和意見的報告〉〉、〈批轉中共西北局〈關於無產階級文化大革命的意見和部署〉〉（1966年6月13日）。轉引自高皋、嚴家其：《「文化大革命」十年史》，頁25-26。

十萬右派，叫馬識途（1915-）〔錢註：在運動一開始就被李井泉拋出的黨內知識分子、西南局宣傳部副部長〕帶著到大涼山開荒」。[73]湖北省委書記王任重（1917-1992）也有一個「七‧三指示」，提出「要引蛇出洞，槍打出頭鳥，打擊學生中的右派分子」，[74]連用語都和五七反右運動同出一轍。

這樣，文化大革命從一開始就在以劉少奇為首的高幹和他們的子女合力下，被引向了和毛澤東預設的革命對象完全相反的方向，成了新一輪的反右運動。我自己，也就是在這樣的背景下，被打成反革命。我有兩頂帽子，一是「資產階級反動學術權威」，另一個是「地主買辦資產階級的孝子賢孫」，其依據就是我的家庭出身。當然，更主要的原因，還是我喜歡獨立思考，和基層黨組織發生過頂撞。在全國各地，各學校，各單位，都有我這樣的「反革命」。

更嚴重的是，我們上次講課中提到的，文革前夕已經出現的毛澤東主義者，他們本來應該是毛澤東發動文化大革命的群眾基礎，但在劉少奇主持下的「新反右運動」中也被打成所謂「假左派，真右派」。像陳一諮就因為他堅持對黨的各級領導都要提出懷疑，從運動一開始就受到了嚴厲的打擊，革命的動力反而成了革命的對象。這自然是毛澤東不能允許的：那會從根本上掏空整個文革的基礎。

但從另一個角度看，這樣一個局面也可能是毛澤東有意造成，是他發動文化大革命的一個戰略部署，是他「設置對立面」的策略又一次成功運用的結果。毛澤東1966年5月在北京發出要開展文化大革命的動員令以後，他自己就南下了，把整個文革領導工作交給劉少奇、鄧小平。這個作法很接近於上次我們談到1962年那次「南巡」。他實際上就是為劉少奇、鄧小平設置了一個陷阱，看他們如何「表演」，同時也在等待矛盾的激化。這是什麼意思呢？我們上次講課談到，文革前夕，雖然已經存在各種複雜的社會矛盾，群眾中有怨憤的情緒，但並沒有發展到要革命的地步。也就是說，真正發生毛澤東所

73　馬識途：《滄桑十年》（北京：中共中央黨史出版社，1999），頁72。該書的《附錄》保留了文革期間的一張《文藝界修正主義頭目》的大字報，記錄了在文革中被揪鬥的思想文化學術界的領導和著名知識分子196人的名單。可供參考。

74　參看碧峽：〈波瀾乍起──武漢水電學院的1966〉，徐友漁主編：《1966：我們那一代的回憶》（北京：中國文聯出版公司，1998），頁195。

需要的、以各級黨組織為對象的革命，其時機還沒有成熟，毛澤東要等待矛盾的激化。現在，從中央的劉少奇、鄧小平到地方各級黨組織，都把文革變成新一輪的反右運動，在各單位抓「右派」、對家庭出身不好的或者是有不同思想、不服從領導的人進行殘酷的鎮壓，實行「無產階級專政」，一下子就把矛盾激化，真的變成你死我活的鬥爭了。像我和學校支部書記的矛盾，本來沒那麼尖銳，現在書記把我打成反革命，我也只有拼死反抗，把他打倒，我才能真正解放。這樣的情緒在當時也是普遍的。

毛澤東看準時機，回到北京，立刻召開第八屆十一中全會[i]，亮出底牌，寫了一張大字報，題目是〈炮打司令部〉，把矛頭直指劉少奇為首的所謂「資產階級司令部」：

> 在五十多天裡，從中央到地方的某些領導同志，〔……〕站在反動的資產階級立場，實行資產階級專政，將無產階級轟轟烈烈的文化大革命運動打下去，顛倒是非，混淆黑白，圍剿革命派，壓制不同意見，實行白色恐怖，自以為得意，長資產階級的威風，滅無產階級的志氣，又何其毒也！聯繫到一九六二年的右傾〔錢註：指一九六二年劉少奇的整頓〕和一九六四年形「左」而實右的錯誤傾向〔錢註：指四清運動中劉少奇的主張和做法〕，豈不是可以發人深醒的嗎？[75]

可以想見，毛澤東的這張大字報傳達到全國各地，會引起怎樣的爆炸性的反應。成千上萬像我這樣的關在牛棚裡面的「反革命」一下子就站起來了，覺得是毛主席解放了自己，自己也就義無反顧地要跟隨毛主席去造反，衝擊資產階級司令部，和將我們置於死地的各級黨組織，進行一場生死的搏鬥。毛澤東很快地就勢發動一場大規模的「批判資產階級反動路線」的運動。造反之火立刻燃遍全中國。毛澤東又反過來收拾那些老紅衛兵，說：「紅衛兵也是不斷分化的，夏季是革命的，冬季變成反革命的」。[76]老紅衛兵中「聯動」和「西糾」的骨幹都被投入了監獄，老紅衛兵造反運動就此結束，其中一部分人由此走上反毛澤東、反文革的道路。這倒是真正實現了他們大字報裡的話：「一反

75　毛澤東：〈炮打司令部──我的一張大字報〉（1966年8月5日），《建國以來毛澤東文稿》第12冊，頁90。

76　1967年2月23日毛澤東會見阿爾巴尼亞領導人卡博、巴盧庫的談話。轉引自印紅標：《失蹤者的足跡：文化大革命時期的青年思潮》，頁32。

到底」。以後我們還會講到，「造反」的邏輯堅持到底，都會最終走向反毛澤東。

二、以「五七體制」受壓者為主體的造反派的造反運動與思潮

關於「以五七體制受壓者為主體的造反派」這個概念，需要做幾點說明。首先，這裡講的造反派，已經不只青年學生，也包括社會各階層，因此有工人造反派、農民造反派、機關幹部造反派、教師造反派等等。學生造反派一般又稱為「造反派紅衛兵」，或「新紅衛兵」，以和前面講的以高幹子弟為主體的老紅衛兵相區別。在我的敘述裡，將「紅衛兵」特指「老紅衛兵」，而將「造反派紅衛兵」稱為「造反派」。第二，講「主體」，就說明造反派的成分非常複雜，包括「五七體制」中的「左派」也有參加造反派的，還有大量的中間派。這些造反派裡的當年的「左派」，以後在造反派思潮中，有很獨特的表現，我們後面會詳細展開。第三，我們這裡講「受壓者」，這是一個描述性的、中性的概念，並不包括價值判斷，不是說受壓者就是好的、革命的。我們後面會講到，造反派當中有一部分人，屬於流氓無產者，他們在「五七體制」下也受到壓制，因此他們參加造反派的情況和作用就相當複雜。最後，在「五七體制」裡受到鎮壓的那一方，也就是所謂「地富反壞右」，他們在文化大革命中還是革命專政的對象，所以不可能參加造反派。當然，也還有些人，特別是一些「右派」，他們也曾起來參加造反，但很少有造反派組織直接接納他們。

還要說明的是，造反派在目前大陸的學術研究和輿論及人們的印象中，都還是一個負面的形象。所以大家如果有機會看有關文革的電影、小說和回憶錄，凡是造反派，十之八九都是兇狠的暴徒形象。但是實際情況可能是更加複雜的。我覺得對造反派全面的、簡單的否定，可能會遮蔽一些很重要的東西。我下面的講述，就希望能夠恢復歷史本身的複雜性與豐富性。

造反派的最大特點，或者說他們和紅衛兵的最大區別就在於，他們充分利用文化大革命給予的「大民主」、「五大自由」，把鬥爭矛頭始終指向黨內走資本主義道路當權派。他們的目標非常明確，在這個意義上，他們是真正的毛澤東所發動的「無產階級專政下繼續革命」的自覺實踐者，也可以說他們是毛澤東終於找到的推動文化大革命的基本力量。他們的使命就是在毛澤東和

中央文革小組的支持指引下，把批判矛頭指向各級黨組織，當時的說法，是要「炮轟」各級黨組織，所以最初造反派也被稱為「炮轟派」，它也確實起到了一個衝擊的作用。紅衛兵的黃金時代只有1966年6至8月，而造反派的黃金時間，則大概是1966年10月到1967年1月，在「批判資產階級反動路線」到「全面奪權」這一段時間，也同樣只有三個月。在此之後進入「奪權」，情況就非常複雜了。但就在短短幾個月裡面，造反派對「五七體制」確實進行了全面的衝擊，大體表現在下面幾個方面。

首先，他們的造反導致了階級隊伍的大變動。毛澤東在文革一開始，就提出要以「對待這次文化大革命的政治態度」作為區分「左、中、右」的標準。[77] 由此，原先「五七體制」裡的「左、中、右」區分，幾乎顛倒了過來。原來的「左派」，其主體大都變成「保守派」；原來的「右派」，許多變成「革命的造反派」。也就是說，在文革中「保守派」和「造反派」的劃分，代替了「五七體制」中的左、中、右劃分。有意思的是，無論是造反派還是保守派，都把毛澤東看作是自己的後台，都認為毛澤東是支持自己的。在文革中就有「兩個毛澤東」的說法：保守派把毛澤東看成是自己既得利益的代表，是「對一小撮地富反壞右」實行階級專政的「合法性」的「人格化的象徵」；而造反派則把毛澤東看作「永生不背叛民眾的革命家領袖」，「反抗特權階層壓迫的正義帶頭人」，對於他們，毛澤東甚至具有「『革命戰友』的意味」。[78] 在我看來，這在某種程度上也反映了毛澤東的兩重性，毛澤東自己說過：「在我身上有些虎氣，是為主，也有些猴氣，是為次」。[79] 所謂「虎氣」，就是要維護既得利益、既定的一黨專政秩序；所謂「猴氣」，則意味著他有時候要打亂舊秩序。但是正像毛澤東自己說的，虎氣是為主的、基本的，所以造反派把毛澤東視為「戰友」，就再次犯了1957年「右派」的錯誤，這又是一個導致嚴重後果的歷史大誤會。

其二，作為「五七體制」核心的各級黨組織的第一把手專政，在造反派的造反中，受到了全面的，甚至是摧毀性的打擊。在很短的時間內，幾乎全國從上到下所有黨組織的第一把手，都被打倒或者靠邊站，各級黨組織因此癱

77　王力：《王力反思錄》（下）（香港：北星出版社，2001），頁631。

78　尤西林：〈文革境況片斷〉，徐友漁主編：《1966：我們那一代的回憶》，頁8-9。

79　毛澤東：〈給江青的信〉（1966年7月8日），《建國以來毛澤東文稿》第12冊，頁72。

瘓，這是非常罕見的現象。這大概是毛澤東的魄力所在：他為了達到自己的目的，不惜將參與創建的黨，摧毀於一旦。在各級黨組織癱瘓以後，毛澤東採取了極其特殊的統治方式：一方面，在中央一級，保留了幾個辦事機構：中央文革小組、中央軍委文革領導小組、國務院工作班子。然後通過所謂「兩報一刊」，即《人民日報》、《解放軍報》和《紅旗》雜誌，直接向全國發表「最新指示」，指揮全國運動。那時候，每當報刊上發表毛澤東的新號令，全國各地的造反派、保守派都會立即遊行表示支持。他就是用這樣的方式，來實行他所理想的「個人登高一呼，群眾直接響應」的「領袖獨裁」與「群眾專政」相結合的統治方式。

其三，極其嚴密的單位制度，在造反派的衝擊下，也被撕開了裂口。作為單位制保證的那些基本制度，如：政治鑒定制度、政治審查制度、檔案制度等等，在這一時期都受到尖銳的批判。很多單位、學校、機關，都發生了造反派去搶檔案的事件，當年的排隊名單、單位領導的私下鑒定，都被公布，更是激起大家的憤怒，這也是發動群眾的一個辦法。

而且監獄、勞改、勞教部門都受到衝擊。當時有個口號叫「砸爛公檢法」，一向視為無階級專政的機構，公安部門、檢察院、法院都有人造反。造反之風也刮到軍隊，出現軍隊造反派，儘管主要是限制在軍隊院校、文藝團體，但衝擊力也很不小。

「大民主」、「五大自由」帶來有限度的言論、出版、結社、遊行示威、集會自由，更是使得單位的束縛力、控制力幾乎失效。任何革命群眾都可以成立自己的組織，不需要批准，隨時可以上街遊行。而且各群眾組織都可以自己出報紙，無需經過任何審查，需要經費，就直接向當權派要錢，那時候當權派很害怕群眾，很少不批准的。而全國範圍，各行各業，各部門的大串連，更是完全打破了各單位之間壁壘和限制。[80]像我這樣的青年教師，青年知識分子，因為大串連就有機會到工廠、農村，甚至到兵營，跟社會各階層有極其廣泛的聯繫，也沒有人管你。許多學生們就趁大串連的機會，到全國

80　王力回憶說，大串連是毛澤東堅決提倡的，他說：各地學生到北京要免費，到北京大鬧一場，他才高興。又說：中國要防修，就要讓更多的青少年直接見到我。王力：《王力反思錄》（下），頁647。

各地遊山玩水，順便做社會調查，也讓他們了解社會的各個方面，取得了封閉在校園裡完全不可能有的各種豐富的經驗。這對這一代人以後的思想，以至精神氣質的形成、發展，都有深遠的影響。

其四，或許更為重要的，是思想的解放。一旦從黨專政的思想束縛中解放出來，就突然意識到自己的利益所在。各階層都提出各自的利益訴求，形成了「形形色色的造反」。[81]這其實是文革相當重要的方面。這裡只能作一個大體的介紹。

第一，是農民的訴求。這裡有一些很有意思的材料。文革中福建省有一個農民組織，名稱叫「中國共產黨幸福委員會，中央軍事委員會66027司令部」，並且宣稱是劉少奇直接領導的。他們秘密串連，居然有290多人參加，提出的綱領是「爭自由，爭幸福」，「要打倒一切不合理制度，反對統購統銷！擁護繳公糧，擁護三自一包、四大自由！」[82]這其實是表達了農民最樸實的要求：我負責繳公糧，繳完公糧後其他事政府和黨都不要管，給我們農民充分自由。為什麼要說是劉少奇領導的？因為農民從文化大革命對劉少奇的批判中，突然發現劉少奇主張「三自一包」[ii]，完全符合農民利益、要求，因此願意擁戴劉少奇為領袖。這樣一個文化革命中出現的「中國共產黨幸福委員會」，看起來很奇怪，其實是用中國農民傳統的秘密結社的方式，打著共產黨、劉少奇的旗號來表達農民的基本要求。

還有一些農村出身的知識分子，在文革中就更自覺地要代表農民說話。湖南有一個高中畢業生叫蕭瑞怡（1948-），他直接上書毛澤東，提出經濟自由、政治自由和思想自由的三大訴求：要求「獨立自由地生產」，[83]反對「將農民當作農奴一樣箝制在集體」，[84]要求從根本上改變現行土地制度，實行包產

---

81 「形形色色的造反」這一概念是徐友漁在其專著《形形色色的造反：紅衛兵精神素質的形成和演變》（香港：中文大學出版社，1999）首先提出的。不過他所討論的主要是紅衛兵造反，而我們的討論則更廣泛。

82 據我的一份研究筆記，當時匆忙寫作間，未及時註明出處，但肯定是來自某本書某篇文章。在寫作本書時，多次尋找也未找到。本想刪去這個材料，但又覺得文革期間農民的動向的材料極其稀缺，這一材料自有特殊價值，故還是保留在此，僅供參考。

83 蕭瑞怡：〈上毛澤東萬言書〉（1968年5月-6月），余習廣主編：《位卑未敢忘憂國：「文化大革命」上書集》（香港：泰德時代出版有限公司，2006），頁3。

84 蕭瑞怡：〈上毛澤東萬言書〉（1968年5月-6月），余習廣主編：《位卑未敢忘憂國：「文化

到戶,即土地國有,農民充分享有耕種、收穫的權利;反對「人為的階級鬥爭」,[85]反對「個人獨裁」;[86]反對將思想「永遠束縛在牢籠中」,[87]要求解放人民思想。

第二是工人的訴求。工人更多地提出經濟利益的要求,如一位廣州工人(後來成為工人造反派)所描述:「鬱積在廣大群眾胸中多年不敢講的話,不敢提的合理要求,此時都如開了閘門的洪水洶湧而出。工資長期凍結問題,合同工長期不轉正的問題,勞保問題,福利補助問題,知青就業問題,宿舍分配問題,拖欠加班費問題,等等」,都提了出來,「群眾憤怒地向幹部責問著、喝斥著,他們數述自己多年來所受不合理待遇,譴責領導對工人冷酷無情,毫不體恤,繼而向領導提出了種種要求」。[88]所謂「鬱積多年」,是因為在「五七體制」下面,特別是在富國強兵的現代化路線下,只談積累不談消費、只談貢獻不談福利、只談精神不談物質、只談集體不談個人,這就直接造成工人在物質上的貧困,背後自然也有精神的貧困,現在藉文革造反之機,工人就開始自覺地爭取個人正當利益,維護自己的生存權利,這自然是意義重大的。但毛澤東卻認為這是干擾他的政治鬥爭的大方向,是提倡資本主義自發傾向和修正主義物質刺激、瓦解社會主義經濟基礎,因而以「反革命經濟主義」的罪名,將其打壓下去。[89]而當時的造反派紅衛兵也沉溺於「精神至上」的迷亂中,沒有對工人和底層民眾的物質利益要求給予及時的有力支持,這是文革的造反運動以後逐漸脫離群眾的重要原因。

工人第二個方面的訴求涉及「用工制度」問題,當時中國實行兩種勞工制度,同一個工廠的工人中,有正式職工和臨時工、合同工的區別。正式職工

大革命」上書集》,頁4。

85　蕭瑞怡:〈上毛澤東萬言書〉(1968年5月-6月),余習廣主編:《位卑未敢忘憂國:「文化大革命」上書集》,頁8。

86　蕭瑞怡:〈上毛澤東萬言書〉(1968年5月-6月),余習廣主編:《位卑未敢忘憂國:「文化大革命」上書集》,頁11。

87　蕭瑞怡:〈上毛澤東萬言書〉(1968年5月-6月),余習廣主編:《位卑未敢忘憂國:「文化大革命」上書集》,頁1。

88　劉國凱:〈文化革命簡析〉,劉國凱主編:《封殺不了的歷史》,頁340。

89　1967年1月11日,在毛澤東提議下召開的政治局會議通過了〈中共中央關於反對經濟主義的通知〉。見《周恩來年譜1949-1976》(下),頁111-112。

基本上是有城市戶口的工人，合同工和臨時工則來自農村，有點類似今天的農民工，這背後顯然存在著對農民身分歧視與城鄉不平等的問題。這些合同工、臨時工起來造反，就是要破除這樣不合理的用工制度，及其背後的城鄉二元對立結構。

在文革中，各個工廠比較集中的大城市，如上海、武漢、瀋陽、成都、天津等地，工人造反運動都有比較大的發展。如一位研究者所注意到的那樣，「自從1927年中國無產階級受到蔣介石軍隊的殘酷鎮壓以來，正是文化大革命使城市無產階級第一次在政治上活躍起來」。[90] 我們前面一再說到，毛澤東所領導的中國革命和建設，都是以農民、農業為基礎的，因此，工人在國家政治生活中的作用和地位，是相對被忽視的；只有在文革期間，無論是前期的造反運動，還是後期的「工人階級占領上層建築」，工人的地位和作用都相當突出。毛澤東還有意識地將一些工人（如上海的王洪文（1935-1992）、陝西的吳桂賢（1938- ））提升到中共中央副主席、國務院副總理的位置。文革中的中國工人階級運動應該是一個很重要，也很有意思的研究課題，可惜至今仍少有研究，我們也只能把問題提出來，而無法展開論述。

第三是青年學生的訴求。青年學生的造反，主要是針對學校教育，響應毛澤東號召，要求進行教育改革，其核心是要求獨立思考的權利，反對思想的束縛。

第四是歷次運動中大量的受害者，這時候都紛紛起來要求平反。其中特別引人注目的是1957年的「右派」，有一段時間「右派」相當的活躍，積極爭取自己的權利。[91]

90　莫里斯・邁斯納：〈文化革命的概念〉，蕭延中主編：《從奠基者到「紅太陽」──外國人怎樣評價毛澤東》，頁384。

91　據胡平：《禪機：1957苦難的祭壇》介紹，1967年夏天前後，1957年的右派在全國各地相互串連，進行有組織的翻案活動。其中鬧得頗有影響的是湖南。在這個省，《萬山紅遍》、《赤遍全球》、《新湖南報》等小報，連連讓右派出來訴冤情倒苦水，並發表洋洋灑灑的長文：〈評反右運動中的劉鄧修正主義黑線〉。在隨後的「清理階級隊伍」運動中，他們都被打成造反派的「黑手」和「後台」，遭到了殘酷迫害。胡平：《禪機：1957苦難的祭壇》，頁569、604。我們在前面提到的1958年四川中學生中的所謂「反社會主義分子」，也成立了「五八高三造反聯絡站」，印發了《千秋功罪》等控訴材料，見《五八劫：1958年四川省中學生社會主義教育運動記實》書中「文革中的控訴材料」。王建軍主編：《五八劫：1958年四

　　在前面這些群體紛紛提出訴求時，這一時期知識分子的群體沉默，則更引人注目。這當然跟知識分子在文革中處於被革命的處境有關，但另一方面也表明了知識分子經過歷次政治、思想運動的整治，思想已處於萎縮狀態，以致於我們下面要詳細討論的文革中的民間思潮裡，大概除了顧準等少數人外，知識分子基本上沒有貢獻，這是很令人痛心和深思的。

　　1966年造反派的造反，還有另外一方面，即他們對毛澤東無產階級專政下繼續革命理論的忠誠和執行是全面的，因此，他們在衝擊各級黨組織的同時，又自覺地承擔了「在文化、教育領域對資產階級知識分子實行全面專政」的任務。這就造成了校園和機關、工廠裡新的紅色恐怖，造反派對關在「牛棚」裡的所謂「資產階級反動學術權威」和「走資本主義道路的當權派」所進行的殘酷迫害，完全不亞於「紅八月」那些老紅衛兵所為，留下了許多真實而血淚斑斑的回憶。我們固然不能將造反派簡單的妖魔化，但造反派也確實有嗜殺的這一面，同樣不能回避。這是文革的本質所決定的：表面叫「文化大革命」，其實是要在文化領域實行「全面專政」，無論是紅衛兵造反，還是造反派造反，都充滿血腥性，這當然不是偶然的。

　　還要指出並強調的是，毛澤東和中央文革小組對於造反派既鼓勵支持，但其實也是利用的，對他們更是有限制的。最基本的限制，就是造反絕不能反到「以毛澤東為首的無產階級司令部」頭上。如前所說，文革一開始，就明確規定：凡是懷疑、批評毛澤東、林彪（後來又擴大到江青等，即所謂「無產階級司令部」）的，都是現行反革命，一律逮捕法辦。據調查，文革中僅因對林彪、江青不滿而定罪被捕判刑的，就有十萬多人，因毛澤東而受害者則不計其數。[92]所以文革中大鳴、大放、大辯論、大串連、大字報的「五大自由」、「大民主」，絕不是憲政民主，也不是真正的人民民主，那是一種「恩賜民主」，不但有很大的限制，而且是可以根據毛澤東的個人意志以及黨的意志而隨時收回的。給不給民主、給到什麼程度，就要看是否有利於「無產階級專政」也即「一黨專政」。比如說，從表面上看，文化革命期間，特別是初期，可以隨便成立群眾組織，但這絕不是真正的結社自由，因為它有一條限制：絕

川省中學生社會主義教育運動記實》（自印本）。

92　郭超人、陸拂為：〈歷史的審判〉。轉引自胡鞍鋼：《毛澤東與文革》，頁223。

不允許成立全國性的組織，並於1967年2月發布了〈關於取締全國性組織的通告〉。[93] 當時曾經有過一些全國性的組織，如「全國紅色勞動者造反總團」[iii]、「全國農墾戰士革命造反團」[iv]、「全國合同工臨時工造反團」[v]、「全國知識青年造反團」[vi]、「全國聾啞人革命造反團」[vii] 等等，正反映了前面我們講過的，各個利益群體都組織起來提出自己的利益訴求，但這些全國性組織最後都被取締了，很多組織者還遭到殘酷鎮壓。原因就在於這些全國性組織有可能發展為全國性政黨，形成對共產黨的挑戰。在一黨專政體制下，共產黨只能是唯一者，絕對不允許有不受共產黨控制的、獨立的全國性組織存在的空間。這一點，即使是文化大革命的所謂「大民主」造成的大亂中，還是堅持不變的。因此，造反派的造反，實際也是受嚴格控制的造反。

但是從另一方面看，特別是考慮到「五七體制」下的「萬馬齊喑」的全民無聲狀態，文革中，特別是文革初期的有限造反，無論如何，也該算是一次思想的解放。儘管只有歷史的一瞬間，大概只有三、四個月的時間，但是民間思想還是非常活躍，甚至可以說是空前未有的活躍，出現了一波又一波的批判思潮，留下了許多有價值的思考成果。因為時間關係，我們也只能作簡單的介紹。大體上有三大思潮。

（一）「血統論」批判

其實我們剛才介紹紅衛兵造反的時候，就已經講到，高幹子弟的造反是以血統論為理論支撐的。當時在中學裡有一場非常有意思的、關於一幅對聯的爭論。先是高幹子弟的紅衛兵貼出一幅對聯。上聯是「老子英雄兒好漢」，下聯是「老子反動兒混蛋」，橫批是「基本如此」。這是在公開鼓吹血統論，倡導者並且直言不諱地說：「我們是『既得利益者』」，講血統，就是要維護既得利益。[94] 這自然會引起激烈的爭論，因為這涉及每一個人的利益，不能不捲進去。

後來許多中學生，特別是非革命幹部子弟的中學生，都迅速的轉向造反

93　見王力：《王力反思錄》（下），頁887-888。

94　參看譚力夫：〈從對聯談起〉（1966年作），〈譚力夫在8.20辯論會上的發言〉（1966年作），以上兩文原載上海市上海中學《思潮集》（1968年印），現收錄於宋永毅、孫大進編著：《文化大革命和它的異端思潮》，頁88-97。

派，跟這場爭論是直接相關的。可以說造反派最主要的理論旗幟之一就是「反血統論」。

批判血統論代表人物是一位名叫遇羅克（1942-1970）的青年工人，他因為寫了一篇很有影響的長篇論文〈出身論〉而慘遭屠殺。就是因為他的文章觸及了一黨專政體制的要害。文章尖銳地指出，在社會主義的中國，「一個新的特權階層形成了，一個新的受歧視的階層也隨之形成了。而這又是先天的，是無法更改的」，這是「反動的種姓制度，人與人之間新的壓迫」[95]——這是文革中第一次提出「特權階層」的問題，顯然是延續了1957年校園民主運動中關於特權階層問題的思考，它的特點是揭示了「五七體制」中一個相當核心的問題，即「種姓制度」的形成。

在我們前面曾經提到1957年北大「右派」中的理論家譚天榮，他在文革中寫的一篇文章裡也指出：「種姓制度，戶口管理制度和群眾運動」是「五七體制」的「三大支柱」，正是「種姓制度使得中國得以以種姓迫害冒充階級鬥爭，掩蓋了真實的階級壓迫和剝削」。[96]我們在前面討論「五七體制」時也說到，「五七體制」劃分左、中、右的標準之一，就是家庭出身，而且這樣的出身是世襲的。在1964年前後強調培養革命接班人時，更是明確提出了所謂「階級路線」問題，規定無論上學、就業，都要注重家庭出身。〈中共中央關於印發和宣傳農村社會主義教育運動問題的兩個文件的通知〉更規定地主、富農子女「一律不能擔任本地的基層領導幹部，一般地也不宜負責會計員、記分員、保管員等重要職務」。[97]在〈出身論〉發表後，一位司機交來一份〈學習駕駛員的條件〉的文件，規定「駕駛員的培養對象要貫徹階級路線，以廣大工農兵、革命幹部、烈軍屬子弟為主，對家庭出身地、富、反、壞、右、資本家的原則上不培養」。[98]一位煤礦工人也來信說，在他所在的礦山裡，「工資改革，

---

95 遇羅克：〈出身論〉（1966年7月-11月），原載1967年1月18日《中學文革報》第一期，署名北京家庭出身問題研究小組，現收錄於徐曉、丁東、徐友漁主編：《遇羅克遺作與回憶》（北京：中國文聯出版公司，1999），頁20、3。

96 譚天榮：《我所理解的馬克思主義》（手稿）。

97 〈中共中央關於印發和宣傳農村社會主義教育運動問題的兩個文件的通知〉，中共中央文獻研究室編：《建國以來重要文獻選編》（北京：中央文獻出版社，1997），頁409。

98 遇羅克：〈談鴻溝〉，原載1967年2月27日《中學論壇》第1期，署名北京家庭出身問題研

級別調整，幾乎也拿出身問題做為一個先決條件」，「出身不好，好像就要低人一頭，成了先天罪人」。他問：「這不是人為地要在工人階級內部製造階層嗎？」[99]問題的實質正在這裡：所謂「階級路線」就是要以階級出身來劃分新的等級，形成新的特權階層和類似印度首陀羅那樣的賤民階層。遇羅克因此提出，要批判「反動的種姓制度」，反對「侵犯人權行為」和對作為「中華人民共和國公民應該享受的許多權利」的剝奪。[100]這裡所強調的「人權」、「公民權利」都是反右運動以後在中國政治生活中已經完全消失了的概念，現在再次提出，自然有不容忽視的意義和價值。

（二）「懷疑一切」思潮

「懷疑一切」一語，來自1957年出版的蘇聯編寫的《回憶馬克思恩格斯》一書裡的一篇據說是馬克思的〈自白〉裡的一句話，馬克思的女兒問他：「您所喜愛的座右銘是什麼？」馬克思回答說：「懷疑一切」。[101]1966年的造反派當然是藉題發揮，而賦予其新的時代內容，大體有以下幾個方面的意思。

首先，宣布：「馬列主義、毛澤東主義的本質是批判的、革命的，『懷疑一切』是馬列主義、毛澤東主義的精華」。[102]這是對紅衛兵「造反有理」命題的深化和理論化，更是對馬列主義、毛澤東思想成為國家意識形態以後，所產生的保守性趨勢的一種抵制和批判。「懷疑一切」的內在邏輯，必然導致馬列主義、毛澤東思想本身也可以懷疑的結論。這裡所提出的問題是，在「毛澤東時代」，即無產階級掌握政權以後，還需不需要懷疑主義的革命精神，特別是自我懷疑和自我否定的精神？這是「懷疑一切」口號最具革命性、顛覆性的方

究小組，現收錄於徐曉、丁東、徐友漁主編：《遇羅克遺作與回憶》，頁66-67。

99　銅川煤礦一工人：〈反動的唯出身論在工廠〉（1967年2月22日），原載1967年4月1日《中學文革報》，現收錄於徐曉、丁東、徐友漁主編：《遇羅克的遺作與回憶》，頁171-172。

100　遇羅克：〈出身論〉，收錄於徐曉、丁東、徐友漁主編：《遇羅克遺作與回憶》，頁21、101。

101　馬克思：〈自白〉，載蘇共中央馬克思列寧主義研究院編，胡堯之等譯：《回憶馬克思恩格斯》（北京：北京人民出版社，1957）。原編者註中說明，〈自白〉是1865年馬克思對一些問題的答覆。雖然是半開玩笑的答覆，卻對於了解馬克思的為人仍然是有價值的。

102　清華大學東方紅南下革命戰鬥隊：〈革命的「懷疑一切」萬歲〉（1966年9月7日），原載《清華大學大字報選編》（1966年10月7日），現收錄於宋永毅、孫大進編著：《文化大革命和它的異端思潮》，頁228。

面，它和我們下面就要談到的，倡導者預設毛澤東思想不能懷疑的防線是矛盾的，但以後歷史的發展卻證明，許多造反派、紅衛兵都是從「懷疑一切」出發，而最終和毛澤東「告別」的。

其二，具體考察文革初期的政治環境，「懷疑一切」的口號主要矛頭是指向「五七體制」所確立的「基層黨組織代表黨，懷疑基層組織領導就是反對黨」的「第一書記專政」邏輯，強調對各級黨組織「絕對不應盲從，絕對不應提倡奴隸主義」，而要敢於懷疑。因此，「懷疑一切」的口號在當時起到了打破「黨迷信」，衝破「馴服工具論」束縛的作用。

其三，「懷疑一切」思潮的另一個方面，是強調「真理有時候掌握在少數人手裡」，提出「保護少數」的原則，這是一個非常重要的思想命題，在文革時期更有特殊的意義和作用。魯迅早在二十世紀初就提出要警惕和防止「借眾以凌寡」式的民主，這和「以寡御眾」的封建專制有著內在的相通。[103]在毛澤東時代，特別是文革時期，「以眾凌獨」發展到「群眾專政」的極端，藉口「多數人民的意志」壓制少數堅持獨立思考的人，而且這樣的群眾多數專政已經司空見慣，因此，「保護少數」原則的提出，同樣具有解放思想的作用。而且由此產生了一個新的倫理原則，如一篇〈革命少數贊〉的大字報所說：「當他認為自己的少數觀點符合真理時，他必須有大無畏的精神敢於堅持少數意見，堅持真理，即使『光榮的孤立』到只剩下他一個人，他也能夠逆潮流而擁護真理，絕不隨波逐流。當他發現自己的少數觀點是錯誤的時候，他同樣必須有大無畏精神，勇於向真理低頭，修正錯誤」。[104]而且文化大革命中確實出現了這樣的人，在我們那個小山城裡，就有一位朋友，成立了一個人組織的戰鬥隊，叫「獨立大隊」（這是文革前一部影響很大的電影的片名）。他很固執，經常堅持一己之見、不怕孤立，但也很真誠，一旦被說通，就心悅誠服、肝膽相待。應該說這樣的「不怕孤立、堅持真理、修正錯誤」的精神，對文革中一代人的精神影響是深刻的。

其四，「懷疑一切」的思潮，也有很大的局限。它明確宣布：「懷疑一切，

---

103 魯迅：《墳，文化偏至論》（1907年），《魯迅全集》第1卷，頁46。

104 〈革命少數贊〉，見井岡山紅衛兵臨時總部、毛澤東思想紅衛兵臨時總部、毛澤東思想紅衛兵八八總部聯合主辦《井岡山》報選編之《徹底革命，徹底造反——批判資產階級反動路線（二）》。據文革鉛印傳單。

就是用毛澤東主義檢驗一切」，[105]這就意味著，可以懷疑一切，但不能懷疑毛澤東主義，而且要以毛澤東主義為絕對真理，作為衡量是非的標準。這就導致他們雖然破除了黨迷信，但又陷入毛澤東迷信；擺脫了黨的馴服工具的束縛，卻又成了毛澤東的馴服工具。然而，黨和毛澤東其實是堅持同一個專政邏輯的。

而且如一位研究者所指出，「『懷疑一切』的口號是在文革的背景下提出的，不僅主張群眾有審查一切領導機關和領導人的權利，而且事實上不可避免地是把當時流行的『上綱上線』的一套政治批判，對準所有的領導機關和領導人，推動衝擊一切黨內當權派，其作用只能是加劇動亂。『懷疑一切』的口號原則上並非一定要『打倒一切』，硬把『懷疑一切』和『打倒一切』一勺燴地批判，固然難以服人，但是在沒有相應民主法制制約機制和缺乏理性的情況下，政治上的『懷疑一切』勢必向『打倒一切』發展，威脅社會的正常秩序」。[106]

（三）批判特權階層新思潮

這是文革中造反派思潮的重要發展。在最初批判資產階級反動路線階段時，造反派主要是響應毛澤東的號召，用行動衝擊各級黨組織；但各級黨組織基本癱瘓以後，造反派中真正有思想追求的一部分人，就產生了新的焦慮：下一步應該怎麼辦？於是就開始思考，文革的本質是什麼？文革到底要達到什麼樣的目的？也就是說，他們不安於僅僅做毛澤東號召造反的響應者，而是希望有自己的文革理解。而思考文革的目的與本質，其實就是要思考文革所面對的「中國問題」，也就是「中國究竟存在著什麼樣的問題、矛盾與危機」以及「中國向何處去」的問題。而思考此種更深層面的問題，就意味著造反派要把文革的主動權掌握在自己手裡。這樣，他們也就從憑著激情和衝動造反，轉向理性的思考，要做一個自覺的造反者。他們和毛澤東的關係，也由「跟著毛主席造反」變成要做「自覺的毛澤東式的戰士」。這時候毛澤東依

---

105 清華大學東方紅南下革命戰鬥隊：〈革命的「懷疑一切」萬歲〉，宋永毅、孫大進編著：《文化大革命和它的異端思潮》，頁228。

106 印紅標：《失蹤者的足跡：文化大革命期間的青年思潮》，頁73。

然是這些造反派的崇拜對象，因此，下一步要產生的也必然是「毛澤東主義者」，造反派要「走出毛澤東」還需要一個過程。但無論如何，從多少有些盲動到變成自覺的追求，確實是一個重要轉折。

當這些造反派面對中國的現實時，首先提出的問題，就是「中國有沒有出現特權階層」。隨著對資產階級反動路線批判的深入，黨的高級幹部的種種特權和生活上的腐敗現象紛紛被揭露出來，雖然和今天的腐敗不能同日而語，卻足以讓這些天真的年輕造反者震驚了。[107]如當年一位造反派所回憶：「對於我們這一代『紅旗下成長起來』的青少年來說，過去都是受的『正面教育』，第一次接觸到黨和國家的『陰暗面』，很自然就感到觸目驚心」。拿這些事實與「九評」在批判蘇聯修正主義時所舉出來的蘇聯現實相比較，就更加覺得中國和蘇聯並沒有實質性的差別，如果有差別的話，那就是中國還有毛主席在反修、防修。於是，就自然得出這樣的結論：「中國的上層幹部已經『變修』了，已經成了一個特權階層，這些人曾經是革命者，但是革命勝利後就從人民的公僕『和平演變』成了人民的壓迫者，難怪會對人民群眾實行『資產階級專政』。因此，文化大革命就是通過對幹部的批判，使中國避免走上跟蘇聯同樣的道路」，「在得到這樣的結論以後，我們都很興奮，自以為理解了毛主席發動文革的真諦」。[108]他們當然不會預料到，在他們有了自己的文革理解和要求以後，遲早要和毛澤東發生衝突。當時，毛澤東還是他們的啟蒙導師。

這確實是一次全新而深入的獨立思考和新的思想飛躍。作為思想成果，先後提出了三個重要理論命題。

1. 新的階級關係論

強調「根據馬列主義的理論，階級是按照人們在社會上的經濟地位劃分的，解放後的十七年中階級關係發生了變動，以前地主、資本家是剝削階級，所以是革命的對象；現在壓迫和剝削人民的是特權階層，也就是幹部階

107　參看譚放、趙無眠選輯：《文革大字報精選》（香港：明鏡出版社，1996）。

108　華新民：〈我所知道的北京「新思潮」〉，網上刊物《華夏文摘》增刊「文革博物館通訊」（http://www.cnd.org/CR），第 227 期，2004 年 8 月 23 日。轉引自印紅標：《失蹤者的足跡：文革期間的青年思潮》，頁96。

層，所以走資派成了革命的對象」。[109]從表面上看，這些論述和毛澤東提出的「官僚主義者階級」與「走資本主義道路當權派」的概念是一致的。但是，我們在前面已經提到，毛澤東在發動文化大革命時，不再使用他1965年提出的「官僚主義者階級」的概念，而突出了「走資本主義道路當權派」的概念。概念變化的背後，是一個基本判斷的變化：不再強調「階級」，而突出「思想路線」（即「走什麼道路」）的問題。這些造反派重提「特權階級」，而且重申馬克思主義「依照人們在社會上的經濟地位」來劃分階級，也就是要深究特權形成的經濟原因，這就突破了毛澤東所注重的思想路線問題的限制，他們之所以被迅速鎮壓下去，原因就在於此。後來，對於「十七年時期」究竟有沒有發生階級關係的變動，始終是一個辯論的焦點，大概不是偶然的。

2.「改善無產階級專政，革新社會主義制度」論

這是北師大的一位叫李文博（生年不詳-2007）的學生在〈公社早已不是原來意義的國家了〉的大字報裡提出的，他根據恩格斯關於巴黎公社的論述，提出要依據巴黎公社的原則，「徹底打掉舊的國家機構，創立起無產階級國家機構的新的組織形式，堅決反對『打倒皇帝做皇帝』」，並對中國現實的社會主義制度作了這樣的判斷：「我們現在的制度是從資產階級那裏繼承來的組織形式，是一個沒有資產階級的資產階級國家。這仍然是產生資產階級、修正主義、官僚主義的溫床、社會條件。這種組織形式不能再繼續下去了」。李文博在自己的筆記裡，就說得更加尖銳：「我們國家目前的政體，也正是資本主義復辟的橋樑和跳板」，「我們國家現在的政體必須打碎」。他正是出於這樣的判斷，而提出「改善無產階級專政，革新社會主義制度」的主張。[110]這是第一次把關於特權階級的問題深入到「制度」的層面來討論，把批判的矛頭指向了現行的社會主義制度和國家政體。儘管並沒有根本否定無產階級專政和社會主義制度，只是提出「改善」與「革新」，但已經是一個重大的突破，因此被

---

109 中國科技大學紅炮班：〈毛主席的無產階級階級鬥爭學說萬歲〉。該大字報原稿已失，這裡的敘述是根據原作者華新民的回憶：〈我所知道的北京「新思潮」〉。轉引自印紅標：《失蹤者的足跡：文化大革命期間青年思潮》，頁95。

110 李文博大字報的原文已失，這裡的引述是根據李文博本人的回憶，與當時批判文章中所引錄。轉引自印紅標：《失蹤者的足跡：文化大革命期間青年思潮》，頁87-88。

稱為「新思潮」。這在那些將無產階級專政和社會主義制度絕對化、神聖化的人看來，自然是大逆不道，於是群起而攻之。有意思的是毛澤東的態度。他在1967年2月發出指示：「『徹底改善無產階級專政』的口號是反動的，是推翻無產階級專政，建立資產階級專政，正確的說法是部分地改善無產階級專政」。[111]他並沒有否認現行無產階級專政和社會主義模式本身需要改善和革新，這本來就是他發動文化大革命的意圖所在，但他同時警惕對無產階級專政和社會主義制度的根本否定，絕不允許突破「無產階級專政條件下繼續革命」的框架，可以說毛澤東其實也在兩面作戰。

3. 財產與權力再分配論

這是北京的兩位中學生在1967年6月的一篇〈論新思潮——四三派宣言〉裡提出的。

他們的依據依然是毛澤東的理論。這是1967年4月12日江青在中央軍委擴大會議講話中傳達的毛澤東最新指示：毛澤東引述了《戰國策》中〈觸聾說趙太后〉裡的一段話，並且發揮說：「這篇文章，反映了封建制代替奴隸制的初期，地主階級內部財產和權力的再分配。這種再分配是不斷地進行的，所謂『君子之澤，五世而斬』，就是這個意思。我們不是代表剝削階級，而是代表無產階級和勞動人民，但如果我們不注意嚴格要求我們的子女，他們也會變質，可能搞資產階級復辟，無產階級的財產和權力就會被資產階級奪回去」[112]——這裡，毛澤東實際上是告誡各級幹部，要嚴格要求自己的子女，不然可能因為他們的變質（或因自身腐敗、或因腐敗而激起反抗）而失去手裡的財產和權力。其出發點和歸宿，都是要保住共產黨的權力和財產。

這兩位敏感而聰明的中學生卻從中得到啟發，引出另一種革命性的理論。對毛澤東的觀點的這種誤解和有意曲解，是很有意思的。他們圍繞「權力和財產再分配」，作了一篇大文章。大概有五個要點。[113]

---

111 〈張春橋傳達毛主席最新指示〉（1967年2月24日），載《「文化大革命」研究資料》（上冊），頁322。轉引自印紅標：《失蹤者的足跡：文化大革命期間的青年思潮》，頁89。

112 毛澤東：〈對江青在軍委擴大會議上的講話稿的批語和修改〉（1967年4月），《建國以來毛澤東文稿》第12冊，頁310-311。

113 以下引文均見〈論新思潮——四三派宣言〉，原載北京《四三戰報》第一期（1967年6月11

（1）「無產階級奪取政權後使自己在財產和權力方面佔了優勢」，但「無產階級的階級地位決定了它必須解放全人類才能最後解放自己」，因此，它的最終目的應該是實行權力和財產的公有化。

（2）但是，「社會主義社會脫胎於資本主義社會，資本主義社會的分配制度，法權殘餘不可能一下子清除。所以這些再分配並不理想，仍然使財產和權力暫時集中到少數人手裡──當權派手裡」。在這兩位中學生看來，這樣的狀況，在社會主義時期是難以避免的，但只是一個「暫時代替掌管的作用」，最終應該「達到財產和權力的真正公有」。

（3）這樣，公有財產和權力被少數當權派暫時掌管，就形成了社會主義制度的雖然不可避免，卻是根本性的缺陷，並且會引發出一個危險：少數蛻化變質的當權派會將「手中暫代管的財產權力逐漸不受人民支配而變為私有，為他們及他們的家庭、子女和反革命復辟集團服務」，從而形成新的特權人物，他們與「廣大勞動人民構成了今天社會主義社會的主要矛盾」。

（4）「真正代表無產階級也就是代表了大多數人的利益的當權派」則會自覺地採取「一次次『較和平』的再分配，逐步縮小各種差別。最後達到財產和權力的真正公有」。

（5）由此產生了文化大革命的兩大任務：一是從將財產和權力化為私有的特權幹部那裡把權力奪回來，也即剝奪他們私人占有的財產和權力；二是採取各種改革步驟，實現財產和權力的公有化。他們把這叫作「權力和財產的再分配」。而且他們根據毛澤東「文化大革命要進行多次」的思想，認為這樣的「權力和財產的再分配」要不斷進行下去。也就是說，在從社會主義向共產主義過渡的歷史時期，會不斷出現財產和權力私有化的問題，就需要不斷革命、不斷進行財產與權力的再分配。

這顯然是一個多少具有烏托邦色彩的激進革命思想。但它卻是關於社會主義國家出現特權階級問題認識的一個重要理論突破。因為它尖銳地揭示了「特權」的實質就是「權力和財產的私有化」，而且它把形成特權階級原因的探討，從思想意識的層面，深入到政治權力和經濟分配的層面，且已暗含了「權

日），後刊於上海市上海中學《思潮集》（1968年），現收錄於宋永毅、孫大進編著：《文化大革命和它的異端思潮》，頁248-256。

力向資本轉化」的思想萌芽，這是在下一階段必然得出的結論。應該說，這是
1966-1967年造反派思潮最主要的理論收穫。這同時也預示著，造反派思想發
展的客觀邏輯必然導致對毛澤東「無產階級專政條件下的繼續革命」理論的突
破。儘管這還要經過一段歷史的發展過程。

三、從「上海公社」的夭折到軍隊介入、全國大亂

　　當造反派提出要進行財產和權力再分配的時候，實際上就已經把奪權的
問題提了出來。這也是響應毛澤東的號召。1966年12月26日在生日宴會上，
毛澤東提出在新的一年裡要展開「全國全面的階級鬥爭」。[114]於是，1967年1
月1日《人民日報》社論就把這一號令傳遍全中國，把文化大革命由機關、學
校，推向工礦企業和農村。[115]以後，毛澤東又肯定了上海《文匯報》、《解放
日報》的奪權，讚揚說「這是一個大革命，是一個階級推翻另一個階級的大革
命」。[116]文化大革命因此進入了第三個階段：從一開始在劉少奇主持下，變
成新反右運動的階段，進入到由毛澤東號召的「批判資產階級反動路線」，因
而把矛頭轉為指向以劉少奇為首的「資產階級司令部」及各級黨委裡的「走資
本主義當權派」，而現在就進入第三階段，也就是短兵相接的全面大奪權階
段。

　　首先起來奪權的是上海，因為上海工人階級造反派運動發展比較充分。
工人和學生聯合起來，在機關幹部的支持下奪權以後，就提出要建立「上海
公社」，並在成立〈宣言〉裡明確宣布：「上海人民公社，是在毛澤東思想領導
下，徹底打碎已被反革命修正主義分子篡奪了專政權力的國家機構，重新創
造無產階級專政的地方國家機構的一種新的組織形式。它的組織原則，是毛

---

114 對毛澤東生日講話，王力有詳盡的回憶，可參看。王力：《王力反思錄》（下），頁693-699。

115 《人民日報》、《紅旗》雜誌、《解放軍報》社論：〈把無產階級「文化大革命」進行到底〉，
　　《人民日報》1967年1月1日，第1版。參看閻長貴：〈毛澤東號召「開展全國全面階級鬥
　　爭」〉，文章提到毛澤東在生日宴會上提出的是「全國全面內戰」，後在起草《人民日報》社
　　論時改為「全國全面的階級鬥爭」。閻長貴、王廣宇：《問史求信集》，頁112-120。

116 毛澤東：〈對《文匯報》、《解放日報》奪權事件的談話〉（1967年1月8日），《建國以來毛澤
　　東文稿》第12冊，頁185。

主席教導的民主集中制，他對人民內部實行最廣泛的無產階級大民主，對階級敵人則實行最無情的無產階級專政。它的領導成員，在上海自下而上的全面大奪權取得勝利後，由革命群眾按照巴黎公社原則選舉產生」。[117]這顯然就是要按毛澤東對文革的最初設計，實行真正的巴黎公社式的人民主權。[118]

現在上海公社把毛澤東的設想付諸實踐，就引發了高層的鬥爭。在1967年2月周恩來主持的政治局碰頭會上，葉劍英就提出責問：「上海奪權，改名為上海公社，這樣大的問題，涉及到國家體制，不經政治局討論，就擅自改變名稱，又是想幹什麼？」及「什麼是巴黎公社的原則？革命，能沒有黨的領導嗎？能不要軍隊嗎？」[119]這個時候，毛澤東也動搖了。他把主持籌備上海公社的張春橋（1917-2005）找來，作了這樣一番講話：

> 如果都搞公社，黨怎麼辦呢？黨放在哪裡呢？公社裡的委員有黨員，非黨員，黨委放在哪裡呢？全國都改，就得改變政體，改變國號，有人不承認，很多麻煩事，也沒有實際意義。巴黎公社是在1871年成立的，到現在九十六年。如果巴黎公社不是成功，而是失敗了，那據我看，現在也是資產階級公社了。[120]

毛澤東的這一番話，非常值得琢磨。這首先表明毛澤東儘管浪漫，時有天馬行空之想，但他畢竟還是黨和國家領導人，是要實際管理國家事務的，他在設計未來發展時可以浮想聯翩，但真正要實行的時候，就要考慮實際問題，甚至具體操作問題。比如他在這裡提出的改國號、外交承認等等「麻煩事」，都是必須考慮應對的問題。而且「巴黎公社原則」本身是帶有很強的烏托邦性質的，原則固然不錯，但若要實行，需要有一系列制度性的建設和具體政策措施，更要有一個過程。當時這些造反派提出成立上海公社，其實對於應該如何實施，比如怎麼直接選舉、怎麼監督，這些大的問題都沒有仔細考慮

---

117 〈一月革命勝利萬歲──上海人民公社宣言〉（1967年2月5日）。

118 上海奪權，成立「上海人民公社」詳情，可參看徐景賢：《十年一夢》（香港：時代國際出版有限公司，2005）。

119 轉引自王年一：《大動亂的年代》，頁208。

120 張春橋：〈張春橋傳達毛主席最新指示〉（1967年2月24日），載中國人民解放軍國防大學黨史黨建政工教研室編：《「文化大革命」研究資料》（上冊）（北京：內部刊行，1988），頁323。

過,就憑著一種理想、理念,一時的衝動,貿然宣布成立公社。在毛澤東看來,這是不切實際的,如果引起全國連鎖反應,就會造成混亂,因此必須潑冷水。在這個意義上,葉劍英的質問,正是對毛澤東的一個提醒。

更重要的,是上海人民公社以至中華公社的成立,都涉及到黨的領導。這正是毛澤東最擔心的,他連續發問:「黨怎麼辦?黨委放到哪裡?」這是要害所在:要真正實行巴黎公社原則,建立人民主權,就必然要衝擊一黨專政。這其實本來就是毛澤東對巴黎公社的一個疑慮或保留之處。毛澤東在1926年寫過一篇〈紀念巴黎公社的重要意義〉的文章,曾提出巴黎公社失敗原因之一就是「沒有一個統一的集中的有紀律的黨作指揮」。[121]現在,對作為已經獨攬大權的執政黨的領袖的毛澤東而言,黨的領導問題更涉及了既得利益、政治權力,因此,毛澤東再一次遇到了黨內的反對,葉劍英質問的實質就在於此。而毛澤東是不能不考慮的,他自己也因此面臨選擇:要實行巴黎公社式的人民民主,就必然要衝擊一黨專政的官僚化、極權化的國家政治體制。這幾乎是1957年毛澤東的矛盾的歷史重演。結局是可以想見的:毛澤東最終不可能突破一黨專政體制,巴黎公社的民主原則從此再也不提。這也就意味著,毛澤東從自己發動文革最初的目標退縮了,而且這是一個關鍵性的退縮。毛澤東1926年對巴黎公社的另一個批評:「對敵人太妥協太仁慈」,因此主張以「赤色恐怖」代替「白色恐怖」;[122]這在文革,尤其是在後期,更是得到了徹底的貫徹,文革實際上成為「赤色恐怖運動」,這當然絕不是偶然的。

代之而起的所謂新政權是「革命委員會」,革命委員會實行的是所謂「三結合」,表面上是革命領導幹部、革命群眾代表、人民解放軍三者聯合執政,特別是「群眾代表」進入政府領導機構,似乎是文革中「群眾參與政治」的制度化措施,但實際上政權的核心力量顯然還是原來的當權派,只不過他們經過群眾運動衝擊,已經承認錯誤,用當時的話來說,就是「回到毛主席革命路

---

121 毛澤東:〈紀念巴黎公社的重要意義〉(1926年3月18日),《毛澤東文集》第1卷(北京:人民出版社,1993),頁35。參看蔡翔:〈社會主義的危機以及克服危機的努力──兩個「三十年」與「革命之後」時代的文學〉,載《現代中文學刊》2009年第2期,總第2期,頁12-26。

122 毛澤東:〈紀念巴黎公社的重要意義〉(1926年3月18日),《毛澤東文集》第1卷,頁35-36。

線」，實際上是宣布絕對服從毛澤東。在這樣的前提下，他們就由「走資本主義道路當權派」變成「走社會主義道路當權派」，並且有了一個新的稱號，叫「革命領導幹部」。這就徹底暴露了一件事：毛澤東發動「反走資本主義道路的當權派」的鬥爭，不過是黨內鬥爭的一種手段，最終目的是要建立毛澤東的不可懷疑、不容挑戰的絕對權力，所謂群眾的「大民主」運動，不過是毛澤東馴服這些曾經不夠聽話的幹部、衝擊官僚機構的一個工具。在毛澤東看來，造反的群眾已經完成了歷史使命，需要重新建立和鞏固秩序，這就要把被打倒的各級黨領導重新請回來掌權。而所謂群眾組織代表，不但實際起不了多大作用，而且我們下面還要談到，他們中有很多人很快又被新建立的官僚機構同化了。

革命委員會剛成立，這些老幹部的權力的恢復需要一個過程，因此，初期起決定作用是軍隊代表。這也是毛澤東把天下搞亂、使各級黨組織癱瘓以後，所採取的戰略部署，即把軍隊請出來，穩定全國秩序。毛澤東先於1966年12月提出「派軍隊幹部訓練革命師生」，[123] 又在1967年1月明確指示：「應派軍隊支持左派廣大群眾」。[124] 從1967年軍隊介入地方文化大革命（當時叫「支左」，即打著「支持左派」的旗號介入）開始，整個中國實際上是在施行軍人專政，或者說是實行準軍事管制。我們在前一講裡曾說到，在文革前的1964-1965年毛澤東就號召全國「學習解放軍」，把解放軍的支持作為發動文革的基本保證，因此，在1967年的混亂中，他把解放軍請出來為文化大革命「護法」，是順理成章的。但如一位研究者所指出，「軍隊是國家機構中最官僚化的組織，現在卻要由它來支持和幫助一場反對官僚精英的群眾革命運動」，這是有些尷尬的，後來部隊成為各地方保守派的後台，是必然的。研究者認為，毛澤東請出解放軍還是出於他的「先進的農民」觀：「在毛看來，主要由農民組成的解放軍比起城市群眾來，是一支更可靠、當然也更有效率的革命力量」，而且「毛一直把軍隊視為保持革命鬥爭傳統和平均主義價值觀念的大

123　毛澤東：〈關於派軍隊幹部訓練學校師生的談話〉（1966年12月），《建國以來毛澤東文稿》第12冊，頁161。

124　毛澤東：〈對南京軍區黨委關於是否派軍隊支持造反派的請示報告的批語〉（1967年1月21日），《建國以來毛澤東文稿》第12冊，頁197。

本營」，[125]這其實是毛澤東主觀願望支持下的一個幻覺。但這同時也是一著險棋，因為軍隊干政歷來是統治者的大忌，但毛澤東自信能夠控制軍隊，因此從穩定全國的大局出發，還是把軍隊放了出來。但他之後確實又面對軍隊坐大所帶來的問題，這就有了和林彪集團的一系列鬥爭，成為文革後期的主要事件，以後我們再說。

這裡要說的是，軍隊參與地方文化大革命以後帶來的問題。軍隊，特別是地方軍隊和他們的家屬，和當地黨組織的當權派有著千絲萬縷的聯繫，加之軍隊本質上的保守性，所以，毛澤東讓他們支持「左派」，也即造反派，但他們卻很自然地站在保守派，也就是「十七年體制」[126]裡的「左派」這一邊，依然按「十七年體制」的邏輯，把起來反對各級黨組織的造反派看作是「右派」甚至「反革命」。[127]

這大概是毛澤東所沒有預計到的，1967年緊接著「一月大奪權」之後，出現了「二月大鎮壓」，造反派把它稱為「二月黑風」。在中央一級，有所謂「二月逆流」，即一批元帥和老幹部「大鬧懷仁堂」[viii]，實際上是不滿意文革的黨內、軍內的老革命和毛澤東與他所支持的中央文革小組之間的一次較量。在地方上，則在全國各地都發生軍隊鎮壓造反派的嚴重事件。湖南長沙兩三天內就抓捕造反派領袖、骨幹約1,000人，[128]廣州軍區抓捕了1,196人，[129]四川則高達8萬餘人。[130]其中最突出的是青海的部隊開槍，當場打死169人，打

---

125 莫里斯・邁斯納著，杜蒲譯：《毛澤東的中國及其後：中華人民共和國史》，頁309。

126 這裡所說的「十七年體制」，指的是從1949年中華人民共和國成立，到1966年毛澤東發動文化大革命這十七年的國家政治體制，其核心就是「一黨專政」。它也有一個發展過程，到1957年反右運動以後，就形成了我們所討論過的「五七體制」。可以說，「五七體制」是「十七年體制」的完備形態。

127 毛澤東：〈為轉發廣東省軍管會、湖南省軍區關於支左工作報告寫的批語〉（1967年5月14日），文中特地關照：不要「聽信老婆孩子從保字號那裡帶來的錯話，信以為真」。毛澤東：〈為轉發廣東省軍管會、湖南省軍區關於支左工作報告寫的批語〉（1967年5月14日），《建國以來毛澤東文稿》第12冊，頁347。

128 中共長沙市委黨史辦公室編：《中共長沙黨史大事年表（1919-1992）》（長沙：內部出版，1993），頁174。轉引自卜偉華：《「砸爛舊世界」：文化大革命的動亂與浩劫（1966-1968）》（香港：香港中文大學當代中國文化研究中心，2008），頁456。

129 卜偉華：《「砸爛舊世界」：文化大革命的動亂與浩劫（1966-1968）》，頁458。

130 四川省地方志編纂委員會編：《四川省志・大事記述》（成都：四川科學技術出版社，

傷178人。[131] 所以以後1989年「六四」的開槍絕不是第一次，文化大革命中就多次發生軍隊向老百姓開槍的事件。[132]

「二月黑風」的影響也涉及到我個人的命運。在此事件中，我所在的群眾組織被打成反革命組織，於是，我們學校的保守派組織就宣布收回對我的「平反」，我再一次被逐出「革命群眾隊伍」，又成了「反革命」。直到毛澤東在中央把反對文革的老帥和老幹部打下去以後，我們這些被鎮壓的造反派和群眾，才又一次得到平反。所以我在回憶錄裡講到，這是毛澤東第二次解放我們，我們內心的激動和感激之情，集中在一首那時最愛唱的歌裡：「抬頭望見北斗星，心中想念毛澤東」。我自己大概也由此逐漸走上成為毛澤東主義者的道路。

造反派被平反之後，就和軍隊產生了越來越尖銳的衝突，造反派中的激進分子更明確把矛頭指向軍隊，甚至出現搶槍事件，試圖建立自己的群眾武裝。最後就發生了文革史上著名的「七二〇事件」[ix]：當時毛澤東正在武漢視察，當地的軍隊和他們所支持的保守組織「百萬雄獅」，於1967年7月20日包圍了毛澤東的住所，幾乎形成一次「軍諫」。接著在全國範圍裡，以造反派為主體，掀起反軍高潮，提出要打倒「軍內走資本主義道路當權派，打倒帶槍的劉鄧路線」。[133] 在這關鍵時刻，毛澤東又轉而支持軍隊，把造反派打下去，儘管造反派之所以反軍，本意是要支持和保衛毛澤東，但毛澤東深知軍隊

1999）。轉引自卜偉華：《「砸爛舊世界」：文化大革命的動亂與浩劫（1966-1968）》，頁460。

131　中共青海省委黨史資料徵集委員會編：《青海省大事記》（西寧：內部出版，1986），頁182-183。轉引自卜偉華：《「砸爛舊世界」：文化大革命的動亂與浩劫》，頁461。參看趙淮清：〈文革中青海的一次流血事件〉，載《炎黃春秋》2008年第12期，頁57-60；孫言誠：〈青海二‧二三事件〉，載《炎黃春秋》2009年第10期，頁10-18。

132　在發生了青海軍區向群眾組織開槍事件以後，毛澤東在〈對中央軍委關於支左工作十條命令稿的批語和修改〉（1967年4月4日、4月6日）裡寫了這樣一段：「對群眾組織，無論革命的、或者被反動分子控制的，或者情況不清楚的，都不准開槍，只能進行政治工作」。見《建國以來毛澤東文稿》第12冊，頁307。但事實上，文革中軍隊向群眾開槍的事件，還是不斷發生，以至成為「傳統」。

133　據時為總參謀長的楊成武回憶，「揪軍內一小撮」的口號是林彪首先提出的，他的目的顯然是要藉此清除軍內的異己，這大概也是毛、林矛盾的第一次公開化。《楊成武將軍自述》（瀋陽：遼寧人民出版社，1997），頁294。轉引自逄先知、金沖及主編：《毛澤東傳》（下），頁1498。

是「無產階級專政的基石」，絕不能搞亂，就寧可犧牲造反派來保持軍隊的穩定，換取軍隊的支持。因此，他表示「不能把軍隊搞亂」，並義憤填膺地提出「還我長城！」[134]但這時候，造反派也已經自成力量，自然要拼死反抗，也不是毛澤東所能任意支配的了，這就形成了非常複雜的局面，大概是1967年的夏天，出現了「全國大亂，欲罷不能」的局勢。[135]這大概是出乎毛澤東意料之外的。在1966年10月的中央工作會議的講話裡，他曾經設想文化大革命運動「可能要搞兩個五個月，或者還要多一點時間」，也就是大體在1967年夏天，最多到1968年春天結束；但他同時又說：「那時候還會有新的經驗，還要總結」，[136]當然，也包括新的問題需要解決，毛澤東是擅長於根據新情況，隨時改變自己的計劃的，在這個意義上，他並不害怕大亂而失控，他自有魄力和辦法來對付。

我們更應該注意的，是在這樣一個全國大亂的背景下，許多人都在重新考慮調整自己對文化大革命的態度、作出新的選擇，於是出現了造反派的大分化。

四、造反派的分化

我們還是從一個細節說起。1967年12月10日，武漢出現了一個新的組織：「北斗星學會」，以後又成立了「決心把無產階級文化大革命進行到底的革命派聯絡站」，還創辦了《揚子江評論》，因此稱為「北、揚、決」派。在此之

---

134 參看閻長貴：〈「揪軍內一小撮」口號的實質和來龍去脈〉，閻長貴、王廣宇：《問史求信集》，頁69。

135 正是在這全國大亂的情勢下，出現了震驚全國的湖南道縣的大屠殺。從1967年8月13日到10月17日，歷時66天，涉及1,590個生產隊，2,778戶，共死亡4,519人，其中被殺4,193人，逼迫自殺326人。一個生產大隊，甚至將全隊全部四類分子（地主、富農、反革命、壞分子）及其子女共64名統統活埋。而這樣的大屠殺和1966年北京大興縣一樣，完全是由縣、區、社的作為解放軍和政府的地方編制的人民武裝部門直接指揮的，屬於「國家屠殺」。見章成：〈在階級鬥爭的名義下：湖南道縣農村大屠殺〉，文收宋永毅主編：《文革大屠殺》，頁117、151-152、122。

136 毛澤東：〈在中央工作會議上的講話〉（1966年10月25日），《建國以來毛澤東文稿》第12冊，頁145。

前，湖南還成立了「湖南省無產階級革命派大聯合委員會」（簡稱「省無聯」）。我關注的，是他們此時成立這些組織的動因與背景。北斗星學會〈宣言〉裡有這樣的一段話：

> 我們的隊伍，也時時有人退隱，有人落荒，有人頹唐，有人叛變，更有人結集在一起，奮勇地前進，這是一年多來運動的結果。〔……〕要當官的就讓它爭席位去罷，要保命的就讓他搞什麼雞血療養法罷，[137] 自有一大批自強不息的革命小人物永遠聯繫在一起，為未來的鬥爭準備彈藥和武器。[138]

所謂「有人退隱，有人落荒」，這段話是從魯迅那裡引申而來的，魯迅當時是有感於五四後的分化，[139] 那麼，現在，這些要繼續前進的造反派也感受著魯迅式的寂寞了，但他們的行動比魯迅堅定也激進得多。值得注意的是，對1967年夏季分化後不同選擇的分析：所謂「要當官的」，大概是我們下面要說的「文革新貴」；「要保命的」，就是逍遙派；「奮勇前進」的，就成了「青年毛澤東主義者」；此外，還有「十七年派」。這就意味著，造反派已經分化為「四大派」。

（一）青年毛澤東主義者和文革的國際影響

這是造反派中最激進的部分，其代表人物是當時湖南一位中學生楊曦光（1948-2004），有些同學可能知道，他就是後來在世界上非常有影響力的經濟學家楊小凱，前幾年剛去世。他可以說是湖南「省無聯」的理論家，寫了一篇大字報〈中國向何處去〉，這是文革中不斷出現的關於「中國向何處去」思考的一個代表性成果。其內容我們下面再討論。他當時還寫了一張大字報〈關於建立毛澤東主義小組的建議〉，明確提出，要把毛澤東思想中，「最激進、最革命、最生動、最活潑、最本質的思想」發掘出來予以發揮和發展。[140] 這就

---

137 所謂「雞血療法」，是1967年夏，突然在全國民間流行的一個保健法，紛紛傳說喝雞血可以治百病，於是大江南北，到處雞飛狗跳。

138 武漢地區決派聯絡站：〈北斗星學會宣言〉（1967年12月10日），原載上海市上海中學《思潮集》（1968年），現收錄於宋永毅、孫大進編著：《文化大革命和它的異端思潮》，頁343。

139 魯迅：《南腔北調集·《自選集》自序》，《魯迅全集》第4卷，頁469。

140 紅中會長沙一中《奪軍權》一兵：〈關於建立毛澤東主義小組的建議〉（1967年10月），原載

實際上把毛澤東思想分成兩部分，一部分是具有保守性的，另一部分則是激進、革命的。這自然是對毛澤東思想認識上的一個重要突破。在文化大革命發展到1967年時，提出這樣的區分，顯然有現實的針對性。在這些激進的青年造反派看來，毛澤東思想有向保守性方面發展的危險性，或者用大字報的說法，就是存在著「毛澤東主義的革命靈魂」被「閹割和歪曲」的危險。而在更深層次上，則隱含著對毛澤東自己從發動文革時的思想和藍圖後退的擔憂。因此，他們要對毛澤東的文革思想即「無產階級專政條件下繼續革命」的理論作重新清理，把毛澤東放棄的東西，重新挖掘出來，加以強調，並變成新的社會實踐。大字報的結尾特地引述了青年毛澤東的一段話：「時機到了！世界的大潮捲得更急了！洞庭湖的閘門開了，且開大了，浩浩蕩蕩的新思潮業已奔騰澎湃於湘江兩岸了！」這裡說的「新思潮」，就是指「毛澤東主義」。作者說：「如何接受它？如何傳播它？如何研究它？如何施行它？這是我們當前最切最要的問題」。[141]這就標示著，自覺接受、傳播、研究、實行毛澤東思想「最激進，最革命，最生動，最活潑，最本質的」部分的「青年毛澤東主義者」的出現──從文革前夕出現的陳一諮，到文革高潮時期出現的楊曦光，歷史終於完成了一個過程。

那麼，這些青年毛澤東主義者所要發掘、發展、實行的毛澤東思想，特別是無產階級專政條件下繼續革命思想中的「最激進、最革命」的部分是什麼呢？大體上有四個方面。

首先，他們重申毛澤東於1965年提出、文革中則開始以「走資本主義道路的當權派」代替的「官僚主義者階級」的概念。明確指出，中國已經形成了一個「『紅色』資本家階級」，[142]認為「引起無產階級文化大革命的基本社會

於上海市上海中學《思潮集》（1968年），現收錄於宋永毅、孫大進編著：《文化大革命和它的異端思潮》，頁327。本篇作者即楊曦光。

141 紅中會長沙一中《奪軍權》一兵：〈關於建立毛澤東主義小組的建議〉，宋永毅、孫大進編著：《文化大革命和它的異端思潮》，頁331。

142 省無聯一中紅造會鋼三一九兵團《奪軍權》一兵：〈中國向何處去〉，（1968年1月12日），原載廣州《廣印紅旗》（1968年3月），現收錄於宋永毅、孫大進編著：《文化大革命和它的異端思潮》，頁278。

矛盾是新的官僚資產階級的統治和人民大眾的矛盾」，[143]因此「社會需要一個較徹底的變動，這就是推翻新的官僚資產階級的統治，徹底砸爛舊的國家機器，實現社會革命，實現財產和權力的再分配」，[144]而反對把文化大革命變成一個「罷官運動」，「揪人運動」，或者「改良主義運動」。以這樣的觀點看革命委員會，他們認為這是一個改良主義的產物，會將舊官僚重新扶植起來，因此至多不過是以新官僚代替舊官僚，沒有進行任何實質性的體制改革，革命委員會標榜的「三結合」，「不可避免的會成為軍隊和地方官僚起主導作用的資產階級篡權的政權形式」。[145]順便說一點，我自己當時非常認同楊曦光對革命委員會的分析，我所在的貴州是全國最早奪權成立革命委員會的省分之一，《人民日報》還專門發表社論，稱之為「西南的曙光」，但我們這些激進造反派卻認為它和舊省委沒有實質區別，仍是換湯不換藥，因此持繼續反對和批判態度，於是我們就被認為是「反紅色政權派」，又遭到「新生革命政權」的殘酷鎮壓。我自己也就因此被逼成了毛澤東主義者。

其二，在毛澤東拋棄了巴黎公社原則以後，重新強調和發展巴黎公社的人民民主原則，同時重新強調毛澤東「五七指示」中的社會理想，要求建立一個工人直接管理國家、沒有官僚的新社會，明確提出「中國將向『中華人民公社』的方向去」。[146]

其三，問題是：如何實現巴黎公社原則，怎樣打倒官僚主義者階級？於是就把毛澤東在民主革命時期的辦法重新提出來：第一，要重新建黨（楊曦光具體提出先成立「毛澤東主義小組」，以作為「毛澤東主義政黨」的萌芽）；第二，由於一些部隊已經「變成鎮壓革命的工具」，[147]因此，要重新建軍，建

---

143 省無聯一中紅造會鋼三一九兵團《奪軍權》一兵：〈中國向何處去〉，宋永毅、孫大進編著：《文化大革命和它的異端思潮》，頁294。

144 省無聯一中紅造會鋼三一九兵團《奪軍權》一兵：〈中國向何處去〉，宋永毅、孫大進編著：《文化大革命和它的異端思潮》，頁294。

145 省無聯一中紅造會鋼三一九兵團《奪軍權》一兵：〈中國向何處去〉，宋永毅、孫大進編著：《文化大革命和它的異端思潮》，頁280。

146 省無聯一中紅造會鋼三一九兵團《奪軍權》一兵：〈中國向何處去〉，宋永毅、孫大進編著：《文化大革命和它的異端思潮》，頁275。

147 省無聯一中紅造會鋼三一九兵團《奪軍權》一兵：〈中國向何處去〉，宋永毅、孫大進編著：《文化大革命和它的異端思潮》，頁283。

立「革命人民自己組織的武裝力量」，[148]使「軍隊擺脫官僚控制」；[149]第三，要重新發動暴力革命，通過國內戰爭暴力推翻官僚主義者階級的統治；第四，要重新發動農民，搞農村包圍城市，「在一省或數省首先奪取真正徹底的勝利」。[150]他們因此仿照當年毛澤東的〈湖南農民運動考察報告〉，寫出了〈浠水農民運動考察報告〉和〈長沙知識青年運動考察報告〉。[151]這是真正的「以其人之道還治其人之身」，用毛澤東反對國民黨的那一套，對付現在共產黨的官僚階級。這當然是非常激進的理論，實際上已把毛澤東思想推到毛澤東本人所不能接受的地步，完全突破了他發動文化大革命預設的「無產階級專政」的限制。

其四，在國際問題上，也推行激進主義路線，提出「當代的中國是世界矛盾的焦點，是世界革命風暴的中心」論。[152]

楊曦光的大字報提出「中國向何處去」，其背後其實還隱含著一個問題，就是「世界向何處去」。這一代人有一個特點，就是總把中國問題和世界問題聯繫起來考慮，他們熱衷於中國革命，更嚮往世界革命，這是紅衛兵、造反派的一個共同情結。這裡有一個細節：大概也就是1966年底、1967年初，我所在山城的紅衛兵造反派的一位領袖被追捕，逃到我的住所躲了一夜，就在這生命危難的時刻，他還在挑燈夜讀列寧的著作，並和我討論「如何解放全世界被壓迫、被奴役的人民」。在造反派中還廣泛流傳著一首長詩：〈獻給第三次世界大戰的英雄〉，就是希望通過戰爭形式來輸出革命，並且宣稱：「這是最後的鬥爭，人類命運的決戰，就在今天！」[153]後來真的有不少造反派穿越

---

148 省無聯一中紅造會鋼三一九兵團《奪軍權》一兵：〈中國向何處去〉，宋永毅、孫大進編著：《文化大革命和它的異端思潮》，頁284。

149 省無聯一中紅造會鋼三一九兵團《奪軍權》一兵：〈中國向何處去〉，宋永毅、孫大進編著：《文化大革命和它的異端思潮》，頁285。

150 省無聯一中紅造會鋼三一九兵團《奪軍權》一兵：〈中國向何處去〉，宋永毅、孫大進編著：《文化大革命和它的異端思潮》，頁292。

151 〈浠水農民運動考察報告〉（摘要）、〈長沙知識青年運動考察報告〉二文皆收錄於宋永毅、孫大進編著：《文化大革命和它的異端思潮》，頁346-348、312-324。

152 省無聯一中紅造會鋼三一九兵團《奪軍權》一兵：〈中國向何處去〉，宋永毅、孫大進編著：《文化大革命和它的異端思潮》，頁275。

153 參看楊健：《文化大革命中的地下文學》中〈獻給第三世界大戰的勇士〉這一節，其中有「潛

國界，到緬甸參加那裡的游擊隊，有的成為領袖，有的則獻出了生命。在文革中群眾遊行已成為一種常態，而其中一個重要方面，就是為反帝、反修，支持世界人民革命鬥爭的遊行，幾乎世界各國的革命行動，特別是反美、反修的鬥爭，都會在中國紅衛兵這裡得到熱烈的回應。有人統計，1967年這樣的遊行達到141次，1969年就增加到362次，1970年也有260次。[154]而且文化大革命時期的中國，對世界革命的支持，還不限於道義，更有實際行動。據統計，1968年，中國對外援助費用占國家財政總支出的比例高達6.2%，[155]而當年中國自己的教育經費也只占財政總支出的6.25%。[156]

這樣的世界革命情結，到了1967-1968年，就形成了激進的理論，集中體現在被稱為「上海新思潮」的代表作〈反復辟學會創立宣言〉和〈中串會：一切為了九大〉上，他們宣稱：「全世界進入了以毛澤東思想為偉大旗幟的新時代！我們的時代是以中國為代表的革命營壘和以美帝蘇修為代表的反動營壘短兵相接〔……〕，現代的中國，是世界矛盾的焦點，是世界革命風暴的中心，是世界上起決定作用的國家」，[157]「世界是我們的」；[158]「如何學習毛澤東思想？如何運用毛澤東思想？如何傳播毛澤東思想？〔……〕這是世界革命人民的根本利益所在〔……〕以鮮血和生命保衛毛澤東思想的故鄉——中國，是高於一切、重於一切、壓倒一切的戰鬥任務」。[159]這裡包含的是雙重狂熱——

入越南參戰的四名紅衛兵」、「緬共遊擊戰中的中國知青」、「〈獻給第三世界大戰的勇士〉和它的創作源起」三部分。楊健：《文化大革命中的地下文學》（濟南：朝華出版社，1993），頁50-70。

154 廖光生：《排外與中國政治》（香港：明報出版社，1987），頁188-227。轉引自金觀濤、劉青峰：《毛澤東思想和儒學》，頁91。

155 馬齊彬等：《中國共產黨執政四十年：1949-1989》（北京：中共黨史資料出版社，1989），頁324。轉引自金觀濤、劉青峰：《毛澤東思想和儒學》，頁95。

156 厲以寧主編：《教育經濟學研究》（上海：上海人民出版社，1988）「表5-5」，頁104。轉引自金觀濤、劉青峰：《毛澤東思想與儒學》，頁95。

157 反復辟學會：〈反復辟學會創立宣言（草案）〉（1967年8月5日），宋永毅、孫大進編著：《文化大革命和它的異端思潮》，頁425。

158 反復辟學會：〈反復辟學會創立宣言（草案）〉（1967年8月5日），宋永毅、孫大進編著：《文化大革命和它的異端思潮》，頁430。

159 反復辟學會：〈反復辟學會創立宣言（草案）〉（1967年8月5日），宋永毅、孫大進編著：《文化大革命和它的異端思潮》，頁427。

世界革命的狂熱和中國中心的狂熱。前者具有烏托邦色彩，後者則是一種狂熱的中華中心主義的極端民族主義情緒。這也揭示了文革的另一面：它實際上是根植於世界革命狂熱與中華中心主義的民族狂熱之中的。

這裡，我們無妨把話題拉開，談談毛澤東發動的文化大革命所帶來的世界影響，這是文革研究的重要方面，卻恰恰是一個薄弱環節。我自己幾乎沒有任何研究，只能就所接觸到的一點研究成果和材料，談談我的一些粗略想法，就算是出一個題目吧，希望能夠引起同學們的關注和研究興趣。

在我看來，文革的世界影響，主要有三個層面。

首先是「輸出革命」。如我們在這一講的開頭所說，毛澤東發動文化大革命目的之一就是要防止中國變成修正主義，使永遠革命的中國成為世界革命的根據地和中心；我們在前一講分析中蘇論戰時，還特別提到在文革前夕，1965年發表的林彪署名的〈人民戰爭勝利萬歲〉一文裡，就已經提到了中國的人民戰爭革命模式的普遍意義；前面我們還講到了紅衛兵要將毛澤東思想傳播到全世界的雄心：這些都說明，向世界輸出中國革命模式本身就是文化大革命的重要任務。實際上早在六十年代，中國已經開始設立專門的學校、基地，對準備開展武裝鬥爭的亞洲、非洲、拉丁美洲的共產黨人進行秘密的軍事訓練。毛澤東本人也頻繁接見前來學習的各國黨的年輕學員，以及前來訪問的黨的領導人，鼓勵他們回國開展武裝鬥爭，並且向他們傳授中國農村包圍城市的經驗，但同時又告誡他們：「請你們不要對我說，你們在我的書本中學到了這樣那樣的東西。你們有你們自己的戰爭，而我們有我們的戰爭；你們得根據自己的戰爭來創立原則和理論，假如書本堆在眼前，那會遮住視線的」。[160]這其實更是中國革命與毛澤東的基本經驗。毛澤東同時還提出：「你們研究中國革命的經驗時，我勸你們要研究失敗的經驗，當然同時也要研究成功的經驗，這樣可以做比較」。[161]這都顯示了毛澤東思想的特點。不僅提供經驗教訓，還提供部分經費和武器，進行訓練。[162]在六十年代、七十年代

---

160 毛澤東：〈同巴勒斯坦解放組織代表的談話〉（1965年3月16日）。轉引自約漢‧布萊恩‧斯塔爾（John Bryan Starr）著，曹志為、王晴波譯：《毛澤東的政治哲學》，頁42。

161 毛澤東：〈日本人民的前途是光明的〉（1961年10月7日，和中日友好協會訪華代表團、5日本民間教育家代表團的談話），《毛澤東外交文選》，頁483。

162 楊奎松：〈毛澤東對印度支那戰爭態度的變化（1949-1973）〉，《毛澤東與莫斯科的恩恩怨

文革期間，中共就為馬來西亞共產黨在湖南設立了秘密電台，用華語、馬來語、淡米爾語、英語廣播。[163]

正是在毛澤東和中共支持下，文革期間在亞、非、拉都出現了走中國革命道路的毛派。印尼共產黨在1965年被鎮壓以後，於1966年發表聲明，宣布要以「依靠農民，建立農村根據地，以農村包圍城市和『槍桿子裡面出政權』」為印尼革命的三大旗幟。[164]在毛澤東親自批准下，在中國已有17年之久的大批緬甸共產黨人和少數民族分子回國開展武裝鬥爭，建立根據地。菲律賓於1969年建立了新人民軍，發起武裝鬥爭。[165]1969年和1970年間，在親華的「印共（馬列）」領導下，印度那夏里特地區出現了農村暴力革命，人們稱之為「中共20年代的湖南農民運動（以及後來的土改）和60年代的文革暴力的結合」，《人民日報》因此發表社論，讚其為「印度的驚雷」；1970年春天，那夏里特運動的學生參與者又在印度第二大城市加爾各答發動了一場「校園文革」，學生抵制考試，在牆上塗寫毛澤東語錄，燒毀泰戈爾（Rabindranath Tagore，1861-1941，印度）、甘地（Mohandas Karamchand Gandhi，1869-1948，印度）、尼赫魯著作。[166]1967年拉丁美洲建立了兩個游擊隊，一是哥倫比亞人民解放軍，其中有一個模仿中國紅色娘子軍的「瑪利亞娘子軍連」，另一個是玻利維亞毛派游擊隊，他們都宣布要走中國的「人民戰爭」路線，而批判「不懂得發動農民和解決土地問題，建立農村根據地的重要」的格瓦拉──卡斯特羅路線[x]。還有被稱為「小毛澤東」和「安第斯山的紅太陽」的祕魯「光輝道路」派的領袖古茲曼（Abimael Guzmán，1934-，祕魯），從中國回國後，就

怨》，頁498-499。參看程映紅：〈向世界輸出革命──文革在亞非拉的影響初探〉，宋永毅主編：《文化大革命：歷史真相和集體記憶》（上冊）（香港：田園書屋，2007），頁70-71。

163 關於中共在文革中為馬來西亞共產黨建立廣播電台，以及在此前後中共與馬共之間的複雜關係，第三世界毛派的命運，可參看金津：〈馬共的革命與終結〉，《炎黃春秋》2010年第4期，頁82-87。

164 程映紅：〈向世界輸出革命──文革在亞非拉的影響初探〉，宋永毅主編：《文化大革命：歷史真相和集團記憶》（上冊），頁63。

165 程映紅：〈向世界輸出革命──文革在亞非拉的影響初探〉，宋永毅主編：《文化大革命：歷史真相和集團記憶》（上冊），頁63-66。

166 程映紅：〈向世界輸出革命──文革在亞非拉的影響初探〉，宋永毅主編：《文化大革命：歷史真相和集團記憶》（上冊），頁66-67、74-75。

按毛澤東的做法，大反祕共最高領導人的「修正主義」，在大學校園裡用辯論會、批判會等中國方式展開「路線鬥爭」，演出一場小型「文化革命」，「光輝道路」派最後也演變成一個不擇手段、濫殺無辜的暴力組織。在非洲，也有安哥拉、喀麥隆、剛果、幾內亞、阿爾及利亞、莫桑比克的青年在中國受訓以後，回國發動武裝鬥爭。[167]

這一切，當然都是毛澤東所期待的，但他卻提醒說：「不要宣傳外國的人民運動是由中國影響的，這樣的宣傳易為反動派所利用，而不利於人民運動」。[168]而更為嚴酷的事實，卻是到了七十年代後期，以及八十年代，這些在毛澤東影響下的武裝鬥爭在大多數國家都無法堅持下去，而採取與西方和東方鄰國緩和關係新政策的中國共產黨，也反過來勸告這些當年的戰友放棄武裝鬥爭。[169]依然堅持暴力的像祕魯的「光輝道路」派，則又轉而指責中國的改革開放是走向「修正主義道路」。歷史的發展確實無情。

其次是思想影響。這裡就要說到毛澤東的「小紅書」的廣泛傳播。文革一開始，中宣部就提出大力對外翻譯和發行《毛主席語錄》的任務。1966年10月到1967年5月僅8個月的時間，中國國際書店就向全世界117個國家和

---

167 程映紅：〈向世界輸出革命——文革在亞非拉的影響初探〉，宋永毅主編：《文化大革命：歷史真相和集團記憶》（上冊），頁69-70、79-80、70-71。

168 毛澤東：〈對外交部關於加強宣傳毛澤東思想和支持西歐、北美革命群眾鬥爭的建議寫的批語〉（1968年5月29 日），《毛澤東文集》第8卷，文題為〈對外宣傳不要強加於人〉，頁432。

169 1971年10月在第三世界國家支持下，中華人民共和國恢復了在聯合國的席位；隨後中國改變了支持第三世界各國革命運動的政策，轉而強調和各國政府「和平共處」。於是就出現了一些「未免有些尷尬」的外交行動：1971年，在斯里蘭卡發生革命起義時，中國對時任總理的班達拉奈克夫人（Sirimavo Bandaranaike）一如既往；1972年美國對越南發動「聖誕節轟炸」時，中國只是口頭提出抗議，仍和尼克松、基辛格保持密切關係；智利軍政權推翻了阿連德的馬克思主義政府以後，中國是「社會主義陣營」中和軍政府保持外交關係的少數國家之一；1976年初，在安哥拉事務中，中國又和美國和南非種族隔離政權站在同一戰線上。這都表明，從文革後期開始，中國就逐漸放棄了「革命外交」，不再按照意識形態決定外交政策。這在某種程度上也就遠離了毛澤東最初的使中國成為「世界革命根據地和中心」的文革目標，而這又是毛澤東的「三個世界」的新的戰略的一個體現，這都顯示了革命家的毛澤東與國家領袖的毛澤東的內在矛盾。以上材料轉引自莫里斯·邁斯納著，杜蒲譯：《毛澤東的中國及其後：中華人民共和國史》，頁359。

地區發行了俄、英、日等14種文字的《毛主席語錄》，以後又擴展到37種文字。到1967年9月，日本就出售了15萬冊，德國出售6萬冊，羅馬出售4萬冊，美國也有幾千冊。以後，日本、英國、法國、瑞典等國用24種文字翻譯出版了40多種版本的《毛主席語錄》。拉丁美洲的巴西、智利、祕魯、阿根廷、墨西哥、烏拉圭、委內瑞拉、哥倫比亞、玻利維亞、多米尼加、海地的革命者，都用西班牙文、葡萄牙文和英文翻譯出版了100多種版本的《毛主席語錄》。在南亞，馬來亞共產黨和民族解放軍，在根據地、游擊區普遍開展了學習毛澤東著作的群眾運動，北加里曼丹還在城市、農村開辦毛澤東學習班。[170]1970年，智利左派領導人阿連德（Salvador Allende，1908-1973，智利）當選總統以後，更是在全國形成了學習中國、學習毛澤東著作的熱潮。在非洲，埃塞俄比亞、貝撫、馬達加斯加、加納等國也都由政府領導人發出號召，學習中國經驗，毛澤東著作也因此大受歡迎。如一位作者所說，從長遠來看，在世界各地都有「讀著毛著而成長起來的人」，這樣的成長背景對他們今天的選擇及其在本國的影響，都是值得注意的，於是，就提到了當下在拉丁美洲頗有影響的查韋斯（Hugo Chávez，又譯烏戈・查維茲，1954-，委內瑞拉），他就不止一次地說過：「我整個一生都是毛澤東的崇拜者」，據說他至今還能說出某段語錄出自《毛澤東選集》的第幾卷。[171]

需要討論的是，毛澤東與文革對西方和日本這些發達國家的影響。人們經常談到的是1966-1968年中國的文革與1968年法國「五月運動」的關係，以及中國紅衛兵運動和發生在1968年、1969年初的日本「全共鬥」（「某某大學全校共鬥會議」的簡稱）活動的關係。毫無疑問，無論是法國，還是日本的學生運動，都是由深刻的國內原因和背景產生的，而且都有自己的主導思想，如論者所說，真正掀起法國「五月運動」，並「佔主導地位的是無政府主義派和托洛斯基主義派」，其次才是「毛主義派系」。[172]而日本「全共鬥」更是一個

---

170 詳參李曉航：〈《毛主席語錄》的出版、修訂與傳播〉，楊天石主編、姚鴻本卷主編：《毛澤東剪影》，頁294-295。

171 何明星：〈紅色經典的海外遺產〉，載《南風窗》2009年2期。

172 （法）高達樂（Claude Cadart）著，程映湘譯：〈法國式毛主義的類別與興衰（1966-1979）〉原載《二十一世紀》總第37期（香港中文大學中國文化研究所，1996年10月），現收錄於劉青峰編：《文化大革命：史實與研究》（香港：香港中文大學出版社，1996），頁325。

自發性運動，它所受到的思想影響是非常複雜的，如論者所說，「60年代〔日本〕大學猶如各種思想攪拌在一起的坩鍋」（括號內的文字為錢所加），馬克思早期著作、存在主義等新思潮都對年輕的大學生產生吸引力，其中也自然有毛主義的影響。[173]這都提醒我們，在考察同時發生在1968年及其前後的中國、法國與日本的以學生為主體的左翼反抗運動及其關係時，要充分考慮其複雜性；對中國文革、毛主義的影響，更要持謹慎的態度，既要承認影響的存在，又不可誇大。

　　我想從這樣一個角度來討論：毛澤東思想和他所發動的文化大革命，究竟在哪些方面，對法國、日本的部分左翼青年和知識分子產生了吸引力？在我讀到的法國和日本研究者的有關論文裡，所提到的大抵有四個方面。首先是對「本國的政治秩序」的「革命」，包括文革一開始對既有教育秩序的衝擊，對於自己本國的現實和教育制度有著強烈懷疑和不滿的日本「『不規矩』的青年」，[174]和同樣不滿現狀而又有著土生的無政府主義傳統影響的、正熱衷於反體制、反文化運動的法國叛逆青年，幾乎具有了榜樣的意義。其二，毛澤東的超越資本主義的空想社會主義的烏托邦理想，給因為資本主義文明病所產生的種種弊端（法國），六十年代經濟高速發展所引起的社會矛盾（日本）而陷入精神困惑的青年和知識分子，提供了一種新的可能性。這就出現了研究者所說的「二十世紀社會文化現象的一大奇觀」：「1960年代末，社會主義中國和資本主義歐美中的激進知識人一起造反資本主義」[175]——但其內涵、精神、意義和價值，又有極大的差異。其三，毛澤東與文革鮮明的反美立場，對「以美國為支配者的既定國際秩序的革命」，同樣引起正在反省追隨美國的發展道路、試圖擺脫美國的日本左翼，以及反對越南戰爭、要求對國際事務獨立發

173 （日）橋爪大三郎著，季衛東譯：〈紅衛兵與「全共鬥」——兼談60年代日本的新左翼〉原載《二十一世紀》總第36期（香港中文大學中國文化研究所，1996年8月），現收錄於劉青峰編：《文化大革命：史實與研究》，頁295。

174 （日）橋爪大三郎著，季衛東譯：〈紅衛兵與「全共鬥」——兼談60年代日本的新左翼〉，劉青峰編：《文化大革命：史實與研究》，頁295。

175 劉小楓：〈現代性演化中的西方「文化革命」〉原載《二十一世紀》總第37期（香港中文大學中國文化研究所，1996年10月），現收錄於劉青峰編：《文化大革命：史實與研究》，頁483。

言權的法國左翼的強烈共鳴。他們發現毛澤東的中國「內部蘊藏着某種戰勝美國的強大力量。這既然不是物質力量，就只能是精神力量。於是，人們開始設想中國人在精神上、倫理上的崇高性」[176]──當然，這只是「設想」，即幻想而已。其四，毛澤東高舉「反對蘇聯修正主義」旗幟，文革宣稱的建設永遠保持革命活力的新型社會主義國家的目標，都使對蘇聯的斯大林主義和官僚主義秩序不滿、對繼續追隨蘇聯的本國共產黨不滿，並因此看不到國際主義運動前途的老左翼知識分子，看到了新的希望──不難看出，無論是日本的，還是法國的激進青年、左翼知識分子，都是從本國的「問題意識」出發，來看毛澤東和中國文化大革命的，這就必然帶有一廂情願的成分，而產生許多誤讀。比如，他們把老紅衛兵的「造反精神」抽象化，而看不到其迫害教師與校長的「群眾專政」本質；把毛澤東的「思想改造」、文革的「靈魂深處鬧革命」理想化，並且和自己內發的「自我否定」（這是日本「全共鬥」的口號，即要「否定那個被上大學的考試浪潮所吞沒、毫無反思地要當資本主義齒輪的自己」）相混同，而完全忽視了毛澤東式的思想改造具有強制性及思想控制的實質；還有他們把文革中對「經濟主義」的批判和自身對「消費社會」的反省也混為一談，而看不到面對不同的社會問題而具有的不同意義……等。因此，他們對文革的歷史事實，是按照自己的需要而取捨的，在這個基礎上建立起來的文革敘述、想像、理解與評價，就不能不帶有極大的主觀性和實用主義色彩。如一位研究者所說，他們從不同途徑，不同程度上得到的文革信息本來有三個方面：「為了奪回政權，不惜摧毀千萬肉體、靈魂和文化」的瘋狂行為、[177]革命烏托邦的宣言與實驗、對毛澤東個人和他的思想的盲目崇拜。問題是，他們對文革瘋狂絕不問津，甚至一律視為「謊言」；對毛的崇拜，雖有保留，卻竭力辯解；他們唯一願意看到，並極力誇大和讚揚的，只是文革烏托邦，[178]這就真正是「一葉障目」了。當然，從另一個角度說，對任何外

176 （日）加加美光行著，季衛東譯：〈文化大革命與現代日本〉原載《二十一世紀》總第36期（香港中文大學中國文化研究所，1996年8月），現收錄於劉青峰編：《文化大革命：史實與研究》，頁309。

177 （法）高達樂（Claude Cadart）著，程映湘譯：〈法國式毛主義的類別與興衰（1966-1979）〉，收錄於劉青峰編：《文化大革命：史實與研究》，頁324。

178 以上論述，均據（日）橋爪大三郎：〈紅衛兵與「全共鬥」──兼談60年代日本的新左翼〉、

來文化、思想的接受，都必然有誤讀，並且各取所需；在這個意義上，1968
年法國和日本青年、左翼知識分子對毛澤東思想和中國文革的某種程度上的
誤讀，並以此作為自己的精神資源之一，既是必然的，也是有一定的積極意
義，同時也有助於複雜化我們對文革的認識。

　　而這樣的誤讀，在一些歐洲思想家那裡，就成為他們構建自己的批判理
論的一個想像性資源。這應該是我們討論的毛澤東主義、文革影響的第三個
層面。我對這些思想家毫無研究，也只能就我所看到的論述，略作一點分
析，對西方思想家自然也可能有許多誤讀的成分，但我的目的還是想藉此引
發同學們的研究興趣。我注意到，研究諸如毛主義思想的世界影響這類問題
時，研究者往往會聲明自己並不否認文革的「荒唐暴行」，但同時又強調這些
暴行不是自己的研究中「所要處理的事情」。並且聲明自己之所以採取這樣的
研究的論述方法，是因為「我更關心的是這些毛主義思想對世界各地人民有什
麼吸引力」。於是，就根據該研究者所謂的「吸引力」，「抽象」地作出研究者自
己的文革描述與評價。這種方式，使我想起了中國哲學家馮友蘭（1895-1990）
的「抽象繼承法」。應該注意的是，當有了這一層層的聲明，似乎保障了這類
研究在學術上的合理性，但在這背後其實隱藏著「故意給這問題以抽象和思辨
性的答案」的陷阱。底下舉幾個例子。

　　在這類我所要提醒同學們警惕的研究中，據說毛澤東的文革作為「世界性
的歷史事件」，在以下幾個方面顯示了它的特殊意義：（1）「它挑戰社會主義
革命（和一般革命）在制度化後不免『非激進化』這一公認的想法」，「文革創造
新文化所持的理想，在於竭力阻止革命『非激進化』」；（2）「中國向全世界推
廣她的社會主義模式，用以抗衡原來的蘇式社會主義，為世人渴望以民主社
會主義來對抗獨裁社會主義提供答案」；（3）「文革試圖為新社會塑造社會主
義新人」；（4）文革「極為強調革命的政治和思想層面的重要性，這導出一種
異於以往現代化假設（包括資本主義或社會主義）的新的行動方向」；（5）「文
革和第三世界獨立是同時出現的」，「兩者都以對抗歐美資本主義世界和蘇聯

（日）加加美光行：〈文化大革命與現代日本〉、（法）加斯托：〈毛主義和法國知識份子〉、
（法）高達樂：〈法國式毛主義的類別與興衰〉，皆收錄於劉青峰編：《文化大革命：史實與
研究》。

式『社會帝國主義』為其根本」；（6）「毛主義發展思想中心的口號」是「自力更
生」，「不但指出要避免依賴外援，也呼籲人民積極參與發展過程」，文革正是
「為草根階層通過民主方式參與社會生活創造出前所未有的契機」；（7）文革
「它的目標不但是要藉著自力更生來達到民族自治，還要做到社會各層面（下
至地方）均能自治」，「文革毛主義提出的發展範式不但解決了新興後殖民社會
既要發展經濟又要兼顧凝聚社會的窘境，它似乎還解決了經濟進步的資本主
義和社會主義社會在發展中遇到的異化問題」。[179]

　　應該說，這些描述與評價確實有「吸引力」，而且大體上符合毛澤東自己
和文革宣傳家們的文革敘述，這確實如該研究者所說的，都是「所持的理想」
所「試圖」達到的「目標」和「口號」。然而，問題就像另一位美國研究者所說
的那樣，「對毛主義者的最終的評價，與對所有歷史人物的評價一樣，必須以
他們所做的、而不是他們想做的事情為根據」。[180]會產生此類研究的關鍵可
能在於，毛澤東及其宣傳家的這些理想與口號，符合於研究者自己的想像。
因此，研究者便根據自己所認同與嚮往的觀念、信念來判斷毛主義和文革，
而不是根據文革實踐的結果以及文革中實際發生的事實來作判斷。於是，面
對這類研究的判斷，就必然產生兩個問題。其一，這些有「吸引力」的描述符
合事實嗎？比如，文革的「激進化」真的給中國社會主義帶來新機嗎？文革真
的是「以民主社會主義來對抗獨裁社會主義」嗎？文革中「草根階層」真的「通
過民主方式參與社會生活」嗎？文革中「極為強調革命的政治和思想層面的重
要性」的「政治掛帥，思想、精神至上」所「導致」的「新的行動方向」，真的那
麼美好嗎？文革真的實現了「民族自治」、「地方自治」了嗎？意在使中國成為
「世界革命中心」的文革，真的維護了「第三世界」的獨立性嗎？……等。其
二，論者所面對的，正是文革理想、宣言與實踐之間的巨大矛盾，而論者所
採取的研究態度和方法，回避了文革的「荒唐暴行」，而簡單「抽象」出烏托邦
想像中的合理成分，就實際上回避了一個根本性的問題：為什麼具有某種合
理性的「烏托邦想像」會最後導致殘酷的「荒唐暴行」？這才是「當代視野中的

---

179 （美）德里克（Arif Dirlik）著，林立偉譯：〈世界資本主義視野下的兩個文化革命〉原載《二
　　十一世紀》總第37期（香港中文大學中國文化研究所，1996年10月），現收錄於劉青峰
　　編：《文化大革命：史實與研究》，頁465-471。

180 莫里斯‧邁斯納著，杜蒲譯：《毛澤東的中國及其後：中華人民共和國史》，頁191。

文革」所真正應該回答的問題。在我看來，只有對文革中的「荒唐暴行」進行徹底的科學批判，對文革烏托邦與文革暴行之間的關係進行科學的清理，從中吸取歷史教訓，才有可能真正搶救出烏托邦想像中的某些合理因素，作為今天的現實批判的精神資源。「抽象繼承」只會導致南轅北轍的結果。

在講完了文革三個層面的國際影響以後，我還想補充一個材料：就在法國的學生和工人在關注中國文革的發展時，中國的紅衛兵和造反派也在關注法國的革命運動。1968年5月21日，北京70萬人遊行，支持法國造反的學生和罷工的工人，在以後的一個星期裡，在中國大大小小的城市裡，總計約有2,000萬人上街遊行。北京工人代表會議常設委員會、北京貧下中農代表會議常設委員會、大專院校紅衛兵代表大會委員會、北京中等學校紅衛兵代表大會委員會還聯合發表了一個〈堅決支持法國工人和學生革命鬥爭的聲明〉，在表示支持的同時，又按照文革的激進思維，特別強調當今的時代「是以毛澤東思想為偉大旗幟的世界革命的新時代。毛澤東思想在全世界的廣泛傳播，我國無產階級文化大革命的偉人勝利，給予全世界被壓迫民族和被壓迫人民的解放鬥爭以極大的鼓舞和巨大的力量」。有意思的是，毛澤東本人在審閱這份聲明時，卻把這一段話全部刪去，並且在批語裡將其稱為「自吹」[181]——看來，毛澤東自己也不認同所謂毛主義和文革的「巨大的力量」。

最後，還要談談文革對台灣左翼知識分子和青年的影響，這或許是同學們更感興趣的。我想向大家推薦一本1972年出版，流行於台灣的關於大陸文革的書：《天讎：一個中國青年的自述》[182]，作者王朝天（署名凌耿，生平不詳），是從廈門渡海來台的紅衛兵，當時的蔣介石政權為了反共宣傳的需要，不但允許此書在台灣流傳，而且安排王朝天到各學校巡迴演講，但卻因此給禁錮的台灣校園帶來了文革的造反氣息。當時正在讀高中的鄭鴻生先生（1951-）回憶說，作為大陸紅衛兵的王朝天「那種毫無禁忌的言詞，大令言語囁嚅埋首聯考的台灣中學生瞪目結舌」。大概就是因為說話太無顧忌，王朝天

181 毛澤東：〈對〈堅決支持法國工人和學生革命鬥爭的聲明〉稿的批語〉（1968年5月21日），《建國以來毛澤東文稿》第12冊，頁498。

182 凌耿著，丁廣馨、劉昆生譯：《天讎：一個中國青年的自述》（香港：新境傳播公司，1972）。

後來就被長期軟禁在綠島。[183]我猜想，這可能就是台灣年輕一代和文革的最早接觸。台灣知識界左翼對文革的認識，陳映真應該是一個重要代表。他回憶說，自己是21歲時的1958年初次接觸到毛澤東的〈關於正確處理人民內部矛盾的問題〉等作的日譯本，並因此「完全改變我對於人、對於生活、對於歷史的視野」；六十年代，陳映真「躲在悶熱的被窩裡」偷聽中蘇之間「於我為驚天動地的論爭」，又以「詫奇的眼光，看到文革的火炬在全世界引發了激動的回應」。也是在1968年，陳映真「懷著這文革的激動被捕」，走進黑牢。而據陳映真回憶，文革真正對台灣左翼產生影響，還是在保釣運動中，他認為，「沒有中國大陸的文革，就沒有保釣左翼」，而「整整一個七十年代」，正是保釣運動在台灣「奇蹟一般地打開了一塊反主流、反冷戰的思潮的空間」[184]──我想，陳映真的經驗對我們認識文革的影響，是很有啟發性的。

不過，我們的討論已經扯得很遠，由於文革在大陸之外的影響有特殊的重要性，但一般文革論述卻很少談及，我也就情不自禁地講了這麼多。我們還是拉回到歷史的敘述，進入1967年夏秋的歷史現場，看看那些無論對國際問題，還是對國內問題都持最激進的態度和立場的青年毛澤東主義者，他們的自我描述：

> 一切決心獻身於這場偉大的徹底的無產階級政治革命的革命戰士，一切有研究政治的決心真正信仰毛澤東主義趨向新思潮，立志改革的激進分子。一切忠於毛澤東主義，關心中國向何處去，世界向何處去，關心中國社會各階級狀況，注重於社會調查的實幹家！一切善於學習，敢於想，敢獨立思考的人，組織起來。
>
> 改造中國和世界──這就是我們的宗旨！
>
> 毛澤東主義──這就是我們的最高信仰！
>
> 與工農相結合──這就是我們堅定不移的方向！
>
> 理論與實踐相結合更猛地投入實際鬥爭並起先鋒作用──這就是我們的作風！

---

183 鄭鴻生：《青春之歌：追憶1970年代台灣左翼青年的一段如火年華》（台北：聯經出版公司，2001），頁46。

184 陳映真：〈我在台灣所體驗的文革〉，原載1996年5月26日出版的《亞洲週刊》。

> 對於毛澤東主義的真正學習，對於政治的徹底研究，對於中國社會的認
> 真調查——這就是我們的工作！[185]

這裡所強調的堅定信仰，遠大目光，研究政治與理論的興趣，善於學習，獨
立思考，立志改革，注重社會調查與實踐，實幹精神，與工農相結合，都和
我們前面講過的文革前的陳一諮非常接近。著名的經濟學家何清漣（1956- ）在
九十年代回憶文革時，也談到她當時所在的湖南邵陽市，在文革中就有這麼
一批「頗有『鐵肩擔道義，妙手著文章』之志的青少年」，她當時還是一個小女
孩，卻「被他們的文章的氣勢所震懾，更為那種革命英雄主義和道德理想主義
陶冶出來的英雄氣概所感動」，在多年後回憶起來，依然對他們在文革中表現
出來的「敏銳的思維，博大的志向，對社會的深切關懷」不勝嚮往。[186]這大概
就是這些青年毛澤東主義者永遠的魅力所在吧。

　　稱他們為「青年毛澤東主義者」，不僅是因為他們當時都只有17、18歲，
或20多歲，（當時像我這樣30多歲的老青年已經被稱為「老師」了）；更重要
的是，他們都深受「青年毛澤東」的影響。所以都把毛澤東青年時期的一句話
作為座右銘：「天下者我們的天下。國家者我們的國家。社會者我們的社會。
我們不說，誰說？我們不幹，誰幹？」[187]這樣的對天下、國家、民族的責任
感，這樣的社會主人公的自覺意識，都深刻地影響了這一代人。不僅是青年
毛澤東的思想、志向影響了這一代，他的一些行為方式，如堅持自修、注意
身體鍛煉、喜歡雲遊、注重社會調查等等，都被競相模仿，成為一種風尚。

　　但更不可回避的，是這些青年毛澤東主義者自身的偏限，包括他們精神
上的某些缺陷，他們絕不是前述西方理論家想像中的「新人」，而且他們最終
還是被毛澤東的文革所扼殺了。

　　首先，他們幾乎是重犯了1957年青年「右派」（我們已經說過，他們實

185 紅中會長沙一中《奪軍權》一兵：〈關於建立毛澤東主義小組的建議〉，宋永毅、孫大進編
　　著：《文化大革命和它的異端思潮》，頁332-333。

186 何清漣：《現代化的陷阱・後記——追尋學者生命的真諦》，何清漣說，她要「用這本《現
　　代化的陷阱》來祭奠我青少年時期的友誼和那批『思想史上的失蹤者』」，「我永遠記得他們
　　當年以『知青』和中學生身份憂國憂民的赤子情懷。何清漣：《現代化的陷阱：當代中國的
　　經濟社會問題》（北京：今日中國出版社，1998），頁381。

187 毛澤東：〈民眾的大聯合（三）〉（1919年8月4日），《毛澤東早期文稿》，頁390。

質是五十年代中國真正的「左派」）的錯誤，他們將毛澤東視為「永遠的革命者」、「反抗特權階層壓迫的正義帶頭人」就是一個歷史的誤讀。因此，當他們宣布要將毛澤東思想中「最革命、最激進、最生動、最活潑、最本質」的部分，加以發掘、發揮與實踐時，根本沒有想到，這就是向毛澤東本人挑戰。他們要像當年毛澤東那樣，重新組黨、組軍、重新發動農民、以農村包圍城市，這等於是要發動一場新的革命，而其革命對象首先就是毛澤東，因為他正是那些官僚特權階級的既得利益的最高代表。在這一點上，作為激進造反派對立面的保守派，把毛澤東視為「對一小撮地、富、反、壞、右的階級專政的合法性」的代表，是更懂得毛澤東的：毛澤東和官僚階層確實有矛盾的一面，但更有根本利益（一黨專政利益）的一致性，而且他最終還是不能離開這些黨官僚，這是他的真正社會基礎、階級基礎，文革中儘管攪亂了一下，最終還是要把這些打倒的官僚請回來、恢復秩序，就是這個道理。在文革一開始，毛澤東就對當時被紅衛兵和造反派衝擊得狼狽不堪的黨官僚們說：「誰人要打倒你們呀？我是不要打倒你們的」，「這一沖，我看有好處」，「路線錯誤，改了就是了」，[188]說的都是真心話，他不過是借助紅衛兵、造反派的力量，「衝擊」一下，確非要真正打倒黨官僚。而這些自稱的毛澤東主義者卻不懂得這個道理，還要將革命進行到底，就是「干擾偉大領袖的戰略部署」，自然必置之於死地。在毛澤東的心目中，這些激進的革命者，始終是1957年「右派」的繼承人，他真正要依靠的，還是反右運動，也即「五七體制」下的「左派」。不僅毛澤東本人，他的繼承人都是如此。因此，在中國，沒有政治理想與政治操守的「左派」永遠行時，是永遠的依靠對象；具有政治理想（包括「毛澤東主義」的理想）、政治操守的真正的「左派」，永遠被視為「右派」而遭到打擊。這是一個歷史宿命。

其二，更必須正視的，是這些青年毛澤東主義者，一方面把毛澤東的所謂最激進、最革命的部分發揮到毛澤東不能容忍的地步，另一方面他們自身又被毛澤東思想所束縛，形成一些根本性的偏限。我曾經把包括我自己在內的「曾經的毛澤東主義者」的思想，概括為「烏托邦主義、民粹主義和激進主

---

188 毛澤東：〈在中央工作會議上的講話〉（1966年10月25日），《建國以來毛澤東文稿》第12冊，頁147。

義的混合」。一位研究者也對文革中造反派的激進主義，作了這樣的概括：
「他們崇尚激進的革命而鄙視漸進的改良；他們相信階級鬥爭是歷史進步的直
接推動力，而鄙視社會矛盾的調和、妥協；他們信奉鬥爭哲學，輕視社會和
諧與寬容；他們崇拜革命暴力、革命戰爭，視人道主義、人性為資產階級的
思想，反對以此約束革命的暴力和戰爭；他們視人權為資產階級革命的陳舊
觀念」，[189]在今天看來，這些觀念都有許多可以反思的地方。

　　或許這些文革中的毛澤東主義者更大的悲劇還在於，當他們沉浸在徹底
革命的邏輯時，卻忽略了民心正在發生變動。當他們高喊繼續革命、徹底革
命時，卻不知道文革的參加者已經對文革所造成的大動盪感到厭倦，而渴望
穩定。當他們仍然熱衷於政治、革命時，他們也忽略了民眾對於生產建設、
經濟發展、改善生活的渴望。當他們繼續大揪走資派時，民眾卻感覺到文革
中的新貴的荒唐，還不如懂得常識的老官僚來得穩健。這樣，這批激進的革
命者，青年毛澤東主義者實際上在老百姓當中已經被孤立，因而走上了一條
自我孤獨的道路，再不能登高一呼、引領潮流了。但他們卻依然沉浸在英雄
夢中，同時又在真誠、嚴肅、認真地堅守著自己的革命理想，這究竟是正
劇、悲劇，還是喜劇，已經說不清楚了——同學們不難體會到，我在這裡所說
的，既是對激進的毛澤東主義者的反省，更是對我自己的反省，因為當年我
正是其中的一個成員。這樣的反省，感情是複雜的，可以說是五味雜陳而感
慨萬端吧。

　　這樣，這些文革中的青年毛澤東主義者後來發生分化，走上不同道路，
也是必然的。我們在下面還會繼續討論。

（二）「十七年派」

　　在一部分造反派走上激進主義的時候，另一部分造反派則從穩健走向保
守，成為「十七年派」，即「五七體制」的維護者。其典型代表就是1967年4月
左右出現的清華大學的「四一四派」。這是從清華大學的造反派組織「井岡山
兵團」[xi]裡分化出來的組織。以1967年8月發表的〈四一四思潮必勝〉和1968
年發布的〈和周泉纓談話紀要〉為標誌，形成了所謂「四一四思潮」。他們的理

---

189 印紅標：《失蹤者的足跡：文化大革命期間的青年思潮》，頁195。

論基本出發點，是強調「無產階級文化大革命是在無產階級專政條件下的大革命，這是文化大革命的一個非常重要特點和基本事實」。[190]這裡，存在著對毛澤東無產階級專政條件下繼續革命的理論與實踐的一個新的理解與闡釋：如果說激進派的重心始終在「繼續革命」；那麼，以「四一四」為代表的溫和造反派就把重心放在「無產階級專政條件下」這裡。由此而引發出三個重要觀點。

1. 建國「十七年時期」（1949-1966）「紅線為主」論與「階級關係不變」論

這顯然是我們前面所介紹的造反派提出的「階級關係變動」論的一個反撥，強調「我們國家是無產階級專政的國家，從根本上說當權的是無產階級，中華人民共和國十七年來，以毛主席為代表的無產階級革命路線是占統治地位的」，走資本主義當權派「在黨內政權機器內未占統治地位，他們也未形成新的資產階級特權階層」，「我們軍權是毛主席親自締造的，親自領導的，是林副主席親自指揮的偉大的軍隊」。因此，他們主張全面恢復「十七年體制」：原來掌權的繼續掌權，原來受壓迫的還要繼續受壓迫。這就清楚表明，他們要維護的是「十七年」的統治秩序和既得利益，特別是1957年反右運動以後完善和強化的一黨專政的「五七體制」。所以我們將其命名為「十七年派」。

2. 「造反派只能打天下，不能坐天下」論

明確提出了「由誰坐天下」，即由誰掌握權力的問題。「四一四派」認為，他們的成員大多數出身於勞動人民、革命幹部家庭，而且大多數是黨團員和學生幹部，因此是天然的掌權者；而作為他們對立面的「井岡山兵團」的隊伍裡，有許多造反派是出身於地、富、反、壞、右，以及代表他們利益的知識分子家庭，因此，絕不能掌權。「打天下不能坐天下，坐天下是414」，[191]這樣的「天生掌權」論，其實就是老紅衛兵的「高幹子弟要掌權」論這個邏輯的重演，實際上就是要恢復「十七年」的階級路線，恢復「五七體制」中「左、中、

---

190 東方紅戰團一戰士（周泉纓）：〈四・一四思潮必勝〉（1967年8月3日），原載上海市上海中學《思潮集》，現收錄於宋永毅、孫大進編著：《文化大革命和它的異端思潮》，頁392。

191 這是毛澤東對「四一四」思潮的一個概括，他曾明確表示不同意「四一四派」的意見。見〈毛主席、林副主席七・二八召見紅代會代表〉（1968年7月28日（記錄稿））。轉引自印紅標：《失蹤者的足跡：文化大革命期間青年思潮》，頁79。

右」的劃分，恢復等級社會結構。

3.「用鐵的手腕維持秩序」論

「用鐵的手腕維持秩序」是「四一四派」的宣言：我們必須有革命的魄力和「鐵的手腕」，「在奪取勝利之後」，「穩定混亂狀況」，要「用鐵的手腕打擊那些在大革命中『露頭角』的壞分子」。[192]這就明白宣布了：要恢復「十七年」的舊秩序，就必須以血的鎮壓為基礎，實行鐵腕統治。可以說，呼喚以恢復「十七年體制」為目的的鐵的手腕，以「穩定」一黨專政的統治秩序，這就是所謂「四一四思潮」的實質。鄧小平在七十年代復出後所推行的「整頓」，在某種程度上正是對這樣的呼喚的一個回應。在這個意義上，「四一四思潮」，又為鄧小平這樣的鐵腕人物在文革中被打倒後重登中國政治舞台，作了思想和輿論準備。有意思的是，鄧小平在八十年代以後真正執掌了中國的大權，其所推行的路線中，此種以革命的魄力和鐵的手腕來維護一黨專政的思路依然占據了主導地位，而且這樣的統治思路也一直影響到鄧小平以後的執政者。當年「四一四派」的一些骨幹和成員，以後成為鄧小平時代以及鄧小平時代之後的掌權者，並不偶然。事實上，四一四思潮在中國，最後確實「勝利」了。當年這一思潮的理論家揚言「四一四必勝」，並非虛言誑語。原因就在於，他們所代表的「十七年」既得利益集團在中國共產黨中始終占有主導地位。

但是，問題的複雜性在於，在1967-1968年的中國具體的歷史情境下，「四一四思潮」還是有它的合理方面，因而也擁有相當的群眾基礎。主要是兩個方面：一是對中央文革小組（其後台是毛澤東）所推行的極「左」路線，以及其所代表的文革新貴的批判；二是提出「修整，鞏固，妥協」的方針和「解放大多數」的政策，提醒陷於狂熱中的文革造反者：「事情的過程必須是波浪形的，有高潮、有低潮，有峯有谷〔……〕不能老向前進」，[193]「突變和衝擊很必要，但不能老突變，老衝擊」，[194]這正是符合文革後期的人心民意的。正如研

---

192 東方紅戰團一戰士（周泉纓）：〈四・一四思潮必勝〉（1967年8月3日），宋永毅、孫大進編著：《文化大革命和它的異端思潮》，頁407。

193 〈和周泉纓談話紀要（摘要）〉，原載上海市上海中學《思潮集》，現收錄於宋永毅、孫大進編著：《文化大革命和它的異端思潮》，頁381。

194 〈和周泉纓談話紀要（摘要）〉，原載上海市上海中學《思潮集》，現收錄於宋永毅、孫大進

究者所說，「無疑，四 · 一四代表了一種舊秩序的復辟思潮，而這一思潮的產生，卻是以反復闢為己任的文化大革命群眾運動的直接後果。這真是莫大的歷史諷刺」。[195]

（三）文革新貴

應該說，「四一四派」批判「文革新貴」是抓住了文化大革命的一個要害的。在以打倒老官僚為旗號的文革中，培養了一批新權貴，所謂「文革新貴」，在中央的代表，自然是「四人幫」（江青、張春橋、姚文元、王洪文），這一方面的論述已經很多。我們這裡需要討論的，是四人幫的社會基礎中，有相當一部分是文革中的造反派，特別是被吸收到革命委員會裡，掌握了權力的造反派的領袖。他們中的某些人（當然不是所有的人）在一定程度上也成了文革新貴，或沾染了新貴的某些氣息，成了文革既得利益集團的組成部分，在他們身上所發生的變化，是特別耐人尋味的。

這裡我想解剖一個典型，但姑隱其名——重要的不是個人，而是他所代表的社會思想文化現象。這個人是一所著名的大學裡具有全國影響的一位造反派學生領袖。他來自社會底層，他的造反無疑是要為青年學生和社會底層爭取自己的權利。但在奪權勝利、成為學校的「第一把手」、掌握了巨大權力、並且嚐到了權力的巨大利益以後，他如何穩固自己（或自己這一派）的權力，用今天的話來說是「鞏固執政地位」，就成為他思考與行動的中心，從而陷入了權力崇拜和「黨（派）專政」的邏輯中，不能自拔，而且還提出了所謂〈權術三十六條〉，公開揚言：「得到政權後就得運用，而且容不得稍稍猶豫，正是『一朝權在手，便把令來行』」，「無產階級對資產階級必須選擇在適當的時間給以毀滅性打擊，能現在消滅的就不要等將來。在政治上只有頭腦而沒有良心，菩薩心腸在階級鬥爭中站不住腳」，「政治威信和組織手段是鞏固政權的兩大重要因素，要加強組織手段，即健全機構，清理壞人」，這就真正把毛澤東的權勢權術學到了手。他還有這樣的自我告誡：「胸懷遠大目標，堅定不移

編著：《文化大革命和它的異端思潮》，頁384。

195 宋永毅等：〈清華大學四 · 一四思潮：河歸舊道十七年〉導言，收錄於宋永毅、孫大進編著：《文化大革命和它的異端思潮》，頁370。

地向前走，在命運的道路上碰得頭破血流也決不回頭」，「要實現自己的政治
目標，必須進行長時間的積蓄力量。在這段時間內，不要由於自己的不慎重
而被人搞垮」，「準備走曲折的路，善於利用間接的手段，達到直接的目的。
迂迴是建立在明確的政治目標上」，「要善於利用革命高潮時，把革命推向新
階段，使長時間的量變產生飛躍。在這種關鍵時刻，切不可糊塗起來，要有
氣魄，有膽量，機不可失，時不再來（如十月革命就是這樣）」，「山崩於前不
變色，遭到突然事變、大規模襲擊時，不要驚慌失措，要冷靜下來，迅速調
查，分析事物本質，以採取相應措施」——這是把毛澤東的權勢權術真正琢磨
透了，也反過來有助於我們對毛澤東的認識：同學們可以回顧一下，從「革命
高潮」時發動大躍進，到「遭到突然事變」（大饑荒）時的「迅速調查」、「積蓄
力量」、「利用間接的手段，達到直接的目的」，最後，又「有氣魄，有膽量」、
「機不可失」地發動文化大革命，毛澤東就是這麼一路走過來的，其中的精
髓、要義，現在被紅衛兵造反派的領袖領悟到了。[196]

　　還有一位農民造反派、農民政治家，在當上縣委書記以後，也總結了掌
權經驗：「要敢於用權。你敢於用權，人家才服權，你不敢於用權，人家當
然不服權」、「當幹部要當秦始皇，要高度集權」、「要針鋒相對」、「要爭主動
權」、「要學會製造輿論」。[197]

　　這是一個又一個的「小毛澤東」，中國傳統的帝王、權勢家的現代版本。

　　這背後正是文革的問題。如論者所說：「文革依靠大民主的無產階級專政
理論培養和扶植起來的新幹部階層，比依靠槍桿子的無產階級專政理論，在
戰場上篩選出來的老幹部階層，在抗拒特殊化和吸取代表社會生產力進步力
量等方面的能力，都大為削弱。相反，在搞階級鬥爭惡性內耗方面的能力則
反而增強。而這種一代不如一代的現象，在體制上根本找不到自我調整的可
能性」。[198]

---

196 〈權術三十六條〉（1968），文收賀雄飛主編：《邊緣記錄：《天涯》民間語文精品》（海口：南
　　海出版公司，1999），頁400-401。

197 轉引自盧躍剛：《大國寡民》（北京：中國電影出版社，1998），頁291。

198 周泉纓：〈我心中的文革〉（1999年1月10日），網上刊物《華夏文摘》增刊「文革博物館通
　　訊」（http://www.cnd.org/CR）第55期，1999年9月7日。作為「四‧一四派」理論家的周泉
　　纓本人，在經歷了1967年10月-1968年10月監獄裡的反思，以及在1970年以後被分配到

　　這裡最根本的原因，是文化大革命儘管口號極端激烈，實際上卻是一場「沒有革命的革命」。所謂新政權革命委員會，不僅是改良主義的產物，所執行的還是「無產階級專政」、「計劃經濟」與「意識形態控制」三大任務，而且依然是一個官僚機構，比文革前的舊政府有過之而無不及。[199]體制不變，即是魯迅所說，「染缸」依存，任何人進入其中，都難免被同化，導致自身的異化。這就重演了當年革命者的悲劇：從反抗、造反的這道門進去，又從成為新的統治者那道門出來。文革造反，還是沒有逃離阿Q造反的窠臼。

　　我們曾在文革中的紅衛兵那裡發現了天使和惡魔的並存；現在我們又在掌了權的造反派這裡，發現了由天使向惡魔的轉換：這正是文革真正的黑暗面，它在極端革命的口號下，將人性中的惡，毫無顧忌和變本加厲地釋放出來。

　　這裡，還有一個問題，就是毛澤東對這一代青年反叛者精神氣質上的負面影響。我們在前面談到毛澤東是一代梟雄，在文革無休止的權力鬥爭中也培育了一種「奸雄」性格。我們說一個個「小毛澤東」，就是一個個「奸雄」。李敖（1935-）對奸雄有一個概括，我覺得非常具有啟發性：「奸雄有一個大的特色，就是永不洩氣，戰鬥個沒完。他們不論多麼失敗，卻絕不做失敗主義者，不論處境多糟，卻絕對造次必於是、顛沛必於是、決不灰心、絕不意懶、絕不懷憂喪志、絕不『不來了』」，「但從有韌性，有鬥志，有毅力的觀點看，奸雄的成功其實也全非做惡，在性格上，的確有着堅韌不拔、越挫越奮的成功條件」。[200]這話完全適用於毛澤東，也適用於他培養出來的一代人。

　　這裡也有一個典型。這是一位文革中的造反派，八十、九十年代中國商場上的風雲人物，有人這樣描述他和他的團隊裡的夥伴：「那代人沐浴了50年代新中國的朝氣蓬勃和風雲變幻，經歷了六七十年代的巨大政治動蕩，可以說是血管裡都烙上了政治參與意識和毛澤東的烙印。即使在後來否定毛澤

底層工作以後的觀察與體驗，轉變了觀點，對十七年體制和文革都有許多批判性的思考，遂有了〈我心中的文革〉一文。

199　詳參，周泉纓：〈我心中的文革〉，網上刊物《華夏文摘》增刊「文革博物館通訊」（http://www.cnd.org/CR）第55期，1999年9月7日。

200　李敖：《李敖文集‧書信集「為黑吃黑舉一個例」》。轉引自吳戈：《紅與黑──牟其中為什麼毀滅》（北京：經濟管理出版社，1999），頁3。

東的錯誤時，那偉岸的政治英雄形象仍在靈魂深處不斷鼓動那些有雄心、有抱負的中國男人」。[201]他本人也有這樣的名言：「要使自己擺脫困境，保護自己，就要學會說假話，學會騙人」，[202]「『假話不可以說，大話不能不說，大話還說得還不夠！』從普通人的智力而言，很難區分假話與大話的區別，但在領袖級的人物是能夠把握好二者之間的分寸的」，[203]那麼，他是以領袖級人物自居的。於是又有了這樣的分析和概括：「荒誕滑稽和認真莊嚴，經濟上的貧困與政治上的高遠，現實的無奈和語言的磅礡巧妙地揉和在一起」，[204]其「流氓習性似乎可以從他所敬慕的劉邦、朱元璋等身上找到源頭。中國的傳統文化崇尚『勝者為王，敗者為寇』，這種主流文化意識在每一個朝代都造就了一批不擇手段、不講道義，只求『成功』的黑心流氓英雄」。[205]

　　這裡談到了「流氓習性」，又涉及文革中的一個重要問題：流氓無產者在文革中的作用，和流氓文化對文革的影響。有研究者認為，毛澤東發動文化大革命，本身就有著中國傳統文化的深厚根源，是「以兵家的鬥爭哲學與法家的專政理論與民間流民文化的造反運動相結合」的產物。[206]這是很有道理的，於是我們應該注意一個現象：「從1967年夏季開始」，「社會底層的武術團體、甚至流氓幫伙，逐漸成為各派拉攏的對象，這些人將自己的語言、習氣逐漸帶入『文革』社會。特別是這些流氓與某些紅衛兵在草莽豪爽、蠻橫自負方面很快接近起來，形成了深刻影響『文革』的痞子文化氣質」，「顯示出『文革』與痞子社會深層關聯的一面」。[207]這是一個很深刻獨到的觀察：歷史發展到1967年夏季，大部分老百姓都已經厭倦革命，文革越來越缺少動員力，而且很快又發展為全面內戰，打起來的時候就得靠「勇敢分子」，當時的勇敢分子是兩部分人，一部分是仍然堅持革命理想的激進主義者或革命狂熱分子，

---

201 吳戈：《紅與黑——牟其中為什麼毀滅》，頁54。
202 吳戈：《紅與黑——牟其中為什麼毀滅》，頁3。
203 吳戈：《紅與黑——牟其中為什麼毀滅》，頁41。
204 吳戈：《紅與黑——牟其中為什麼毀滅》，頁71。
205 吳戈：《紅與黑——牟其中為什麼毀滅》，頁524。
206 汪澍白：〈影響毛澤東最深的傳統文化四大家〉，《毛澤東的來蹤去跡》（自印本），頁314。
207 尤西林（當年西安某中學高中生，現為陝西師範大學教授）：〈文革境況片斷〉，文收徐友漁主編：《1966：我們那一代的回憶》，頁11-12。

再就是底層社會的流氓無產者，他們一定程度受到壓抑，因而有反抗的動因，更主要的是，他們要從對權勢者的報復和革命的破壞中尋求快感。[208]也如論者所分析，他們的加入和造反派本來就有的草莽氣結合後，就加重了文革造反的「阿Q氣」，更形成了一些文革造反派，特別是他們的領袖人物的痞子文化氣質。

以上諸點：政治激情、野心、謀略、為達到目的而不擇手段、政治想像力等，造成人的極端政治化；大話、假話；英雄氣、帝王氣、流氓氣……等，都無不與文革、毛澤東的薰陶有關，對毛澤東培育出來，在文革中成長起來的這一代精神氣質的影響，應予高度重視。特別是他們中許多人正在掌握著當下中國的政治、經濟、思想、文化、學術的權力。

（四）「逍遙派」與文革日常生活

「逍遙派」的大量出現，是1967年夏季又一個造反高潮被鎮壓下去以後的一個重要的思想、文化、社會現象。

儘管我們從一開始就說，文革是一個全民性的運動，但也總有些沒有捲入或沒有直接捲入運動中的人。也就是說，從運動一開始，就有逍遙派的存在，以致有「逍遙派紅衛兵」的稱呼：他們可能參加某個紅衛兵組織或外圍組織，但基本上採取消極的，甚至不介入的態度。有一份〈文革期間廣州中學紅衛兵的派別劃分表〉，其中透露了一個很有意思的訊息：中學生對文革的態度，介入程度，是和他們的家庭出身直接相關的。60%「反動階級」出身的、50%「中間階層非知識分子」家庭出身的，都是「逍遙派」紅衛兵；「革命幹部」家庭出身的、「工人階級」家庭出身的，只有8%和26%是「逍遙派」，卻有73%和40%參加了保守派紅衛兵；而「中間階層知識分子」家庭出身的，32%是「逍遙派」，有61%是造反派紅衛兵。[209]當然，這樣的統計帶有很大的估算

---

208 秦暉（當年廣西南寧「小紅衛兵」，現為清華大學教授）在〈沉重的浪漫──我的紅衛兵時代〉裡，也回憶說，廣西造反派（四二二派）裡，除了為「主義」而造反的紅衛兵以外，還有許多市民草根型的激進派組織，他們是因實際利益而造反，類似魯迅筆下的阿Q造反，是所謂「勇敢分子」，自然成為武鬥的骨幹，其中就可能有不認同現行體制的江湖黑社會團體。文收徐友漁主編：《1966：我們那一代的回憶》，頁293-294、297-298、301。

209 （美國）阿尼達‧陳（陳佩華）著，史繼平、田曉菲、穆建新譯：《毛主席的孩子們：紅衛兵

成分，不過，根據我自己參與文革的經驗，我認為還是大體反映了實際情況。

我們在這裡要討論的，主要是1967年夏季以後，也就是文革經歷了第一年的狂熱後，各個派別，特別是造反派開始發生大分裂，出現了規模越來越大的武鬥，在這樣的情勢下，就出現了越來越多的逍遙派。

在我看來，逍遙派的出現，有兩方面的意義。

首先，反映了普通民眾，也包括青年學生對革命的厭倦情緒，在某種程度上是對文革無休止的鬥爭的一種抵制。用老百姓的話說，就是「不跟你玩了」。實際上，到了文革中後期，大多數人都逐步自覺或不自覺地退出了文化大革命，文革初期那種全民族參與的局面已經結束。文化大革命越來越陷入權力鬥爭，一方面各省都圍繞革命委員會的組成來爭奪地方權力，另一方面上層幾個既得利益集團（主要是林彪集團、江青集團與周恩來集團）則圍繞爭奪最高權力而展開生死搏鬥；老百姓退出這種鬥爭，只是在看表演了。當然也還有為數不多的激進革命者，還在堅持自己的革命理想，實際上卻已經成為政治反對派，當時都轉入半公開、半地下的活動——我記得，自己就是由於參加了反對新成立的革命委員會的組織，而成為「新生紅色政權」的監控對象，被迫轉入「地下活動」的。在「地下活動」期間，因為沒有這方面的經驗，就仿照電影裡的地下共產黨的祕密工作方法，發展了一批小學生組成的小紅衛兵作聯絡員，我躲在房間裡寫文章，然後讓這些小聯絡員祕密帶出去，印成傳單，每天晚上在街頭張貼，或者塞進居民的門洞裡，或在菜市場上伺機悄悄塞進市民的菜籃裡。由於我們的反叛性的觀點，以及受迫害的處境，深得普通百姓的同情和支持，所以我們的傳單也很受歡迎。而這樣頗富刺激性的祕密活動，也使我們生命中的浪漫主義、理想主義情懷，得到了很大程度的滿足。當然，這是有風險的，我就是在一次以打麻將為掩護的祕密會議中，突然被捕，並被關進了地下室。這些回憶都在《我的精神自傳——以北京大學為背景》一書裡，這裡就不多說了。後來，我們也逐漸退出了直接行動，而轉入地下讀書和批判性思考，這就最終和那些我們下面要討論的思考型逍遙派合流了。

逍遙派出現的另一個意義是，人們開始關心自己的日常生活、物質利

_____

一代的成長和經歷》（天津：渤海灣出版公司，1998），頁179。

益，個人興趣，個人發展空間。於是出現了遍布全國，五花八門的小聚合，類似今天的小沙龍。大家為某種共同興趣聚集一起，或讀書、或繪畫、或彈琴、或學外語、或練武功，還有專做木工、打家具……等等。這些活動從表面上看，都是沒有政治性的，但卻實際形成對革命至上、集體至上、精神至上、鬥爭至上的文革主流意識形態的一個抵制與消解。

　　我在這裡要討論的，是文革中人們日常生活的意義。這是很多不了解大陸情況的朋友，我想也包括台灣的朋友感到很難理解的：在「五七體制」和文革那樣一種無所不至的控制下面，在我們前面所描述過的極其嚴密、達到精緻程度的「網」的籠罩下，老百姓怎麼活下來，我們這些人怎麼活下來的。這也是我們在討論「五七體制」時曾經論及的：這就是老百姓的日常生活的力量。這一點，文革的發動者毛澤東本人倒是看得很透，他對身邊人說：「什麼文化大革命，人們還不是照舊結婚、生孩子。文化大革命離他們遠得很哪」。[210]

　　應該說，「文革中的日常生活」是一個非常有意思的研究課題。這些日常生活在歷史的當時並不顯眼，在歷史過去以後，再來回顧，就顯示了其尋常中的不尋常的意義。可惜至今還少有這方面的研究成果。不過這幾年已經陸續出版了一些回憶性的著作。我看到的就有《紅底金字：六七十年代的北京孩子》、《生於60年代》、《生於70年代》[211]、《七十年代》等書。因為沒有專門研究，因此只能就這些書中所提供的材料，向諸位作一個簡單的敘述性的介紹，多少增加一點感性認識吧。

　　在這些歷史當事人的回憶中，說到當年的生活，首先談到的自然是物質生活的貧困：「那年代，原本什麼都要拿票才能買到東西，什麼東西都是限量配給供應，比如油、比如糧食、比如雞蛋、比如豆製品、比如早點、比如餅乾、比如布、比如肥皂、比如香煙〔……〕那些票證是特殊時期的特殊產物」。[212]於是，這些生於六十年代的城市裡的孩子最深刻的童年記憶，就是在「天濛濛亮的冬天的早上」，替媽媽到肉食品供應站排隊，用積攢下來的肉

210　李志綏：《毛澤東私人醫生回憶錄》（台北：時報文化出版公司，1994），頁486。

211　喬曉陽主編：《生於70年代》（上海：漢語大辭典出版社，2004）。

212　布衣依舊：〈糧票油票豆製品〉，布衣依舊、畢飛宇等著：《生於60年代》（上海：漢語大詞典出版社，2004），頁108。

票買肉，「想到能吃到香得會掉舌頭的肉菜」，即使在寒風中等幾個小時，也興奮不已。[213]農村孩子的記憶裡，難忘的是四季的野食：春天吃榆樹錢兒；夏天女孩吸喇叭花裡的蜜，男孩烤知了、馬蜂；秋天吃白菜心、青蘿蔔；冬天沒得吃，就吃柴禾垛垂下的冰溜子；「盼到過年了，年夜飯是很葷的，我往死裡吃，拚命吃，有一年竟撐得吐了，難受好久」。[214]

但貧困的物質生活裡，自有在思想控制的狹縫裡對精神生活的不懈追求。許多人都談到「看電影」成為那時代的精神盛典。據說看電影有三類：電影院裡看，必須預售，排隊；內部禮堂看內部片，這是一種特權，需要開後門，搞關係；只有在露天廣場上看，才真正是全民（全村、全廠、全校、全連隊）狂歡。看的自然是「紅色經典」，除「樣板戲」電影《紅燈記》、《智取威虎山》、《紅色娘子軍》等之外，還有文革前拍攝的《渡江偵察記》、《南征北戰》、《平原游擊隊》、《地道戰》、《地雷戰》等清一色的戰爭影片，文革中拍攝的《閃閃的紅星》、《青松嶺》、《海霞》、《難忘的戰鬥》更是轟動一時。《難忘的戰鬥》是毛澤東看的最後一部電影，據說銀幕上伴隨高昂雄壯的歌曲，出現人民解放軍進入剛攻克的某城市，受到市民們熱烈歡迎的場面，毛澤東看了竟動了感情，先是陣陣抽泣，隨即失聲大哭。[215]自然還有為數不多的外國電影，除了作為批判用的日本電影（如《山本五十六》、《啊，海軍》），少量斯大林時代的電影（如《列寧在十月》、《列寧在一九一八》）外，主要是「友好的社會主義國家」的電影，當時就流傳一個順口溜：「阿爾巴尼亞電影是莫名其妙，羅馬尼亞電影是摟摟抱抱，朝鮮電影是又哭又笑，越南電影是飛機大炮」，[216]其中由今天的朝鮮領袖金正日編劇的《賣花姑娘》，據說是「哭暈了全中國人民，每一座電影院都在抽泣」。這裡的「全國人民」的全稱敘述，絕非誇大，那時的中國人是沒有不看電影的，連最邊遠的山區，都會有電影隊爬山越嶺去放映。因此，這些電影深刻地影響了文革中的中國人，特別是年輕一代的思想情感，以至價值取向。電影裡的台詞，甚至滲透到下意識裡，成為日常

---

213 布衣依舊：〈糧票油票豆製品〉，布衣依舊、畢飛宇等著：《生於60年代》，頁113。

214 老李偶爾在線：〈農村小孩的四季寫食主義〉，布衣依舊、畢飛宇等著：《生於60年代》，頁119-121。

215 逄先知、金沖及主編：《毛澤東傳》（下），頁1781。

216 劉仰東：《紅底金字：六七十年代的北京孩子》（北京：中國青年出版社，2005），頁158。

生活的代用語，一種特殊的交流語言，如當時還是「大院裡的孩子」，後來成為著名作家的王朔（1958-）所言：「你要不懂，就沒法跟我們相處」。[217]直到今天，如果你唸一句《閃閃的紅星》裡的經典台詞：「我胡漢三又回來了」，[218]就會引起所有的文革的經歷者的會心一笑[219]──順便說一句，文革中的日常語言，是一個很有研究價值的題目，黃子平寫有〈七十年代日常語言學〉[220]一文，可參看。

這大概也是今人所難想像與理解的，文革中，中國的孩子，可能還有他們的父母，普通工人、市民的主要精神食糧，電影之外，就是「小人書」即連環圖畫書，以至有「小人書造就了這麼一代人」的說法。這也不奇怪，文革中古今中外的經典都被禁，年輕一代只有通過小人書來接觸中國與世界文化傳統了。何況連環圖畫還有娛樂休息的功能，據說毛澤東本人在工作之餘就是看小人書。[221]周恩來因此在七十年代還專門布置要編寫小人書，在批林批孔運動中還出了一批儒法鬥爭題材的小人書，《楊家將》、《三國演義》、《水滸》、《岳飛傳》等小人書風行一時。此外，《小英雄雨來》、《海島女民兵》、《雞毛信》，以及根據高爾基（Maxim Gorky，1868-1936，蘇聯）三部曲改編的《童年》、《在人間》、《我的大學》也一時熱銷。如當年小人書迷，今天的著名電視主持人崔永元所說：「小人書帶我們遨遊遠古，觸摸歷史。有趣的是，孔孟之道進入我們的視野都是從畫頁上喪魂落魄的孔老二開始的」，「在孩子們的眼中，小人書裡的戰爭少了幾分慘烈和殘酷，取而代之的是幾分俏皮、幾分浪漫」。[222]

---

217 劉仰東：《紅底金字：六七十年代的北京孩子》，頁160。

218 劉仰東：《紅底金字：六七十年代的北京孩子》，頁161。

219 參看《紅底金字：六七十年代的北京孩子》，頁149-159。又參看布衣依舊：〈紅色電影時代：《閃閃的紅星》〉、〈紅色年代的其他影片〉、〈印象中的外國電影〉，布衣依舊、畢飛宇等著：《生於60年代》，頁181-215。

220 黃子平：〈七十年代日常語言學〉，北島、李陀主編：《七十年代》（香港：牛津大學出版社，2008），頁317-327。

221 參看李光彩：〈張玉鳳談毛澤東〉，載《悅讀》18卷。張玉鳳回憶說，毛澤東「看正書看累了看閒書，看大書累了看小人書」，「處理公事之外，他迷上了看《三國演義》連環畫冊，看得津津有味，這也是他休息腦筋的獨特方式」。

222 劉仰東：《紅底金字：六七十年代的北京孩子》，頁172。

　　看電影外，一個重要的娛樂活動，就是唱「革命樣板戲」。當時中央文革小組和國務院還專門下達文件，要在全國普及樣板戲。在文革的體制下，中央一聲令下，全國所有的城鄉都組織了演出樣板戲的宣傳隊，再加上電影、廣播、電視反覆的強制性播放，連不熟悉戲曲的男女老少都能哼唱幾句樣板戲──有意思的是，對文革中這一「全民唱樣板戲」的文化與精神現象，人們有著完全不同的記憶和反應。著名作家巴金（1904-2005）在他的《隨感錄》裡曾說，他一聽到樣板戲就心驚肉跳，成為典型的記憶創傷，這引起了許多經歷了文革的文化專制的知識分子的共鳴。[223]但對文革中還是江西一個小山村的初中生，現於澳大利亞任教的高默波（1951-）來說，這卻是他「在農村最好的記憶之一」。他說：「樣板戲的京劇應該說也是文化生活，而且是大多數人的文化生活」，「我們用本地的方言、本地的傳統戲曲曲調來改演京劇。移植很成功，我們不但在本村演出，還應邀到其他幾個高家村去表演」，「這些活動不但大大豐富了當地的文化生活，而且加強了社團和公共活動意識。農民第一次用自己的語言、自己熟悉的曲調上台演戲，都興奮得很」，「而且他們全都認真地讀劇本，也提高了識字和閱讀能力」，「令人意想不到的是，這樣的活動還開闢了年輕人自由戀愛的先例」，「在那個年代，這給年輕人帶來了很多歡樂的時光」。[224]

　　唱戲之外，還有唱歌。那個時代，幾乎所有的年輕人，特別是知青，都有自己的手抄歌本。從許多人的回憶中，可以發現當時傳抄的歌曲，主要有三類，一是文革前的中外電影歌曲和民歌（如《洪湖赤衛隊》、《怒潮》、《柳堡的故事》、《劉三姐》，以及印度電影《流浪者》的插曲，及〈敖包相會〉、〈跑馬溜溜的山上〉等民歌），蘇俄歌曲（如〈莫斯科郊外的晚上〉、〈喀秋莎〉、〈三套車〉等），以及少量英美和港台的歌曲（如〈魂斷藍橋〉、〈藍色的街燈〉、〈尋夢

---

223 巴金《隨感錄》裡專門寫了一篇〈樣板戲〉，寫到他的「樣板戲」記憶：「在我的夢裡那些『三突出』的英雄常常帶著獰笑用兩只大手掐我的咽喉，我拼命掙扎，大聲叫喊」，並且表示：「在大唱『樣板戲』的年代裡，我受過多少奇恥大辱，自己並未忘記」，「也許是我的過慮，我真害怕一九六六年的慘劇重上舞臺」。巴金：《巴金全集》第16卷（北京：人民文學出版社，1991），頁682-683。

224 高默波：〈起程──一個農村孩子關於七十年代的記憶〉，北島、李陀主編：《七十年代》，頁86-87。

園〉、〈苦咖啡〉等）。前兩類和知青這一代人所接受的教育是一致的，顯示了毛澤東時代的社會主義文化、民間文化，以及俄羅斯文化的深刻影響，而「從英美到港台的一路」，則似乎「來自另一種文化」，顯示的是「另一種別樣的生活」，如一位當時的北京工人、後來的著名學者，這樣談到他最初接觸這些歌曲時的感受：「這些歌裏少了蘇俄歌曲中渾厚憂鬱、崇高壯烈的情緒，多了纏綿悱惻、男嗔女怨的小資情調，更個人，更世俗」。[225] 這裡提供的信息是很有意思的：這一代人除了通過閱讀，還通過音樂，或許還有美術，突破文革的禁區，與西方現代文化和港台文化發生精神聯繫。

當時在雲南的北京知青、後來的著名作家阿城（1949-）的回憶，則揭示了這樣的與西方、港台文化聯繫的另一個特殊途徑，即「聽敵台」。從玩礦石收音機到玩半導體收音機，有條件的還玩音響，這也是文革中的許多青年，特別是知青的一個愛好。[226] 玩熟了，自然要聽境外廣播。在雲南這樣的邊遠地區，就更有條件，也無人管。據阿城說，「聽敵台，並非只是關心政治消息，而主要是娛樂」。他記得聽澳洲台播台灣的廣播連續劇《小城故事》，「圍在草房裏的男男女女，哭得呀。尤其是鄧麗君的歌聲一起，殺人的心都有」。聽美國之音、英國BBC時，也主要是聽音樂會實況轉播，儘管遠隔千萬里，卻有現場的空氣感。其結果是：「聽敵台，思維材料就多了。思維材料多了，對世界的看法就不一樣了。對世界的看法不一樣了，就更覺得度日如年了」。[227]

人們至今津津樂道的，還有文革中的「徒步旅行」。一位詩人甚至將其賦予了某種審美的意味，他說：「『徒步』一詞在毛時代已從古典山水遊歷中脫出，獲得了另一種獨特的現代性美感，即重精神輕物質的美感。它甚至成為了我們成長中某種必須的儀式：如早年的紅軍長征，文革中的紅衛兵大串聯，以及蕭索的七十年代，那時一個人連坐長途汽車或火車去見一位朋友也會讓他陡升起一種與政治密切相關的徒步的緊張和複雜的情感與莊嚴」。[228]

---

225 趙越勝：〈驪歌清酒憶舊時──記七十年代我的一個朋友〉，北島、李陀主編：《七十年代》，頁277-281。參看籃子：〈月光下的歌聲〉、〈流逝的音符──關於〈南京知青之歌〉〉，《山崖上的守望》（福州：福建教育出版社，1999），頁45-46。

226 劉仰東：《紅底金字：七十年代的北京孩子》，頁135-149。

227 阿城：〈聽敵台〉，北島、李陀主編：《七十年代》，頁139-140。

228 柏樺：〈始於一九七九──比冰和鐵更刺人心腸的歡樂〉，北島、李陀主編：《七十年代》，

前面提到的那位當年的工人、今日的學者也說到他的一位朋友在文革中的「浪跡天涯」：「出發時號稱只帶了五塊錢，沿途多半靠混車、蹭票、扒車而行」，「幾乎每周有一信寄我，信中記載所行遇之奇事。大凡風物人情、遺痕古迹、絕詞妙文皆詳錄之」，最後在雲南滇池遇上了心上人，就留下不走了。這「是『路上派』的先鋒」，「實際上是在『尋求』，他們尋求的特定目標是精神領域的。雖然他們一有藉口就橫越全國來回奔波，沿途尋找刺激，他們真正的旅途卻在精神層面。如果說他們似乎逾越了大部分法律和道德的界限，他們的出發點也僅僅是希望在另一側找到信仰」。[229]

以上所說的，都是文革中年輕一代的日常生活。而其他社會階層的生活，卻因他們自身少有回憶，也還是只能從年輕人的回憶裡，略窺一二。

這是1974年回城做工的蔡翔（1953-）的描述：「一九七六年的上海，已經很生活化了，政治很近，但又很遙遠。老人們想着在農村中的孩子，年輕人想着戀愛和結婚。那時的工人，好像沒有甚麼消費習慣，長了兩隻手，就是用來幹活的。自行車壞了，下了班就在廠裏修，廠子裏都是些現成的材料。回到家，有個甚麼活，順手就都幹了，都是在工廠裏學的手藝。在廠裏，木工和油漆工是最受歡迎的，當然，還有電工。早早都攏上了關係，想著結婚的時候，給打套傢具，鋪個電線甚麼的。我後來結婚，傢具是自己打的，房間也都是工友們相幫着刷的。都是現成的工匠，喊一聲，就都來了」。[230]

當時正在湖南一個公社茶場插隊的韓少功（1953-）則有這樣的回憶：「在地上勞動的時候，尤其聚在樹下或坡下工休的時候，聊天就是解悶的主要方法。農民把講故事稱為『講白話』，一旦喝過了茶，抽燃了旱菸，就會叫嚷：來點白話吧，來點白話吧。農民講的多是鄉村戲曲裏的故事，還有各種不知來處的傳說，包括下流笑話。等他們歇嘴了，知青也會應邀出場，比方我就講過日本著名女間諜川島芳子的故事，是從我哥那裏聽來的，頗受大家歡迎」。於是又有了這樣一番議論：「這些閒聊類似於說書，其實是中國老百姓幾千年來重要的文明傳播方式。在無書可讀的時候（如文革），有書難讀的

頁533。

229 趙越勝：〈驪歌清酒憶舊時——記七十年代的一個朋友〉，北島、李陀主編：《七十年代》，頁293-294。

230 蔡翔：〈七十年代——末代回憶〉，北島、李陀主編：《七十年代》，頁329-330。

時候（如文盲太多），口口相傳庶幾乎是一種民間化彌補，一種上學讀書的替代。以至很多鄉下農民只要稍稍用心，東聽一點西聽一點，都不難粗通漢史、唐史以及明史，對各種聖道或謀略也毫不陌生」。[231]

據父親是一位著名學者的李大興（生平不詳）回憶，1972年，中國社會科學院的老知識分子紛紛從勞動改造的外地回來，他們的集中居住區北京永安南里頓時熱鬧起來，「當時就有人說，『一下子冒出了好多遺老』。一個瘦小的老者踽踽獨行，母親告我，那就是俞平伯先生。俞先生住十號樓五單元，好像是為取牛奶，我才看到他毫不起眼的身影。後來讀有關他的回憶文章，方知那時老先生時常在家和朋友唱昆曲，自得其樂。暴風驟雨過後，是高壓下的沉悶。外面的革命世界表面上如火如荼，永安南里卻多少有些孤島氣息。」「在家偷着樂的，不止俞先生」，母親因看病而結識的住在九號樓的陳絨先生（生平不詳），是清流名臣陳寶琛（1848-1935）的曾孫，「當時還不過四十多歲，長身俊朗、玉樹臨風」，「衣著考究、談吐優雅」，「他十分健談，往往是開過方子後清茶一杯、菸不離手，侃上兩三小時方翩然而去。不久，陳先生便成了我家麻將桌上常客，他牌打得極好，還拉一手胡琴」。[232]這都是文化大革命歷史的有機組成，在文革敘述中是不可或缺的。

我還要強調底層人民生活與倫理在文化大革命中的意義。

講兩個故事。一個是我們在前面介紹過的1957年的「右派」和鳳鳴的文革遭遇。她被強制遣送回鄉監督勞動，她的房東老大爺就召集全家開會，鄭重

---

231 韓少功：〈漫長的假期〉，北島、李陀主編：《七十年代》，頁570-571。

232 李大興：〈明暗交錯的時光〉，北島、李陀主編：《七十年代》，頁550-551。詩人灰娃也有類似的「小沙龍」的回憶：「往往是我的小客人進屋後，我煮上一壺濃香咖啡，或者沏紅茶。我總要往滇紅茶中放幾滴幹紅酒、一點冰糖、一片鮮檸檬，調製成美味可口的飲料。隨後即把門窗關得嚴嚴實實，拉上窗簾。之後，我們便開始聽音樂。抄家之後，只剩下三張唱片：有德沃夏克的《b小調大提琴協奏曲》、德彪西《海與風的對話》、柴可夫斯基的《悲愴》和《第一鋼琴協奏曲》。這幾張唱片反覆聽，到後來，一些段落已被有的孩子背熟了」。「春、夏、秋三季，我們還常常到郊區去遠足」，「在樹叢、草地、寺廟、農家，也在開滿雪白梨花的果園和散落羊群的路邊，開心地玩、唱、說笑。那年月游人稀少，諾大天地間仿佛只有我們」。灰娃：《我額頭青枝綠葉：灰娃自述》，頁140-141。其實這樣的「沙龍」，在文革後期是遍布全國的。我的貴州家裡，岳母是老派上海人，也經常聚會，喝咖啡，唱西洋歌曲。

宣布：「這位大姊是落難之人，我們全家要善待她」。[233] 這就是說，儘管體制已經把和鳳鳴宣判為「反革命」，但在體制控制力稍弱的農村底層社會，父老鄉親卻不把她看作「敵人」。這表明無論統治的力量多麼強大，在普通老百姓這裡還是自有衡人看事的標準，即通常所說「老百姓心中都有一桿秤」。老大爺說要善待「落難之人」，更是典型的民間倫理，民間戲曲早就演繹出許多動人故事，代代相傳，滲透到了民族心靈深處。即使在文化大革命這種統治嚴密性達到極致的時期，也依然在民間社會發揮作用，並神奇地保護了和鳳鳴這類體制的「敵人」，讓他們在農民的民間倫理那裡找到了精神的庇護所，在有限的空間裡，獲得了人的尊嚴，頑強地活了下來。

再講一個我們安順小城的故事。故事的主人公宋茨林（1947- ）是我很熟悉的年輕朋友。儘管他是我們縣城中學的高材生，但在文革之前，就因為家庭出身的原因，高考[234]時沒有被大學所錄取。在城裡待不下去，就作為「知識青年」到了農村，文革開始時他正在我一再提到的屯堡村寨勞動。那裡則保留著重視文化教育的傳統。於是，那個「身材瘦小得像猴子一樣」的支部書記，不管城裡的學校早已停課鬧革命，卻立志要恢復村裡的小學，並讓宋茨林當老師。這就使得農村的孩子有機會接觸到他們所不了解的城市現代文化。比如宋老師每天都要刷牙這件小事，就讓孩子們驚羨不已。宋茨林讀書時喜歡俄文，就教孩子唱俄文歌曲，在似懂非懂的鄉村少年面前展現另外一個世界。後來宋茨林又到深山野林裡去教書，住在一個叫胡家灣山上的野廟裡。廟前有五棵參天的白果樹。而且聽到了「怪樹成精」的傳說，還真的體驗了「白衣的女人神出鬼沒」的恐怖。他因此而頓悟了民間文化的神秘性。更有意思的是，鄉民們紛紛傳說宋老師不怕鬼，而村寨裡的老人的解釋更為神奇：「讀書人是孔孟子弟，頂天立地的，怕哪樣？硯台可以打鬼，毛筆可以殺鬼！天無忌，地無忌，秀才無忌！」這背後的「文化崇拜」讓我這位年輕朋友大為震動。他因此而進入民間文化的「小傳統」，它以一種民間價值理念、思維和行動邏輯存在於普通百姓日常生活中，具有超穩定性，即使文化大革命這種

---

233 參看錢理群：〈「活下去，還是不活？」：我看紀錄片《和鳳鳴》〉，《拒絕遺忘：「1957年學」研究筆記》，頁469。

234 即台灣的大學聯考。

空前的社會大動盪也未將其根基動搖。這樣，當作為大傳統的文化典籍在城市裡的破四舊運動中被焚燒、毀滅的時候，是民間小傳統將文化血脈保存了下來。正是身置在這革命之外的「化外之境」，在偏遠農村的「化外之民」的庇護下，宋茨林才得以在深山古剎裡，一面向農村裡的莘莘學子傳授知識，一面挑燈夜讀，心接民族、人類文明傳統，並因此找到自己的精神家園：這稱得上是文化大革命中的「亂世文化奇觀」。這也是文化大革命的重要方面，理應進入我們的歷史敘述。[235]

我們的討論，也許扯遠了一點，卻很重要。但現在，我們還要把話題拉回來，談文革中的逍遙派。其中有兩個群體，需要單獨談談。

一是我們前面已經提及的所謂「思考的，有追求的逍遙派」。當年北大化學系的高材生、今天的著名學者金觀濤（1947- ）說得很好：「每一個經歷過『文革』的中國人在精神上都是文革的參與者，區別僅在於參與的方式」。他這樣談到自己：「我的參與方式很特別，一切事變在我的心中都變成了哲學。從此，我開始了那長達二十年的哲學沉思──最初從陶醉在思想解放中的歡愉之情開始，接着就迎來了漫長的苦悶和徬徨時期，它包括那一次又一次在非理性主義的黑暗中探索最後重新去尋找光明和理性的歷程」。[236]金觀濤還談到，「『文化大革命』是中國當代史上最痛苦也是最重大的事件。它是中國社會尋找現代化道路以及追求它自身理想所經受各種轉變中最令人感到迷惑的事件。作為處於當時革命中心地帶──北京大學的大學生，又自以為是一個馬克思主義理論家的我，最富有挑戰性的問題莫過於如何在理論上解釋和把握這場運動」，[237]這構成了他幾十年探討哲學問題的原初動力，也正是為了進行根本性的思考，就必須與實際運動保持適當的距離，這就是金觀濤和他有著同樣或類似追求的紅衛兵，選擇逍遙派的原因。金觀濤描述說：「1967年的夏天十分炎熱難熬。外面發生着武鬥，而我卻躺在竹床上反反復復苦讀黑格爾的

235 參看錢理群：〈「土地裡長出的散文」──讀宋茨林《我的月光我的太陽》，兼談《黔中走筆》〉，《漂泊的家園》（貴陽：貴州教育出版社，2008），頁359。

236 金觀濤：〈二十年的追求：我和哲學〉，《我的哲學探討》（上海：上海人民出版社，1988），頁5。

237 金觀濤：〈二十年的追求：我和哲學〉，《我的哲學探討》，頁8。

邏輯學」。[238] 有意思的是金觀濤的結論：「如果沒有『文革』，或者『文革』推遲在十年以後發生，我都只可能是一個科學家，而不會走上思考歷史、人生和哲學的道路」[239]——這大概是有一定代表性的：以後八十年代中國最活躍的，且在今天占據了主流地位的學者、作家、藝術家都是這樣孕育在文革中、後期的「逍遙」生活裡的。

還有一個例子。當年的初中生，今天的著名作家韓少功，他探索人生之路是從1967年秋「偷書」開始的：「停課仍在繼續，漫長的假期似無盡頭。但收槍令已經下達，革命略有降溫，校圖書館立刻出現了偷盜大案」，「一個沒有考試、沒有課程規限，沒有任何費用成本的閱讀自由不期而至，以至當時每個學生寢室裏都有成堆禁書」。還有這樣的趣聞：一位同學膽大包天到省城最大圖書館偷上萬元的進口畫冊（他當時正迷戀美術），因而被判刑一年監外執行，一位老法官竟然對他私下感嘆：我兒子要是像你這樣愛書，我也就放心了啊！韓少功說，這是「隱秘的民意宣判」：「哪怕在大批知識分子淪為驚弓之鳥的時代，知識仍被很多人暗暗地惦記和尊敬，一個偷書賊的服刑其實不無光榮」。韓少功後來用「偷書」、「搶書」、「換書」、「說書」、「護書」、「教書」、「抄書」、「騙書」、「醉書」來概括他在文革中、後期的「逍遙讀書」的經歷，這自然也是具有代表性的：這直接影響了八十年代「文藝復興」的精神、文化的傳遞、承襲，正潛移默化於其中。[240]

講到「換書」，我們就順便說說文革中的特殊市場交易，即所謂「黑市」。它的特點是以物易物，不經過現金的環節，黑市的經營者主要是青少年，當年的紅衛兵，今日的逍遙派。據韓少功回憶：「毛主席像章一時走紅」，「一個碗口大的合金鋼像章，可換三四個瓷質像章或竹質像章」；「像章熱減退，男生對軍品更有興趣，於是一頂八成新軍帽可換十幾個像章」；「再過一段，上海產的回力牌球鞋成了時尚新寵，尤其是白色回力幾成極品，至少能換一台三級管收音機外加軍褲一條」；「一旦讀書潮暗湧，圖書也可入場交換，比如一套《水滸傳》可換十個像章或者一條軍皮帶。俄國油畫精品集或舒伯特小提

---

238 金觀濤：〈二十年的追求：我和哲學〉，《我的哲學探討》，頁10。

239 金觀濤：〈二十年的追求：我和哲學〉，《我的哲學探討》，頁5。

240 韓少功：〈漫長的假期〉，北島、李陀主編：《七十年代》，頁562-584。

琴練習曲的價位更高」。[241]黑書行情的變化，折射出的是青少年日常生活興趣的變化，大概到了文革後期，讀書就成為一時之追求了。

這樣的逍遙讀書，當具有某種組織形態時，就成了文革後期的「民間思想村落」，我們將在下一講裡詳盡討論。這裡要略說一點的，是文革後期的「地下文學」。這樣的地下文學其實是有兩部分的。一部分是所謂「民間口頭文學」，它產生於前面已經提到的田頭小憩，以及很多回憶中都提到的車間、炕頭的閒聊，知青朋友之間的聚會中，帶有很大的自娛自樂的性質，有的有所本（大都是傳統的或現代通俗小說），更多的是即興創作。逐漸就出現了一些「故事王」，練就一方名嘴，「走到哪裏都被知青們迎來送往。尤其是農閒時節，大家寂寞難耐，經常備上好菜排着隊請他，把他當成了快樂大本營」。[242]這些即興創作，在流傳過程中，不斷被加工，成了集體創作，並且風行全國。其中影響最大的有《梅花黨》、《一雙繡花鞋》這樣的「間諜偵探小說」，《少女之心》、《曼娜回憶錄》這樣的「色情小說」，其實都是二十世紀三十、四十年代通俗小說類型的復活，正適合民間趣味，也是對文革主流革命文學的一種反彈。同時盛行的知青歌曲，也有濃厚的感傷、悲涼情調，[243]是文革主旋律的不和諧音。因此，這些民間創作都遭到了殘酷的鎮壓，知青歌曲的代表作〈南京知青之歌〉的作者竟判了10年徒刑，連我在的貴州安順小城，我的一位年輕朋友的哥哥就因為刻印《少女之心》而被槍斃。

地下文學藝術的另一部分是「文革地下文學藝術沙龍」所創作的多少具有前衛性的現代詩歌、現代小說和現代藝術作品。最著名的有北京分別以趙一凡（1950-）、徐浩淵（1949-）為核心的沙龍，上海小東樓沙龍[xii]，貴州以黃翔（1941-）、啞默（1942-）等為核心的貴陽沙龍等。七十年代被稱為「文革新詩第一人」的食指（1948-），八十年代影響一時的詩人北島（1949-）、芒克（1950-

---

241 韓少功：〈漫長的假期〉，北島、李陀主編：《七十年代》，頁568-569。

242 參看韓少功：〈漫長的假期〉，北島、李陀主編：《七十年代》，頁571。楊健：《文化大革命中的地下文學》也有類似記載，頁347-349。

243 知青歌曲的代表作〈南京知青之歌〉的歌詞：「跟著太陽出，伴著月兒歸，沉重地修理地球」，「未來的道路多麼艱難，曲折又漫長，生活的腳印深淺在偏僻的異鄉」，配上感傷、悲涼的曲調，全國各地的知青無不為之動容。楊健：《文化大革命中的地下文學》，頁116-128。參看籃子：〈流逝的音符——關於〈南京知青之歌〉〉，《山崖上的守望》，頁45-48。

）、多多（1951-）、黃翔，都產生於這樣的文學沙龍裡。[244]這些現在已經成為文學史的研究對象，有不少成果，我們這裡就不多說了。

文革逍遙派還有一個重要群體，就是所謂「大院裡的孩子」。同學們可能看過姜文（1963-）導演，根據王朔小說改編的《陽光燦爛的日子》，所反映的就是大院孩子的文革生活，和他們那一代人的文革記憶。這和人們通常看到的「血淋淋」的文革很不一樣，卻也是真實的。所謂「大院」，主要指北京軍隊和國家機關的大院，「一般是融工作、生活、教育（學校）、娛樂設施（如劇院或操場）於一體的綜合性場所。它們大都有圍牆和嚴密的警備保安制度而與城市其他區域相互隔離，是一個個具有院落特徵的相對自足的空間」，這是「一種權力空間與實體空間高度統一的場所」。於是，「大院與胡同」就成了1949年建國以後北京城市結構的象徵，「分別指稱北京的國家性與地方性、政治權力與日常生活、神聖性與世俗性」，在中國的各大、中城市，也都有這樣的規模不等的「大院」。但文革中，大院的主人——軍隊與地方的領導幹部，突然成了被衝擊的對象，「大院的孩子」也突然被拋棄到邊緣位置，「他們經常遊逛於北京大街小巷之中，在『莫斯科餐廳』喝酒或在王府井聚會；他們說一種基於北京方言的、由政治意識形態術語與胡同俚語相結合的新型語言。還有打群架或追逐女孩」，並且有專門名詞，叫「拍婆子」。也有表明身分的服裝，據說進入七十年代以後，四個兜兜的確良上衣（幹部服）長期領導服裝潮流，泛稱「國防綠」、俗稱「板兒綠」；衣服怎麼穿，也有講究，比如穿五枚扣子的制服，要害在於第一枚扣子不能扣，最好袖子往上挽兩圈，再配上球鞋中的「大哥大」——白色回力牌高腰籃球鞋，就完成了一個「城市浪蕩者」的形象。但他們從來沒有放棄「接班人」的身分幻想，也經常做著在中蘇開戰，或者乾脆是世界大戰爆發的時候充當英雄的夢，因此，他們即使已經落魄，也始終保持對「胡同孩子」的優越感和隔膜感，以至隱隱的仇恨。大院的孩子和胡同的孩子的惡戰時有發生，更多的是不同大院的孩子之間的內鬥。其中的領袖人物，往往稱為「頑主」。「未來國家主人」與「城市遊蕩者」的雙重身分，對這一代「大院的孩子」少年成長期的精神影響是深刻的，他們中的一些人已經成

---

244 參看楊健：《文化大革命中的地下文學》相關部分。北島：〈斷章〉、徐浩淵：〈詩樣年華〉，
　　均收錄於北島、李陀主編：《七十年代》。

為今天中國社會中重要的力量，回顧文革中的這段逍遙、遊蕩生活裡精神歷程，是格外有意義的。[245]

逍遙派思潮也有它的負面，同樣不可忽略。它是對革命的絕望和厭倦的產物，背後隱含著的是信仰的破滅。正像張中曉所指出的那樣，信仰的破滅是極容易導致虛無主義和感官沉溺的。因此，在文革中後期，隨著逍遙派思潮的氾濫，虛無主義和及時尋樂的享樂主義的思潮，也悄悄在中國大陸出現。有的人認為，自己把青春白白地獻給了革命，迫不及待地希望得到補償，就產生了瘋狂攫取的欲望，這就是為什麼在文革結束，改革開放的八十、九十年代，中國迅速地從精神至上轉變為精神虛無，物欲橫流，從集體至上、一切為公，轉變為個人至上、不擇手段地為私人謀利的內在邏輯。看起來是八十、九十年代突然發生，其實它的前因早在文革中後期的六十、七十年代就已經埋下了。這是一條非常重要的線索，也應進入我們的文革歷史敘述。

五、腥風血雨：清查「五一六」、1968夏季大鎮壓和清理階級隊伍

講完了多少有些溫馨的文革日常生活故事之後，我們再回到文革的腥風血雨中來。

毛澤東在1967年的夏天，就提出警告：「要告訴革命造反派的頭頭和紅衛兵小將們，現在正是他們有可能犯錯誤的時候」，[246]這就暗示著他要約束造反派，收拾紅衛兵，重建文革的秩序，逐漸由大亂到大治了。

1967年夏天，毛澤東就嚴厲指出：「有一小撮反革命分子」，「用貌似極『左』而實質極右的口號，刮起『懷疑一切』的妖風，炮打無產階級司令部」，「所謂『五一六』的操縱者，就是這樣一個搞陰謀的反革命集團，應予徹底揭露」。[247]其實這是照例的捕風捉影，不過是北京鋼鐵學院的幾個學生組織了

---

245 徐敏：〈王朔與文革後期的城市遊蕩者——以《動物兇猛》為例〉，《上海文化》2009年第1期，頁40-50。參看劉仰東：《紅底金字：六七十年代的北京孩子》，頁268-271、302-313。

246 毛澤東：〈視察華北、中南和華東地區時的談話〉（1967年7月-9月），《建國以來毛澤東文稿》第12冊，頁388。

247 姚文元：〈評陶鑄的兩本書〉，《人民日報》1967年9月8日，第1版。毛澤東的〈批語〉說：

「首都五一六紅衛兵兵團」，提出了「徹底打碎舊國家機器」、「打倒周恩來，砸爛舊政府」的激進口號，人數與活動都不多，但毛澤東卻藉此打擊全國造反派和支持他們的幹部，更在事隔兩年後的1970年，在全國範圍開展「清查五一六運動」，至少有幾十萬人被打成「五一六分子」，受到衝擊的人更多。[248]

但同時，毛澤東還要利用造反派，正是在1967年7月、8月，毛澤東提出了「武裝左派」和「群眾專政」兩大口號，江青更是根據毛澤東的意見，公開鼓吹「文攻武衛」，[249]在《文匯報》上發表後，全國武鬥急劇升級，圍繞著奪取地方權力，各地保守派和造反派進行你死我活的生死決鬥，加上軍隊的介入，就迅速升級為真槍實彈的武裝鬥爭，形成全國範圍的全面內戰，使各地革命委員會遲遲不能成立。

這樣的情況一直延續到1968年夏天，而且越演越烈。毛澤東面臨對局勢失控的危險。為了儘快制止武鬥，結束全國內亂，他決心進行武力彈壓，「如果少數人不聽勸阻，堅持不改，就是土匪，就是國民黨，就要包圍起來，還繼續頑抗，就要實行殲滅」。[250]也正是在1968年7月，北京、廣東、廣西、青海、黑龍江、遼寧等地造反派在北京航空學院舉行會議，商量建立全國性通訊網和成立全國造反派總部。這就更使得毛澤東和整個文革領導集團（從林彪集團，江青集團到周恩來）都感到了造反派有脫離他們控制的危險，因而空前一致地將這次會議稱為「黑會」，將醞釀中的全國造反派總部定性為「反共救

「看了一遍，很好」。並就所謂「五一六兵團」加寫了一段，稱其為「反動組織」。毛澤東：〈對〈評陶鑄的兩本書〉一文的批語和修改〉，《建國以來毛澤東文稿》第12冊，頁401、403。

248 參看王年一：〈關於「五・一六」的一些資料〉，《中共黨史研究》2002年第1期，頁31-45。據曾於1972年2月任中央「五一六」專案聯合小組組長的吳德回憶，北京市清查「五一六」分子，群眾揭發涉及5萬多人，觸動的有1萬4,000-5,000人，辦留宿學習班最多時有3,000人，見吳德口述：《十年風雨紀事──我在北京工作的一些經歷》（北京：當代中國出版社，2004），頁54。還可參看王廣宇：〈「五一六」反革命案發生的真相〉，閻長貴、王廣宇：《問史求信集》，頁137-145。

249 1967年7月18日晚，毛澤東在和周恩來等談話中就提出要把「工人學生武裝起來」，在8月4日給江青的信中就提出了「武裝左派」和「群眾專政」的問題。江青則在7月21日接見河南造反派時提出「文攻武衛」的口號。轉引自王力：《王力反思錄》（下），頁1012-1013。

250 〈毛主席在和聶元梓、蒯大富等五大領袖談話中關於制止武鬥問題的指示精神要點〉（1968年7月28日）。轉引自卜偉華：《「砸爛舊世界」：文化大革命的動亂與浩劫》，頁698。

國團」，[251]並掀起了以造反派為主要對象的「夏季大鎮壓」的風暴。

其最典型的代表性事件，就是「七三布告」[252]，發出向廣西造反派開刀的號令，造成再一次震驚全國的廣西大屠殺。僅南寧一地，在廣西省軍區直接指揮下，炮擊鬧市區長達23天，共打死1,470人、俘虜9,845人，又將「俘虜」交給各縣處理，被打死2,324人。[253]據文革後官方修訂的《賓陽縣誌》記載，在解放軍某部副師長指揮下，以貫徹「七三布告」為名，「全縣被打死或迫害致死三千八百八十三人」。[254]這樣的大屠殺是遍布廣西73個縣市的，「以平均每縣（市）被殺七百至一千人計算，便有至少六萬到八萬人被無辜屠殺」，[255]當時就有「其殘忍程度有如日寇血屠南京城」之說。就在這次大屠殺中，出現了吃人現象，甚至出現了「吃人群眾運動」。在某縣，人們吃狂、吃瘋了，動不動就拖出一排人批鬥，每鬥必死、每死必吃。吃人的理由，一是「吃人肉可以補養身體」，一是「殺反革命」：「毛主席說，不是我們殺了他，就是他殺了我們。你死我活，這就是階級鬥爭」。[256]這倒是一語道破了毛澤東提倡的「群眾

---

251 劉國凱：〈文化革命簡析〉，劉國凱主編：《封殺不了的歷史》，頁429-430。在1968年7月25日接見廣西兩派赴京代表時，吳法憲說：「他（指武傳斌──筆者註）有什麼資格召集全國十幾個省開會。誰給你的權力，誰給你的任務？」陳伯達還說：「你們造誰的反？你們要假借名義造無產階級的反」。周恩來說：「兩個當黑會主席的，一個是廣東的武傳斌，一個是廣西的朱仁」。康生說：「旗派的頭頭當了反共救國團的頭頭，恐怕在你們那裡也有這個問題〔……〕反共救國團就在你們那裡，還有托派分子和國民黨殘渣餘孽」。周恩來說：「反共救國（團）總團在廣州，你們廣西有分團」。

252 所謂「七三布告」，是指1968年7月3日經毛澤東批准，由中共中央、國務院、中央軍委、中央文革小組發布的布告，將廣西四二二派在武鬥中發生的搶槍、阻礙交通等行為，定性為「一小撮階級敵人破壞無產階級專政、破壞抗美援越鬥爭、破壞無產階級文化大革命的反革命罪行」，並下令「人民解放軍駐廣西部隊」進行鎮壓。轉引自卜偉華：《「砸爛舊世界」：文化大革命的動亂和浩劫》，頁710-711。

253 據《廣西文革大事年表》（南寧：廣西人民出版社，1990）。轉引自徐勇：〈韋國清剿殺四二二派〉，宋永毅主編：《文革大屠殺》，頁248-249。還有一組駭人聽聞的數字，據官方版的《廣西文革大事年表》記載：「在文革中突擊入黨的就有二萬人是入黨後殺人的，有九千人是殺人後入黨的，還有與殺人有牽連的黨員一萬九千多人」。宋永毅主編：《文革大屠殺》，頁254。

254 據鄭義：〈廣西賓陽慘案調查記〉，宋永毅主編：《文革大屠殺》，頁207。

255 徐勇：〈韋國清剿殺四二二派〉，宋永毅主編：《文革大屠殺》，頁239。

256 參看鄭義：《歷史的一部分：永遠寄不出的十一封信》（台北：萬象圖書公司，1993），頁

專政」的實質。

　　緊接著1968年還開展了「清理階級隊伍」的運動；[257]1969年因中蘇邊境發生軍事衝突，國際局勢緊張，又將一切武鬥和內爭宣布為「現行反革命行為」嚴加取締；[258]1970年又有「一打三反運動」，其實也是「清理階級隊伍」運動的繼續。[259]毛澤東對此有過一個說明：「有些事情，我們事先也沒有想到。每個機關、每個地方都分成了兩派，搞大規模武鬥，也沒有想過。等到事情出來以後，就看出了現象」。「這絕不是偶然的事，是尖銳的鬥爭。解放後包下來的國民黨、資產階級、地主階級、國民黨特務、反革命——這些就是他們武鬥的幕後指揮」[260]——這裡所說的「有些事情，我們事先也沒有想到」，這大概是真的：我們在這一講一開始就說過，毛澤東一旦啟動了文革這一「瘋狂的

294。

257　見毛澤東：〈關於清理階級隊伍的意見〉（1968年10月31日），《建國以來毛澤東文稿》第12冊，頁594。在1968年夏，在發動清理階級隊伍運動的同時，還在內蒙古發動了一個「清查『內人黨』」運動。所謂「內人黨」全稱是「內蒙古人民革命黨」，這是一個成立於1925年的內蒙古地區民族主義政黨，它本來是共產國際的一個支部，在國共分裂和抗日戰爭期間都和共產黨有很好的合作，在1947年內蒙古自治政府成立，接受了共產黨的領導，就停止了活動。文化大革命中重提反「新內人黨」，實際上是藉口「反對民族分裂主義」，而對蒙古族的廣大幹部和群眾的進行政治迫害。運動從1968年7月開始，1968年11月到1969年2、3月達到高潮，用盡駭人聽聞的各種刑罰，造成特大冤案，受害者達48萬多人。參看白音太：〈「內人黨」冤案前後〉，載《炎黃春秋》2009年第8期，頁45-50；哈斯格爾勒：〈「內人黨」冤案親歷記〉，載《炎黃春秋》2009年第1期，頁25-30。在文革中，西藏地區雖然沒有圍剿「內人黨」這樣的全區範圍內的政治冤案，但仍發生了嚴重的政治、宗教迫害與破壞，其後遺症至今未除。

258　周恩來：〈解決山西問題的七二三布告〉（1969年7月23日）、〈中國共產黨中央委員會令〉（1969年8月28日），《周恩來年譜1949-1976》（下），頁311、317。參看楊奎松：《毛澤東與莫斯科的恩恩怨怨》，頁447、452。

259　所謂「一打三反」是指「打擊反革命分子、反對貪污盜竊、反對投機倒把、反對鋪張浪費」。據統計，1970年2月至11月全國挖出了「叛徒」、「特務」、「反革命分子」184萬人，逮捕了28萬4,800人，殺了數以千計的人。後來成為三大「民族聖女」之一（另兩位是林昭和林希翎）的張志新就是以「現行反革命」的罪名在1970年8月20日遇害的。參看王年一：《大動亂的年代》，頁337。

260　毛澤東同阿中友好協會代表團的談話（1967年12月18日）。轉引自逢先知、金沖及主編：《毛澤東傳》（下），頁1515。

機器」，就是他自己也難以控制的；問題是在局部失控以後，毛澤東的反應和
對策。這一段談話表明，毛澤東又回到了他的習慣性思維，把他自己「武裝左
派」和「群眾專政」的失策所造成的嚴重後果，歸之於已經打倒的「國民黨、資
產階級、地主階級」。

於是，又有了對文化大革命性質的新的概括：「無產階級文化大革命，
實質上是在社會主義條件下，無產階級反對資產階級和一切剝削階級的政治
大革命，是中國共產黨及其領導下的廣大人民群眾和國民黨反動派長期鬥爭
的繼續，是無產階級和資產階級階級鬥爭的繼續」。[261]同時宣布：「在犯過走
資派錯誤的人們中，死不改悔的是少數，可以接受教育改正錯誤的是多數，
不要一提起『走資派』，就認為都是壞人」，[262]那麼，「走資派」只是「犯過錯
誤」，就不再是文化大革命的對象了──這就意味著，到了1968年，無論是文
化大革命的性質還是對象，毛澤東都有了不同於1966年的新說法。於是又有
了對文化大革命革命對象的新說明：「過去我們留下了一些表現比較好的國民
黨人，這是我們的政策。我們沒有教授、教師，沒有辦報的，沒有藝術家，
也沒有會講外國話的，只好收羅國民黨的一些人或者比較好的一些人。有一
些是國民黨有計劃的隱藏在我們的工廠、政府機關和軍隊裡」，「這次文化大
革命就是清理他們」。[263]

這樣，文化大革命一開始就信誓旦旦地宣布的「這次運動的重點是整走資
本主義道路的當權派」的目標，就被掉包，換成了「清理階級隊伍」、整「國民
黨殘渣餘孽」以及「資產階級及其知識分子」，成了新一輪的「反右運動」和「肅
反運動」，重新把舊的階級鬥爭對象「地富反壞右」和與國民黨政權有過牽連的
「歷史反革命」抓出來進行鬥爭，那些家庭出身不好、又在文革中起來造反的
人，則以「現行反革命」論處，這實際上是回到了文革初期劉少奇、鄧小平確
定的抓「假左派，真右派」的目標。正是清理階級隊伍以及隨後的一打三反運

---

261 毛澤東：〈關於無產階級文化大革命實質的一段話〉（1968年4月），《建國以來毛澤東文稿》
　　第12冊，頁485。

262 毛澤東：〈對中共中央、中央文革關於對敵鬥爭中應注意掌握政策的通知稿的批語和修改〉
　　（1968年12月），《建國以來毛澤東文稿》第12冊，頁617。

263 毛澤東同尼雷爾談話記錄（1968年6月21日）。轉引自逄先知、金沖及主編：《毛澤東傳》
　　（下），頁1518。

動，成為文革中持續最久、死亡最多的運動。[264]

　　這就意味著，1966年夏天，毛澤東以「資產階級反動路線」的罪名將「劉、鄧資產階級司令部」打倒；而到1968年夏天，毛澤東自己卻又延續著劉少奇、鄧小平的鎮壓群眾的路線，而且有過之而無不及。其手法，和1957年先發動知識分子、青年學生反對黨內官僚，再聯合黨內官僚大抓群眾中的「右派」完全同出一轍。這表明，毛澤東和劉少奇、鄧小平並無不同，他們都是一黨專政體制的代表和堅定的維護者。毛澤東在文革初期鼓動、支持造反派造反，完全是發動文革的需要，而且是有前提的，就是必須在他的絕對控制之下，要服從於他的戰略目的。但群眾一旦被動員起來，造反就自有其發展邏輯，必然要突破毛澤東的限制，打亂他的戰略部署；在控制不住的時候，毛澤東就必然要進行無情鎮壓，其手段是超過劉少奇、鄧小平的。

　　這樣，到1968年夏天，青年學生、紅衛兵已經成為毛澤東需要排除的障礙。毛澤東在7月28日凌晨，緊急召集北京高校紅衛兵的領袖，重申「現在是輪到一些小將犯錯誤的時候」，提出要實行「鬥批散」，讓青年學生「統統走光，掃地出門」，全部趕到基層，「你們再搞，就是用工人來干涉。無產階級專政！」[265]這番話自然是殺氣騰騰，但據說毛澤東說話時卻是眼含熱淚。[266]這是可以理解的，因為這些紅衛兵領袖都是毛澤東扶植起來的，他就是依靠「紅衛兵小將」發動文化大革命的，而且如我們在這一講一開頭所說，毛澤東在內心十分欣賞這些「天不怕，地不怕」的年輕人，並寄以希望。現在，他卻要親自將他們趕下歷史舞台，對此，他雖然是無情的，為達到自己的目的，即他所謂的「大局」，毛澤東不惜採用一切手段，但他也會有幾分無奈、幾分憐惜，在某種意義上這也是毛澤東自身，包括他的信念的失敗。

　　拋棄了紅衛兵以後，毛澤東要依靠的力量是工人階級。[267]他一再強調

264　丁抒：〈大規模迫害人民的「清理階級隊伍」運動〉，宋永毅主編：《文化大革命：歷史真相和集團記憶》（下），頁607。

265　毛澤東等同聶元梓、蒯大富、譚厚蘭、韓愛晶、王大賓談話記錄（1968年7月28日）。轉引自逄先知、金沖及主編：《毛澤東傳》（下），頁1522-1524。

266　當時就有這樣的傳言，後來筆者又聽蒯大富當面說過。

267　1975年5月，毛澤東在同一個外國軍事代表團談話記錄裡，有這樣一段話：「本來想在知識分子中培養一些接班人，現在看來很不理想」、「批判資產階級反動路線是知識分子和廣

「工人階級是領導階級。要充分發揮工人階級在文化大革命中和一切工作中的領導作用」，[268]「無產階級文化大革命的整個過程，僅僅是在工人階級這個唯一的階級領導下進行的。我們的黨是無產階級的先鋒隊」，[269]並具體部署：「凡是知識分子成堆的地方，不論是學校，還是別的單位，都應有工人、解放軍開進去，打破知識分子獨霸的一統天下，占領那些大大小小的『獨立王國』」，[270]大批工人宣傳隊和軍隊宣傳隊，進駐學校和知識分子集中的科研、文教、文學藝術單位，知識分子成了批判、鬥爭、改造的革命對象。同時提出的是重建「無產階級知識分子隊伍」，「實行徹底的教育革命」的任務，明確規定「工人宣傳隊要在學校中長期留下去」，「永遠領導學校。在農村，則應由工人階級最可靠的同盟者──貧下中農管理學校」；[271]要「走從工農兵中培養技術人員及其他知識分子的革命道路，從有生產實踐經驗的工人、農民、解放軍戰士中選拔學生」；[272]還要把「受到深刻的階級鬥爭鍛煉」的「優秀的工人幹部，充實到國家機關的各個方面以及各級革委會裡去，不但管理學校而已」。[273]這就是1968年夏天風行一時的「工人階級領導一切」的號召，其實質就是要讓工、農、兵（產業工人，貧下中農和軍人）在國家政治、經濟、思想、文化、教育所有的領域發揮絕對性的主導作用，特別是在歷來屬於知識分子的領地上層建築領域，實行全面的無產階級專政，而所謂「全面專政」，

大青年學生搞起來的，但一月風暴奪權、徹底革命就要靠時代的主人──廣大的工農兵作主人去完成。知識分子從來是轉變、覺察問題快，但受到本能的限制，缺乏徹底革命性，往往帶有投機性」。轉引自逄先知、金沖及主編：《毛澤東傳》（下），頁1489-1490。

268 毛澤東：〈關於工人階級是領導階級的一段話〉（1968年8月），《建國以來毛澤東文稿》第12冊，頁520。

269 毛澤東：〈對姚文元〈工人階級必須領導一切〉一文的批語和修改〉（1968年8月），《建國以來毛澤東文稿》第12冊，頁528。

270 毛澤東：〈對姚文元〈工人階級必須領導一切〉一文的批語和修改〉（1968年8月），《建國以來毛澤東文稿》第12冊，頁531。

271 毛澤東：〈對姚文元〈工人階級必須領導一切〉一文的批語和修改〉（1968年8月），《建國以來毛澤東文稿》第12冊，頁530。

272 毛澤東：〈對〈關於知識分子再教育問題〉一文的修改和批語〉（1968年9月10日），《建國以來毛澤東文稿》第12冊，頁560。

273 毛澤東：〈對姚文元〈工人階級必須領導一切〉一文的批語和修改〉（1968年8月），《建國以來毛澤東文稿》第12冊，頁531。

一是要掌握領導權，二是「上層建築一切反動思想都要實行專政」。[274]這大概
就是毛澤東的文化大革命最後真正落實下來的目標和任務。

　　這同時就意味著對仍然堅持懷疑批判和反抗的造反派，紅衛兵，毛澤東
稱為的「被資產階級分子所把持的大大小小的獨立王國裡的公民」，[275]進行排
斥和打擊。在毛澤東這裡，所謂「大治」，就是「全面專政」。用他1969年在中
共九屆一中全會上的說法，就是要「鞏固無產階級專政，要落實到每個工廠、
農村、機關、學校」。[276]這本來是早在他發動文化大革命時就已經宣布的，
但人們，首先是「革命小將」，只注意他造反的號召，而忽視了他的真正目
的，現在就要為這樣的忽視付出代價。

　　當然，毛澤東也不可能像1957年那樣，把所有響應他的號召起來造反的
青年學生都打成「右派」，除了通過「清查五一六」和「清理階級隊伍」對一部
分造反派領袖實行專政以外，他的辦法是把所有的青年學生都趕到基層去。
先是通過畢業分配將大學生趕到工廠、農村、部隊基層單位改造，再於1968
年12月發出號召：「知識青年到農村去，接受貧下中農的再教育，很有必
要」，[277]從而發動了一場席捲全國的「上山下鄉運動」──不過，這是我們下一
講所要討論的問題。

　　而這樣的排斥、鎮壓和過河拆橋，又會反過來促成人們的覺悟，進而懷
疑文化大革命本身，毛澤東本人，以至整個一黨專政的體制。於是，就有了
底下的議題。

---

274 姚文元：〈工人階級必須領導一切〉，《人民日報》1968年8月26日，第1版。後來張春橋
　　在〈論對資產階級的全面專政〉裡，則將「全面專政」概括為「四個消滅」，即消滅「一切階
　　級差別」，由此產生的「一切生產關係」，與之相適應的「一切社會關係」，由之產生的「一
　　切觀念」。張春橋：〈論對資產階級的全面專政〉，《紅旗》1975年第4期（1975年4月1日出
　　版），頁9。

275 毛澤東：〈對姚文元〈工人階級必須領導一切〉一文的批語和修改〉，《建國以來毛澤東文
　　稿》第12冊，頁529。

276 毛澤東：〈在中共九屆一中全會上的講話〉（1969年4月28日），《建國以來毛澤東文稿》第
　　13冊，頁37。

277 毛澤東：〈關於知識青年到農村去的號召〉（1968年12月22日公開發表），《建國以來毛澤
　　東文稿》第12冊，頁616。

六、新的覺醒：走出毛澤東

　　我曾經說過，這一次講課，要向諸位著重介紹四位女性。我已經講過林希翎──她是1957年校園民主運動的代表；還介紹了林昭──她是1957年校園民主運動精神的繼承和發展者，是1957年至文革民間反抗運動的代表。我在這裡要講述的，是林昭的同鄉──蘇州陸文秀（生年不詳-1970）的故事。蘇州在一般人心目中，民性大都比較柔弱，但在共和國歷史上卻出現了兩位剛烈的女性，這是令人嘆服的。

　　選擇陸文秀，除了她的精神、氣概特別具有震撼力以外，還因為她在文革中的思想發展歷程，具有相當的代表性，有專門討論的必要和價值。

　　相對而言，陸文秀年紀比較大，在1949年以前，就參加了反對蔣介石的鬥爭，在國民黨鎮壓民主人士的「下關慘案」[xiii]中還受過傷。文革時，她是蘇州圖書館的副館長，是有一定的社會地位的。她不但支持共產黨，而且十分敬佩毛澤東，雖說不上是毛澤東主義者，但確是毛澤東思想的信奉者、毛澤東的崇拜者，而且是極其虔誠，又極其認真的。正是這樣的虔誠與認真，她在文革中，就在思想上和毛澤東發生了極其糾纏的關係，經歷了巨大的精神痛苦，最後走出毛澤東，反戈一擊，對毛澤東進行了無畏的批判，並因此而遇難。因為時間有限，我們只能對她的精神歷程作一個簡單的敘述。

　　一開始，她出於對毛澤東的信任，努力去理解和適應文化大革命，但很快就產生了懷疑。但她還是站在崇拜毛澤東的立場，而歸之於自己「跟不上」。她這樣說服自己：「毛主席的頭腦是特別材料製成的」，「他能發動這樣一場神妙莫測的革命戰爭」，是超出了自己，「超出了全世界革命人民想像能力之外」的，因此需要用非常的努力才能理解，她甚至認為這是毛澤東對自己和全國人民的一次「考驗」。[278]於是，她苦心積慮、朝思暮想，以至發生精神錯亂，在幻覺中，她把毛澤東看成自己的丈夫，渴望著和毛澤東進行夫妻之間的親密無間的對話，希望毛澤東把他的真正思想和意圖告訴自己。[279]

278　陸文秀：〈思想彙報〉（日期不詳），見鉛印稿。

279　林昭也在監獄裡發生精神錯亂，產生精神幻覺，這是一個值得注意與研究的文革精神現象。

　　但對話沒有發生，她只能獨自尋找解求之路。於是，她先是認定毛澤東思想是「相互矛盾，真正絕然分歧的」，然後提出要將毛澤東「整個思想體系和現階段的發展」區分開來，肯定前者而否定後者[280]——她的這個說法跟後來鄧小平的解釋很接近，鄧小平其實也是面臨著既要批毛，又要維護毛的矛盾。後來她又提出「運用毛澤東來獨立思考」，[281]也就是以毛澤東關於「對錯誤的領導應該解決抵制，不應該盲從」這類「教導」來作為自己對毛澤東的懷疑、批判的依據[282]——這都表明，這時候，陸文秀還在掙扎，努力在毛澤東思想體系內來質疑毛澤東。

　　然而懷疑卻越來越多。她終於明白：「向毛主席祈求解放，不會得到任何結果」，毛主席的每一句話，都「可以探索它，研究它，甚至懷疑它，發展它」。[283]這就走出了很關鍵的一步，不再站在毛澤東體系內作奴隸的反抗，而是走出體系，進行更為獨立的審視和批判。

　　於是，就有了〈請革命委員會負責人電轉毛主席黨中央〉（1970年3月）與〈再電毛主席〉（1970年3月6日）兩篇文章，明確指出：「自從毛主席親自發動和領導文化大革命以來，無論是加在劉少奇頭上的『資反路線』，或是以毛主席名義推行的『革命路線』，一左一右，都是鎮壓人民的國民黨路線」，她宣稱：「我不是向毛主席乞求恩賜」，「文化大革命是你親自領導，是逃避不了的」，「我死於獄中之日，也就是歷史為文化大革命定案之時。這是不以任何人的意志為轉移的客觀規律，不論你本人願意與否」，「何去何從，請即決定，時間已不容你再多拖延了」——這可以看作是陸文秀和她的曾經的「精神教父」毛澤東的決裂書，也是最大膽的挑戰和宣判詞。

　　走出毛澤東，使得陸文秀的思想昇華到一個前所未有的高度，在她一篇未完成稿〈自由〉裡，[284]她高揚〈共產黨宣言〉裡的理論旗幟：「每一個人的自

280　陸文秀：〈關於什麼是毛澤東思想的問題〉（1969年11月17日），見鉛印稿。

281　陸文秀：〈關於現階段文化大革命形勢的認識〉（1969年11月17日），見鉛印稿。

282　陸文秀：〈為知識青年上山下鄉問題給革命家長和各級領導的一封公開信〉（1969年11月22日），見鉛印稿。

283　陸文秀：〈再告全國人民書〉（1969年11月29日）、〈多思〉（1969年12月26日），見鉛印稿。

284　〈自由〉是1970年3月正式逮捕陸文秀時，公安人員從她的小床上查抄出來的最後一篇文章

由發展是一切人的發展的條件」，明確提出「自由」是「人民的最高權利」，並
這樣總結共和國的歷史：革命者「掌握政權以後，隨著地位的改變而引起思想
的改變，自由仍然沒有到來。人們不過是從一種不自由，改變到另一種不自
由」。她又這樣批判文化大革命：「自由的被剝奪越加嚴重，直到從思想的不
自由，轉化為人身的不自由，達到不自由的頂峰」，最後並這樣概括自己的理
想和追求：「消滅一切經濟上、政治上的不平等制度，實現使全體公民真正平
等的共產主義社會」，「每一個公民都是以一個獨立自由的個體和整個社會相
結合，而社會也就成為每個自由個體的集合體。只有在這樣的社會制度下，
自由才會真正降臨人間，成為人民第一次享受到從未享受到的權利」。

在多次審訊中，她發出了這樣的歷史預言：「權在你們手裡，我只知道歷
史自有它發展的規律」；「等歷史結束再下結論」，「中國共產黨要由歷史來檢
驗。歷史本身就是鏡子嘛」，「是毛主席、共產黨寫下的歷史，這段歷史是抹
不掉的」；「如果一直緊跟毛主席，全國人民就絕不會得到解放」；「我這樣的
人，生命不值錢。我自己一無所有，是無產階級」，「我從來不知道自己的歷
史，我是小人物，歷史上只有帝王將相的歷史」，「我自己負責」；「按照真理
辦，就對」，「我只考慮中國應該向什麼方向發展，講了幾句真話」，「我比花
崗岩還要硬，殺了頭還有後來人」，「將來走上歷史審判台的不是我」。[285]

1970年3月16日，她寫下了這樣的〈代遺書〉：「毛澤東親自發動和領導
的所謂『文化大革命』，陷全國人民於水深火熱、苦難深重之中」，「凡我中國
人民、中華民族兒女子孫，都應世世代代牢記這一血的沉重教訓」。「我為真
理受盡苦難，或將死於獄中。故要求全國人民、後代子孫，認真研究，加以
發展，求其實現」。[286]1970年6月30日〈被殺害前四天的最後審訊記錄〉裡，
留下了她的遺言：「我死而無怨。人總有一死」。1970年7月3日，她從容赴
難。

事實上，在文革中，還存在另一種力量，它通過歷次政治運動，或者通

的草稿，還未寫完，寫作時間應在1970年3月。

285 陸文秀：〈被正式逮捕前的提審筆錄〉（1970年3月15日）、〈被正式逮捕後的第一次審訊記
　　錄〉（1970年3月25日）、〈被正式逮捕後的第二次審訊記錄〉（1970年4月21日），見鉛印
　　稿。

286 〈陸文秀代遺書〉（1970年3月16日），見鉛印稿。

過文化大革命自身的教訓，不但放棄了對毛澤東的幻想，完全擺脫了毛澤東的思想影響和控制，而且自覺地與毛澤東及他所代表的意識形態、體制徹底決裂，走上了建立反對黨，和毛澤東政權直接對抗的道路。這是和我們前面所討論的「毛澤東主義者」、陸文秀等體制內的懷疑、批判與反抗不同的另一種選擇，在某種程度上是繼承了《星火》的道路。我們前面提到的毛澤東主義者的代表人物楊曦光在被捕入獄以後，遇到了「中國勞動黨」的劉鳳祥（生平不詳）、張九龍（生平不詳）、雷特超（生平不詳）、侯湘風（生平不詳），他們就是這樣的「徹底決裂」派。他們中的骨幹有許多都是1957年的「右派」，劉鳳祥在1950年還擔任過湖南瀏陽縣的縣長，1957年也被打成「右派」。反右運動打破了他們希望通過和平道路使中國走向民主的幻想，於是就轉而「想走格瓦拉道路」，他們崇拜當年俄國社會民主黨的「地下職業革命家」，希望自己也成為那樣的人，他們的參與文革造反，是想徹底改變中國的政治結構，也就遭到了更為殘酷的鎮壓：楊曦光判了十年徒刑，而中國勞動黨人大都被處以極刑。[287] 但楊曦光在出獄後仍寫出了《牛鬼蛇神錄》，留下了歷史的記錄，也留下了這些同樣是中國民主運動的先驅者和獻身者的歷史形象。[288] 在歷史的敘

---

287 毛澤東：〈對譚震林關於國務院農口幾個單位情況報告的批語〉（1967年1月30日），就作了這樣的指示：「黨、政、軍、民、學、工廠、農村、商業內部，都混入了少數反革命分子、右派分子、變質分子。此次運動中這些人大部都自己跳了出來，是大好事。應由革命群眾認真查明，徹底批判，然後分別輕重，酌情處理」。見《建國以來毛澤東文稿》第12冊，頁209。 根據毛澤東的指示精神，《紅旗》1967年第3期社論〈論無產階級革命派的奪權鬥爭〉裡，就特地點名：所謂「中國工農紅旗軍」，所謂「榮復軍」、「聯合行動委員會」就是這種「反動組織」。當時被取締的這類組織，應當更多，但這些組織的情況至今還不清楚，有待挖掘、研究。社論：〈論無產階級革命派的奪權鬥爭〉，《紅旗》1967年第3期（1967年2月3日出版），頁17。王凡西在《毛澤東思想論稿》中提到：「在上海本年〔錢註：1967年〕一月份出版的第十九期『紅衛戰報』上，就說到在『造反派內部』，『出現了一些托派分裂活動』」。王凡西：《毛澤東思想論稿》，頁393。這些信息，提醒我們要注意文革的群眾組織的複雜性，都是需要認真研究的。

288 參看楊曦光：《牛鬼蛇神錄：文革囚禁中的精靈》（香港：香港牛津大學出版社，1994），其中〈張九龍〉、〈「舵手」〉、〈「反革命組織犯」〉等章節。參看劉國凱：〈血凝成的價值——評楊曦光力作《牛鬼蛇神錄》〉，劉國凱：《人民文革論》（香港：博大出版社，2006），頁201-233。楊曦光在他的回憶中談到，在監獄裡，他所接觸到的「反革命組織」即民間反抗組織，除「親蘇聯而反對中國共產黨的左的路線」的「勞動黨」之外，還有「反對社會主義，

述中，他們理應占據自己的位置。順便說一下，這樣的體制外的反抗者，在
文革前及文革中，都有相當的數量，但他們卻沒有《星火》、中國勞動黨這樣
的「幸運」，至今還不為世人所知，他們的許多珍貴的思想更是完全深埋在專
政部門的檔案裡，這是我們今天進行民間政治、思想史研究的最大困難與遺
憾，這樣的史料的發掘與研究，只有留待後人了。[289]

　　我們現在可以對六十年代中後期，文革第一階段作一個小結：從1966年
6月毛澤東發動群眾造反，到1968年毛澤東把青年學生趕到農村去，事實上
停止了群眾造反運動；從1966年6、7月劉少奇、鄧小平大抓「假左派，真右
派」，到1968年毛澤東發動清理階級隊伍運動，大抓「歷史與現行反革命」，
實現了「全面專政」；從1966年8月批判「劉鄧資產階級司令部」，到1967年初
全面奪權，再到1969年中共第九次全國代表大會[xiv]，恢復黨組織活動，被打
倒的「走資派」重新恢復職務，在1973年的黨的第十次代表會議[xv]上，周恩來
明確宣布：「要進一步加強黨的一元化領導，工、農、商、學、兵、政、黨這
七個方面，一切歸黨的領導」。[290]這就兜了一個圈子，完成一個歷史過程，

主張西方式自由民主制度」的「民主黨」，「支持台灣」的「反共救國軍」，「因為對『三年苦日
子』不滿」，而藉助解釋、傳播劉伯溫的〈燒餅歌〉進行地下反政府活動」的農民組織「一貫
道」等，這些地下政黨、非政黨的反對派組織，大都成立於1959-1962年間，在文革中經過
一段觀察以後，都參加了造反派的活動，也就在1968年以後對造反派的大鎮壓中遭到了彈
壓。

289 在一些回憶錄中還會保留一些材料。例如在鐵流：〈在死牢裡與殉道者的對話──獻給21
世紀中國的知識人〉和費宇鳴：〈「中國馬列主義者聯盟」奇冤〉（分別載《往事微痕》第5期
和15期，自印交流本）裡，都談到了1962年四川省公安廳築路勞教支隊和永川新勝勞教農
場裡，有一個「中國馬克思列寧主義者聯盟」反革命集團。被列為「首犯」的周居正，原是
中共地下黨員，曾從「中美合作所」越獄脫險，1957年被打成右派後，在勞教農場裡仍然
思考「中國發展道路」問題，在筆記本裡寫下了〈堅持民主新民主主義革命論〉（一說〈民主
社會主義論〉），並和同為右派的一批朋友一起討論。認為中國不應該走蘇聯的路，而應該
走「南斯拉夫道路」，「和平民主建設新中國」。具體要求有：解散人民公社，把土地還給農
民；實行工人自治，由工人自己管理工廠；軍隊國家化；實行民主統一制（反對民主集中
的獨裁制）；建立民主政治，保障人民權利；法律面前人人平等；計劃經濟指導下開放市
場經濟等。這一「反革命案」涉及69人，其中2人被槍決，3人死緩，6人判無期徒刑，其
餘或判徒刑，或管制。

290 見周恩來1973年8月24日在中國共產黨第十次全國代表大會上的政治報告。在1975年四
屆人大通過的新憲法也即文革憲法，對1954年憲法有一條重要修訂：1954年憲法只原則

一切恢復原狀。我們這些毛澤東主義者當時就由此而得出一個結論：文化大革命是一場「沒有革命的革命」。

與此同時，人們的思想上也從聽從、響應毛澤東的召喚，到開始努力走出毛澤東，而完成一個歷史過程。這就意味著，經過這場沒有革命的革命，儘管中國的社會結構、國家體制沒有變，但人卻變了，而且是社會各階層——從底層的民眾，到中層的知識分子和幹部，再到上層黨的領導階層，所有人的思想都變了。這樣的人心大變，就深刻地影響了文革後的中國社會發展的歷程。

隨著1968年知識青年上山下鄉運動開始，我們所關注的民間思想運動也進入了一個新的階段。

編註

i　第八屆十一中全會：中國共產黨第八屆中央委員會第十一次全體會議。1966年8月1日-12日於北京舉行。毛澤東於8月5日寫下〈炮打司令部——我的一張大字報〉，會中通過〈關於無產階級文化大革命的決定〉（即〈十六條〉），標誌著文化大革命進入新的階段。

ii　三自一包：為1962年劉少奇為因應大躍進時期發生的大饑荒，提出農村經濟政策。「三自」指：「自留地」、「自由市場」、「自負盈虧」，「一包」指：「包產到戶」。

iii　全國紅色勞動者造反總團：簡稱「全紅總」，1966年11月8日於北京成立。

聲明：「一切權力〔……〕屬於人民」，文革憲法卻明確規定：「中國共產黨是全中國人民的領導核心。工人階級通過自己的先鋒隊中國共產黨實現對國家的領導」，還規定全國人民代表大會和國家權力機構是在中國共產黨的領導之下。1975年憲法刪去了1954年憲法的某些自由權利，主要有「公民有從事科學研究、文學和藝術創作及其他文化活動的自由」和「居住與遷居的自由」。同時，1975年憲法又增加了公民有「大鳴、大放、大字報和大辯論」的自由，文革後鄧小平把它取消了。參看莫里斯·邁斯納著，杜蒲譯：《毛澤東的中國及其後：中華人民共和國史》，頁361、366-367。有了這些黨的文件和憲法的明確規定，在文化大革命中由於群眾衝擊而陷於癱瘓的黨的各級組織迅速恢復，一度動搖的一黨專政的體制迅速復原，並得到新的強化。一些外國觀察者對中共黨「組織機構令人驚訝地恢復了活力」感到不可理解，見盧西恩·派伊：〈文化大革命的再評價〉，蕭延中主編：《從奠基者到「紅太陽」——外國人怎樣評論毛澤東》，頁415-416。這一方面說明一黨專政體制在中國的根深柢固，另一方面也暴露了毛澤東發動文化大革命的本意：他不過是要稍加衝擊，最終目的還是要鞏固一黨專政：那是他的命根，在這一點上，文化大革命的發動者與革命對象存在著根本的一致。這是文化大革命真正弔詭之處。

iv　全國農墾戰士革命造反團：1966年底成立之全國性造反組織，「農墾戰士」大都是軍隊復員官兵，他們退伍後被安排在農場墾荒，在工資待遇等方面提出許多要求。

v　全國合同工臨時工造反團：1966年底成立之全國性造反組織，「合同工、臨時工」類似於今天的農民工，他們在工廠當臨時工人，戶口仍在農村，倍感城鄉之間的不平等，因此提出維護自己權益的主張。

vi　全國知識青年造反團：1966年底成立之全國性造反組織，「知識青年」在被趕到農村勞動以後，同樣受到歧視，在政治、生活上有諸多不滿，因此試圖組成全國性組織以表達其利益訴求。

vii　全國聾啞人革命造反團：1966年底成立之全國性造反組織，「聾啞人」在社會上更是弱勢群體，因此迫切要求政府與社會的關注與支持，成立全國性組織以求保障其利益。

viii　大鬧懷仁堂：指1967年2月11日-16日，於懷仁堂舉行之中央政治局委員碰頭會議上，譚震林（1902-1983）、陳毅、葉劍英、李富春（1900-1975）、李先念（1909-1992）、徐向前（1901-1990）、聶榮臻等人，與林彪、康生（1898-1975）、陳伯達、江青、張春橋（1917-2005）、謝富治（1909-1972）等進行的鬥爭，當時被稱為「二月逆流」，後稱為「二月抗爭」。

ix　七二〇事件：又稱「武漢事件」或「陳再道兵變」。1967年3月-4月，武漢地區的兩大群眾組織「工人總部」和「百萬雄師」之間的鬥爭已日趨激烈，規模不斷擴大並時時伴有武鬥，導致流血事件頻頻發生。到了7月20日前後，其中「百萬雄師」派因質疑中央文革小組成員王力等人對文革處理的立場，因而引發衝突，當時被認為是「反革命事件」。七二〇事件被視為文革鬥爭矛頭轉向軍隊的標誌。

x　格瓦拉──卡斯特羅路線：卡斯特羅（Fidel Castro，又譯卡斯楚，1926-，古巴），「格瓦拉──卡斯特羅路線」指古巴革命的模式，在六十年代受中國革命影響的拉丁美洲的毛派批評格瓦拉是小資產階級冒險主義，不懂得建立農村根據地，發動農民，解決土地問題。

xi　井岡山兵團：清華大學井岡山兵團，也稱井岡山戰鬥隊，1966年12月19日由北京清華大學學生成立。井岡山兵團於成立四個月後分裂為「兵團總部」（簡稱「團派」）與「四一四串聯會」（簡稱「四派」、「四一四派」），一個多月後「四派」成立「四一四總部」，雙方展開激烈論戰並逐步升級，並於1968年4月開始了清華大學百日大武鬥。

xii　上海小東樓沙龍：此沙龍得名為其核心人物孫恆志（生平不詳）的家──小東樓，孫恆志在文革開始時是上海中學的高中學生，他的母親（上海市教育局長）在運動中被迫害致死，1967年底孫恆志到北京結識了一些老紅衛兵，受徐浩淵啟發而於1968年回到上海後組成此沙龍。成員中有多位是被打倒、被批判的原上海市領導人的子女。

xiii　下關慘案：1946年6月23日，上海各界群眾十萬人舉行集會遊行，歡送上海人民團體代表團去南京進行和平請願。以馬敘倫（1885-1970）為首的代表團乘火車抵達南京下關車站時，遭到國民黨特務數百人毆打，馬敘倫、雷潔瓊（1905-2011）、閻寶航（1895-1968）、葉篤義（1916-）、浦熙修（1910-1970）等被打成重傷。這個歷史事件稱為「六‧二三」和平請願運動，因為請願代表到了南京下關遭到國民黨特務的毆打，因此，又稱為「六‧二三」下關事件或「下關慘案」。

xiv　中共第九屆全國代表大會：中國共產黨第九次全國代表大會，1969年4月1日-24日於北京

召開。毛澤東主持開幕式並致開幕詞，林彪代表中共中央以「無產階級專政下繼續革命的理論」為核心作政治報告，全面肯定無產階級文化大革命，批判以劉少奇為首的「資產階級司令部」。大會並通過《中國共產黨章程》修正草案，在此新黨章中把「無產階級專政下繼續革命的理論」和林彪「是毛澤東同志的親密戰友和接班人」寫進了總綱，取消中央書記處及中央監察委員會等機構。

xv 黨的第十次代表會議：中國共產黨第十次全國代表大會，1973 年 8 月 24 日 -28 日於北京召開。會議由毛澤東主持，周恩來代表中共中央作政治報告，王洪文作〈關於修改黨章的報告〉。大會全體代表通過永遠開除林彪、陳伯達的黨籍，撤銷其黨內外一切職務，擁護中共中央對於林彪反黨集團其他主要成員所採取的全部措施。

文化大革命時代(下)

1966-1976

　　上一講我們討論的是文革前期，也就是1966-1968年，也可以延續到1970年這一段時間的歷史。當前的文革研究中有一種觀點，認為在1968年知識青年上山下鄉運動[i]以後，或者到1969年中國共產黨第九次代表大會召開後，文化大革命就已經結束。但我的歷史敘述還是想延續到1976年的天安門群眾抗議運動和隨後的毛澤東去世、江青集團覆滅等，因此把1968年到1976年視為文革後期。文革後期的特點，一是上層逐漸陷入了權力鬥爭，另一是底層以「民間思想村落」為中心的民間思潮空前地活躍。因此，本講的重點也是「民間思想村落的思考」。

一、文革後期民間思考的兩大背景

　　所謂「民間思想村落」，發端於1968年的「知識青年上山下鄉」運動，而其得到最大發展，則是在1971年林彪事件以後，因此需要分別討論這兩個背景。

　　先談1968年開始的知識青年上山下鄉運動。毛澤東發動這一運動有複雜的動因，大體有四個方面。

　　其一，文革初期毛澤東為了打擊黨官僚體系，放出了青年學生這些「小鬼」，讓他們大鬧中華。到了1968年，毛澤東要重建秩序，就需要收回「小鬼」，開始讓他們回到學校，此即所謂「復課鬧革命」。無奈「小鬼」們野性已成，還留在社會繼續鬧，只得乾脆把他們全部趕到農村去，讓這些「小鬼」分散在如汪洋大海的農村，再無聯合造反的可能。

　　其二，在某種程度上，知識青年上山下鄉，也是一次移民，既減輕城市

負擔，又把城市文化帶到農村去，可謂一舉兩得。

其三，是出於毛澤東的民粹主義信念。人們注意到，在發出「知識青年到農村去，接受貧下中農再教育，很有必要」[1]的號召同時，毛澤東還作出「廣大幹部下放勞動，這對幹部是一個重新學習的極好機會」[2]的指示，並提倡「城鎮居民到農村安家落戶」。[3]可以說，毛澤東在1968年將青年學生、機關幹部和城鎮居民都趕到了農村去，不僅有移民的作用，更是顯示了毛澤東在戰爭年代形成的一種「把農村作為社會與文化創造力的真正源泉，才是革命勝利後的正確發展路線的核心」的民粹主義理念。[4]既有對農民和農村的理想化，又包含了他改造知識分子的一貫想法。因此知青下鄉，就有一種「原罪」，並多少帶有懲罰的意味，有某種反文化、反知識的因素在內。

其四，與此相聯繫的，是毛澤東打破社會分工，實現人的全面發展的理想。知識青年到農村實實在在地當農民，又可以在公社所興辦的工廠當工人，還可以習武去當民兵，同時繼續自修讀書，參加農村階級鬥爭。在毛澤東看來，這是培養年青接班人的最好途徑。

事實上，在毛澤東發動全國範圍的知識青年上山下鄉運動之前，因為經歷了1967年夏天的全國大亂，一部分有著更強獨立性和自覺意識的中學紅衛兵，就開始冷靜下來，從根本上思考中國社會變革和發展道路，尋找新的精神出路。北京清華附中的一些造反派紅衛兵就提出「中國百分之八十的人口是在農村。為了了解中國社會的階級關係就必需了解農村的社會階級，不到農村去就不能了解中國」，並於1967年深秋開始串聯，準備集體到農村去。當時正好黑龍江農場到北京招工，他們於是紛紛報名，就在1967年12月，北京大約有1,000多名中學紅衛兵自願奔赴黑龍江，這大概是文革後的第一批知青支

1　毛澤東：〈關於知識青年到農村去的號召〉（1968年），《建國以來毛澤東文稿》第12冊，頁616。

2　毛澤東：〈對〈柳河「五‧七」幹校為機關革命化走出條新路〉一文的批語〉（1968年9月、10月），《建國以來毛澤東文稿》第12冊，頁573。

3　毛澤東：〈對《人民日報》轉發會寧縣城鎮居民到農村安家落戶的報道的批語〉（1968年12月），《建國以來毛澤東文稿》第12冊，頁614-615。

4　莫里斯‧邁斯納著，杜蒲譯：《毛澤東的中國及其後：中華人民共和國史》，頁277。

邊下鄉。[5]這說明毛澤東在一年後的1968年12月發動知識青年下鄉運動時，還是有一定的群眾基礎，雖然後來下鄉的知青相當多人是被迫的，但其中也並不乏自覺者。據統計，從1968年到1978年這十年間，全中國上山下鄉的知識青年共達1,623萬人。[6]

我們今天回過頭看，應該說，知青下鄉運動達到了毛澤東的部分目的，既消弭了年輕人繼續造反的危險，又確實通過知青以及同時下放的知識分子，將現代文化傳播到了農村。這些年我接觸到一些農村出身的學者、作家，他們都談到小時候從知青和下放的老師那裡受到了最初的、良好的教育，這對他們以後的成長起了關鍵作用。文革完全打亂了原來文化、教育系統中，城鄉隔絕、上下隔絕的等級結構，在向社會底層傳送教育、文化資源上，所起到的作用以及內含的矛盾與問題，都很值得研究。[7]

更重要的是，知青到了農村去以後，他們本身的思想情感發生了很重要的、甚至決定後來中國發展的變化。我們無法在這裡展開討論，只能舉一個典型例子。一位從北京下放到山西的知青盧叔寧（生平不詳），他在2000年出了一本《劫灰殘編》，公布了他當年的日記。在序言裡對他的知青體驗作了一個總結：「到了山西沁縣一個叫李家溝的小村，我才知道了什麼叫中國，我才知道了我們的老百姓是多麼的苦又是多麼的好」。[8]我曾經在一篇評論裡說過，這兩句話包含非常深刻的涵義。這意味著當年被毛澤東所召喚的紅衛兵造反派，經歷了文革的狂熱之後，終於把自己的腳落實到中國這塊土地上，他們獲得了真實的中國體驗，真正了解到中國的國情，這是非常重要的。當他們真正體會到中國的農民、中國的老百姓多麼好又多麼苦時，實際上就建立了他們和底層人民的一種深刻的精神聯繫和感情的聯繫，這對於這一代人

5　許成鋼：〈探討，整肅與命運〉，北島、李陀主編：《七十年代》，頁415。

6　轉引自劉曉：《意識形態與文化大革命》，頁398。

7　當時還是河南嵩縣農村的孩子，後來成了著名作家的閻連科又有完全不同的觀察、體驗和認識。他在〈我的那年代〉一文裡說：「直到今天，對於知青我都沒有如許多的人們說的那樣，感到是因為他們，把文明帶進了鄉村」，「於我最為突出的感受，就是城鄉的不平等差距，因為他們的出現，證明了遠遠大於原有人們以為的存在，遠遠不只是一般的鄉村對都市的嚮往和羨慕，還有他們來自娘胎裏的對農民和鄉村的一種鄙視」。北島、李陀主編：《七十年代》，頁395。

8　盧叔寧：〈《劫灰殘編》自序〉，《劫灰殘編》（北京：中國文聯出版社，2000），頁2。

的成長，以及中國未來的發展，自然是意義重大的。他們由此出發重新思考中國的問題，思考中國的改革，就有了比較堅實的基礎。他們原來在城市裡面思考中國問題時，因不了解國情而容易陷於空泛，現在他們了解中國的實際情況後，就和前期造反派的思考不同，而開始有了新的方向，以及比較明確的目標：要根本改變中國老百姓「多麼苦」的狀況，同時到「多麼好」的中國老百姓那裡去吸取力量。這一代青年知識分子對中國問題的思考就此達到了新的深度。

　　而當他們把這些思考、探索進行到底，就必然對毛澤東所建立的體制、毛澤東的思想產生懷疑。所有的知青到農村去時，都面臨兩個問題。第一，為什麼自稱讓農民翻身的、由毛澤東領導的革命，以及自認要解決農民吃飯問題的毛澤東的改革、實驗，不但沒有根本改變農民「多麼苦」的狀況，卻製造了無數新的苦難，包括幾千萬老百姓的死亡？第二，毛澤東早在1958年就宣布：「中華人民共和國九百六十萬平方公里上面的勞動人民，現在真正開始統治這塊地方了」，[9]但知青們在農村所看到的現實，勞動人民並沒有改變被奴役狀態，甚至更加嚴重了。為什麼這些「多麼好」的農民百姓，始終不能成為掌握自己命運的中國土地上的真正主人？用農村現實對照毛澤東的理論與許諾，自然會產生無數疑問；對現實農村問題的追根溯源，也必然會對毛澤東及其所建立的一黨專政的「五七體制」產生不同程度的懷疑。這都是因下鄉而深化的民間思考邏輯發展的必然結果，我覺得非常有意思的是，當大陸知識青年大批到農村去的時候，在海峽這一邊的台灣，也發生了類似的思潮。我最近看了鄭鴻生先生的《青春之歌》，他講述了二十世紀七十年代台灣青年中的左翼思潮與運動，我發現在同一時間，不同空間的大陸和台灣青年所面臨的問題與思考，存在某種程度的相似，這是很耐人尋味的。當大陸的知青在毛澤東的號召及政府的組織下，大規模地到農村去的時候，台大的校園裡，則有一個學生自發的「到民間去」運動。在1972年甚至提出「擁抱斯土斯民」的口號，反省知識分子和「斯土斯民」的疏離。[10]這和大陸的盧叔寧們重新建立與農民精神聯繫的努力，至少是相通的。這也提醒了我們，或許要在

9　毛澤東：〈介紹一個合作社〉（1958年4月15日），《建國以來毛澤東文稿》第7冊，頁178。

10　鄭鴻生：《青春之歌──追憶1970年代台灣左翼青年的一段如火年華》，頁175-176。

一個更大的背景下，來考察知青上山下鄉運動。

我們現在再來討論民間思想村落出現的第二個背景：林彪的出逃引發的思想危機。

1968年毛澤東將青年學生趕到農村，基本上結束了群眾造反運動後，中國的高層卻陷入了權力的紛爭。1969年召開黨的第九次代表大會，本來想試圖通過這次會議結束文化大革命，但卻暴露出林彪集團與江青集團之間的矛盾，以及林彪集團與毛澤東的矛盾。到了1970年中共九屆二中全會[ii]上，江青集團和林彪集團的矛盾達到了表面化、白熱化的地步，以致於毛澤東不得不出來支持江青集團，打擊林彪集團。這時毛澤東感覺到林彪軍人集團在文革中迅速膨脹的權力，已經構成對他統治的威脅，毛澤東和林彪對峙的結果，是1971年9月林彪出逃，並墜機身亡於蒙古荒原。這件事情對所有中國人都有如晴天霹靂，意識形態的嚴密控制由此打開了一個缺口：林彪這個被載入黨章的接班人，居然出逃，這個事件迫使人們對毛澤東和他所發動的文化大革命產生懷疑。特別是曾經一度狂熱崇拜毛澤東的青年人，更是經歷一次最深刻的絕望。我至今也還清楚地記得，當聽到這一消息時，真有天崩地裂的感覺，但又不敢公開表露，只有和幾位關係密切的學生和知青朋友悄悄議論，覺得一切都需要重新思考。這種從絕望中引發的反思，是真正刻骨銘心的。這時的思考，因為有了前述上山下鄉的經驗，及對中國底層社會的深切體察與體驗為底，和文革前期革命狂熱中的思考相比，就達到了一個新的高度和深度。

同樣有意思的是，大陸青年因為1971年9月林彪出逃而對文革主流意識形態產生懷疑；此時台灣的青年則正好因為1971年7月基辛格訪問北京所引發的巨大震撼，也開始對國民黨統治的主流意識形態產生懷疑，即所謂「人心開始浮動，神話開始崩解」，開始思考「另尋出路」。[11]也就是說，幾乎同一時間，在七十年代初，兩岸的年輕人都產生新的懷疑，開始新的思考，儘管他們面對的問題不同，思考的結論也不同，但思想的震撼和重新思考的力度，卻是驚人地相似。

11　鄭鴻生：《青春之歌——追憶1970年代台灣左翼青年的如火年華》，頁97。

二、文革後期民間思考的特點

（一）自發、自覺的思想運動

當人們因林彪事件而震驚之後，再要回過頭來思考時，就認為有重新聚集彼此的必要，因為這些問題太重大，一個人是無法想清楚的，於是就出現了所謂的「民間思想村落」。民間思想村落並不是很嚴密的組織，就是一群朋友有同樣的想法，聚集在一起，讀書、討論問題、交換思想筆記、寫信、記日記，偶爾也有刻寫油印通訊的，還有就是互相訪問，當時叫「串連」，從一個村到一個村，還有跨省的交流，假期回城時就有更多的交談、辯論。我們前面說過，此種後來被研究者命名為「民間思想村落」的鬆散的思想群體，開始於1968年，大規模的發展則是在1971年林彪出逃以後，參與者主要是知識青年，1970年後知青陸續進城，當了工人，就更有條件進行思想的交流。因此，可以說，七十年代民間思想村落的主體，是被稱為「新農民」的知青和青年工人，但也有少數我這樣的五十、六十年代的大學畢業生，還有不少沒有下鄉，在城裡打散工的社會青年。這樣的民間思想村落是遍布全國的，正因為組織鬆散，很多材料都沒有留下，現在的研究和討論，只能根據參與者的回憶，和偶爾留下的零星文章、記錄、信件和日記。據印紅標《失蹤者的足跡：文化大革命期間的青年思潮》一書提供的材料，今天我們知道的民間思想村落，在北京的分別有以徐浩淵和趙一凡為中心的兩個沙龍、上海小東樓沙龍、晉中山村精神飛地[iii]、河南駐馬店農村共產主義大學[iv]、寧夏共產主義自修大學[v]、白洋澱詩人群[vi]，貴陽以黃翔、啞默為中心的詩人群，還有我們安順小城的小群體……等。

這些人聚集起來幹什麼呢？主要討論和解決兩個問題。

首先是要面對自身的精神危機：我們曾為之獻出青春熱血的理想，還值得相信嗎？還經得起考驗嗎？如何看待我們親自參與的文化大革命？文革的社會、經濟依據是什麼？文革為什麼會導致這樣的結局？我們的文革理解與追求對嗎？在這些問題背後的探問則是：我們到底要追求什麼？

其次，還要面對一個更大的問題：林彪出逃在很多人心目中都意味著文化大革命的失敗，用革命的方式來解決中國問題和世界問題，這條路走不通了，那麼又應該走一條什麼路？也就是說，中國向何處去？世界向何處去？

這樣的問題再一次十分尖銳地被提到了這些民間思想者面前，成為思考的中心。

　　儘管人們尚在迷茫中，但有一個感覺卻是共通的：中國必須有一個新的變化，一個新的歷史變革運動正在逼近。大家都有一種迫切感，這些最敏感、最具責任感的青年，就向自己提出了這樣的問題：面對即將到來、卻誰也不清楚將會是何種樣貌的變革，我們要作怎樣的準備？

　　這裡正好保留了我的安順青年朋友籃子（本名叫杜應國〔1951-〕，我叫他小杜）和他的一個朋友的通信：

> 中國人民無疑地在等待着一個巨大而翻天復（覆）地的變革。他們對那些曾經是非常『神聖』的油彩已經感到了失望，進而……。〔錢註：注意這裡的省略號，可能是因為說不清楚，更可能是沒有安全感：在文革中即使是私人通信也隨時可能被抄去，而帶來殺身之禍的，因此就不得不欲言又止〕我想這樣的變革，是需要我們來推動的。領導億萬人民群眾來創造他們自己的歷史，而掀起一個波瀾狀（壯）闊的運動，這需要一個指導思想的理論，我們還做得不夠，我們所擁有的還遠遠趕不上這種革命的需要，我們還要學習，學習，再學習！學習所有人的經驗，學習馬恩列斯毛的經典著作，我們要吸取新的知識！新的力量！給馬克思主義以活的靈魂，這是我們的任務，這個任務太重大了！它需要我們——若干有着遠大抱負的人去合力完成！擺在我們面前的道路是光榮的、艱險的！讓我們一步一個腳印，堅實的（地）踏上去吧！[12]

我今天重讀這段民間書信仍然感動。這兩位是在貴州的邊遠山區，當時只有17、18歲，初中都還沒讀完的知青，竟有如此眼光、如此抱負、如此歷史使命感，這是真正從文化大革命中鍛煉出來的一代新人。而他們此時聚集起來是源於他們有自覺的歷史意識，他們的民間思考也有著明確的方向，就是要為必然到來的中國思想與社會、歷史的大變動做思想準備，鑄造理論武器。應該說，這樣的歷史自覺是屬於當時在全國各地興起的民間思想村落所有成員的。因此，這封信似乎可以視為文革後期民間思想者的一份宣言書。

　　為了使同學們對這些民間思想村落的思想者，有一個感性的認識，這裡

12　籃子：〈作者與印江的通信〉，《山崖上的守望》，頁114。

抄錄一點當年民間思想者的回憶：

> 勞動是艱苦的。看書同樣是艱苦的。每天下了工，吃了飯，就已經是筋
> 疲力盡。又沒有電、連煤油燈都沒有。最初的日子裏，我們只有墨水
> 瓶、藥瓶自製的『小煤油壺壺』，豆大的燈焰下，擠不了三四個人，於
> 是只有輪流看。第一撥兒從晚飯後看到十一、二點；第二撥兒從十一、
> 二點看到三、四點；再叫醒第三撥接着看到天明。特別是當外村傳來好
> 書，限定兩三天還，大家想自己做點筆記，唯一的辦法就是換班看，通
> 宵達旦。回憶起來挺苦的，睡得正香，硬要掙扎起來『接班兒』！只有走
> 出窰洞，在雪地上捧把雪擦擦臉，看山區格外明亮的星星月亮，直到凍
> 得清醒得不能再清醒了，再趴到小炕桌上看。那陣兒不覺得苦，因為不
> 看這些書不知道該怎樣往下活！[13]

這個僅九戶人家的小村，卻「熱情地邀請已散佈全國各地的同學來小住，聚
會。我們知青點實行的是『共產主義』，朋友們可以在我們村自由自在地吃、
住、玩、討論。入夜，點上兩盞煤油燈，把所有床板拼在一起便是大統鋪，
再多的朋友都可以促膝而坐，作長夜談。我們大坪沒有平庸，沒有媚俗，沒
有消沉的生活。每一位到大坪來作客的朋友，都會體會到溝通我們和他們心
靈的，是不滅的理想之光！」[14]

這裡可能有回憶中難以避免的浪漫主義化成分，但所描述的生活，特別
是這些民間思想者超越功利的嚴肅思考，卻反映了歷史的真實。

還有一段籃子關於我們那個小村落的回憶，當時我還是個單身漢，我所
在的學校離小城有一段距離，在一座水庫的旁邊：

> 有段時間，我們這一小群人──工人、職員、代課教師，以及沒有找到工
> 作的零工，男男女女十來個，幾乎每周一次，要到那小屋裡去聚會。我
> 們常常沿着山洼裡的那條小路，翻上幾道高而且陡的土埂，帶著自備的
> 乾糧或採辦的蔬菜，在那小屋裡呆上整整一天。由於小屋的主人不善烹
> 飪，我們必須為他（當然主要還是為自己）「幫辦」伙食。有時，為了省事

13　據印紅標2001年對鄭光昭（鄭義）的訪問記錄，轉引自印紅標：《失蹤者的足跡：文化大革
　　命期間的青年思潮》，頁239-240。

14　據印紅標2001年對鄭光昭（鄭義）的訪問記錄，轉引自印紅標：《失蹤者的足跡：文化大革
　　命期間的青年思潮》，頁240。

便有自告奮勇的朋友騎著車，專門跑到火車站的站台裡去買上一大包不
要糧票的燒餅，然後，就着一大鍋燒好的菜湯，一屋子人一邊嚷嚷着，
爭論着什麼，一邊啃着手中的乾餅。以致後來在為這小屋的主人送別時
〔錢註：那是1978年我考上了北京大學的研究生時〕，我還在一首不倫不
類的詩裡寫下這樣的句子：「更難忘，婁山湖畔，登吟〈井崗〉〔錢註：有
一個大雪天，我們一群人跑到山頭去朗讀毛澤東的〈井崗山〉〕；陋室聚
首，魯迅文章〔錢註：那時每次聚會，我都要向年輕朋友講魯迅，我的
傳播魯迅思想的歷史大概就是從七十年代初開始的，一直到今天講到台
灣，大概講了35年〕；朝來暮往，笑語喧堂。遙望共產主義理想，眼前燒
餅與清湯……」。[15]

這是很有意思的：心想「中國何處去」、「世界何處去」這類大問題，卻過著
「燒餅與清湯」的清貧生活，我們這些胸懷大志的窮教師、窮工人、窮知青，
當時都是以青年毛澤東的名言「身無半文，心憂天下」自勵的。其實歷史已經
提出了「走出毛澤東」的要求，我們卻依然在精神氣質上與毛澤東，特別是青
年毛澤東有著如此糾纏的關係，這就註定了我們要真正走出毛澤東，還要有
相當一段路程。

（二）面臨的矛盾與困境

最早提出「民間思想村落」概念的朱學勤（1952-）教授，他有一個非常重
要的描述和論斷：「一群中學生在下班以後，過著一種貧困而又奢侈的思辨生
活，既與他們卑微的社會身份不相稱，也與周圍那種小縣城氛圍不協調；他
們以非知識分子的身份激烈辯論在正常年代通常是由知識分子討論的那些問
題」。[16]這裡所談到的民間思想者的「非知識分子」身分，和他們所自覺承擔的
「知識分子」的歷史使命之間的矛盾，是抓住了要害的。

我在給籃子的文集所寫的序裡，結合我們當時的處境和所遇到的問題，
也發表了類似的意見。我說，「為必然（也必須）到來的中國思想與社會的歷史
性大變動作思想的準備，鑄造新的理論武器。這其實正是在歷史大變動的前

15　籃子：〈剪不斷的思戀〉，《山崖上的守望》，頁97-98。
16　朱學勤：〈思想史上的失蹤者〉，徐友漁主編：《1966：我們那一代的回憶》，頁322。

夕，先進的知識分子所應該擔負的歷史使命」，但文革時期的中國知識分子，不僅仍然是被專政的對象，而且他們在長期打擊和改造下，整體上已經處於萎縮狀態，「客觀與主觀兩個方面都不可能自覺地擔負起實際上已經成熟的這樣的歷史使命」，即使像顧準這樣的知識分子仍然在堅持理論的思考與創造，也「只能在個體的閉門反思的秘密狀態下進行，不可能進行思想的交流，更無以形成群體性的『思想村落』」，為社會變革提供理論資源的歷史任務就落到了這些「民間思想村落」裡的「半大孩子」的身上[17]——「半大孩子」是我從我們那個民間村落的狀況中提升出來的一個概念，就是說，這些民間思想者年齡都非常小，不過16、17歲，至多20幾歲，文化程度也非常低，學歷最高的是高中生，許多人只有小學、初中學歷，像我這樣的極個別的大學畢業生，就要扮演老師的角色了。也就是說，當時我們這些人比在座各位文化程度都要低得多，至多是「未來的知識分子」，所以叫「半大孩子」，這和朱學勤所說的「非知識分子」身分意思差不多。但這些人，經過文化大革命和上山下鄉的磨練，又極其早熟、敏感，如前面所說，有承擔為社會變革鑄造理論武器的歷史任務的高度自覺。這眼光、歷史自覺性和勇氣，都令人感佩；但他們自身的準備又顯然不足，擔負這樣的歷史使命確實有點勉為其難。這之間便出現了巨大的矛盾和反差，造成了民間思想者的先天不足。[18]

　　首先是知識的缺陷。文革前即已實行、文革中更是變本加厲的思想文化封閉政策，人們即使想自學，也無書可讀，或可讀的書極其有限。我們身處貴州邊遠山區，更要面臨思想資源稀缺的困境，這就極大地限制了我們思想的視野和眼界。我們儘管一再宣稱要將「中國向何處去」的問題放在「世界向何處去」的大格局下來進行思考，但當時的中國自我封閉，使我們實際上處在與世界文明隔絕的狀態，我們對世界圖景的理解，其實帶有相當大的主觀想像成分，這同樣也極大地限制了我們的思考。長期實行「強迫遺忘」的文化政策，一個又一個政治、文化批判運動，又使我們根本無法繼承前驅者的思考成果，比如我們對1957年民間思想者的思考，不僅一無所知，而且因為他們還背著政治的罪名，而根本地拒絕他們。這樣，許多前人早已思考、解決了

17　錢理群：〈序〉，籃子：《山崖上的守望》，頁5。

18　參看錢理群：〈序〉，籃子：《山崖上的守望》，頁5-7。

的問題，我們都要一切從頭開始，可以說是完全在黑暗中的獨自摸索。

同時不可忽視的是，所有這些民間思想者都始終處在公安、安全部門的嚴密監控之下，前述寧夏「共產主義自修大學」，不過是幾個知青一起讀書、討論、寫文章，就引來了殺身之禍，其中三位主要骨幹被判死刑。[19]因此，每一個參加民間思想村落活動的人，都知道其危險性，並且作好了犧牲的準備。這樣的精神重壓，和難以避免的緊張感，以至恐懼感，都會影響我們的思考，這依然是被監禁下不自由的思考。

更大的困境還來自我們自身。可以說，幾乎所有的民間思想者，最初的精神導師都是毛澤東，像我和受我影響的年輕朋友，當時還是堅定的毛澤東主義者。但當人們思考得越深入，就越會和毛澤東思想發生衝突。因此，這些人要走出毛澤東是極其艱難的，稍稍往前走一步，都需要經過反覆的思想鬥爭，激烈的辯論。因此我說這是一種半是奴隸、半是掙扎狀態下的思考。

這一切因素，就決定了民間思想村落所取得的理論成果是非常有限的。大量資料都已經遺失，而保留下來的部分，理論含量顯然不足，大都只是一些思想碎片。因此，籃子曾經說，民間思想者的思考，是「不足月的精神分娩」，我則以為其「思考的精神意義遠遠超過價值意義」，[20]這並非苛論，而是包含了當事人的許多痛苦與無奈。在我看來，這些為社會變革作理論準備的民間思想的不足，實際上也構成了以後終於發生的變革——中國改革開放——的一個根本性不足。

當然，從另一個角度來看，在如此艱難的條件下、內外交困之中，民間思想者的理論貢獻又是格外值得珍視的。

（三）思想資源和不同走向

我們已經說到了，由於當時中國整體的封閉性，導致思想資源不足的根本性缺憾，但歷史還有另一面：在封閉中也有縫隙，也有少量的窗口。而且這依然和毛澤東有關。毛澤東非常自信，所以他歷來主張讓人們，包括年青

19　關於寧夏「共產主義自修大學」案件詳情，參看印紅標：《失蹤者的足跡：文化大革命期間青年思潮》，頁252-254。

20　錢理群：〈序〉，籃子：《山崖上的守望》，頁7。

人接觸「反面教材」。從1963年以後，為了配合中蘇論戰、反修鬥爭，在毛澤東指示下，由三聯書店、商務印書館出版了一批「供內部參考」的圖書，包括國際共產主義運動中各種思潮、流派的代表作，西方學者研究這些思潮的著作，以及有助於了解蘇聯「修正主義」和西方資產階級的著作，其中就有《西方資產階級社會科學學術資料選》16本、《蘇聯修正主義哲學資料》23本，因為一律採取灰色封面，因此稱「灰皮書」。同時，亦出版了一批反映蘇聯和西方當代文學思潮的著述，一律用黃色封面，稱為「黃皮書」。1971中國恢復在聯合國的地位，1972年中美緩和關係，並與日本和重要西方國家建立外交關係，在毛澤東提出「三個世界」理論後，為適應對外關係的需要，1972年以後，又召集一批文革中被打倒的「反動學術權威」，陸續翻譯、出版了一批西方人文、社會科學書籍，以及介紹西方和世界各國情況的書籍，內部發行。1973年上海還出版了《摘譯》刊物，發行量很大，分外國文藝、外國自然科學、外國哲學歷史經濟三大系列，專門介紹六十、七十年代西方相關學科的最新進展。[21]這些內部讀物原本主要提供高級幹部參考，向一般讀者封閉，因而被視為「禁書」。但也就因此成為如饑似渴地希望打開通向世界的窗口的民間思想村落年輕人，想方設法獵取的主要對象。知青中有不少高幹子弟，他們自然近水樓台先得月，其他人也通過各種渠道獲取與流傳，其中就包括到被關閉了的圖書館去偷書。我也幹過這樣的「勾當」，並且以魯迅〈孔乙己〉裡的話自嘲：「竊書不能算偷〔……〕讀書人的事，能算偷嗎？」[22]這也可以視為是普羅米修士（Prometheus，又譯普羅米修斯）的「盜火」吧。

盜來的「天火」是什麼？這裡有一個書單，很多書是大家很熟悉的。比如托洛斯基（Leon Trotsky，又譯托洛茨基，1879-1940，蘇聯）的《被背叛了的革命》、《斯大林評傳》，南斯拉夫的德熱拉斯（Milovan Đilas，又譯吉拉斯，1911-1995，南斯拉夫）的《新階級：對共產主義制度的分析》，還有一本古納瓦達納（特加‧古納瓦達納，生平不詳，斯里蘭卡）的《赫魯曉夫主義》，弗拉霍維奇（生平不詳）的《南共綱領和思想鬥爭「尖銳化」》，還有切‧格瓦拉

21 印紅標：《失蹤者的足跡：文化大革命期間的青年思潮》，頁227-228。參看沈展雲：《灰皮書，黃皮書》（廣州：花城出版社，2007）。

22 魯迅：《吶喊‧孔乙己》（1918年），《魯迅全集》第1卷，頁458。

（Che Guevara，又譯蓋瓦拉，1928-1967，阿根廷）在玻利維亞的日記，赫魯曉夫的著作《沒有武器的世界，沒有戰爭的世界》。這是蘇聯、東歐、古巴，共產主義運動內部的著作。另外還有西方的，主要是存在主義哲學的著作：沙夫（生平不詳）的《人的哲學：馬克思主義與存在主義》，以及加羅蒂（Roger Garaudy，1913-，法國）《人的遠景：存在主義，天主教思想，馬克思主義》，還有薩特（Jean-Paul Sartre，又譯沙特，1905-1980，法國）的《饜惡及其他》、加繆（Albert Camus，又譯卡繆，1913-1960，法國）的《局外人》。此外還有基辛格的《選擇的必要》，哈耶克（Friedrich August Hayek，又譯海耶克，1899-1992，英國）《通向奴役的道路》，馬迪厄（生平不詳）的《法國革命史》，夏伊勒（William L. Shirer，1904-1993，美國）的《第三帝國的興亡：納粹德國史》，湯恩比（Arnold Joseph Toynbee，1889-1975，英國）的《歷史研究》，費正清（John King Fairbank，1907-1991，美國）的《美國與中國》。還有一系列文學著作，貝克特（Samuel Beckett，1906-1989，法國）《等待戈多》，塞林格（Jerome David Salinger，又譯沙林傑，1919-2010，美國）《麥田裡的守望者》，索爾仁尼津（Aleksandr Solzhenitsyn，又譯索忍辛尼，1918-2008，俄國）《伊凡・傑尼素維奇的一天》，愛倫堡（Ilya Ehrenburg，1891-1967，蘇聯）《解凍》，克茹亞克（Jack Kerouac，又譯凱魯亞克，1922-1969，美國）《在路上》……等等。[23]

　　讀這樣一些被長期隔絕因而聞所未聞的書，而且是在秘密狀態下讀，自然給年輕的民間思想者帶來極大的新奇和興奮，因此有這樣一說：「雪夜無人讀禁書乃天下第一快事」。[24]有意思的是，鄭鴻生先生的《青春之歌》告訴我們，同一時期，台灣的一些左翼青年也在千方百計地讀禁書，並因此而被捕。不過他們讀的是馬克思、列寧、毛澤東的著作，這些書在大陸公開發行，在台灣卻是禁書。但我發現有一本書大家都在讀，就是梅林（Franz Mehring，1846-1919，德國）的《馬克思傳》，在台灣當然是禁書，但當時的大陸強調讀毛澤東著作就夠了，不鼓勵讀馬克思的書，因此，我們讀《馬克思傳》也有反叛的意味。兩岸都在讀的書還有切格瓦拉的書，這都會引發我們的

23　以上書單據蕭瀟（宋永毅）：〈文化革命中的地下讀書運動〉，電子刊物《華夏文摘》「文革博物館專集」（28）1997年10月，並據印紅標的補充。轉引自印紅標：《失蹤者的足跡：文化大革命期間的青年思潮》，頁259-262。

24　張木生的回憶，轉引自印紅標：《失蹤者的足跡：文化大革命期間的青年思潮》，頁293。

許多思考與想像。[25]我建議大家把鄭鴻生先生的書和我的講稿對著讀，會得到很多的啟發。

灰皮書、黃皮書之外，作為民間思想者精神資源的還有馬恩列斯的經典著作、西方古希臘以來的經典著作，以及《魯迅全集》這樣的現代經典。這些經典在1949年以後，都合法存在，並占據主導地位。這裡需要澄清的是，1949年以後，大陸的思想文化並不是和西方完全隔絕的。1949年後的文化政策的指導思想，是依據蘇聯斯大林時代意識形態總管日丹諾夫（Andrei Aleksandrovich Zhdanov，1896-1948，蘇聯）的一個觀點，把資本主義分為上升時期與沒落時期（也即帝國主義時期），據說上升時期的資本主義文化與文學，無產階級應該借鑑，要拒絕的只是沒落時期的資本主義文化與文學。所以五十、六十、七十年代的大陸知識分子，除了受馬列主義和蘇聯文學影響外，某種程度上也是在十八、十九世紀西方文化、俄國文化薰陶下成長起來的。受左翼思潮影響，我們對東方文化，被壓迫民族的文學也很有興趣，我們隔膜的是二十世紀，特別是二戰以後的西方文化，這一點和同時期的台灣朋友深受西方現代派文化、文學的影響很不一樣。

但是，到了文化大革命，全面「批判封、資、修」，就把所有的中國傳統文化、西方文化、蘇聯文化，以至五四以來的現代文化、革命文化都視為封建主義的、資本主義的、修正主義的文化而加以拒絕，幾乎所有的書都成了禁書。文革後期，七十年代以來的民間思想村落正是突破了「封、資、修」的禁區，而真正開始努力地全面尋求與吸取中國和世界文化資源，其立足點，又是思考與探索中國自己的問題，這樣一種文化立場，在今天也不失其啟示意義。

但在文革後期那樣一個特殊環境下，我們對外部思想資源的接受與吸取，又受到很多偶然因素的影響。我們幾乎不可能主動地、有計劃地去讀什麼書，而是因某種機緣得到什麼書就讀什麼書，讀了之後可能因此受影響，思想便也往那個方向發展，若是之後讀了別種傾向的書，思想又會往另一個方向發展。書讀得越雜，思想也越混亂，但久而久之，也會形成某種傾向性的選擇。由於尋求文化資源重點的不同，就決定了後來民間思想者不同的走

25　鄭鴻生：《青春之歌——追憶1970年代台灣左翼青年的一段如火年華》，頁126-131、144。

向。

籃子對此有一個分析，我覺得很有道理，這裡向大家介紹一下。他分析民間思想村落的思想資源，不外乎兩大來源，「其一來自十九世紀歐洲工人運動的馬克思主義，其二則來自啟蒙時代以來形成的西方民主、自由、人權的思潮」。民間思想者新的探索和思考是「從馬克思這裡開始」的，但「朝前一步，就出現兩大不同的思想取向」：「其一是從馬克思前行至黑格爾，到法國大革命，以及作為其思想先導的啟蒙思想家，並由此拉開分野」，「靠著自己的摸索和思考，獨立地開闢出一條通往西方憲政民主之路」；「其二，則沿著馬克思、列寧的思想蹤跡，追溯從巴黎公社到十月革命的歷史，由此進入國際共產主義運動的視域」，「轉而注意到蘇聯和東歐各國的改革思潮〔錢註：也就是被毛澤東視為『洪水猛獸』的修正主義思潮〕，持不同政見運動，進而深入下去，進一步接觸到伯恩斯坦、考茨基、托洛斯基、布哈林、盧森堡，由此形成一股也許並不成熟的社會民主主義思潮」。[26]

而這兩個路向卻有一個共同點，就是都必然要走出毛澤東，他們現實批判的鋒芒都會自覺或不自覺地指向毛澤東及他所發動的文化大革命，以及他所維護的一黨專政體制。也就是說，毛澤東和民間思想者在文革前期的六十年代，有一段蜜月期，以至一些民間思想者成為毛澤東主義者，但是到了七十年代文革後期，就開始分道揚鑣，有一部分人很快成為毛澤東的叛逆者，雖然像我這樣的一批人，還要經歷一段時間，但整體傾向是要逐漸走出毛澤東。這是很值得注意的。

當時我和我的這群朋友都自稱是民間的馬克思主義者，這和我六十年代21歲生日時立下的志向是一致的。但在七十年代，這樣的立場就要受到兩面夾擊。在正統的馬克思主義者眼裡，我們是異端，從主流意識形態或者專政體制來看，我們更是危險分子。但另一方面，當時的民間思潮越來越傾向於對毛澤東、馬克思主義的懷疑，在這樣的時代氣氛下，我們還堅持馬克思主義，堅持後期的毛澤東思想，就顯得比較保守，也同樣承受著巨大壓力。

安順小城裡，我們另外有一群朋友，他們自覺或不自覺地選擇西方的理論，如癡如醉地閱讀啟蒙主義著作，向西方的人文主義、人道主義、民主自

26　籃子：《奔突的地火──一個思想漂流者的精神歷程》（未刊稿）。

由思潮靠攏。兩批人之間就發生了激烈的爭論。爭論的焦點是對文化大革命的評價。我們那些受西方思想影響的朋友，從民主、自由和人道主義關懷出發，對文化大革命是否定的，認為文化大革命反人道、反人性、反文化。我們這批人則堅持文革「反官僚主義者階級」的合理性、有本質的正確性，文革的問題是沒有根本觸動官僚主義者階級，最後變成了罷官運動，以我們的說法，這是一場沒有革命的革命。我們借用馬克思對1948年革命的評價，堅持認為「文革死了，但是文革精神萬歲」，也就是說，即使文革失敗了，我們也要堅持文革反對官僚主義者階級的精神。我們對文革中的暴力事件當然持反對態度，其實我們自己就是文革暴力的犧牲者，但是我們又認為這種暴力是革命必須付出的代價。這很像今天中國大陸一些年輕人對文革、毛澤東的評價，但我現在對此已經有了反思，有了不同的看法。

不難看出，當年在我們安順小城裡的論爭，幾乎就是九十年代以後大陸「自由主義」與所謂「新左派」論爭的前兆、預演。這就告訴我們，要研究八十、九十年代，以及二十一世紀的大陸思潮，必須追溯至七十年代文革後期，在那裡可以看出許多思想的源頭。不過，這已經是後話了。

三、文革後期民間思潮的主要成果

七十年代大陸民間思考的成果，這些年陸續被發掘和整理出來，我想向大家推薦兩部著作，一部是宋永毅、孫大進編著的《文化大革命和它的異端思潮》，一部是印紅標所寫的《失蹤者的足跡：文化大革命時期的青年思潮》。這裡準備就這兩本書提供的材料和某些思路，以及我自己的初步研究（我寫有十萬字的《文革民間思潮研究筆記》），作一個歸納、整理。

我以為，文革後期民間思潮的主要成果有三個方面。

（一）對中國現行社會主義體制的政治經濟學批判

文革後期的民間思想者，首先仍然延續著激進造反派的思考：中國的特權階級問題──有意思的是，同時期1972年11月20日出版的台灣大學《大學

新聞》上也刊登了一篇文章：〈打倒特殊階級〉[27]，文章針對的是校園裡飛揚跋扈的國民黨「高幹子弟」，和大陸的探討自有不同背景，但同樣都面對一個極權統治，確也有相通之處。

就大陸對特權階級問題的探討而言，七十年代民間思想者的思考，是六十年代造反派思考的一個延續與深化，且更加自覺地從經濟基礎、政治體制的分析中，探討社會主義制度下產生新的特權階級的原因，也就是轉向對蘇聯和中國現行社會體制的政治經濟學批判。

這樣的探討是一個逐步深入的過程。

1. 1972年，內蒙、陝西和北京的幾位知青提出「幹部是一個階級」論

他們認為，產生新階級的原因，是「社會主義條件下的計劃經濟本身」，由於現行所有制不是全民所有制，而是「國家所有制」，於是掌握了國家權力的幹部就直接掌握了生產資料，現在的工業勞動是一種「國家雇傭制」，「無產階級和勞動大眾是生產關係中處於被剝削和壓榨的地位，在工廠，勞動者就變為機器的奴隸」──這是第一次將「特權階級的產生」和「計劃經濟的國家所有制」聯繫起來，提出了「國家雇傭制」的概念。因此，他們也就明確表示，反對「把特權階層產生的原因歸咎於外國帝國主義的和平演變陰謀和國內舊社會剝削階級思想的腐蝕」。如前所述，這正是毛澤東的觀點，並且一直是文革的指導思想。他們提出「根源在於基本制度」，這正是毛澤東所要維護，文革所要回避的。[28]

2. 1974-1975年間，南京的一位工人徐水良提出「反對特權」論

徐水良（1945-）原本是大學裡的造反派領袖，畢業後分配到南京製藥廠當工人。他在1974年至1975年，連續在南京鬧市區以大字報的形式公布了他對現行體制的批判。他的觀點引人注目處有二，一是把特權定義為「政治特權與經濟特權」，認為無產階級奪取政權以後，由於人民群眾文化程度很低，管理

27　鄭鴻生：《青春之歌──追憶1970年代台灣左翼青年的一段如火年華》，頁169-171。

28　S等：《理論通信》，轉引自印紅標：《失蹤者的足跡：文化大革命期間的青年思潮》，頁313。

能力、民主習慣與能力不足——這大概是落後國家的社會主義革命必然面臨的問題。因此，儘管宣布實行生產資料公有制，卻不得不把管理國家、管理生產的任務繼續委託給少數人。也就是說，建立了新社會、公有制，而保留了舊的特權制、官僚制的形式。這種保留，有社會歷史的原因，也有暫時的合理性，卻又是資產階級性質的。這是一個基本矛盾，並且有可能使少數的特權階層把全民所有制變為國家資本主義。因此，他認為文革的任務，就是「消滅生產管理上的和政治管理上的特權制，實現巴黎公社式的無產階級民主制」[29]——可以看出，徐水良的思考，延續了北京四三派中學生所提出的「權力和財產再分配」論，他提出的社會主義體制下的「國家資本主義」所有制，則是一個新的概括。

值得注意的是，徐水良的以上批判、分析，針對的是文革後期毛澤東提出、姚文元闡釋的「資產階級法權是產生新資產階級分子的重要的經濟基礎」，在他看來，這個說法，是對產生特權階級所有制原因的遮蔽。[30]這表明，對於特權問題的追問，最後都必然導致對毛澤東思想自覺、不自覺的突圍。

他同時提出了文革中出現了「新的特權階級」的問題：文革事實上是「以新的特權官僚代替多少還保留着革命傳統的老幹部」，「這樣做，是越換越壞，換得快也就修得快」。[31]這尖銳地抓住了文革的要害，而且代表了相當多的老造反派的新的覺悟，反映了民心的變動。

3. 陳爾晉的「特權資本」論和「無產階級民主革命」論

1974-1976年初，一位雲南青年陳爾晉（1945-）寫了一部十二萬字的著

29　徐水良：〈南京製藥廠鍋爐房工人批林批孔小組戰鬥宣言〉（1974年2月），原收錄於南京市委宣傳部1975年9月編印的批判資料，頁23-24。轉引自印紅標：《失蹤者的足跡：文化大革命期間的青年思潮》，頁414。

30　徐水良：〈致紅旗雜誌的信〉（1975年7月7日），原收錄於南京市委宣傳部1975年9月編印的批判資料，頁15。轉引自印紅標：《失蹤者的足跡：文化大革命期間的青年思潮》，頁414。

31　參見徐水良：〈關於理論問題的問答〉（1975年8月），原收錄於南京市委宣傳部1975年9月編印的批判資料，頁5。轉引自印紅標《失蹤者的足跡：文化大革命期間的青年思潮》，頁417。

作，原叫《特權論》，定稿時改為《論無產階級民主革命》。這是一部終於產生
的理論著作，是文革民間思想中「最後的，也是最具系統化和理論化的制度批
判」著作。[32]

這樣一個重要的理論成果，出於中國最邊遠地區一位青年一人之手。陳
爾晉是自學成才的，是雲南小縣城曲靖工廠裡的工會幹部，他沒有參加任何
民間思想村落的討論、交流，完全依靠孤獨一人的獨立閱讀與思考，就寫出
了代表時代認識高度和深度的理論著作，這實在是文化大革命中的一個文化
奇蹟。他的著作的主要貢獻大概是以下幾個方面。

第一，對中國現行社會主義社會體制的分析和批判。

他把毛澤東建立起來的中國社會主義社會命名為「岔路口的社會主義」，
並作了三個方面的分析。

（1）他指出，這樣的中國社會主義的最大特點，是「高度組織化的政（治）
經（濟）一體化」：「這種高度集中壟斷，高度組織化的社會生產的主要特點在
於，把整個社會的人力，物力全部納入了一面組織得極為嚴密的網中，實行
政治、經濟一體化領導，政治權力支配和管理整個國民經濟的生產、分配和
交換的全過程。這裡所謂『政治權力』，實際上就是黨權」──在我看來，這是
對毛澤東所建立的一黨專政體制的一個重要概括。我們前面所討論的一切，
關於反右運動、「五七體制」、大躍進、大饑荒、文革的討論，都可以用來證
明陳爾晉這一概括，而且陳爾晉 30 多年前所作出的論斷，也適用於今天的所
謂「中國特色的社會主義」體制。

陳爾晉認為，「這種政治、經濟一體化，高度集中壟斷，高度組織化的公
有制的社會生產，是歷史發展的必然，是具有進步意義的。它能夠極有效率
地動員整個社會力量，組織整個社會財富，發掘整個社會生產資料，使之投
入有計劃，按比例的發展」──這大概就是這些年講得天花亂墜的「集中力量
辦大事」的「優越性」，也是中國經濟崛起的原因吧。

（2）但是，陳爾晉接著又指出，這樣的體制的一個根本問題：其「公有制
本身含有國家資本主義的屬性」，高度集中壟斷，高度組織化就可能導致「權
力壟斷」，而「壟斷權力就能壟斷一切」，就造成了「生產對權力的極大依附關

32　印紅標：《失蹤者的足跡：文化大革命時期的青年思潮》，頁464。

係」，並且會產生三大嚴重後果。

　　首先是「通過任命制、等級制、國家機關自治化和對黨的神化四種形式，實現向特權的轉化」，進而形成「官僚壟斷特權階級所有制」，其特徵就是集政治領導與經濟支配大權於一身，享有所謂「一元化領導」，實則為「一人化領導」的特權。在生產關係上，就表現為「勞動與特權的尖銳對立」。

　　因此，陳爾晉特別討論了勞動者，主要是工人，在這樣特權制的生產組織中的地位。在我看來，這是陳爾晉思想中特別值得關注的部分。在以往我們關於民間思想的討論中，不知道同學們有沒有注意到，民間思想者的關注，都比較集中在農民命運上，而較少討論工人的問題，我們的敘述也是主要集中在農民的命運與要求上，這其實也構成了我對共和國歷史敘述的一個根本性不足。這些固然都反映了農民問題在現當代中國特殊的重要性，但也和民間思想者和我這樣的研究者對工人的隔膜有關。而陳爾晉也許因為在工廠工作，所以他對工人在中國社會主義體制下的地位、命運，有近距離的觀察和特殊的關照與思考。他作了一個重要概括：在高度集權的中國社會主義體制下，工人、勞動者陷入了「一身兼具主體、商品和無條件的服從物」的矛盾中。一方面，在政治上，勞動者，特別是工人，一直被宣布為共和國的「主體」，是領導階級；但另一方面，在經濟上，他們又具有「商品」屬性，是勞動力的出賣者；更重要的是，他們並沒有勞動管理的權利，儘管毛澤東在理論上不斷強調勞動者的管理權，也提出工人要參加生產管理，但實際上並沒有真正落實，而且毛澤東一直將黨的壟斷權力，即所謂黨從政治到經濟到生產的具體管理的全面領導權作為前提，這樣，工人、勞動者在生產組織中，事實上處於「無條件的服從物」地位。應該說，陳爾晉對毛澤東時代工人階級、勞動者地位的三重性分析，至今仍然具有解釋力，其中的「主體」地位，更是越來越成為一種宣傳和意識形態的欺騙，工人階級的「商品」特性與「無條件服從物」的特徵愈加明顯，而其政治、社會地位已經下降到了最低點。

　　其二，陳爾晉更進一步指出，這樣的壟斷特權，必然會轉化為資本，即「特權的資本化」，形成「特權化的私有制」，「資本的形態已經由貨幣資本轉化為特權資本」──「特權資本」概念的第一次提出，標誌著由1957年校園民主運動開始提出特權問題，到文革中造反派和民間思想者關於社會主義制度下產生特權階級的原因的持續探討，終於有了一個理論上的重大突破和收穫。

如果聯繫到今天成為中國體制中的主要問題的「權貴資本」，就更顯出陳爾晉這位邊遠地區的青年在30多年前，提出「權力資本」概念的超前性。

其三，陳爾晉又提出了一個「領導權固定化壟斷」的概念。他尖銳地指出，官僚壟斷特權階級試圖將特權「永遠霸占在他們手中，並世襲給他們的後代」，這世襲特權制，正是中國式的權力壟斷制的封建特性，這大概也是人們說的「中國特色」。這樣一個黨壟斷權力的世襲制（也就是我們前面所說的「幹部子弟是天生掌權者」論），仍然是今天中國最重要的政治問題之一。

（3）陳爾晉在尖銳地批判了中國現行的「高度組織起來的政、經一體化的公有制」已經導致特權壟斷制的同時，又指出了另一種發展可能性，即通過他所說的「無產階級民主革命」，取締官僚特權，尊重勞動者的主權、創造性和個人尊嚴，在此基礎上，建立「人民管理制」，這樣就能夠實現「生產資料公有制和通過人民自己實現的人民管理制相結合的完全新型的社會主義制度」——這其實是他的一個社會主義理想。

這樣，我們也就明白，他將中國現行的社會主義制度概括為「岔路的社會主義」，是試圖指明，毛澤東領導下，在已經建立「高度組織起來的政、經一體化的公有制」、同時卻又內含「國家資本主義」屬性的體制以後，中國面臨兩種發展可能性：或者走上「權力資本主義」的修正主義道路，或者走上以人民管理為中心的真正社會主義的道路。

以此觀點來觀察文化大革命，陳爾晉作出了他的文革批判。他認為，最致命的問題是，文革「只在既成形式的框架內尋求改變，而沒有突破既成形式的框子去進行變革」，「沒有針對權力為少數人強制性固定化壟斷這個上層建築的最根本最重要最致命的弊病」，批「走資派」，卻不從根本制度上去剷除產生走資派的政治、經濟根源，其結果就是造成了「舊東西在新形式中復活的方便條件」。陳爾晉據此而提出要完成文化大革命的歷史使命，就要發動一場新的「無產階級民主革命」。

於是，就有了他所要重點討論的第二個問題：關於「無產階級民主革命」，建立「無產階級民主制度」的思考。

他這方面的思考，最引人注目的是他明確提出，要「對歐美社會制度實行革命的揚棄」，「吸取對我們有益的經驗」，並具體提出了他的設想：一要「確立憲法的至高無上的地位」，二要「實行共產黨的兩黨制」，三要實現「立法、

行政、司法三權分立」，四要「將人權問題提到顯著地位」。

陳爾晉對未來社會主義民主制度的設想，是在堅持馬克思主義的社會主義原則基礎上，包含對西方政治思想、政治制度的自覺借鑑。這一點，大概是他的思想區別於其他批判思潮的一個重要方面，這確實反映了中美改善關係、中國打開了和西方交往的大門以後，批判性思潮發展的一個重要方向。[33]

陳爾晉等的批判角度，主要是以對中國社會主義制度本身的批判性反思，從根本制度與理論的層面，回應歷史所提出的「中國何處去」的問題；另外更多的民間思想者，則更偏重於中國現實社會那些迫在眉睫、急需解決的問題，更多的是從實踐層面來回應「中國向何處去」的問題，由此形成了我們下面要討論的民間思潮的兩個新的面向。

（二）社會主義民主與法制，思想啟蒙的呼籲與思考

我們先講一個小故事。1973年11月初，廣州的兩位年輕人，原是廣州紅衛兵造反派的領袖，時為鍋爐工的王希哲（1948-），與時為廣州美術學院高年級學生、待分配的李正天（1942-），和一位時為廣東人民廣播電台幹部的中年人郭鴻志（1929-1998），聚在一起商量，要把他們對中國問題的思考寫成大字報。在討論大字報的核心內容應該是什麼時，他們決定由王、李二人在手心上各寫兩個字。這顯然是模仿《三國演義》中的諸葛亮和周瑜，當時他們在手心上寫的都是一個「火」字，於是，有了以後的「火燒赤壁」。到了二十世紀七十年代的中國，李正天手裡，寫的是「法制」兩個字，王希哲寫的是「民主」，郭鴻志欣喜地說：「我當見證人」。[34]

這確實可以視為一個象徵，或者說是一個歷史性的時刻：1973年的中國大陸，人心所向，正是「民主」和「法制」。

於是，1974年11月10日，廣州中山五路北京路口，出現一篇長文：〈關

---

33 以上關於陳爾晉的思想的引文均見陳爾晉：〈論無產階級民主革命〉，《四五論壇》發表稿複印件。

34 據王希哲：《走向黑暗》（香港：民主大學出版社，1996），以及印紅標1999年對李正天、2001年對王希哲的訪問。轉引自印紅標：《失蹤者的足跡：文化大革命時期的青年思潮》，頁378。

於社會主義民主與法制——獻給毛主席和四屆人大〉，署名「李一哲」（李正天、王希哲、陳一陽（生平不詳）的合稱），一共抄錄了60張大字報，長約100米，可謂壯觀。廣州城幾萬民眾爭相圍睹，鬧市為之途塞，而且很快通過各種途徑傳遍全國，連偏居安順小城的我們，都得以看到，並展開了熱烈討論。大字報也驚動了高層。後來廣東在批判「李一哲」時，破例允許他們反駁，而且有「上面」的指示：出了李一哲，是個大好事，不能殺，讓他講話，看誰能夠把他駁倒。人們有理由猜測，這「上面」發話的人，應是毛澤東，因為除他之外，當時中國的高層無人有這樣的自信與魄力。那麼，李一哲的呼聲，就一直在毛澤東的關注之下了，這對我們要討論的毛澤東和底層的互動，是很有意思的。

應該說，李一哲在1974年對民主和法制的呼籲，是在17年後，對1957年「右派」的呼應，但同時又有文革時代的鮮明特點與新的發展。因此，李一哲的大字報引起特殊的關注點有三。

首先，人們注意到，李一哲呼籲民主和法制，其批判矛頭直指「林彪集團」的「封建性法西斯專政」。這裡所說的「林彪集團」當然包括「江青集團」，就當時李一哲的認識而言，可能不包括毛澤東，他們要與毛澤東決裂，還需要一段時間；但其所批判的具體內容：文革中的法西斯專政，就不能不涉及毛澤東。因此，我們可以說，1974年李一哲呼籲民主與法制，實質上是對毛澤東在文革中推行的具有「封建法西斯專政」特點的集權政治的批判。

其次，李一哲大字報在其副題裡明確宣布，他們是「獻給四屆人大」的，也就是說，他們要向第四屆人民代表大會[viii]提出諫言，而其核心就是在重新修訂憲法時，將人民群眾在文革中提出的主要要求寫進憲法。

無獨有偶，我們前面曾經提到的盧叔寧，在和他的同學通信中，也提出了要制定「人民民主的憲法」的要求。他設想「這個憲法應當是由下而上制訂出來的。它應當反映人民的利益和要求」，「即成的憲法應當成為全中國每個公民的『約法』，應當具有完全的法力和約束力」，[35]這樣的約束顯然是要將執政的共產黨包括在內。

李一哲和盧叔寧提出、要求在憲法裡得到確認的人民權利主要有四，一

35　盧叔寧日記（1942年4月-1972年7月），《劫灰殘篇》，頁203。

是「人民對國家和社會的管理權」，二是「對黨和國家的各級領導幹部的革命監督權利」，三是「當某些幹部（特別是中央機關的高級幹部）失去了廣大人民群眾信任的時候，人民『可以隨時撤換他們』」的權利，四是言論、出版、遊行、集會、結社的自由，李一哲還特別提出了「要允許反對意見和反對派的公開自由」，這與陳爾晉提出的「黨內兩黨制」的要求，是相呼應的。[36]同時期另一位民間思想者、上海復旦大學的學生王申酉（1945-1977）還提了農民的「遷徙自由」問題，他指出「農民是極難脫離土地移往市鎮的。這種城鄉差別引至配偶選擇等等的嚴格差別」，這是有礙社會公平的。[37]

可以看出，李一哲們所提出的人民權利，其主要內容就是巴黎公社三原則，也就是說，他們依然要堅持發動文革的最初訴求。而「制定人民民主憲法」要求的提出，則是他們為文革繼續發展所提出的新方向。最近這些年許多知識分子都在提倡「憲政民主」，應該說，李一哲、盧叔寧們正是這樣的憲政民主運動的先驅。而當時的毛澤東，我們說過，為了維護一黨專政的利益，已經放棄了他自己倡導的巴黎公社原則，因此李一哲們遭到有計劃、有組織、有領導的圍剿，以至被捕入獄是必然的。但中國因此也就失去了一次實現憲政民主的機會。

其三，李一哲大字報所引起的強烈反響，其最重要的方面，是他們關於實行「法治」的呼籲。人們最為關注的，是他們的兩個觀點，一是強調法制的「制約當權者的功能」，反對賦予當權者以超出法律的權力，二是反對「無法無天」的群眾專政。這兩方面，都是文革專政的要害，人們早已深惡痛絕，李一哲的呼籲自然大得人心。[38]

在民主和法制之外，還有對於「啟蒙」的呼籲，這是另一個重要的時代趨

---

36 李一哲：〈關於社會主義民主與法制〉（本文），收錄於宋永毅、孫大進編著：《文化大革命和它的異端思潮》，頁487-490。盧叔寧則明確提出，憲法應當包含的內容，「第一便是普選權。人民應當有選舉符合自己利益、能代表人民又為人民擁戴、熟悉的代表的權力，同時又有罷免那些不稱職的代表的權力」；「其次，憲法應當保證人民有批評政府、監督政府的權利。〔……〕這主要靠報紙，電台，書籍〔……〕即輿論界來完成」。見盧叔寧1972年7月日記，《劫灰殘篇》，頁204-205。

37 王申酉：〈供詞〉，王申酉：《王申酉文集》（香港：香港高文出版社，2002），頁81。

38 以上李一哲的觀點，均引自李一哲：〈關於社會主義民主與法制（序言）〉、〈關於社會主義民主與法制（本文）〉，文收宋永毅、孫大進：《文化大革命和它的異端思潮》，頁489-490。

向。

根據我們今天看到的歷史材料，在對於「啟蒙」的呼籲中最有力者，是
盧叔寧。他呼喚「無產階級啟蒙運動」，並明確提出：「啟蒙運動的意義和目
的」，就在於「讓人民認識自己，使人民成為一個自覺的社會成員，而不是一
個盲目的人類生存者」。因此他的啟蒙背後，是以鮮明的「人民作主」理想和理
念作為支撐的，他最關注的是「勞動者的覺悟」，他強調「勞動者一天不覺悟，
一天不能認識自己的地位，一天不能掌握自己的命運，一天不能直接參加社
會生產的管理，那麼他們也就一天不能結束自己過去那種被人愚弄擺佈的可
悲地位。新的『資產階級』就一天不會放棄他們的特殊權力，勞動者一天不會
成為自己的實際的主人（而不是主義上的）」。[39]這確實是一種新啟蒙運動，它
和在此之前的五四啟蒙和革命啟蒙，既有繼承，更有原則的區別。

因此，盧叔寧的如下批判是特別值得注意的：在以往的啟蒙運動中，「一
旦啟蒙者也坐上了以往自己所攻擊的王位寶座時，啟蒙者就變成了蒙昧者，
啟蒙運動也就為蒙昧的教育所替代了。往日的市野上革新者一變而成為王
侯、幸臣、侍從」[40]——在某種意義上，這也是毛澤東領導的中國革命和文化
大革命，所走過的道路：在革命初期，為了發動群眾，多少做過一些啟蒙工
作，但一旦奪權權力或權力鞏固以後，啟蒙也就為「蒙昧的教育」所替代了。

還有對「人民代表論」的批判：「竭力掩住人民的耳目、混淆他們的視聽，
卻將自己裝扮成人民的代表者的統治者是騙子強盜」。[41]這是一個相當犀利的
觀察：毛澤東發動文革，所打出的旗幟，就是「代表人民的利益」，由此而獲
得合法性。但在毛澤東的邏輯裡，黨和自己既然充當了「人民的代表」，就占
據了國家實際的、真正主人的領導地位，而反過來要求人民絕對服從黨和自
己的利益，無條件地為此作出犧牲，這實際上是一種新蒙昧主義。盧叔寧所
要呼喚的新啟蒙運動，正是要打破毛澤東的「代表專政」的邏輯，以從文革中
被無限強化的毛澤東的新蒙昧主義束縛中解放出來。

盧叔寧同時指出：「不僅相信人民力量，而且竭力使人民認識自己的力

39　盧叔寧：〈致志栓〉（1972年11月11日），《劫灰殘編》，頁281-282、277。

40　盧叔寧：〈致志栓〉（1972年11月11日），《劫灰殘編》，頁274。

41　盧叔寧：〈致志栓〉（1972年11月11日），《劫灰殘編》，頁277。

量、缺陷，使人民成為自己的自覺的主人者，是人民的真正代表」。在盧叔寧看來，魯迅就是這樣的「真正的啟蒙者」，而且是「唯一的一個」。於是，就有了對「魯迅啟蒙」的獨特闡釋：他「第一個更深刻地將自己所深摯熱愛與同情的人們的被愚弄被歪曲被壓抑而畸形化的精神心理揭示出來」，其目的是讓人民認識自己，包括自身的缺陷和力量，以便更自覺地掌握自己的命運[42]──我在一篇文章裡說，這既是對魯迅的自述：「哀其不幸，怒其不爭」的一個深刻闡釋，又顯然包含了作者及他那一代人的文革經驗，特別是上山下鄉、身處社會底層的體驗的一個歷史總結。[43]其實，這也是為他們所呼喚的「無產階級啟蒙運動」確定一個目標：必須以人民認識自己，自覺掌握自己的命運為指歸。盧叔寧顯然把自己這一代看作是「魯迅精神真正繼承者」，並提出了「還我魯迅」的口號：這正是八十年代「回到魯迅那裡去」呼喚的先聲。[44]

「民主」、「法制」、「啟蒙」三大任務的提出，實際上是在呼喚一個新的改革時代，後來就成了八十年代的三大時代主題詞。

（三）發展社會生產力，改革農村體制的呼籲和思考

1969年12月底，在北京中關村科學院宿舍區一位知青家裡，發生了一場爭論，其所涉及的問題，關係到中國未來的改革，因此，就具有某種歷史意義。

這是一群高幹子弟，研究者有如下描述：他們「不安於學校的平靜生活，一心效仿毛澤東青年時代的革命活動，急於做革命事業接班人，成就一番政治事業。他們中間的一些人主動下鄉，並不是出於生計的考慮或者迫於政治運動的壓力，而是為了實現遠大的政治抱負。他們與一般下鄉知識青年不太相同，文化和教育素質往往比較高，並且有強烈的政治精英意識」。[45]這是和我們這些底層毛澤東主義者不同的另一類型的毛澤東主義者。

爭論的主方叫張木生（1948-），大約在1968年秋他就寫過一篇三萬字的長文〈中國農民問題學習──關於社會主義體制問題的研究〉，對「中國何處

42　盧叔寧：〈致志栓〉（1972年11月11日），《劫灰殘編》，頁275-277。

43　參看錢理群：〈二十九年前的一封信〉，《生命的沉湖》，頁262-270。

44　盧叔寧：〈致志栓〉（1972年11月11日），《劫灰殘編》，頁275-276。

45　印紅標：《失蹤者的足跡：文化大革命時期的青年思潮》，頁292。

去」、中國的改革方向，提出了一系列的主張。[46]這篇文章很快就在知青中廣泛流傳，引發了激烈的討論和爭論。張木生的原稿已失，現在看到的，是油印的張木生在辯論會上的發言記錄稿摘抄本。[47]本文結合在此前後其他民間思想者的思考，可以看出，以張木生為代表的「農村體制改革派」思潮，有以下五個方面，很值得注意和討論。

（1）張木生在辯論中，對自己的批判者說了一句話：你們不要給我亂扣帽子，「我們無非是要把事情弄好一些，讓老百姓過好日子」。[48]這句話說得極其樸實，卻道出了時代思潮的一個重大轉折與變化。人們已經從革命狂熱回到現實、從烏托邦理想回到生活常識：最重要、最根本的，就是要「讓老百姓過好日子」。在我的歷史敘述裡，我們自然會聯想起顧準在六十年代所提出的「糊口經濟」的目標，還是要回到「解決六億人口吃飯問題」這一「史前期社會主義」的歷史任務上來，這其實也是七十年代顧準思考的一個核心問題。其中更重要的是思維方式、方法的轉變，用顧準在文革期間寫的筆記裡的說法，就是要「從理想主義」轉向「經驗主義」。[49]

這裡還有一個很有意思的材料。在清算林彪運動中，曾下發過一份名為〈「571工程」紀要〉（「571」即「武裝起義」的諧音）的文件供批判用，據說是林彪兒子林立果（1945-1971）主持起草的，但沒料到這反而引起了許多人的共鳴。其中，就有這樣的內容：要「用民富國強代替他（指毛澤東——引者注）『國富』民窮」，「使人民豐衣足食、安居樂業」。[50]連毛澤東的政敵都懂得要以

---

46 張木生的文章題目不同版本有不同說法，一為〈中國農民問題學習——關於中國體制問題的研究〉，一為〈中國農民問題學習——關於社會主義體制問題的研究〉。這裡是根據張木生本人在其所作劉源：《劉少奇與新中國》一書的〈引子：劉少奇的新民主主義階段論與列寧的過渡學說〉裡所說，採用了後一種命名。見劉源：《劉少奇與新中國》，頁13。

47 我手頭有一份根據油印本的手抄本的複印件，和印紅標在他的著作中引述的文字基本上相同，但他的引述文字中有一部分手抄本裡沒有，以下引述主要根據印紅標的引述，也部分引述了手抄本的內容。印紅標：《失蹤者的足跡：文化大革命時期的青年思潮》，頁294-297。

48 印紅標：《失蹤者的足跡：文化大革命時期的青年思潮》，頁297。

49 顧準：〈一切判斷都得自歸納，歸納所得的結論都是相對的〉（1973年5月3日），《顧準文集》（貴陽：貴州人民出版社，1994），頁405。

50 〈「571工程」紀要〉（1971年3月22-24日），此件曾作為〈中共中央關於印發反革命政變綱領

「民富」作為反對他的動員口號，這就從一個特定角度反映了文革後期的人心所向：中國的當務之急，是解決人民生活的問題。

（2）問題是，怎樣使老百姓過好日子？張木生的回答也十分明確：根本的問題是要「發展生產力」。張木生讀了德熱拉斯的《新階級》以後，在討論如何防止特權階級的產生時，說：「不保存〔資產階級法權〕，實行平均主義、戰時共產主義，也行不通。靠思想革命化嗎？沒有物質基礎怎麼有思想？社會主義的物質基礎怎麼能產生共產主義的思想？」[51]（括號內文字為錢所加）這樣，他就對文革的中心主題──反特權階級問題，提出了和陳爾晉這些政治體制改革派不同的另一種思路：首先要解決物質基礎的問題，要從發展社會生產力入手。

另外一些民間思想者，例如陝西的一位農民子弟權佳果（1946- ），則從歷史唯物主義基本原理上，強調發展生產力的重要性，他批評「『唯階級觀點』將歷史看作階級史、階級鬥爭史」，強調「歷史唯物主義認為社會發展的動力是生產力的發展」。[52]這就把批判鋒芒直接指向毛澤東本人了：在文革中最盛傳的毛語錄就是「階級鬥爭，一些階級勝利了，一些階級消滅了。這就是歷史，這就是幾千年的文明史」，[53]這在當時連幾歲小娃娃都會背誦，現在卻備受質疑了。

爭論的焦點是：該「以階級鬥爭為中心」，還是「以發展生產力為中心」？顧準作為一個經濟學家，正是敏銳地抓住了這一時代提出的問題，並在文革

〈「571工程」紀要〉的通知〉（1971年11月14日）的附件下發到基層單位，在好些地方都引起了共鳴。和我們這裡討論的問題相近的有如下論述：「用民富國強代替他（指毛澤東──引者注）『國富』民窮」，「使人民豐衣足食、安居樂業，政治上、經濟上得到真正解放」，「用真正馬列主義作為我們指導思想，建設真正的社會主義代替B-52的封建專制的社會主義，即社會封建主義」，這幾乎重複了1957年「右派」的觀點。此文件現收錄於中國人民解放軍國防大學黨史黨建政工教研室編：《「文化大革命」研究資料》（中冊）（北京：內部出版，1988）。轉引自印紅標：《失蹤者的足跡：文化大革命期間的青年思潮》，頁352。

51 印紅標：《失蹤者的足跡：文化大革命期間的青年思潮》，頁296。

52 權佳果：〈提交中共中央的對社會的認識〉，此處所引是印紅標：《失蹤者的足跡：文化大革命時期的青年思潮》裡的轉述，頁321。

53 毛澤東：〈丟掉幻想，準備鬥爭〉（1949年8月14日），《毛澤東選集》（一卷本），頁1376。

後期，十分明確地提出「以經濟為中心來建設中國」，[54]這在八十年代以後就成為中國共產黨的一個基本治國路線與原則。顧準同時提出「對外開放」、進入「世界市場」的主張，[55]也成為以後中共幾代領導所堅持的治國路線的另一個要點。

（3）接著的問題是，此種以發展生產力為中心的改革，要從哪裡突破？張木生和他的同伴把目光轉向農村，把中國變革的重心、起點和希望放在農村。這顯然是知青到農村去，對中國農民的疾苦，對中國的國情有了深切的體察、了解的一個必然結果。

這背後更有深謀遠慮。於是，在張木生這個群體之外，我們又注意到另一個群體。這就是前面已有介紹的陳一諮，以及他在河南駐馬店的農村實驗。陳一諮從他對中國國情（特別是政治國情）的把握，和長遠發展的思慮出發，既不走陳爾晉那樣徹底的國家體制改革的激進主義道路，也不選擇李一哲那樣通過街頭政治、爭取政治改革的道路，而是另擇新路。其要點有二，一是從農村改革入手，二是走體制內改革的道路。因此，他在河南駐馬店，利用自己擔任公社書記的有利條件，有意識地積蓄力量，包括集中了一批高幹子弟辦「農村共產主義大學」，一面培訓農民，一面集體學習，討論農村和國家形勢，作思想與理論的準備。另一方面，他又有意識地和中共高層聯繫，在1971年他和胡耀邦有一次談話，彙報了農村十大問題，胡耀邦大為讚賞，鼓勵陳一諮說：「認識中國，改造中國，不了解佔人口百分之八十的農民只能是空談。青年人的雄心壯志和廣大民眾的利益結合起來才會有大出息！」[56]張木生在1973年和胡耀邦也有一次見面，胡耀邦說他讀過張木生的文章，認為講得很有道理，並支持他回到北京，進行農業問題的研究。[57]陳一諮、張木生和胡耀邦先後兩次談話，是民間思想者和中共上層的互動，對以後中國局勢的發展，起了一定的作用。

54　顧準：〈蠟山芳郎的日美衝突論的是非〉（1969年9月22日），《顧準日記》，頁331。

55　顧準：〈經濟發展速度質疑，其他〉（1971年6月20日）、〈蠟山芳郎的日美衝突論的是非〉（1969年9月22日），皆收錄於《顧準日記》，頁329-331、390-391。

56　參看印紅標：《失蹤者的足跡：文化大革命時期的青年思潮》，頁247-249。

57　定宜莊：《中國知青史——初瀾（1953-1958）》（北京：中國社會科學出版社，1998），頁427。

（4）農村改革從哪裡入手？這其實是張木生、陳一諮們最為關心與用心之處。現在保留下來的張木生的發言，中心就是強調「解決體制問題才能解決發展生產力、幹部羣眾關係〔緊張〕等問題」（括號內文字為錢所加）。[58]另一位民間思想者王申酉也認為「中國農村的生產關係不發生根本的變化，中國農業經濟狀況永遠沒有改善的可能」，「公社制的生產關係是嚴重束縛農業生產力的發展的」。[59]這幾乎是當時許多關心農村改革問題的民間思想者的一個共識。張木生說得很明白：人民公社體制最初是毛主席定下來的，特點是「一大二公」。「大」是形式，「公」是內容。「公」是公社核算，事實證明行不通，後來就退到三級所有隊為基礎，其實公社只是個鄉政府了。隊為基礎一下子又僵持了十多年，仍然沒出路，生產力無法向前發展，因為生產關係不適合生產力。[60]張木生指出，蘇聯和中國的病根都是「為工業化的原始積累而剝奪農民，農民的一切都統購統銷、統收統分、哪有價值規律？農民永遠低收入、低效益」。[61]無論是人民公社或統購統銷的制度，都是對農民的剝奪，因此要解放農民，就必須從這兩個體制的改革入手，把土地經營權、收穫、分配權交給農民。在此可以看出，八十年代中國農村改革已經呼之欲出。有意思的是，張木生同時指出：「體制問題說到底是制度問題，說到底是領導權問題」，不過他說：「不能往下說了」，就不說了。[62]

（5）仔細研究張木生的講話，就可以發現，他在回顧中國農村問題的歷史時，明顯地傾向於彭德懷、劉少奇，認為他們對農村問題的主張是有道理的。[63]這正是反映了文革後期人心的一個重大變動。王希哲後來回憶說：「對文革中垮台的共產黨的大批老幹部，李一哲與造反派一樣，認為他們是一批理應受到人民衝擊的官僚，但他們並不贊成『四人幫』為取而代之必欲置他們

58　此為印紅標的概述，非直接引文。印紅標：《失蹤者的足跡：文化大革命時期的青年思潮》，頁296。

59　王申酉：〈供詞〉，《王申酉文集》，頁77、75。

60　此為印紅標：《失蹤者的足跡：文化大革命期間的青年思潮》的概述，非直接引文，頁295。

61　此為印紅標：《失蹤者的足跡：文化大革命期間的青年思潮》的概述，頁295。

62　見我手頭的張木生文章的油印手抄稿複印件。

63　張木生後來回憶說，他是在極度苦悶中第一次讀到劉少奇在1962年中央七千人大會上的講話，「眼前突然一亮」，「親身的實踐化為直覺，劉少奇對了」，由此而走向了新的獨立思考。見劉源：《劉少奇與新中國》，頁12。

於死地的做法。因為他們感到，與其讓一批滿嘴胡說八道的暴發戶、新特權階層、新官僚上台使國家繼續朝政治上和經濟上的極左走去，還不如讓那些『對事物還能持常人見解』的老官僚重新上台，穩定和發展國民經濟，現階段對人民略為有利」。[64] 這就意味著人心、民心的天平，正在從文革的發動者毛澤東和他所支持、利用的林彪集團、江青集團，向文革的打倒對象劉少奇、鄧小平，以及實際傾向他們的周恩來所代表的黨官僚傾斜。

正是在1974-1975年間，出現了一批又一批的批判文革新貴、為老幹部說話的年青人、民間思想者，他們每一個人都為此付出了慘重的代價，有的還獻出了生命。這是一個很長的名單：重慶鋼鐵公司技術員白智清（1945-）、長春青年工人史雲峰（生年不詳-1976）、上海青年朱錦多（1945-）、北京教師李春光（1950-）等等，[65] 其中影響最大的，就是人們經常提及的三位女烈士：張志新（1930-1975）、鐘海源（生年不詳-1977）、李九蓮（1946-1977）。張志新在獄中所寫的自白裡，提出文革是以毛澤東為代表的「左傾路線」，和以劉少奇為代表的「正確路線」之間的鬥爭，她因而以「反毛澤東」、「反文革罪」被判死刑。[66] 張志新之後被尊為「民族聖女」，不僅是因為她的觀點，更是因為在文革中，當許多人都陷入盲目的崇拜時，她保持了清醒，大膽提出懷疑和批判；當許多人都被迫沉默或說假話時，她大聲地說出了內心的真話；當許多人都屈從於權勢，她卻堅持為真理而獻身。因此，有人說，在民族精神沉淪時，她拯救了民族的靈魂。[67] 和張志新並肩而立的，還有李九蓮，她因為在給男朋友的信中談到「劉少奇好像很多觀點符合客觀實際」，被告密而被捕；1974年要求徹底平反時，成千上萬人表示支持李九蓮的平反，但她仍然在1977年被槍斃。鐘海源則是因為同情、支持李九蓮而同時被殺害。張志新在

64　王希哲：〈關於李一哲思潮〉，網上刊物《華夏文摘》增刊「文革博物館通訊」（http://www.cnd.org/CR）第226期，2004年8月3日出版。轉引自印紅標：《失蹤者的足跡：文化大革命時期的青年思潮》，頁387。

65　余習廣主編：《位卑未敢忘憂國：「文化大革命」上書集》，收有白智清、朱錦多的有關文章，可參看。

66　張志新：〈要用歷史唯物主義的觀點看待政黨和領袖〉（1969年8月25日），見複印件。

67　現在，在北京的雕塑家嚴正學家中的「鐵玫瑰園」裡，安放著「民族聖女」張志新和林昭的銅像，林希翎的銅像也在準備塑造中。當局不允許公開陳列這些雕像，但她們已經永遠地留在人們心中了。

赴刑場時被割斷了氣管、李九蓮的下顎和舌頭被竹籤穿連一起、鐘海源遺體
的器官被強制移植，這些暴行震驚了全國。[68]

關於張志新，這裡還想多說幾句。張志新和我們前面介紹的林昭、林希
翎、陸文秀不同，她始終是在黨內鬥爭的角度思考問題，她是真正的「黨的女
兒」。在審訊中她始終咬住一句話：「我是共產黨員」，「我要找黨，找真正的
共產黨」，「前提和目的只有一個：捍衛黨的原則和革命利益」，也就是說，當
黨不再是黨、背離了黨的原初革命目標的時候，她要堅持「黨的革命性」。因
此，她堅持黨任何時候都不能忘記自己的階級基礎、群眾基礎——工人、農
民的利益，「忘記就是背叛」；任何時候都要堅持黨內民主，「個人任何時候都
不能淩駕於黨之上」；共產黨員「對任何問題都要問一個為什麼」；共產黨員任
何時候都應該「講真心話」；共產黨員「要敢於正視真理，不管真理使人多麼痛
苦」；共產黨員要永遠堅持「革命」就「應當是強者」：「走自己的路，讓人家去
說吧！」她說：「這就是一個共產黨員的宣言」。但恰恰是文革中，絕大多數黨
的幹部和黨員，都屈從於毛澤東的專政，而背離了自己原初的「宣言」。[69]這
就是為什麼張志新在黨內引起的反響特別強烈，許多老黨員都在她面前感到
羞愧的原因所在。我所想討論的是張志新與毛澤東的關係。前面的講述中，
我們說過，就其主觀動機而言，毛澤東在1962年以後，一再發動階級鬥爭、
以至文化大革命，都是為了保持黨和國家的「革命性」；而張志新的命運卻證
明，當一個真正的共產黨員，要自覺地保持和維護黨和黨員的革命性時，就
必然要對毛澤東的思想、路線、行為提出質疑和批判，並在一定程度上，將
毛澤東作為革命的對象，而這又是毛澤東絕對不能相容的。因此，當張志新
被毛澤東所建立與維護的一黨專政體制所殺害的時候，也就暴露了毛澤東所
謂「永遠革命」的理想的實質：它絕不允許以自身為革命對象。而判斷是否為
真正的「革命理論」和「革命」，恰恰是要以是否具有自我批判精神、能否革自
己的命為標準、標誌的。

如此，在文革的後期出現對毛澤東的理論批判，就是必然的。其最具有

68　李九蓮、鐘海源案，參看胡平：〈中國的眸子〉，載《當代》1989年3期。戴煌：《胡耀邦與
　　平反冤假錯案》（北京：中國工人出版社，2004）。

69　張志新：〈我的那些看法談不到是犯罪〉、〈一個共產黨員的宣言〉、〈關於「黨內民主生活」
　　等問題的看法〉（自印件）。

代表性的人物，是上海的王申酉。在我看來，他和陳爾晉、李一哲、張木生，都是文革民間思想者中的最重要的代表，他也在文革結束後被槍殺。[70]他指出毛澤東最大的兩個問題，一是空想社會主義，一是東方專制主義。毛澤東「五七指示」所提出的公社理想，「是以自足自給的自然經濟占統治地位的」，不可能有真正的「大規模的分工的協作」，「人與人的關係必然由這種生產與交換及分配方式決定是封建家長制性質的」，「這種公社只是東方專制主義制度的社會基礎，只會造成農民永久性的野蠻、落後狀態，絲毫沒有社會主義的因素」，[71]這些批判都是相當犀利的，也標誌著，青年毛澤東主義者中最深刻的部分和毛澤東的最後決裂。王申酉自己說得很清楚：「我和不少青年學生積極捲入文化革命的政治運動在不小程度上是出於對青年毛澤東的崇拜——這一點是千真萬確的。只是我們曾好久弄不明白，為什麼青年時代的毛澤東曾那麼大力地與禁錮著他精神發展的種種社會桎梏作鬥爭，但當他走上統治舞臺後卻為我們這一代青年帶上更嚴厲的精神桎梏」。[72]那麼，王申酉和這一代人最後要走出毛澤東，是有內在原因的。

現在，我們可以對七十年代以來，文革後期的民間思想作兩點小結。

首先，當時以林彪外逃為標誌，形成了文革巨大的社會與精神危機；所有人都覺得，文革難以為繼，中國需要一個轉機。於是，「中國向何處去」就成為時代提出的重大課題，一個思考的中心。民間思想者對此作出了不同回答，並在大體上提出了未來中國改革和社會發展的三種不同路向。一是以陳爾晉、徐水良為代表，要求推進以「防止官僚特權，保障勞動者主權」為核心的、對國家政治體制的根本改革；二是以李一哲、盧叔寧為代表，以「推進民主、法治和啟蒙」作為中國的出路；三是以顧準、張木生、陳一諮、王申酉為代表，主張以「發展生產力」為第一要務，提出「以經濟建設為中心，從農村體制改革入手」的改革路線。

30多年後的今天，我們回過頭去看當年民間思想者的設想，可以很清楚看到，他們所提出的民主、法治、啟蒙要求，以及以經濟建設為中心、從農

70　在文革結束後的1976年，在華國鋒當政時期，因為堅持毛澤東的階級鬥爭路線，殺害了一批民間思想者，其中就有王申酉、李九蓮、鐘海源、史雲峰。

71　王申酉：〈供詞〉，《王申酉文集》，頁63-64。

72　王申酉：〈供詞〉，《王申酉文集》，頁71。

村體制改革入手的改革路線，不同程度上為後來的鄧小平們所接受，事實上構成了八十年代以來中國改革的基本內容與方向。在這個意義上，我們可以說，七十年代的民間思想，確實為文革結束以後中國的改革開放，作了思想和理論的準備，他們是中國改革開放的真正的先驅者。

但作進一步考察，也不難發現，民間思想者所提出的許多重要的，甚至是根本性的思想和要求，如李一哲、盧叔寧所提出的「人民民主憲法」，盧叔寧所強調的「使人民成為自覺的社會成員，勞動者掌握自己的命運」為中心的啟蒙理想，在八十年代以來的民主、啟蒙運動中，事實上都被忽略了。更為嚴重的是，民間思想中最為激進的部分，即陳爾晉等所提出的國家政治體制的改革，事實上也被擱置。民間思想者在這些方面所提供的寶貴的批判性資源，完全被強迫遺忘，這些思想先驅令人嘆息地成了「思想史上的失蹤者」。而這樣的擱置與遺忘的結果就是，早在當年就已經提出的「特權階級」和「勞動者的權利」問題，在這30年的改革過程中，都更加突出而嚴重，並成為今天中國社會發展的瓶頸。這裡所包含的深刻歷史教訓，是足以使我們警醒與深思的。

其二，我們可以看到，文革後期所有的民間思考，都涉及到毛澤東，且都不同程度上形成了對毛澤東思想和體制的質疑與背離。我們剛才說過，這實際上反映了文革後期的民心、人心、黨心的變動。幾乎所有社會階層，無論是文化大革命的對象（幹部、知識分子），還是文革的依靠對象（青年學生、工人、農民），以至曾經的毛澤東主義者，都對毛澤東的革命產生懷疑，對他所建立的革命秩序表示不滿，充滿了變革的要求。回顧建國以來的歷次運動，毛澤東始終把黨的幹部、知識分子、青年、工人、農民玩弄於股掌之間，但現在，所有被他玩弄、制伏，因而絕對服從於他的社會各階層的人，都在不同程度上，成為他的對立面，成為懷疑他、抵制他，以至反抗他的力量。最後他真正成了孤家寡人。

於是，就有了最後的結局：1976年4月5日，由周恩來去世而引發的天安門群眾抗議運動，提出的口號是：「我們要民主，不要法西斯；要繁榮富強，不要吹牛皮」，「中國人民是中國歷史的主人」，「秦始皇的封建社會一去不復

返了」[73]——儘管當時群眾的主要矛頭還是指向四人幫，而且也有像我和我周圍朋友這樣的人，還在堅持毛澤東主義，因而對「四五運動」[viii]背後的鄧小平，即黨官僚的影響，仍然心懷警惕；但像我們這樣的存有保留、因而對毛澤東仍持支持態度的，畢竟是少數。無論如何，毛澤東親自發動的文化大革命，確實是在四五運動的群眾呼聲中結束了。

尾聲：毛澤東的「遺言」

我所感興趣，並最後要討論的是，毛澤東本人對這一切作出了怎樣的反應？我們前面說到，林彪的外逃，在全國人民心理上造成的巨大震盪，並成為新的懷疑、新的反思、新的覺醒的契機。應該說，毛澤東本人也受到巨大衝擊，他大病一場。兩個月後，即1971年11月，大病初癒的毛澤東來到武漢軍區視察，突然說了這樣一句話：

> 魯迅是中國的第一等聖人。中國第一等聖人不是孔夫子，也不是我，我是聖人的學生。[74]

我們已經說過，聖人夢，是毛澤東從青少年時代開始的他一生的真志，也是他發動文化大革命的動因之一。現在，毛澤東終於承認：「我不是聖人」，其中的無奈與感傷，是可以體會的。也就是說，毛澤東以「偉大導師」之尊發動

---

73 見童懷周編：《天安門詩抄》（北京：人民文學出版社，1978），頁339、281-282、332。關於1976年的天安門「四五運動」，大陸現在有許多充滿英雄主義色彩的回憶與歷史記載，我覺得最接近歷史現場真實的是阿堅（趙世堅）的〈我在四五事件前後〉，他當時是一個工廠的工人，因被推舉為廣場上的群眾代表與當局談判，他先是被隔離審查，在四五運動平反以後，又成了「反四人幫的英雄」。而他自己說「我憑著基本的正義感來廣場，後來發展到出出風頭、洩洩青春之火，絕沒想著『以雞蛋碰石頭精神喚起廣大群眾的革命勁頭』」，他還說：「來廣場的絕大多數是普通百姓，他們最大的政治覺悟是改善生活，而不是非要與誰鬥爭；悼念周總理主要是發洩對現實的不滿；廣場上的確有鬧事的小痞子；所謂談判小組純是即興拼湊的草台班子，全無章法，更無預謀；我所以在隔離審查時屈服，也因我對政治不感興趣，決不想成為任何政治的犧牲品；我的理想僅是想玩遍祖國爭取再寫點東西；我本是一個看戲的卻鬼使神差被戲劇性地推到了舞台上演了一段後來連我都覺驚異的活話劇」。阿堅：〈我在四五事件前後〉，北島、李陀主編：《七十年代》，頁208、227。

74 轉引自陳晉：《文人毛澤東》（上海：上海人民出版社，1997），頁658。

文革，又以承認自己不是聖人告終，歷史就這樣完成了一個過程。

　　1972毛澤東接見美國總統尼克松，他們兩人之間有一場意味深長的對話。尼克松為了討好毛澤東，說毛的理論「感動了全中國，改變了世界」。毛澤東立刻回應說：「沒有改變世界，只改變了北京附近的幾個地區」。[75]這裡的自我估價，和「我不是聖人」的說法是一致的。毛澤東終於承認自己歷史作用的有限性，也一定程度上承認了自己的失敗，這說明了他還是清醒的。

　　面對這樣的失敗和不得不承認的自我有限性，毛澤東陷入了深刻的感傷與悲涼之中。他的祕書回憶，在生命的最後日子裡，他曾用微弱費力的聲音，一字一句地背誦南北朝詩人庾信的〈枯樹賦〉：「此樹婆娑，生意盡矣！〔……〕昔年種柳，依依漢南。今看搖落，淒愴江潭。樹猶如此，人何以堪！」[76]

　　毛澤東是更頑強與有遠見的。儘管已經面對了失敗和絕對的孤立，但毛澤東仍然要給中國和世界留下一些東西。

　　最重要也最具深遠意義的，是他在1971年和1972年作出的與美國和解的戰略決策。就毛澤東個人而言，這樣的決策，也是有其內在邏輯的。如一位研究者所言：「毛澤東給人的公開印象往往是『反帝反修』毫不妥協的鬥士，這一點尤其在中蘇論戰中表現出來。但他的內心深處，卻對美國的鼓勵自由發展的靈活體制頗有好感，而厭惡蘇聯管得死死的官僚體制」；[77]早在延安時

75　轉引自陳晉：《毛澤東的文化性格》（北京：中國青年出版社，1991），頁298。

76　李光彩：〈張玉鳳談毛澤東〉，《悅讀》第18卷（二十一世紀出版社，2010），頁169-170。關於自己對中國古詩詞的欣賞，毛澤東有過一個說明：「我的興趣偏於豪放，不廢婉約。婉約派中有許多意境蒼涼而又優美的詞」，他並且說：「人的心情是複雜的，有所偏但仍是複雜的。所謂複雜，就是對立統一。人的心情，經常有對立的成分，不是單一的，是可以分析的。詞的婉約、豪放兩派，在一個人讀起來，有時喜歡前者，有時喜歡後者，就是一例」。見毛澤東：〈讀范仲淹詞二首批語〉，《毛澤東讀文史古籍批語集》，頁27-28。以此觀點看毛澤東的晚年閱讀，他所欣賞的不僅是婉約派的「蒼涼」，而且更與「淒愴」、「感傷」、「悲涼」共鳴了。這都可以看出他生命最後階段的心情和心境的一個側面。當然，就整體而言，恐怕依然是複雜的。

77　史雲、李丹慧：《難以繼續的「繼續革命」：從批林到批鄧（1972-1976）》，頁111。毛澤東的私人醫生也回憶說，「他對美國，特別美國人，有很大好感。當他號召『學習蘇聯』，大家學俄語的時候，他不學俄文，而學英文。他自嘲說：『我是言行不符』」。見李志綏：《毛澤東私人醫生回憶錄》（台北：時報文化出版公司，1994），自序頁15。

期，他就曾對美軍觀察組成員說過，未來中國工業化必須有自由企業和外國資本幫助，中國可以為美國提供「投資場所」和重工業產品的「出口市場」，並以工業原料和農業品作為美國投資和貿易的「補償」。[78] 我們在前面第二講裡也說過，毛澤東在1956年蘇共二十大以後也多次強調借鑑美國管理體制；也是在1956年，毛澤東就曾做過突破中美關係僵局的努力：派遣中國藝術團訪問南美各國，並準備相機訪美演出（美國方面也表示了邀請的意圖），雖然後來因為發生了匈牙利事件而終止，但這至少說明，改善中美關係以突破西方對中國的包圍，一直是毛澤東戰略思想的一個重要方面。[79] 中美談判從1955年到1970年，前後堅持了15年，就是這個戰略意圖的表現。因此，七十年代毛澤東提出向美國開放，自是順理成章。

當然，選擇在七十年代改善中美關係，更是出於毛澤東的戰略分析和戰略決策。在1974年，毛澤東進一步提出他的「劃分三個世界」的理論。他在和贊比亞總統卡翁達（Kaunda Kenneth，1924-，贊比亞）的講話中說：「美國、蘇聯是第一世界。中間派，日本、歐洲、澳大利亞、加拿大，是第二世界。咱們是第三世界」，「亞洲除了日本，都是第三世界。整個非洲都是第三世界，拉丁美洲也是第三世界」。[80] 這個劃分不僅表示他堅持一貫的第三世界立場、把中國看成是第三世界上的一部分，更重大的現實意義是，把美國與日本、歐洲、澳大利亞、加拿大區分開來，也就是說把西方世界一分為二，這就為中國和日本、歐洲、澳大利亞、加拿大改善關係打開一個空間。另一方面，他雖然認為蘇聯、美國都是第一世界國家，但是又把蘇聯和美國區分開來，而把蘇聯看作主要敵人，這就形成一個美中聯合反蘇的新格局。[81] 這

78　董志凱等：《延安時期毛澤東的經濟思想》（西安：陝西人民教育出版社，1993），頁114-115。轉引自史雲、李丹慧：《難以繼續的「繼續革命」：從批林到批鄧（1972-1976）》，頁111。

79　參看王力：《王力反思錄》（下），頁1126-1127。

80　毛澤東：〈關於三個世界的劃分問題〉（1974年2月22日），《毛澤東文集》第8卷，頁441-442。

81　見〈毛澤東同基辛格談話記錄〉（1973年2月17日）：「毛澤東對基辛格說：『我們兩家出於需要，所以就這樣（他把兩只手握在一起。——引者注）Hand in Hand。』基辛格說：『我們雙方都面臨同樣的危險，我們可能有時不得不運用不同的方法，但目標相同』。毛澤東說：『這就好。』他又說：『如果有什麼俄國人打中國，我今天對你講，我們的打法是打游

樣，就用「聯合反霸」取代「反帝反修」，為中美和解提供了理論依據。這同時意味著毛澤東劃分世界政治力量的標準，已經不是社會制度、階級屬性，而是根據這些國家的經濟地位、經濟實力，以及在國際關係中的政策為標準。也就是說，他對國際問題的看法，已經不那麼堅持意識形態立場，而更加注重國家利益，因此開啟了中國外交的新思維，一直到今天都是這樣。

毛澤東的這一戰略決策，它的作用有三個方面。一是開啟了中國對外開放的新時代，[82] 而對外開放又必然帶來對內的改革。在這個意義上，可以說，中國改革開放的時代是毛澤東開啟的。這是毛澤東留給中國老百姓的一份重要遺產，留給他以後的中國一個比較廣闊的空間。因此，今天中國的發展，在很大程度上得益於毛澤東最初的開拓。這一點，經常為人們所忽視，其實是非常重要的。我在前面講課中，把鄧小平及其後繼者的時代，稱為「後毛澤東時代」，其中一個重要理由也在於此。

毛澤東的這一決策，第二方面的作用，是根本改變了台灣的命運，開啟了台灣歷史的新時期。後來台灣強調獨立自主，以至放開黨禁，之後又出現「台獨」勢力，形成所謂「藍、綠對立」的格局，都跟中美國家關係的變化直接相關。而我們前面還談到了中美和解對台灣年輕一代思想的衝擊，其影響所及，幾乎決定了台灣以後幾代人的思想走向，這一點，諸位可能會有比我更為深切的體會。

毛澤東的決策對世界格局的影響，是更為深遠的。今天，中美關係成為全球最重要的關係之一，這個格局也是毛澤東所奠定的。在這個意義上，可以說，在毛澤東親自主導下，中美關係的改善，改變了世界歷史。

在國內問題上，毛澤東儘管面臨從上到下、從下到上的廣泛質疑、批

擊，打持久戰。他要去哪裡，就去哪裡，讓他去。』基辛格說：『如果進攻中國，出於我們自己的原因，我們也肯定會反對他們的』」。轉引自逢先知、金沖及主編：《毛澤東傳》（下），頁1668-1669。

82　1972就成為中國第一個經濟開放之年。經毛澤東審閱同意，國家計委進口成套化纖、化肥及連續軋鋼機技術設備。這是新中國成立以來，引進國外先進技術設備規模最大、種類最多的項目之一，開始打破長期以來閉關自守、技術遠遠落後於發達國家的局面，並對中國國內的改革產生深遠的影響。轉引自逢先知、金沖及主編：《毛澤東傳》（下），頁1622-1623。

判，但他仍然頑強地堅持自己的基本立場，留下了他的一系列遺言。主要有三個方面。

其一，1974年，毛澤東發動了「批林（彪）批孔（孔子）」運動[ix]，在全國範圍進行「批儒尊法」的學術批判與教育。人們比較注意「批林批孔」的現實政治目的，顯然是把矛頭指向周恩來：所謂批周公，批的就是周恩來。但在我看來，毛澤東還有一個常被忽略的深層考慮：毛澤東要藉此強調，自己的思想資源是反儒而近法的，儒家思想的核心和基本功能是要維持現有秩序，這和他的「不斷革命」、「大亂而大治」的思想追求是格格不入的。當然，毛澤東思想和儒家的關係相當複雜而豐富，金觀濤（1947-）和劉青峰（生平不詳）就寫過《毛澤東思想與儒學》的專著，同學們可以參考。毛澤東在去世前要強調的，是他基本思想、文化立場與儒學的對立，這也可以看作是他留下的思想遺言，是對現實和以後的尊孔思潮的一個警示。對照今天歷史的發展，不管我們是否同意毛澤東著意突出的反孔立場，都不能不承認他的遠見。

其二，1974年12月，毛澤東發表了一個〈關於理論問題的談話要點〉，他說：「中國屬於社會主義國家。解放前跟資本主義差不多。現在還實行八級工資制，按勞分配、貨幣交換，這些跟舊社會沒有多少差別」，「這只能在無產階級專政下加以限制」，[83]毛澤東還指示姚文元（1931-2005）、張春橋（1917-2005）寫出〈論林彪反革命集團的社會基礎〉[84]與〈論對資產階級的全面專政〉[85]的長文。同學們應該記得，毛澤東在1958年搞空想社會主義的實驗時，曾經提出過「破除資產階級法權思想」、改革按勞分配的工資制度的設想，這也是他發動文化大革命的目標之一；那麼，他在1974年，文革幾乎已經遭到失敗的情況下，重提這一命題，至少表明他仍然要堅持自己的空想社會主義理想。[86]

83　毛澤東：〈關於理論問題的談話要點〉（1974年12月），《建國以來毛澤東文稿》第13冊，頁413。

84　姚文元：〈論林彪反革命集團的社會基礎〉，《紅旗》1975年第3期（1975年3月1日出版），頁20-29。

85　張春橋：〈論對資產階級的全面專政〉，《紅旗》1975年第4期（1975年4月1日出版），頁3-12。

86　但毛澤東這樣的空想社會主義的理想，很快在柬埔寨得到實現，並產生了災難性的後果。

其三，1975年10月到1976年1月，毛澤東在他生命歷程的最後一段裡，發表了一系列重要的指示，一是重申「階級鬥爭是綱，其餘都是目」，二是明確指出：資產階級「就在共產黨內」──他依然堅持文化大革命的基本點：不斷發動階級鬥爭，打擊「黨內資產階級」。[87]因此，他公開亮出自己對文化大革命的評價：「七分成績，三分錯誤〔錢註：主要是「打倒一切」和「全面內戰」〕」，[88]這也預警了日後必然出現的對文化大革命的否定。毛澤東在這些指示中還最後說了這一番意味深長的話：「一百年後還要不要革命？一千年後要不要革命？總還是要革命的。總是一部分人覺得受壓，小官、學生、工、農、兵，不喜歡大人物壓他們，所以他們要革命呢。一萬年以後矛盾就看不見了？怎麼看不見呢，是看得見的」[89]──看來，毛澤東是自覺地要為自己塑

正是在1975年6月21日毛澤東在接見柬埔寨共產黨領導波爾布特（Pol Pot，原名Saloth Sar，1928-1998，柬埔寨）時，指出：「你們現在是民主革命轉變到社會主義道路，兩種可能：一個是社會主義，一個是資本主義。我們現在正是列寧所說的沒有資本家的資產階級國家，這個國家是為了保護資產階級法權。工資不平等，在平等口號的掩護下實行不平等的制度。以後五十年，或者一百年，還有兩條路線鬥爭，一萬年還有兩條路線鬥爭。不然，就不是馬克思主義者」。波爾布特回到國內，就按照毛澤東的觀點，徹底消滅「資產階級法權」，宣布取消貨幣、關閉市場、全國實行供給制，用消滅城市的辦法消滅城鄉差別，把300萬城裡人全部趕到農村，搗毀電視、冰箱、汽車與高檔家具，並按毛澤東的辦法，大搞黨內路線鬥爭和階級鬥爭，對一切反對他的激進政策的黨內外人士一律格殺毋論，不僅造成了民族大災難，也葬送了柬埔寨共產黨和波爾布特本人。據丹童：〈西哈努克、波爾布特與中國〉，《黨史文匯》2000年第1期，頁38。轉引自辛子陵：《紅太陽的隕落：千秋功罪毛澤東》（上），190頁。

87 關於「黨內資產階級」，毛澤東在1965年曾提出過「官僚主義者階級」的概念，如我們在前一講所討論的，在文革真正開始的1966年，毛澤東卻放棄了這一概念，而採用在「四清」時提出的「走資本主義道路當權派」的概念，倒是文革前期的「青年毛澤東主義者」和文革後期的民間思想村落的思想者繼續堅持使用這一概念，並展開了討論。有意思的是，當毛澤東於1975年提出「資產階級在黨內」以後，就在他去世前六週，江青集團控制的《紅旗》1976年7期，又公開發表了毛澤東關於「官僚主義者階級」的論述，顯然要以此作為和鄧小平為首的黨內官僚集團鬥爭的思想武器，以至綱領。

88 毛澤東：〈毛主席重要指示〉（1975年10月-1976年1月），《建國以來毛澤東文稿》第13冊，頁488。

89 毛澤東：〈毛主席重要指示〉（1975年10月-1976年1月），《建國以來毛澤東文稿》第13冊，頁486。這裡追問「一百年後」、「一千年後」如何，表明毛澤東是把他的思維的「未來指向」堅持到底的。

造「最後形象」：一個永遠的革命者，一個受壓迫者的永遠支持者。

更重要的是，無論是對空想社會主義的堅持，還是對「一百年後還要革命」的預言，如同我在講述1958年大躍進歷史時所強調的，都表明了毛澤東所迷戀的理想國的幻覺，直到他生命的最後一刻依然「在前方」吸引著他，召喚著他。這自有一種感人的力量，又自有一種悲劇性。

我又想起他在文革初期，寫給江青的信裡的一段話，這信也收在我們的《課用選文》裡，大家可以去讀一讀。這封信裡有兩段話非常有意思：「事物總是要走向反面的，吹得越高，跌得越重，我是準備跌得粉碎的。那也沒有什麼要緊，物質不滅，不過粉碎罷了」，「也許在我死後的一個什麼時機，〔會有〕右派當權」，「中國如發生反共的右派政變，我斷定他們也是不得安寧的，很可能是短命的，因為代表百分之九十以上人民利益的一切革命者是不會容忍的。那時右派可能利用我的話得勢於一時，左派則一定會利用我的另一些話組織起來，將右派打倒」（括號內文字為錢所加）。[90]

毛澤東留下的最後遺言是：

> 我一生幹了兩件事：一是與蔣介石鬥了那麼幾十年，把他趕到那麼幾個海島上去了；抗戰八年，把日本人請回老家去了。對這些事持異議的人不多，只有那麼幾個人，在我耳邊嘰嘰喳喳，無非是讓我及早收回那幾個島嶼罷了。另一件事你們都知道，就是發動文化大革命。這事擁護的人不多，反對的人不少。這兩件事沒有完，這筆「遺產」得交給下一代。[91]

毛澤東顯然把對文化大革命的歷史評價，對毛澤東時代的歷史評價，以及對他自己的歷史評價，留給了後人，留給了歷史。[92]

今天，在當下中國的語境中重讀毛澤東30、40年前的這些遺言，不同的人，會有完全不同的反應和評價，甚至引起激烈的爭論。但不管怎樣，有一

90　毛澤東：〈給江青的信〉（1966年7月8日），《建國以來毛澤東文稿》第12冊，頁72-73。

91　參見葉劍英在中共中央工作會議閉幕式上的講話記錄（1977年3月22日），轉引自逢先知、金沖及主編《毛澤東傳》（下），頁1781-1782。

92　毛澤東對自己的「死後」，也有和中國普通老百姓類似的想法：跟隨他15年的衛士李銀橋在離開時，毛澤東將他攬在懷裡，哭著說：「我死了，你每年到我墳上看我一次，看一次我就滿意了……。」見李銀橋：《走向神壇的毛澤東》。

個事實是所有的人都必須正視的：毛澤東去世之後，他的幽靈仍在中國大地遊蕩，影響著中國社會的發展，和人們對中國問題的認識和思考，他至今還是我們不能回避的存在、巨大的存在。

編註

i　知識青年上山下鄉：上山下鄉運動指的是二十世紀六、七十年代，文化大革命運動期間，中國共產黨組織大量城市「知識青年」離開城市，在農村定居和勞動的政治運動。

ii　中共九屆二中全會：中國共產黨第九屆中央委員會第二次全體會議，簡稱中共九屆二中全會，亦稱1970年廬山會議，1970年8月23日至9月6日於江西省廬山舉行，是中國共產黨黨史上的第三次廬山會議。本次會議上林彪集團在陳伯達支持下，把矛頭指向江青集團，8月31日毛澤東寫〈我的一點意見〉，支持江青集團，由此引發了毛澤東與林彪集團的對抗。

iii　晉中山村精神飛地：1968年末，來自北京清華附中的一批知識青年到山西省太谷縣插隊落戶，其中許多是昔日造反派組織的「戰友」，他們在體力勞動之餘，一同讀書、調查、討論，在遠離政治文化中心的貧瘠的山村，開闢出一片精神飛地。其中代表人物為作家鄭光昭(1947-，即鄭義)。

iv　河南駐馬店農村共產主義大學：1969年開始，在河南駐馬店農村，以陳一諮為中心的幾位知識青年，在以陳一諮任書記的公社裡創辦「農村共產主義大學」，培養農村幹部，對農村問題進行反思。他們在體制內累積經驗，並與其他地方的有志青年聯絡，這些累積下來的思考與實踐，成為他們日後投身農村體治改革的基礎。

v　寧夏共產主義自修大學：由13名大學生與中學畢業不久、在城市工作或在農村插隊的青年，1969年11月23日在銀川成立的一個自學小組。核心人物為魯志立(生年不詳-1970，畢業於北京農業大學，1970年被以「反革命罪」判處死刑)、吳述森(生年不詳-1970，畢業於寧夏大學，1970年被以「反革命罪」判處死刑)、吳述樟(生年不詳-1970，吳述森之弟，畢業於銀川二中，1970年被以「反革命罪」判處死刑)、陳通明(生平不詳，被判無期徒刑)、張維智(生平不詳，被判8年徒刑)等。

vi　白洋澱詩人群：白洋澱詩人群出現於1970年代末，代表詩人有芒克、多多、根子(1951-)、方含(1947-)、林莽(1949-)、宋海泉(1936-)等。白洋澱是知青下放點之一，地處河北，離北京較近，白洋澱知青當中有相當數量幹部和知識分子子弟，其家庭背景優越，因而能夠接觸西方文學作品。他們自發地組織民間詩歌文學活動，逐漸形成了白洋澱詩人群。

viii　第四屆人民代表大會：中華人民共和國第四屆全國人民代表大會第一次會議，1975年1月13日-17日於北京召開。國務院總理周恩來作政府工作報告，張春橋作關於修改憲法的報告。主要議程是修改憲法、聽取政府工作報告、選舉和任命國家領導人員。全體代表一致通過了修改後的《中華人民共和國憲法》、關於政府工作報告的決議。

viii　四五運動：即「四五天安門事件」，簡稱「四五」。1976年3月底到4月初由南京發起，迅速波及全國，並在首都北京達到高潮的大規模群眾自發舉行的民眾運動。1976年4月4日-5

日清明節期間，北京民眾自發在天安門悼念國務院總理周恩來，同時表達對四人幫的抗議。活動被當時政府定性為反革命事件，並隨即開始清理天安門廣場的花圈和標語，逮捕在廣場進行悼念活動的群眾。因群眾聲音反被激起，抗議規模增大並開始發生衝突，政府進行暴力鎮壓。1978年，四五運動獲得平反。

ix 「批林批孔」運動：發生於1974年1月18日至6月文化大革命期間，經毛澤東批准發起的一場以「批判林彪、孔子」為主題的政治運動。1973年7月，毛澤東指出，林彪與國民黨一樣，都是「尊孔反法」的。毛澤東把批林和批孔聯繫起來，是為了防止所謂「復辟倒退」，防止否定「文化大革命」。1974年1月18日，毛澤東批准王洪文、江青的要求，由黨中央轉發江青主持選編的《林彪與孔孟之道》，「批林批孔」運動遂在全國開展起來。

第十二講

後毛澤東時代（上）

1977-1989

| 2010年6月補寫[1] |

　　在文化大革命後期，我們這些民間思想者一直在期待的巨大社會變革，在毛澤東逝世以後終於來臨，這就是共和國歷史敘述中，人們通常說的「後三十年」，一般命名為「改革開放」的「新時期」。在我的敘述結構裡，我想把它命名為「後毛澤東時代」。

　　我的理由有二。其一，我在前一講已經說過：開放中國的決策是毛澤東定下的，而開放也就必然帶來改革，在這個意義上，改革開放的格局是毛澤東開啟的。

　　其二，中國的改革開放，「可以說是二十世紀末的新形勢下的『中學（毛澤東思想、文化、制度）為體，西學（西方科學技術，市場管理經驗）為用』，與上一世紀末洋務運動派的『中學為體，西學為用』遙相呼應」[2]——我在1995年所寫的一篇文章裡，首先作出這樣的判斷。我還作了這樣的具體分析：「所謂『有中國特色的改革開放』，包括兩個方面的內容。在政治、思想、文化上仍然保持毛澤東體制不變，其核心是堅持一黨專政，即不受監督、制約，不受限制的全面的權力獨佔，即所謂『絕對領導』。在經濟上則實行國家宏觀控制下的市場經濟」，這正是典型的「毛體西用」。「當然，也非絕對的不變。具體

1　我在台灣的講課，於2009年11月24日講完第十一講，也就是講到文革的結局就結束了。而且我是邊講邊寫講稿的，對於「後毛澤東時代」，只有一個簡單的提綱。回到大陸以後的2009年最後一個月，忙於處理去台灣遺留下來的工作。2010年前五個月，主要精力放在整理、補充在台灣的講稿。到6月才開始補寫最後三章，並依然採取講課的體例和語氣。

2　錢理群：〈世紀之交的中國大陸知識份子對歷史的反思與現實困境——異國沉思錄之一〉（1995），《知我者謂我心憂——十年觀察與思考（1999-2008）》（香港：星克爾出版（香港）有限公司，2009），頁491。

地說，被揚棄的主要是毛澤東的政治浪漫主義〔錢註：也可以叫『空想社會主義』、『烏托邦主義』〕，他的思想中的反體制方面，他的平等理想，他的不斷革命的戰略〔錢註：還有『階級鬥爭為中心』的治國路線〕。毛澤東的經濟浪漫主義則或被揚棄——絕對化的自力更生，封閉的經濟體制，經濟建設中的群眾運動，等等；或繼續在不同程度上影響着領導層的經濟決策，如高速度、高指標的戰略思想等。而毛澤東體制核心專制極權統治雖有一定鬆動，卻基本上被保留、堅持下來。我們所謂『毛澤東體制不變』也主要是指這一方面」。[3]

這涉及對主宰「後三十年」的鄧小平及其思想的認識。有研究者認為，鄧小平思想的本質是「半毛澤東主義半實用主義」，[4]在政治思想領域，鄧小平甚至「比毛澤東更史達林主義」，[5]這是有道理的。鄧小平在中共歷史上本屬於「毛派」；在1959年一次中央會議上，毛澤東甚至宣布「權力集中常委和書記處，我為正帥，鄧為副帥」。[6]事實上，毛澤東發動反右運動時，鄧小平就是運動的實際主持人，後來鄧小平始終拒絕徹底為「右派」平反，絕非偶然。在發動文化大革命時，鄧小平雖然因為支持劉少奇，把文化大革命搞成新的反右運動，故被視為劉少奇「資產階級司令部」的二號人物而打倒，但毛澤東仍然留了一手，把劉、鄧區別開來，保留了鄧小平的黨籍，[7]並避免公開點名批判鄧小平。[8]早在1967年7月的一次談話中，毛澤東就明確表示：「林彪要是身體不行了，我還是要鄧出來。鄧至少是常委」。[9]在文革後期，周恩來患了

3　參看錢理群：〈世紀之交的中國大陸知識份子對歷史的反思與現實困境——異國沉思錄之一〉（1995），《知我者謂我心憂——十年觀察與思考（1999-2008）》，頁491。

4　阮銘：《鄧小平帝國三十年》（台北：玉山社出版事業股份有限公司，2009），頁71。

5　阮銘：《鄧小平帝國三十年》，頁80。

6　毛澤東：〈在中共八屆七中全會上的講話提綱〉（1959年4月），《建國以來毛澤東文稿》第8冊（北京：中央文獻出版社，1993），頁196。

7　毛澤東在1968年10月中共八屆二中全會上就一再公開保鄧：「鄧小平，大家要開除他，我對這一點還有一點保留。我覺得這個人嘛，總要使他跟劉少奇有點區別，事實上是有些區別的」。見劉志男：〈關於建國後至中共九大期間「接班人」問題的歷史考察〉，《當代中國史研究》第8卷第6期，2001年11月。

8　毛澤東：〈對陳伯達、江青關於選編《劉少奇言論》報告的批語〉（1967年10月9日），陳伯達、江青在書的〈出版說明〉裡點了鄧小平的名，但被毛澤東在審批時刪去了。見《建國以來毛澤東文稿》第12冊，頁422。

9　毛澤東1967年7月和王力的談話。王力：《王力反思錄》（下），頁680-681、1056。王力還

重病，毛澤東果然再次起用鄧小平，第一個理由，就是鄧小平在蘇區是「所謂毛派的頭子」，[10] 毛澤東並且稱讚鄧小平「辦事比較果斷」，「內部是鋼鐵公司」，同時勸告他「外面和氣一點」，「柔中寓剛，棉裡藏針」。[11] 顯然有意將鄧培養為接班人，至少希望他能和江青為首的文革派聯手接班，他要求鄧小平主持並作出一個肯定文化大革命的決定，就包含這樣的意思。因為被鄧小平斷然拒絕，毛澤東這才決定再次批鄧，但仍要鄧小平主持中央日常工作，如《毛澤東傳》作者所說，「這實在是很少見的事情」。[12] 直到1976年4月發生天安門群眾運動，把鄧小平推到了和毛澤東直接對抗的位置，毛澤東才決定「撤銷鄧小平黨內外一切職務」，卻又拒絕了江青徹底打倒鄧的意見，仍然「保留黨籍，以觀後效」。[13] 毛澤東對鄧小平這種既不滿又始終保護、有所期待的態度，是頗耐琢磨的。鄧小平自己有一個說明：「我長期在毛主席領導下工作，就我個人內心來說，對毛主席抱有希望。我相信毛主席了解我」。[14] 毛澤東確實「了解」鄧小平：雖然他在文化大革命問題上和毛澤東持有分歧，這是毛澤東所不放心、也絕不允許的；但他在意識形態上的正統性，以及他在維護一黨專政上的堅定，鐵腕手段，毛澤東是從不懷疑，十分欣賞的：鄧小平骨子

回憶說，在這次談話裡，毛澤東還提出，下一次黨代表會劉少奇要留在中央委員會，並說了這樣一番話：「在中國掌舵，首先要有不聽指揮棒的精神，就是自己能獨立的把中國這個舵掌好。不能讓外國人指揮中國人。不管你哪個外國人是個什麼共產國際，是哪國人，是哪個人，你發號施令，我不聽。在歷史上第一個不聽話的是毛澤東，第二個是劉少奇，第三個是林彪，再就是鄧小平。中國人要走自己的路，沒有這樣一個精神，就不能領導中國」。

10　毛澤東：〈對鄧小平來信的批語〉（1972年8月14日），《建國以來毛澤東文稿》第13冊，頁308。

11　毛澤東在1973年12月15日，與中共中央政治局有關成員和北京、瀋陽、濟南、武漢軍區負責人談話時對鄧小平有以上評論見，毛澤東：〈對周恩來送審的中央關於恢復鄧小平黨組織生活和國務院副總理職務決定稿的批語〉註釋1，《建國以來毛澤東文稿》第13冊，頁348。

12　逄先知、金沖及主編：《毛澤東傳》（下），頁1761。

13　毛澤東聽取毛遠新關於天安門事件情況彙報時的談話（毛遠新筆記），1976年4月7日。轉引自逄先知、金沖及主編：《毛澤東傳》（下），頁1777。

14　《回憶鄧小平》（上）（北京：中央文獻出版社，1998年2月版），頁38-39。轉引自逄先知、金沖及主編：《毛澤東傳》（下），頁1650。

裡是「毛派」，他不可能根本否定毛澤東，毛澤東深信鄧小平不會成為「中國的赫魯曉夫」。在這個意義上，如果在毛澤東自己身後，黨內經過激烈鬥爭——毛澤東已有預感「搞不好就得『血雨腥風』」[15]——最後大權若是落在鄧小平之手，大概毛澤東也能夠接受。

而且事實正是這樣發展：鄧小平執掌大權以後，一方面按照自己的意志，否定了文化大革命；另一方面，他又堅定地維護了毛澤東的歷史地位，毛澤東思想的領導地位，毛澤東體制的統治地位，歷史也就因此進入「後毛澤東時代」：基本思想、體制不變，又加上了新的時代特點與發展。

這樣，我在上一講結尾談到的「毛澤東的幽靈」始終籠罩著他身後的時代，就是必然之事：毛體制基本不變，毛澤東就始終是當代中國的現實存在。如何認識與評價毛澤東、毛澤東思想和毛澤東時代，也必然成為當代中國全民族（上至國家領導層，下至普通百姓，也包括中間的政治、經濟、思想、文化精英層）誰也回避不了，必將持續論爭的焦點：對歷史的評價，和每一個人與現實中國社會、政治、經濟、思想、文化體制的關係、選擇、態度，直接相關。

因此，我們下面對「後三十年」歷史的敘述，主要圍繞著「毛澤東在當代中國」這個中心展開。這當然不是對1976-2009年這一段極其複雜、也極其豐富的共和國歷史的全面論述，但又確實是一條重要的歷史發展線索。好在同學們對這33年的共和國歷史已經有相當的了解，相關的著作也很多，許多大家熟悉的歷史事件，在我們這裡就不再多說，而把論述的重點放在毛澤東對這一時期中國發展、變化的影響，以及包括我自己在內的中國知識分子、普通民眾與毛澤東的關係上。這也符合我們這門課的體例與設想。

我準備分為三個階段來作討論，前後有三講。現在先討論「八十年代」。

15　參看葉劍英在中共中央工作會議閉幕式上的講話記錄（1977年3月22日）。轉引自逄先知、金沖及主編：《毛澤東傳》（下），頁1782。

一、「毛澤東後」中國發展道路的選擇

（一）上層論爭：鄧小平的決策

　　這是人們熟知的歷史：在被稱為歷史轉折點的中共十一屆三中全會[i]，中共最高領導層曾有過所謂「凡是派」與「實踐派」的論爭。「凡是派」主張「凡是毛主席作出的決策，我們都堅決維護，凡是毛主席的指示，我們都始終不渝地遵循」。[16]所謂「實踐派」則主張「實踐是檢驗真理的唯一標準」，毛澤東的決策、指示、毛澤東思想，也必須經過實踐的檢驗，實踐證明是正確的，應該堅持；證明錯誤的，則應該糾正。[17]這個爭論背後的政治意義十分明顯，它關係著如何對待毛澤東的一系列決策：從反右運動到文化大革命，從鎮壓1976年天安門群眾運動到批判鄧小平，這都是當時極需解決的歷史和現實問題，關係著在這些運動中受到迫害的數百萬黨內幹部、知識分子和群眾的命運，更關係著中國最高領導層的組織路線和思想路線選擇。因此，它首先是以華國鋒（1921-2008）為代表的「文革新貴」，和以鄧小平為代表的「老幹部」這兩個利益集團爭奪最高領導權的鬥爭；同時也尖銳地提出了一個問題：在沒有了毛澤東的中國，是繼續堅持毛澤東的「無產階級專政下的繼續革命」，也即「階級鬥爭治國」的路線？還是打破毛澤東的禁區，進行新的改革實踐，以尋找新的發展道路？

　　這些問題都涉及對毛澤東、毛澤東思想和毛澤東時代的歷史評價，是毛澤東後的中國無法回避的時代課題。

　　這對最後掌握了最高領導權的鄧小平，是一個嚴重的挑戰。當時，他面臨了兩難的選擇：一方面，作為一個雄心勃勃的新領導人，他當然期待走出一條新的道路：文化大革命所造成的災難，已經證明毛澤東階級鬥爭治國路線的失敗，民心、黨心都要求新的變革，而要邁出新的一步，就必須突破毛澤東的禁區，首先否定文化大革命，並在一定程度上批判毛澤東的遺產——

16　這在〈學好文件抓住綱〉裡首先提出，表達了華國鋒為首的當時的執政者的思想，也得到一些黨內「左派」知識分子的支持，他們都被稱為「凡是派」。《人民日報》、《紅旗》雜誌、《解放軍報》社論：〈學好文件抓住綱〉，《人民日報》1977年2月7日，第1版。

17　當時任中共中央黨校校長的胡耀邦組織了關於「實踐是檢驗真理的唯一標準」的大討論，得到了鄧小平和廣大老幹部和黨內知識分子的支持。

毛澤東在所據傳的「政治遺囑」裡早就說過，他的「這筆『遺產』得交給下一代」，[18]他的任何繼承人都得面對這份遺產。但另一方面，鄧小平又絕不願意走「非毛化」的道路，他後來在接見義大利記者法拉奇（Oriana Fallaci，1929-2006，義大利）時，針對西方輿論對這個問題的關注，明確回答說：「我們不會像赫魯曉夫對待斯大林那樣對待毛主席」[19]──同學們可能還記得，我曾經說過，蔣介石、王明、杜勒斯、赫魯曉夫都是毛澤東心理上不能擺脫的夢魘；現在，我們又發現，鄧小平也擺脫不了赫魯曉夫，他最不願意被人們看作是「中國的赫魯曉夫」。順便再說一句，當下中國的最高領導則是以「堅決不做中國的戈爾巴喬夫（Mikhail Gorbachev，又譯戈巴契夫，1931- ，蘇聯）」為底線的。我因此曾說，兩個俄國人成了毛澤東後的中國三代領導人心中的夢魘，這都是毛澤東當年提出「防止出現中國的赫魯曉夫，防止和平演變」警告的深遠影響。

或許更為重要的是，鄧小平和毛澤東之間存在著根本的一致。鄧小平確實反對「以階級鬥爭為中心」，但他對毛澤東治國路線的核心「富國強兵」卻高度認同。事實上，對毛澤東而言，「以階級鬥爭為中心」只是達到「富國強兵」的一個手段，並非絕對不可改變，我們已經講過，毛澤東在1956年中共八大就明確提出要以「進行經濟建設和文化建設工作」為「黨的中心任務」，[20]1958年他也提過「把黨的工作的着重點放到技術革命上去」。[21]對鄧小平來說，他也不會根本地放棄階級鬥爭，他曾經明確表述：「我們反對把階級鬥爭擴大化，不認為黨內有一個資產階級，也不認為在社會主義制度下，在確已消滅了剝削階級和剝削條件之後還會產生一個資產階級或其他剝削階級」；但他同時強調「反社會主義分子」存在，這「仍然是一種特殊形式的階級鬥爭」，「對

---

18 參見葉劍英在中共中央工作會議閉幕會上的講話記錄（1977年3月22日）。轉引自逄先知、金沖及主編：《毛澤東傳》（下），頁1782。

19 鄧小平：〈答意大利記者奧琳埃娜‧法拉奇問〉（1980年8月21日、23 日），《鄧小平文選》第2卷，頁347。

20 毛澤東：〈對中共八大政治報告稿的批語和修改〉（1956年8月、9月），《建國以來毛澤東文稿》第6卷，頁144。

21 毛澤東：〈工作方法六十條（草案）〉（1958年1月），《毛澤東文集》第7卷，頁351。

於這一切反社會主義的分子仍然必須實行專政」[22]——鄧小平反對的只是把階級鬥爭像過去那樣「擴大化」，特別是「擴大」到黨內，如我們前面所說，他堅決拒絕毛澤東「官僚主義者階級」這樣革命性的概念、拒絕毛澤東「資產階級就在黨內」這樣的遺訓，這是他對毛澤東思想的主要修正；在這一點上，他比毛澤東更為保守，或者說，他比毛澤東更懂得如何維護黨的既得利益。

這就說到了更為內在的一面：鄧小平確實反對毛澤東的「無產階級專政條件下的繼續革命」，在他看來，這是「自毀長城」。他不遺餘力要維護的是「無產階級專政」，而在他的理解裡，無產階級專政的核心又是黨的領導，也就是黨不受監督、制約、限制的絕對權力，這在實質上又恰恰是毛澤東時代體制的核心：我們在前面關於毛澤東時代歷史的一切敘述都表明，毛澤東的一切改革（1956-1957）、實驗（1958）和革命（1966-1976），都以鞏固黨的領導地位，強化無產階級專政為前提與目的。鄧小平和毛澤東心有靈犀一點通，就「通」在這維護黨的絕對權力上。

鄧小平有一點看得很清楚：「毛澤東思想這個旗幟丟不得。去掉了這個旗幟，實際上就否定了我們黨的光輝歷史」。[23]這也是延續著毛澤東的思路：毛澤東當年說「斯大林這把刀子丟不得」，也是這個意思。這除了表現鄧小平「毛澤東主義者」的一面，也還表現了他「實用主義者」和「實踐政治家」的一面，他之所以維護毛澤東，確有實際政治的考慮和謀略。應該說，在當時（七十年代末）的中國，中國共產黨還沒有走出文革陰影，黨在民眾中的權威性受到極

---

22 鄧小平：〈堅持四項基本原則〉（1979年3月30日），《鄧小平文選》第2卷，頁168-169。事實上，在鄧小平的直接指揮下，在1983-1989年間發動了一個持續六年的「清查三種人」運動。按〈中共中央關於清理「三種人」若干問題的補充通知〉的規定，所謂「三種人」是指「追隨林彪、江青反革命集團造反起家的人，幫派思想嚴重的人，打砸搶分子」。所謂「清查運動」，一方面處理了一批文化大革命期間群眾中觸犯刑律的「打砸搶分子」，同時又對高幹和高幹子弟中的指揮鎮壓群眾和參與打砸搶的分子一律包庇下來，不追究其刑事責任。另一方面，又以「幫派思想嚴重」、「造反起家」這類毫無法律依據的罪名，對文革造反派的一些骨幹進行鎮壓和控制使用。這實際上是文革「清查五一六」與「清理階級隊伍」，以至「反右運動」的繼續。參看宋永毅為劉國凱《人民文革論》所寫的〈序〉，文收劉國凱：《人民文革論》，頁13-16。

23 鄧小平：〈對起草〈關於建國以來黨的若干歷史問題的決議〉的意見〉（1980年3月-1981年6月），《鄧小平文選》第2卷，頁298。

大質疑，在這樣的情況下，如果發動對毛澤東思想的全面清算，就有可能導致黨的統治危機，進而導致思想和社會的全面混亂，以至動亂。毛澤東所擔心的「血雨腥風」在他去世後並沒有發生，固然與華國鋒、葉劍英等採取的宮廷和平政變方式直接相關，也和鄧小平掌權以後對毛澤東的維護有關。這都是我們必須承認的歷史事實──當然，由此產生的副作用，或長遠的負面效應，也是不可忽視的。

正是以上幾個方面的因素，促成鄧小平在這個歷史的新轉折關頭上，作出了這樣的決策：「毛澤東思想過去是中國革命的旗幟，今後將永遠是中國社會主義事業和反霸權主義事業的旗幟，我們將永遠高舉毛澤東思想的旗幟前進」。[24] 應該說，這一決策所具有的戰略性與策略性兩個方面，都深刻地影響了鄧小平時代的中國，而且還在繼續影響今天中國歷史的發展。

決策既定，問題是如何說服全黨，特別是黨的高級幹部和黨內知識分子，統一全黨的認識。於是，鄧小平就決定要再起草一個〈中國共產黨中央委員會關於建國以來若干歷史問題的決議〉[25]（底下簡稱為〈歷史決議〉）。起草〈歷史決議〉，還有一個動因，如負責主持起草工作的胡喬木所說，「世界的工人階級、左翼知識分子以前把希望寄托在蘇聯，後來失望了，又把希望轉到中國」，「其中有的人對『文化大革命』很擁護」，現在「『文化大革命』以失敗告終對中國也失望了」，「對社會主義感到一種失望、迷惘」，「究竟什麼是社會主義？我們的決議要恰當地答覆這個問題」，「我們要把社會主義旗幟高高舉起」。[26]

在決議的起草過程中，曾集中了4,000名老幹部，進行一次大討論。這裡有一個材料，記錄了其中一個討論小組的發言和討論簡報裡的一些片段，我們正好藉此作一些討論。

24　鄧小平：〈堅持四項基本原則〉（1979年3月30日），《鄧小平文選》第2卷，頁172。

25　在1945年中共第七次代表大會上曾通過〈黨的若干歷史問題的決議〉，對統一當時黨內的思想，確立毛澤東的領導地位，起了很大作用。而〈中國共產黨中央委員會關於建國以來若干歷史問題的決議〉則是第二個決議。

26　胡喬木：〈要把毛主席晚年的錯誤同毛澤東思想加以區別〉（1980年7月3日）。這是胡喬木在中共中央書記處討論起草〈歷史決議〉時的發言，標題為《胡喬木談中共黨史》編者所加。見《胡喬木回憶毛澤東》，頁640。

　　可以看出，有許多老幹部在歷次運動，特別是文革中都身受迫害，他們在牛棚[ii]或監獄（許多人都曾坐過國民黨的牢，文革中卻進了自己的黨的監獄）裡，對毛澤東、毛澤東思想和毛澤東時代都進行過深刻的反思。因此，這些人很難接受鄧小平和決議起草小組為維護毛澤東所提出的許多辯解之辭。他們紛紛指出：不能將毛澤東的錯誤歸結為全黨的錯誤，更不能歸咎為國外原因；如果把毛澤東的思想、決策分為正確與錯誤兩部分，正確的就是毛澤東思想，錯誤的就不屬於毛澤東思想，這在邏輯上說不通，而且也會將毛澤東思想變成了「超越歷史侷限性和個人侷限性的絕對真理」。更有不少人反對以毛澤東思想為黨的指導思想，主張像八大通過的黨章那樣，不再提毛澤東思想。許多人更是尖銳地批判了毛澤東時代的兩大失誤，一是「以階級鬥爭為綱」，一是「推行左傾空想社會主義」；而毛澤東「無產階級專政條件下的革命」理論與實踐（文化大革命）則遭到了一致的譴責。毛澤東將知識分子和民族資產階級視為革命對象，也有人從理論和實踐兩個方面進行了分析、批判；對毛澤東的個人功過，更有許多議論，普遍認為他犯了「左傾機會主義」的錯誤；而他提倡個人崇拜、唯意志論、追求絕對權力，也引起不滿。許多人還用親身經歷，對毛澤東的性格弱點、個人品質提出質疑，並有這樣的概括：「拒諫愛諂，多疑善變，言而無信，棉裡藏針」。[27]

　　但在這4,000人的討論中，也有人為毛澤東辯護。其中黃克誠的兩句話引起了許多人的共鳴：「我們不能毀掉自己的信仰」；毛澤東思想「有中國的特點，有自己獨特的內容」，「今天，我們要團結人民、戰勝困難、聚精會神、同心同德地搞四化[iii]，還要靠毛澤東思想」。[28]黃克誠是在廬山會議上被毛澤

27　郭道暉：〈四千老幹部對黨史的一次民主評議──〈黨的若干歷史問題決議（草案）〉大討論紀略〉，載《炎黃春秋》2010年4期，頁5。對毛澤東的性格弱點和個人品質，在黨的高級幹部和親近他的人中早就有各種議論。張聞天就這樣評價毛澤東：「很英明，但整人也很厲害，同斯大林晚年差不多；從中國歷史學了不少好東西，但也學了些統治階級的權術」。彭德懷批評毛澤東「自己犯了錯誤，不認帳，不檢討，反而責備別人」。毛澤東的祕書田家英在私下談話裡，也說到毛的「任性」，「常有出爾反爾之事，有時捉摸不定，莫測高深，令人無所措手足」，「能治天下，不能治左右」，「聽不得批評，別人很難進言」。見李銳：《廬山會議實錄》，頁130-131、45-46。

28　黃克誠：〈關於對毛主席評價和對毛澤東思想的態度問題〉（1981年4月11日），《人民日報》，1981年4月11日，第1版。本文是黃克誠在中央紀委召開的第三次貫徹《關於黨內政

東打成「彭、張、黃」反黨軍事俱樂部的主要成員，受到了長期迫害，他在此時站出來為毛澤東說話，自然引人注目，人們因此視他為「跟隨毛澤東打天下，又挨毛澤東整的老幹部的代表」，並且有這樣的分析：「老幹部們對毛澤東的感情就是矛盾的，無論個人受了多少委屈，在維護黨的根本利益上是一致的」。[29]

陳永貴（1915-1986）的態度也很值得注意。這位山西大寨的原黨支部書記，因為創造「自力更生」的大寨精神而聞名全國，又被毛澤東親自提升為中央政治局委員，他堅決反對批毛，早就明確表態：「毛主席不能反對，也反對不了。只要不反對毛主席，我們砍頭也不怕」。[30] 在4,000人的討論中，也有人提到了基層幹部和工農群眾的反應。中宣部在《宣傳通訊》裡，有一個估算，說工農群眾和基層幹部中，有50％的人，只要聽到說毛主席還有錯誤，心裡就不舒服，「討論中有人引述材料說，有的農村老黨員要求退黨，他們說現在把毛主席說得一無是處，受不了。一些與會者感到，對毛澤東的評價是一個牽動億萬人的敏感問題」。儘管經過文革的磨難許多人都對毛澤東產生懷疑，但普通民眾和幹部，還是把毛澤東看作是中國革命和國家獨立、統一的領導者和象徵，這裡既有革命的情感，也有民族的情感，「說迷信觀念也好，說樸素感情也好，至少在目前還是一個現實的存在，他們的絕大多數是中共的基本群眾。這種情況不能不考慮」。[31]

鄧小平對4,000人討論發表的意見，也作出了自己的回應。他主要談了兩點。一是「不提毛澤東思想，對毛澤東同志的功過評價不恰當，老工人通不過，土改時候的貧下中農通不過，同他們相聯繫的一大批幹部也通不過」；二是「現在有些同志把許多問題都歸結到毛澤東同志的個人品質上。實際上，

治生活的若干準則》座談會上講話的一部分，原載於《解放軍報》（1971年4月10日），發表在《人民日報》上時文字略有改動。

29　蕭冬連：《歷史的轉軌──從撥亂反正到改革開放（1979-1981）》（香港：香港中文大學出版社，2008），頁294。

30　陳永貴在山西昔陽縣委擴大會議上的講話（1979年5月7日），見吳思：《陳永貴浮沉中南海──改造中國的試驗》（廣州：花城出版社，1993），頁307-308。轉引自蕭冬連：《歷史的轉軌──從撥亂反正到改革開放（1979-1981）》，頁167-168。

31　蕭冬連：《歷史的轉軌──從撥亂反正到改革開放（1979-1981）》，頁289。

不少問題用個人品質是解釋不了的。即使是品質很好的人，在有些情況下，也不能避免錯誤」。[32]這更是抓住了要害。毛澤東的失誤，當然和他的性格弱點和個人品質有關，在中國這樣的「人治國家」，特別是個人集權的國家體制下，掌握了最高權力的領導人，個人因素是能夠對歷史的發展起到一定作用的。但如果誇大個人品質的作用，不僅會把政治、經濟、思想、文化問題，簡化為個人道德問題，變成道德審判，更會掩蓋背後的更為根本的政治、經濟、思想、文化的體制問題、社會制度的問題。這是我們在評價毛澤東這樣的歷史人物，研究和講述毛澤東時代的歷史時，特別應該注意的。在我看來，這也是八十年代初這一次討論的一個基本弱點：大多數的討論，都還是限制在歷史事實和是非的辯駁上，而沒有進行更深刻、徹底的歷史分析與理論批判，更沒有進入更深層面的體制、制度的追問。鄧小平似乎也意識到這一點，所以才又提出「黨和國家領導制度的改革」問題，[33]但之後卻因為觸及最敏感的政治利益而中止。

在議論紛紛之中，最後只能用所謂黨的「民主集中制」中的「集中」原則，即所謂「集中正確意見」來解決。這也是黨的紀律，即使違心，也要接受。於是，就有了1981年6月，中共十一屆六中全會[iv]一致通過的由鄧小平直接指導制定的〈關於建國以來黨的若干歷史問題的決議〉，對毛澤東、毛澤東思想，作出了這樣的評價：

> 毛澤東同志是偉大的馬克思主義者，是偉大的無產階級革命家、戰略家和理論家。他雖然在「文化大革命」中犯了嚴重錯誤，但是就他的一生來看，他對中國革命的功績遠遠大於他的過失。他的功績是第一位的，錯誤是第二位的。〔……〕毛澤東思想是馬克思主義在中國的運用和發展，是被實踐證明了的關於中國革命的正確的理論原則和經驗總結，是中國共產黨集體智慧的結晶。我黨許多卓越領導人對它的形成和發展都作出了重要貢獻，毛澤東同志的科學著作是它的集中概括。〔……〕毛澤東思想是我們黨的寶貴的精神財富，它將長期指導我們的行動。

32　鄧小平：〈對起草〈關於建國以來黨的若干歷史問題的決議〉的意見〉（1980年3月-1981年6月），《鄧小平文選》第2卷，頁298、300-301。

33　鄧小平：〈黨和國家領導制度的改革〉（1980年8月18日），《鄧小平文選》第2卷，頁320。

決議對毛澤東領導下的共和國近30年的歷史也作出了一系列判斷，並將之分為三個階段。建國起的前七年（1949-1956）：全盤肯定。中間十年（1957-1966）：成績是「主導方面」，也「有過嚴重失誤」。其中特別肯定反右運動是「完全正確和必要的」，不足是「嚴重地擴大化」；承認大饑荒「主要是由於『大躍進』和『反右傾』的錯誤」，但回避了人口非正常死亡的問題。最後十年（1966-1976），則是全盤否定：文化大革命「不是也不可能是任何意義上的革命或社會進步」，發動文化大革命「既沒有經濟基礎，也沒有政治基礎」，文化大革命是「一場由領導者錯誤發動，被反革命集團利用，給黨、國家和各族人民帶來嚴重災難的內亂」。[34]

這樣的歷史決議，留下了兩個問題。其一，所謂集中了「正確意見」，「正確」的標準，其實主要還是鄧小平的主觀判斷和意志──當然，他的判斷也還是吸取了黨內部分高級幹部的意見，也有一定代表性。這裡突出地表現為對1957年反右運動的判斷。他在對起草〈決議〉的意見中，首先談到的就是「一九五七年反右派鬥爭還是要肯定。三大改造完成以後，確實有一股勢力、一股思潮是反對社會主義的，是資產階級性質的。反擊這股思潮是必要的。我多次說過，那時候有些人確實殺氣騰騰，想要否定共產黨的領導，扭轉社會主義的方向，不反擊，我們就不能前進。錯誤在於擴大化」。[35]鄧小平在同一個講話裡，還明確提出，在反右前後，毛澤東所寫的〈論十大關係〉、〈關於正確處理人民內部矛盾的問題〉、〈一九五七年的夏季形勢〉等，都要寫進決議，「這都是我們今天要繼續堅持和發展的。要給人一個很清楚的印象，究竟我們高舉毛澤東思想旗幟、堅持毛澤東思想，指的是些什麼內容」。[36]我們在前面的歷史敘述裡，一再強調，1957年的反右運動是共和國歷史的一個轉折點，鄧小平自己似乎也不否認這一點，他明確說過「一九五七年反右派鬥爭以後，

34　〈中國共產黨中央委員會關於建國以來黨的若干歷史問題的決議〉（1981年6月27日，中共十一屆六中全會通過），《三中全會以來重要文獻選編》（北京：人民出版社，1982），頁1104-1139。

35　鄧小平：〈對起草〈關於建國以來黨的若干歷史問題的決議〉的意見〉（1980年3月-1981年6月），《鄧小平文選》第2卷，頁294。

36　鄧小平：〈對起草〈關於建國以來黨的若干歷史問題的決議〉的意見〉（1980年3月-1981年6月），《鄧小平文選》第2卷，頁297。

錯誤就越來越多了」。[37]而如我們前面的討論所表明的那樣，至今依然在制約
著中國發展的、具有中國特色的一黨專政體制，正是在1957年反右運動以後
被完善、強化的，因此，我們又稱為「五七體制」，以後的大躍進、大饑荒，
以至文化大革命都是這個體制造成的惡果。因此，鄧小平在八十年代初，堅
持反右運動的正確性與必要性，並將總結反右運動經驗，作為其理論基礎的
〈關於正確處理人民內部矛盾的問題〉和〈一九五七年的夏季形勢〉視為毛澤東
思想的精髓，以及明確表示「今天要繼續堅持和發展」，就絕不僅僅是對具體
的歷史事件（反右運動）的評價，而是關係著治國道路的選擇。鄧小平堅持的
還是反「右派」運動的邏輯和立場，他要高舉的毛澤東旗幟，其核心就是要維
護黨「獨攬大權」和「第一書記專政」的「五七體制」。這集中體現在他此前提出
的「四項基本原則」，所謂「堅持社會主義道路」、「堅持無產階級專政」、「堅
持共產黨的領導」、「堅持馬列主義、毛澤東思想」，[38]其實就是毛澤東在1957
年所提出的「六條政治標準」的1979年版。這樣的最終選擇對以後中國的發
展，自然是具有嚴重意義的。

　　鄧小平的選擇，還有另一面，即是他重新提出「四個現代化」（農業、工
業、國防和科學技術的現代化）的目標，[39]一再強調「要發達的、生產力發展
的、使國家富強的社會主義」[40]──這就是「富國強兵」的治國路線；「經濟工

37　鄧小平：〈對起草〈關於建國以來黨的若干歷史問題的決議〉的意見〉（1980年3月-1981年6
　　月），《鄧小平文選》第2卷，頁295。

38　鄧小平：〈堅持四項基本原則〉（1979年3月30日），《鄧小平文選》第2卷，頁164-165。

39　鄧小平在文革後復出，重新擔任國家領導人後，在〈在全國科學大會開幕式上的講話〉
　　（1978年3月18日）裡，就提出了「全面實現農業、工業、國防和科學技術的現代化」的任
　　務，見《鄧小平文選》第2冊，頁85-86。在此後的一系列重要講話中，都反覆強調「四個現
　　代化」的「主題」，如〈在全國教育工作會議上的講話〉（1978年4月22日）、〈實現四化，永
　　不稱霸〉（1978年5月7日）、〈高舉毛澤東思想旗幟，堅持實事求是的原則〉（1978年9月16
　　日）、〈工人階級要為實現四個現代化作出優異貢獻〉（1978年10月11日）等等。說是「重新
　　提出」，是因為1975年周恩來在毛澤東批准的第四屆全國人民代表大會的〈政府工作報告〉
　　裡，就提出了四個現代化的目標，見《周恩來年譜》（下冊），頁691。鄧小平接過這一旗
　　幟，表明了他和周恩來的繼承關係，在文革結束後的中國，自然是廣得民心的。

40　鄧小平：〈社會主義也可以搞市場經濟〉（1979年11月26日），《鄧小平文選》第2卷，頁
　　231。

作是當前最大的政治」，[41] 此後就發展為「經濟建設為中心」的發展路線；要「研究一下怎樣利用外資的問題」，[42] 這就是「對外開放」，其結果就是將中國經濟逐漸融入了世界經濟發展的體系；「社會主義也可以搞市場經濟」，[43] 此後就逐漸發展為所謂「中國特色的市場經濟」發展模式。以上幾個方面，後來就被概括為鄧小平的「改革開放」路線──可以明顯地看出，這是對毛澤東路線的揚棄：以「經濟建設為中心」代替了「以階級鬥爭為中心」；以「對外開放」代替了「閉關自守」；以「市場經濟」代替了「計劃經濟」。應該說，正是這樣的揚棄，使鄧小平和中國共產黨高舉起了「四個現代化」和「改革開放」的旗幟，給歷史轉折中的毛澤東後的中國，帶來了新的發展方向和新的發展活力，並因此而獲得了工人、農民、知識分子，社會各階層的廣泛支持，在很大程度上挽回了因文革的災難而失去的民心和黨心，使中國共產黨和它所領導的中國走出了困境，並由此而極大地改變了中國的面貌和中國人的命運。

但同時，鄧小平的新路線也孕育著極大的危機。主要是這一新路線內含的經濟決定論、唯生產力論，把中國的改革簡單地歸結於生產力的發展，完全不顧及生產分配合理與否、不顧及可能產生的社會弊端，也即脫離了政治、社會、文化的改革，單純地發展經濟，再加上片面強調「先讓一部分人富起來」，淡化了共同富裕的社會主義目標。[44] 這樣從理論到實踐對社會平等目

41　鄧小平：〈關於經濟工作的幾點意見〉（1979年10月4日），《鄧小平文選》第2卷，頁194。

42　鄧小平：〈關於經濟工作的幾點意見〉（1979年10月4日），《鄧小平文選》第2卷，頁198。

43　鄧小平：〈社會主義也可以搞市場經濟〉（1979年11月26日），《鄧小平文選》第2卷，頁236。

44　鄧小平1978年12月13日在中共中央工作會議的講話〈解放思想，實事求是，團結一致向前看〉裡，第一次提出「要允許一部分地區、一部分企業、一部分工人、農民，由於辛勤努力成績大而收入先多起來，生活先好起來。一部分人生活先好起來，就必然產生極大的示範力量，影響左鄰右舍，帶動其他地區、其他單位的人們向他們學習。這樣就會使整個國民經濟不斷地波浪式的向前發展，使全國各族人民都能比較快地富裕起來」。見《鄧小平文選》第2冊，頁152。這樣的「讓少數人富起來」的方針，最初動機可能是要打破毛澤東時代的絕對平均主義，但在中國的體制下，首先富起來的，不是工人、農民，也不是「由於辛勤努力」勞動致富，而是依靠權力，轉化為資本，形成權貴資本階層。一直到晚年的1992年，鄧小平在最後一次公開講話裡才說：「社會主義的本質，是解放生產力，發展生產力，消滅剝削，消除兩極分化，最終達到共同富裕。」在此之前，他所強調的，一直只是「解放生產力」，他的思想確實有毛澤東最為警惕的「唯生產力論」的成分。鄧小平：〈在武昌、深圳、珠海、上海等地的談話要點〉（1992年1月18日-2月21日），《鄧小平文選》

標的淡化以至放棄，就決定了以後「經濟發展卻造成兩級分化」的嚴重後果。如一位研究者所說，在鄧小平時代，「社會主義的目標和價值觀念被隸屬於使中國『繁榮富強』的民族主義目標」，所追求的是「現代經濟發展和強大的國家機器」這兩大目標。[45] 我要補充的是，現代經濟的發展又是服從於國家機器的強化，即鞏固一黨專政體制的目的。這樣，民族主義的目標，也最終服務於鞏固黨的執政地位、既得利益這個根本目標。因此，鄧小平及其繼承人的民族主義、愛國主義，所強調的是意識形態的認同，制度、體制的認同，也就是所謂「愛國，就是愛黨，愛社會主義」。

有意思的是鄧小平對「社會主義」的理解。他曾經表示，我們搞了多年的社會主義，卻始終不清楚什麼是社會主義——他說的是老實話。於是就有了他自己的兩個獨特說法。一是「社會主義的目的就是使國家繁榮富強」，[46] 這就將社會主義和民族主義混為一談了；另一是堅持社會主義關鍵是堅持黨的領導，這又將社會主義目標消解在鞏固一黨專政的目標裡了。在鄧小平的思想邏輯裡，維護黨的絕對權力及統治利益具有至高無上的地位，這是鄧小平標榜的「中國特色的社會主義」與「愛國主義」的核心與本質，他正是以此來統攝民族主義和社會主義。此後中國的一系列問題都由此產生。

這裡還要補充兩點。其一，鄧小平的路線與毛澤東路線絕非簡單的斷裂。這是我們討論過的：毛澤東並非拒絕發展生產力、建設經濟，也不是絕不可以接受「經濟建設為中心」；「對外開放」的大門，就是毛澤東開啟的。毛澤東對於計劃經濟的蘇聯模式，也有不滿，並用他的命令對經濟模式不斷進行衝擊，這樣的衝擊固然造成了國民經濟發展的混亂，卻使得鄧小平要瓦解計劃經濟時，相對變得比較容易，而且，只要將「命令經濟」的「瞎指揮」，變為科學的、常識的「管理」，經濟很快就獲得恢復和發展，而經濟發展的基礎也是毛澤東時代所奠定的。當然，更為重要，也是我們一再強調的，毛澤東和鄧小平的治國路線始終對富國強兵的現代化目標存在著內在的一致性。鄧

第3卷，頁373。

45　莫里斯・邁斯納著，杜蒲譯：《毛澤東的中國及其後：中華人民共和國史》，頁457。

46　鄧小平會見羅馬利亞代表團的談話（1980年11月），《紐約時報》1980年12月30日，第1版。轉引自莫里斯・邁斯納著，杜蒲譯：《毛澤東的中國及其後：中華人民共和國史》，頁457。

小平所要完成的，依然是我們討論過的、歷史賦予毛澤東的三大使命：現代中國的獨立、統一和人民的溫飽，而且幾乎同樣是「用野蠻的方法實現現代文明」。在這個意義上，我們可以說，鄧之於毛，還是一個繼承和發展的關係，而非另闢新路。

其二，鄧小平和毛澤東在治國思路與路線的區別，更為明顯之處在於思維方式。鄧小平真正要徹底放棄、與之決裂的，是毛澤東的理想主義、浪漫主義和烏托邦主義，而代之以自己的經驗主義和實用主義、功利主義。所以他對毛澤東思想新的闡釋，就是強調「實事求是」和「群眾路線」（不包括群眾運動和群眾動員）是「毛澤東思想的活的靈魂」；[47]如論者所說，這實際上是將「政策具有實用性，取得成功從而得到大眾支持被置於比意識形態純正更優先的位置」。[48]鄧小平也把毛澤東思想實用主義化了。他說得很明白：「不管你搞什麼，一定要有利於發展生產力」。[49]這還是他的「貓論」：他之所以選擇市場經濟、對外開放的「大貓」，就是因為可以抓住「發展生產力」這只「大耗子」，至於背後的價值理念、理想，他既不管，也不準備吸收。毛澤東和鄧小平在個人思維方式和風格上的不同，也在各自引領的時代風貌上打下烙印：毛澤東的時代，是一個浪漫、理想的時代，卻也是一個瘋狂、非理性的時代，毛澤東本人和我們民族都為此付出了代價。鄧小平的時代，則是一個一切講究實用、實利的時代，失去了理想和想像力，卻因此陷入另一種金錢的瘋狂和物欲的非理性，我們民族同樣也付出了代價。

如一位研究者所說，當鄧小平放棄了毛澤東思想中的浪漫主義、理想主義和烏托邦主義以後，他所要堅持的「馬列主義、社會主義」就必然出現「類似三民主義之變化」[50]──鄧小平和他的後繼者，實際追求的就是「民族主義」

47　〈關於建國以來黨的若干歷史問題的決議〉（1981年7月6日，中共中央十一屆六中全會通過），《人民日報》1981年8月1日，第1版。

48　鄒讜：〈論中共政黨國際的形成與基礎〉，《中國革命再闡釋》，頁35。

49　鄧小平：〈社會主義首先要發展生產力〉（1980年4月-5月），《鄧小平文選》第2卷，頁312。

50　金觀濤、劉青峰：《毛澤東思想與儒學》，頁33。原文為：「毛澤東思想和三民主義的基礎均是傳統文化深層結構與逆反價值之結合，這就使得三民主義做為最低綱領可以融入儒家化的馬列主義中，若儒家化馬列主義內部的科學主義、烏托邦主義和世界主義傾向減弱，它就會轉化為與三民主義類似的結構。抗戰時新民主主義的出現和一九八九年六四後中共

和「民生主義」，而在「民權主義」問題上，卻始終不肯放棄一黨專政的黨國體制（他們的「民族主義」也是以堅持黨國體制為前提的，即前文所說的「愛國即愛黨」），不肯真正實行人民主權和民主，而代之以「權為民所用」的開明專制，這都不是偶然的。在國民黨已經放棄了黨國體制的二十世紀八十、九十年代與二十一世紀，鄧小平及其後繼者對黨國體制的堅持與強化，自然特別引人注目與感慨。

我們再回到1981年〈決議〉後果的討論。應該怎樣看待〈決議〉的效用、意義？現在看來，這在當時就有分歧。胡耀邦在一封私人通信裡說：「中央現在的決策是：讓人們在歷史問題上冷卻一段，集中精力引導人們搞四化。四化上去了，那時再來回味一下歷史，可能更好些」。[51]那麼，〈決議〉是解決當下思想混亂問題的策略性文本，至少為後人的研究與討論留下餘地。但陳雲則明確表示：「一定要在我們這一代人還在的時候，把毛主席的功過敲定，一錘子敲定。〔……〕如果我們不這樣做，將來就可能出赫魯曉夫，把毛主席真正打倒，不但會把毛主席否定，而且會把我們這些作含糊籠統決議的人加以否定」。[52]這就是要利用手中的權力，以自己的認識，來「敲定」歷史評價，終結歷史研究、討論，壟斷話語權與歷史闡釋權；壟斷的目的，是要防止後人對自己的否定。這是典型的新文化專制，其背後是一種統治合法性、合道德性的危機感。鄧小平的態度很值得注意，他儘管心裡明白，對這段歷史的議論「將來也難以完全避免」（這一點，他比陳雲清醒），但他從統治的穩定需要出發，斷然宣布，決議一出「歷史上重大問題的議論到此基本結束」，要說也只能「談談對決議內容」的「體會」。[53]在決議通過以後，他立刻下令：「今後作為一個共產黨員來說，要在這個統一的口徑下來講話。思想不通，組織服

意識〔型〕態出現類似三民主義之變化均是例子」（括號內文字為編輯所加）。

51　胡耀邦給吳江的信（1981年2月9日），見吳江：《十年的路——和胡耀邦相處的日子》（香港：鏡報文化企業有限公司，1995），頁110。轉引自蕭冬連：《歷史的轉軌——從撥亂反正到改革開放（1979-1981）》，頁335。

52　轉引自胡喬木在中央書記處會議上的發言（1980年7月3日），見《胡喬木傳》編寫組編：《胡喬木談中共黨史》，頁75。

53　鄧小平：〈對起草〈關於建國以來黨的若干歷史問題的決議〉的意見〉（1980年3月-1981年6月），《鄧小平文選》第2卷，頁292-293。

從」。[54]而實際上他要求絕對「服從」的，不僅是共產黨員，而是包括所有的思想、文化、學術界的知識分子，以至整個中國大陸的老百姓。他要搞的，正是毛澤東當年大力推行的「輿論一律」的思想箝制。從此，毛澤東、毛澤東思想、毛澤東時代的歷史，包括反右運動、大饑荒和文化大革命，再加上鄧小平自己一手製造的「六四」大屠殺，都成了禁區，不准研究、不准進入學校教育，甚至不准議論。這就造成了影響深遠的嚴重後果。

首先是喪失了對毛澤東思想、毛澤東時代的歷史進行科學的清理和批判的歷史時機。在我看來，這構成了近30年中國政治、思想、文化、學術、教育的一個根本性的失誤。正是因為科學性批判的缺失，導致毛澤東時代所有悲劇的理念、觀點、思維方式，特別是體制，都基本不變，或者稍受衝擊以後，就以新的形態繼續維持，這就使得這些悲劇（包括反右運動、文化大革命）都隨時有重演的可能──事實上，在鄧小平時代和「鄧後時代」，大大小小、不同形態的「反右」、「文革」從來沒有停息過，1989年的大屠殺就是一次大爆發。

其二，設置禁區、不准研究、不准進入學校教育，這是實行「強迫遺忘」的思想、文化、教育，其後果就是完全割斷了年輕一代與歷史的聯繫，不僅不能吸取歷史的血的教訓，也無法繼承歷史的光榮的傳統，使得今天中國大陸的許多年輕人對反右、大饑荒、文革，對林昭、林希翎、張志新、顧準、張中曉……幾乎一無所知。這是一種新的愚民、新的蒙昧主義。當人們對其一無所知，就無法進行獨立的思考與判斷，也就最容易被迷惑，上當受騙。今天美化或妖魔化毛澤東時代的言論，在年輕人中都有市場，原因就在於此。

這就說到了另一個後果：將毛澤東思想簡單地分為「正確」與「錯誤」兩部分，絕對肯定前者、絕對否定後者，這種「非白即黑」、「非對即錯」的二元對立，遮蔽了毛澤東思想和毛澤東時代的複雜性與豐富性，很容易導致對毛澤東遺產的美化或妖魔化，我們至今也還在這樣的兩個極端間搖擺。

其四，以鄧小平個人的意志和意見來「敲定」歷史評價、處理歷史事件，不許議論，更不容改正，這就形成了新的「凡是」：凡鄧小平定性或處理的歷

54　鄧小平：〈在黨的十一屆六中全會閉幕會上的講話〉（1981年6月29日），《鄧小平文選》第2卷，頁383。

史事件，不僅是反右運動，還包括高饒事件[55]和「六四」，都不能動。這已經成為當下中國政治的一個難題，而歷史的舊帳不清，中國社會是談不上真正和解、和諧的。這就實際上將鄧小平置於高於黨和國家，高於《憲法》、法律，甚至高於歷史的地位。這走的正是毛澤東個人獨裁、「第一書記專政」的老路，也可能是毛澤東與鄧小平及其時代更為接近之處：毛澤東時代有反右和文革，鄧小平時代有天安門大屠殺，都是這種個人獨裁的結果。

現在，我們可以作一個小結。上個世紀八十年代初，共和國歷史正處於從「毛澤東時代」到「後毛澤東時代」的轉折時期，首先要解決的是如何對待「毛澤東遺產」的問題。這是一個思想空前活躍，也空前混亂的時期。經過一番複雜的鬥爭，鄧小平掌握了最高權力以後，他用黨的一紙〈歷史決議〉，強制統一了思想，又作出了新的歷史選擇。首先是對毛澤東基本思想、體制的堅守，這集中體現在他「堅持四項基本原則」上；同時，又對毛澤東治國方針、道路有所揚棄，而提出「以經濟建設為中心」，以「對外開放」和「發展中國特色的市場經濟」為核心的「改革開放」。這就是後來概括為「一個中心，兩個基本點」的鄧小平路線。

在我看來，這兩個基本點並不平衡。在鄧小平這裡，「四項基本原則」實質上是「體」、是根本的；而「改革開放」實質上是「用」，是服務、服從於前者的，當兩者間出現強烈緊張時，其真正的「中心」便會清楚顯現出來，這就是維護黨的絕對權力，其所以要以「經濟建設為中心」，是因為只有生產力發展了、人民收入增加了，才能鞏固黨的執政地位、獲得統治的合法性。[56]這可以說是支配著毛澤東之後幾代領導人的基本治國思路和政治、思想邏輯。也正因為是以維護黨的絕對權力為目標與動力，所以，所謂的「改革開放」必然是畸形的：「中國特色的市場經濟」蛻變為「權貴資本市場經濟」；「對外開放」

55　鄧小平在〈對起草〈關於建國以來黨的若干歷史問題的決議〉的意見〉裡，表示「揭露高饒的問題沒有錯。至於是不是叫路線鬥爭，還可以研究」。他這一句話，就成了定論。因此，儘管高饒事件的許多情況已經澄清，但就因其中涉及到了毛澤東、陳雲和鄧小平，只能懸置起來。鄧小平：〈對起草〈關於建國以來黨的若干歷史問題的決議〉的意見〉（1980 年 3 月 -1981 年 6 月），《鄧小平文選》第 2 卷，頁 293。

56　參看鄧小平：〈社會主義首先要發展生產力〉（1980 年 4 月 -5 月），《鄧小平文選》第 2 卷，頁 311-314。

蛻變為國內權貴資本與國際壟斷資本結成「夥伴關係」；「經濟發展」也就相應伴隨兩極分化和資源大浪費、生態大失衡，從而形成「破壞性發展」。

這樣，正是八十年代初，鄧小平作出了對毛澤東遺產既堅守又有所揚棄的決策，把中國帶入一個既有發展又弊端叢生、矛盾重重的新時代。

（二）社會民主運動（1978-1980）：改革與發展的另一種選擇和訴求

毛澤東時代有兩個特點，一是他的控制力直接到達其治下的每一個人，每一個普通人的命運，都和他息息相關；二是他讓每一個中國老百姓，都以不同形式，不同程度地捲入歷史運動、政治鬥爭，使得關心國家大事成為毛澤東時代中，幾代人共同的思維習慣。因此，在七十年代末、八十年代初，對毛澤東、毛澤東思想、毛澤東時代的評價，以及由此提出「中國向何處去」的發展道路選擇問題，不僅成為高層鬥爭的焦點，也同時成為全民議論的中心，真正形成了上、下的互動。如我們在前一講裡所討論的，事實上在文革後期，這些問題在民間社會，特別是在以知識青年和青年工人為主體的民間思想村落裡，已進行了充分的討論。現在，毛澤東的去世、四人幫的垮台，就提供了這些早有準備的民間思想者一個將自己的思考轉化為思想、政治、社會實踐的歷史機遇。於是，迅速形成了一個聲勢浩大的民間社會民主運動，而且在一開始是和黨內以鄧小平為首的改革運動相互配合的，這在共和國歷史上是唯一的一次。

1.「西單民主牆」運動

這場社會民主運動，是從「西單民主牆」開始的。1978年9月，為了要求為1976年的天安門「四五民主運動」平反，民眾將大字報（這是毛澤東在文革中給予的「民主」權利）貼在北京的繁華商業區西單的一道牆上，以表達對當時執掌大權的「凡是派」的不滿──「凡是派」拒絕平反的理由就是「這是毛澤東定的，不能動」。民眾鬱積已久的民主要求，終於找到了一個噴發方式，大字報、小字報迅速貼滿，可說是「忽如一夜春風來，千樹萬樹梨花開」，西單成了民間自由表達意見的中心，並隨之以「西單民主牆」之名而享譽一時。這樣的命名顯然與1957年的「北大民主牆」一脈相承：1978-1980年的中國社會民主運動，確實是1957年民主運動的繼承與發展，是共和國歷史上民間反抗

運動的第二個高潮，同時也成為第三個高潮──1989年天安門民主運動──的先聲。

有意思的是，這一次民主運動的骨幹，除了「四五運動」的積極分子（以王軍濤〔1958-〕為代表），更多是文革後期的民間思想村落的活躍分子。我們在上一講裡，所提到的王希哲（他是「李一哲」的重要成員）、徐水良、陳爾晉等，都成了運動的組織者或理論家。我們安順群體中，同學們都已熟悉了的杜應國，後來也參與其中，在理論上作出了自己的貢獻。還有許多運動組織者和骨幹，如徐文立（1943-）、魏京生（1950-）、胡平（1947-）、任畹町（1944-）等，這些人雖然沒有參加民間思想村落，但也是在文革後期的民間思考中，形成了自己的獨立思想。在這個意義上，我們可以說，1978-1980年的民間社會民主運動，是文革後期民間思考的自然延續和發展，或者說，文革後期的民間思考，為這次民主運動作了理論與骨幹的準備。

1978年「西單民主牆」的主要訴求，就是要衝破毛澤東的思想禁錮、要求思想的解放和自由。這裡有一個細節：我們貴州的詩人黃翔，和一群朋友成立啟蒙社，旗幟鮮明地提出：「必須否定文化大革命」、「必須對毛澤東三七開」。黃翔還在大街上發表演講，大呼：「新式偶像該不該砸爛？」群眾齊聲回答：「應該！」「精神長城該不該拆除？」群眾大聲響應：「應該！！」[57]──這是具有象徵性的，黃翔確實喊出了時代的呼聲。

關於「西單民主牆」，以及隨後出現的大批民間刊物（以《四五論壇》、《北京之春》、《探索》、《中國人權》為代表）的思想傾向，有人作過一個統計，發現其主要關鍵詞有三：一是「民主」──這是一股「社會主義民主」思潮；二是「人民」──他們的主要追求是「人民」權利，包括參與改革，成為改革主體的權利；三是「中國」──它內含著渴望國家和民族振興的強烈願望和民族主義情緒。[58]這很能說明八十年代初的社會民主運動的特質，它的動力顯然有二，一是文化大革命、特別是文革後期積累下來的以「社會主義民主」和「人民權利」為主要內容的社會變革的要求；二是「振興中華民族」，建立現代民族

---

57 黃翔：〈並非失敗者的自述〉，《喧囂與寂寞》（紐約：柯捷出版社，2003），頁216-217。

58 參見劉勝驥：《大陸民辦刊物的形式和內容分析：1978-1980》（台北：留學出版社出版，1986）。

國家的民族主義訴求──這兩方面都對以後中國的發展有著深遠的影響。但我們在這裡不作詳盡的討論，同學們如果有興趣，可以參看我的〈一九七八──一九八〇年大陸社會民主運動〉，文章就收在台灣出版的《我的精神自傳──以北京大學為背景》[59]一書裡。

我要強調的是，1978年9月「西單民主牆」出現時，中共正在召開中央工作會議ˇ，為十一屆三中全會作準備。黨內改革派在與掌權的「凡是派」的鬥爭中，極需民眾的支持，於是鄧小平公開表示支持西單民主牆，說：「我們沒有權利否定或者批判群眾發揚民主，貼大字報」。[60]但在基本上戰勝了「凡是派」以後，鄧小平就覺得社會民主運動超越了他所允許、所能夠控制的範圍，於是轉而進行打壓。他提出「堅持四項基本原則」，把曾經支持過他，他也一定程度肯定過的社會民主力量橫加「同台灣以及國外的政治力量相勾結〔……〕同社會上的一些流氓組織以及『四人幫』的一些黨羽相勾結」[61]的「反社會主義的分子」的罪名，[62]他首先抓捕了提出「人民必須警惕鄧小平成為新的獨裁者」的魏京生，[63]又於1979年12月正式宣布禁止在西單民主牆張貼大字報，並進而將在文革中寫進《憲法》中關於公民「有運用『大鳴、大放、大辯論、大字報』的權利」的條文取消[64]──我們已經說過，毛澤東在文革中實行的「大民主」，實質上是「黨賦民主」，而且容易導致群眾專政，與現代民主有本質上的不同，但是在高度集權的體制下，仍然是民眾發表自己意見，表示不滿的一個渠道。現在，鄧小平連這樣的渠道也加以封閉，又在事實上剝奪了《憲法》

59　錢理群：〈一九七八──一九八〇年大陸社會民主運動〉，《我的精神自傳──以北京大學為背景》（台北：台灣社會研究雜誌社，2008），頁221-330。

60　鄧小平接見日本社會黨委員長的談話，〈鄧小平副總理會見美國、日本朋友時指出 馬列主義、毛澤東思想是實現四化的指導思想／華主席為首的黨中央團結一致對四化充滿信心 黨中央批准北京市委關於天安門事件的決定。有錯必糾是我們有信心的表現〉，《人民日報》1978年11月28日，第1版。

61　鄧小平：〈堅持四項基本原則〉（1979年3月30日），《鄧小平文選》第2卷，頁174。

62　鄧小平：〈堅持四項基本原則〉（1979年3月30日），《鄧小平文選》第2卷，頁169。

63　魏京生：〈要民主還是新的獨裁〉，於1979年3月25日在西單民主牆貼出。

64　〈關於修改《中華人民共和國憲法》第四十五條的決議〉（全國人大五屆三次會議通過），1980年9月10日。轉引自蕭冬連：《歷史的轉軌──從撥亂反正到改革開放（1979-1981）》，頁245-246。

規定的出版、言論、結社自由，這就造成了民意的堵塞，極容易淤積矛盾與不滿情緒，因此到1989年就有了一個大爆發。更重要的是，鄧小平也就從此和民間社會改革力量割斷聯繫，從而失去了自上而下的改革和自下而上的改革相互支持、補充、制約的歷史機遇。

當然，民間社會民主運動不會立即退縮。在經歷了1979年和1980年上半年的低潮以後，在1980年下半年又掀起了新的高潮。其主要表現有二：一是以北京大學為中心的校園競選運動，一是以民間刊物為中心的「促進庚申變法」運動。

這裡需要補述一個重要的歷史背景：1977年中國恢復了在文革期間被毛澤東強令中止的大學入學考試。這幾乎改變了幾代人的命運，對「後三十年」中國的發展，特別是思想、文化、學術、教育的發展，產生了深遠的影響，這在近年已經成為一個熱門話題。但需要注意的是另一個重要方面，也是我們所要強調的：高考的恢復，使文革後期與文革結束初期湧現出來的「民間思想者」發生分流，一部分進入大學體制，隨後以競選為契機，發動了校園民主運動；另一部分則以民間刊物為陣地，堅持體制外的民主運動，而這兩部分又是相互支持、殊途同歸的。

2. 以北京大學為中心的校園民主運動

運動的發端，起於1980年的「直選」。依照1979年五屆人大二次會議[vi]對《選舉法》的修改決定，縣級人民代表將進行直接選舉，這顯然是推動中國社會民主化的一個重要舉措，立刻得到民間的響應。1979年下半年就開始試點，1980年更擴大了範圍。在復旦大學、湖南師範學院、貴州大學、山東師範學院等高校，都先後出現了競選活動。到1980年10月，北大學生和研究生單獨劃為一個選區，進行區人民代表的選舉，共有18名大學生、研究生站出來參加競選，他們把這次選舉看作是「實行社會民主化的最初步驟之一」，因此在發表競選宣言和演說時，自覺地就國內外重大政治、經濟、社會、思想、文化問題發表自己的政見，競選過程成了「對改革的一場大動員，大討論」，[65]並由此而形成了一次新的校園民主運動，和1957年的「五一九民主運

65　房志遠：〈對競選運動的總結〉，胡平、王軍濤等著：《開拓——北大學運文獻》（香港：田

動」遙遙呼應。也就是在這次競選中，有候選人明確提出了要為反右運動平反
的要求，並且稱讚當年的學生「右派」領袖是「青年政治活動家和理論家」，他
們「反對史達林主義」，試圖「走出一條中國式的社會主義的道路」，[66] 顯然是
自覺地充當 1957 年學生「右派」的繼承者。我也因此斷定，1980 年的校園競選
運動，是北大歷史上，以至現、當代學生運動史上，繼 1919 年「五四運動」，
1957 年「五一九民主運動」之後的第三次輝煌，同時也是 1989 年的天安門學
生運動的先聲。從另一個角度看，1980 年這一次以北大為中心的校園競選，
是中華人民共和國歷史上第一次，也是唯一的一次，非由黨掌控，而是由選
民自主行使《憲法》賦予的民主權利的真正的選舉，[67] 這在共和國的民主運動
史、憲政史上，具有重大的意義。

我曾經對主導這次運動的競選人作過一個分析，發現了他們的特點：一
是大都下過鄉，當過工人，有的還當過兵，有著深厚的底層生活經歷和經
驗，比較了解中國的國情：這就意味著他們是按照毛澤東培養年輕一代的方
式成長起來的，在他們身上或多或少地有「青年毛澤東」的身影。其二，他們
又是知青、青工中喜歡讀書、思考的一群人，可以說都是自學成才的──也
就是說，他們沒有受過完整的正規教育，是毛澤東在文革時中止大學教育的
受害者，他們現在聚集在北京大學，就是要進行「補課」，找回被毛澤東剝奪
了的學習青春。但從另一面看，自學正是毛澤東所提倡的學習方式，毛澤東
本人也是自學成才的；這也就是說，他們的自學道路又深受毛澤東的影響。
正是通過自學，他們或者較早地接受了西方思想的影響，或者在對馬克思主
義經典著作的閱讀中，有著自己的獨立思考。他們因此經歷了從「幼稚的狂
熱」到「理性的反思」的精神蛻變，對毛澤東、毛澤東思想、毛澤東時代開始

園書屋，1990），頁 8。

66　王軍濤：〈對解放後一些問題的看法〉，胡平、王軍濤等著：《開拓──北大學運文獻》，頁
　　92。

67　我對此有過一個分析：1980 年是一個特殊的機遇：「當時中國政治形勢尚不明朗，黨內外
　　各種力量都處在彼此膠著的狀態」，北大校園選舉正是在這樣的縫隙中獲得了一次獨立進
　　行的機會：當時的北京市委曾試圖干預，但北大黨委卻在胡耀邦主持的中共中央書記處的
　　指示下，採取了不干預的態度。參看錢理群：〈一九八〇年大陸校園民主運動──重讀《開
　　拓──北大學運文獻》〉，《我的精神自傳──以北京大學為背景》，頁 338-339。

有了新的懷疑和反省，從而成為文革後期民間思想者的佼佼者。他們中的有些人，進而參與了文革後期和文革結束初期的社會民主運動，從理論思考走向社會實踐，這也是毛澤東所倡導的——我們可以如此總結：八十年代初校園民主運動的推動者，他們和毛澤東之間存在著相當糾纏的關係，他們無疑是受毛澤東思想、革命意識形態的深刻影響，由毛澤東時代培養出來的一代人；但他們同時又是首先「走出毛澤東」，對毛澤東思想、毛澤東時代進行深刻反思、批判的一代人。

（1）對毛澤東、文化大革命的歷史評價

　　這一代人首先要面對，也是在競選中首先要回答的問題，就是對毛澤東的評價問題。當時有人對候選人作過一次調查，有兩個結果今天看起來特別有意思。一是問他們「毛主席是不是偉大的馬列主義者」。被調查的16位候選人除1人給予否定的回答，1人表示「待研究」，其餘14人都基本給予肯定，認為即使「犯了嚴重錯誤」，也不失其「偉大」。[68]但被問到「你現在最敬佩誰」時，只有1人回答：「還是毛澤東」，其餘都另有選擇。其中5人選擇了周恩來，還有1人選擇彭德懷，1人選擇陳雲。[69]其中一位競選者這樣解釋他的選擇：「中國有句古話：要想服人心，以德服為上，才服為中，力服為下，總理做人以德為重，主席服人以才為主，這就說明為什麼總理威望比主席高。至於四人幫林彪則是以力服人，所以誰也不服」[70]——這大概反映了文革剛結束時的人心所向。

　　毛澤東的威望在年輕一代中急劇下降，是因為文革剛剛結束，人們對於文革所帶來的災難記憶猶新，急於反思並上溯建國後的歷史，因此必然會產生許多疑惑，而且都指向毛澤東。在〈答辯會選民問條選登〉裡，還保留著當年的提問：「『沒有毛主席，就沒有新中國』，這一說法對嗎」；[71]「在他

68　據「北京大學競選人調查《競選風波》報導組」製表統計（1980年11月13日），胡平、王軍濤等著：《開拓——北大學運文獻》（附表二），頁300。

69　據「北京大學競選人調查《競選風波》報導組」製表統計（1980年11月13日），胡平、王軍濤等著：《開拓——北大學運文獻》（附表二），頁302。

70　房志遠：〈對一些問題的回答〉，胡平、王軍濤等著：《開拓——北大學運文獻》，頁167。

71　〈答辯會選民提問條選登〉，胡平、王軍濤等著：《開拓——北大學運文獻》，頁275。

〔錢註：指毛澤東〕死之前，全黨全國都跟著他走，全是『盲人行路順牆摸』嗎」；[72]「你是否認為赫魯雪夫把蘇聯人民從史達林的專制中解放出來，而今天華〔國鋒〕鄧〔小平〕正在把中國人民從毛澤東的專制下解放出來」（括號內文字為錢所加）；[73]「你認為毛澤東對文化大革命是否應負一定的法律責任？在文化大革命中毛澤東的錯誤和『四人幫』的罪行有何不同？」；[74]「文革中毛澤東打倒了八大中央委員中的七〇％，他依靠的左派僅有一〇％左右，另外二〇％是沒有打倒的文革反對者，毛澤東採取突然襲擊手法，凌駕在黨中央之上，分裂黨中央，這是不是反黨？」[75]──今天看來，這也是一個重要的歷史現場記錄：它反映那個特定的歷史時刻，「從毛澤東專制下解放出來」的渴望，深入理解他們剛經歷過的歷史的渴望，對曾經的「歷史定論」（如「沒有毛澤東就沒有新中國」）的懷疑；而一再強調毛澤東的「法律責任」，質問他「是否反黨」，則是針對當時正在進行的對四人幫的審判。鄧小平為首的執政者試圖將四人幫和毛澤東分割開來，既追究了文革的歷史責任，又保護了毛澤東：這樣的做法顯然在年輕一代中引發了更大的疑慮。所有這一切，都表明中國共產黨長期營造的毛澤東神話的動搖，以至破滅。這無疑是有積極意義的，當時就有候選人指出，對毛澤東、毛澤東思想的「重新考察」，必然引起對既定的一切觀念、理論、體制的「徹底的批判和審視」，[76]這是新一輪的思想解放，「是中華民族思想和政治改革與進步的重要標誌」。[77]

在破除了迷信、神話以後，如何科學地評價毛澤東的歷史地位，在競選人中間，卻產生了不同的意見。今天看起來，特別有意思的是，幾乎沒有人懷疑毛澤東是一個「偉大的革命家」。王軍濤指出：毛澤東「對我國新民主主義革命的勝利起到了從某種意義上看來是決定性的貢獻，是中華人民共和國的

---

72 〈答辯會選民提問條選登〉，胡平、王軍濤等著：《開拓──北大學運文獻》，頁275-276。

73 〈答辯會選民提問條選登〉，胡平、王軍濤等著：《開拓──北大學運文獻》，頁276。

74 〈答辯會選民提問條選登〉，胡平、王軍濤等著：《開拓──北大學運文獻》，頁276。

75 〈答辯會選民提問條選登〉，胡平、王軍濤等著：《開拓──北大學運文獻》，頁277。

76 王軍濤：〈我對毛澤東同志是否是馬克思主義者的評價〉，胡平、王軍濤等著：《開拓──北大學運文獻》，頁109。

77 王軍濤：〈我對毛澤東同志是否是馬克思主義者的評價〉，胡平、王軍濤等著：《開拓──北大學運文獻》，頁108。

主要締造者之一」，「不愧為偉大的中國革命家」[78]——這一評價可以說是當時的一個共識。

引發爭論的，是王軍濤的另一個評價：「毛澤東不是馬克思主義者」。他的理由是，毛澤東思想本質上是一種「空想社會主義」和「唯意志論」的結合，他推行英雄史觀，「沒有掌握馬克思主義的基本內涵，是他在社會主義革命和建設時期所犯嚴重錯誤的思想理論根源之一」，也決定了他只是一個「沒有掌握馬克思主義基本內涵的帶有歷史局限性的革命家」。[79] 王軍濤顯然還是在馬克思主義理論體系內部對毛澤東思想進行質疑，但在當時卻是石破天驚之論。王軍濤評價裡，還隱含著一個判斷，即對「新民主主義革命時期」的毛澤東基本肯定，而對建國後的毛澤東，無論其理論還是實踐，都持懷疑和批判的態度。這後來就成為得到許多人認同的，評價毛澤東的一種模式。

當時大家都認識到，對毛澤東的評價，不僅是一個尖銳的現實政治問題，而且涉及其實踐中錯誤背後的思想文化根源，以及許多更深層次的理論問題。但由於競選運動本身的限制，自然不能充分展開，因此，1980年的校園思考和爭論，只是一個開始，但當然也是一個重要的開始。相對而言，對文化大革命的爭論，展開得就更充分一點。

在前面已經提到，對16位競選人的調查中，在回答「文化大革命性質」時，有9人認為，這是一場「大反動」、「大混亂」、「浩劫」，傾向全面否定；不同的競選人又有不同的批判重點。其要點有二：

其一，指明文化大革命是一次「封建大反動」，並具體概括為「政治上封建法西斯專制，經濟上農業共產主義，思想上大一統的宗教式信條」[80]——這後來就成為八十年代批判文化大革命的主要模式，即所謂「反封建」論。

其二，認為文化大革命「是十七年〔錢註：指1949-1966年毛澤東統治的

78　王軍濤：〈我對毛澤東同志是否是馬克思主義者的評價〉，胡平、王軍濤等著：《開拓——北大學運文獻》，頁109。

79　王軍濤：〈我對毛澤東同志是否馬克思主義者的評價〉，胡平、王軍濤等著：《開拓——北大學運文獻》，頁109。

80　楊百揆：〈是「文化大革命」還是封建大反動？〉，轉引自〈「穩健改革派」——楊百揆〉，胡平、王軍濤等著：《開拓——北大學運文獻》，頁212。

歷史）的必然歸宿，兩者是同一社會模式的產物」。[81]論者具體分析說：特別是在反右運動以後，逐漸形成了「以階級鬥爭為綱」的基本路線，到文革就發展成為「無產階級專政下的繼續革命」的整套理論與實踐，是一條「反馬克思主義」的路線，其要害正是要強化「少數寡頭可以撕毀憲法〔……〕公民的人身自由、言論自由沒有任何保障〔……〕大小官僚主義者可以為所欲為」[82]的專制體制──這裡著意強調「文革」是「十七年的必然歸宿」，是抓住了中國政治的要害的。同學們可能還記得，我們曾經討論過，在文革期間就有過一個「十七年派」（以清華大學的「四一四派」為代表）。到八十年代，「十七年派」又在黨內改革派中形成一股很大的勢力，他們的改革目標和理想，就是恢復「五七體制」的統治秩序，他們的改革方針，就是「一切照十七年辦」。陳雲就是這樣的「十七年派」的代表，在各級黨組織裡也很有市場。

接受調查的16位競選人中，還有6人認為文化大革命是一場「失敗的革命」，「不能全部否定」──這是另一種「文革觀」。[83]

這樣的文革觀有三個相互關聯的觀點。首先是認定中國需要一場以「官僚主義者階級」為對象的「社會主義民主革命」，而毛澤東是「從蘇聯的鏡子中也看到了官僚主義的危險」，因此在1965年提出了「官僚主義者階級」的概念，他發動文化大革命的主觀動機，是要解決官僚主義者階級的問題。

其次，他們又認為，毛澤東的問題在於，他雖從蘇聯的鏡子中看到官僚主義者階級的危險，但他「沒有看見自己也是造成這樣矛盾〔錢註：指工人、農民和官僚主義者階級的矛盾〕的根源之一」，[84]這就決定了毛澤東在文革中僅僅對官僚體制進行了衝擊，企圖「用清洗基層幹部的方法來解決問題」，[85]而不肯從根本上觸及官僚體制，「文化大革命成了整人運動，而根本沒有觸及到社

81　王軍濤：〈對解放後一些問題的看法〉，胡平、王軍濤等著：《開拓──北大學運文獻》，頁97。

82　王軍濤：〈對解放後一些問題的看法〉，胡平、王軍濤等著：《開拓──北大學運文獻》，頁97。

83　據「北京大學競選人調查《競選風波》報導組」製表統計（1980年11月13日），胡平、王軍濤等著：《開拓──北大學運文獻》（附表二），頁298。

84　房志遠：〈對一些問題的回答〉，胡平、王軍濤等著：《開拓──北大學運文獻》，頁166。

85　王軍濤：〈對解放後一些問題的看法〉，胡平、王軍濤等著：《開拓──北大學運文獻》，頁96。

會結構、經濟基礎的變革」，[86]其結果就是打倒了舊權貴，體制還是舊的，就必然源源不斷地培養出新權貴，而「新權貴比舊權貴往往更貪婪、更腐朽、更無能」，[87]就不得不把舊權貴重新請回來，因此文化大革命是「一場失敗的革命」。

其三，論者強調，文化大革命的失敗，就意味著「官僚主義者階級」和「工人、農民和其他勞動群眾」之間的矛盾，不但依然存在，而且有變本加厲的危險。由此得出的邏輯結論是：「如果官僚體制不徹底改革的話，我們的兒子、孫子也許還會重新舉起文化大革命的旗幟。當他們受官僚主義氣時，就會想起文化大革命中當權派在群眾面前俯首貼耳的情景，那時他們就會忘記文化大革命所造成的一切惡果」[88]——對照30年後今天中國的現實，真是不幸而言中。當然歷史也不會完全重演，面對今天的「官僚主義者階級」（我們通常稱為「權貴資本階層」），我們或許應該採取一種新的方式，文化大革命的「惡果」畢竟是不能忘記的。

1980年發出的另一個呼聲是：「無論在『文革』初期、中期和末期，都曾湧現出一批主張在真正的馬克思學說指引下，進行社會體制改革的戰士，他們是今天思想解放運動的先驅。他們之中的許多人早已慘遭殺害，許多人至今下落不明，但是公正的歷史將不會把他們遺忘」。[89]我們今天的問題，恰恰是由於1981年黨的一紙〈歷史決議〉簡單地否定了文革，又把文革列為禁區，文革中的改革先驅者就被強迫遺忘了。

（2）對中國改革和發展道路的另一種選擇與期待

對中國改革和發展道路的選擇與期待，是1980年校園民主運動的另一個重點。當時中國正處在一個歷史的十字路口。儘管「中國必須改革」已經成為一個共識，但改革的方向、道路，卻是意見紛紜。我們曾經說過，在文革所謂的「全民參與」中，其實是分為不同利益群體的，他們組成各種群眾組織，

86　房志遠：〈怎樣評價毛澤東？〉，胡平、王軍濤等著：《開拓──北大學運文獻》，頁159

87　王軍濤：〈對解放後一些問題的看法〉，胡平、王軍濤等著：《開拓──北大學運文獻》，頁96。

88　房志遠：〈對一些問題的回答〉，胡平、王軍濤等著：《開拓──北大學運文獻》，頁166。

89　王軍濤：〈對解放後一些問題的看法〉，胡平、王軍濤等著：《開拓──北大學運文獻》，頁98。

提出自己的利益訴求，和文革的發動者毛澤東產生複雜關係，也因此有著不同的命運。其實，改革運動也同樣如此。特別是在七十年代末、八十年代初改革方向未定之時，各利益群體都在提出自己的利益訴求，以圖影響以後改革發展的方向。我們在前面分析了鄧小平的選擇，就是以維護黨的執政地位為核心、出發點與歸宿的，顯然代表了黨的既得利益集團的利益。黨內的另一些人，如胡耀邦、趙紫陽等，他們依然保持了與普通百姓，特別是與農民的血肉聯繫，因此他們所要推進的改革，是以維護底層人民的利益、造福於民為指歸的。這樣，他們最後為鄧小平、陳雲為首的黨內元老派所不容，就是必然的。黨內鬥爭的背後，是不同利益群體之爭。

問題是，在中國一黨專政的體制下，不同利益群體不可能通過政黨政治的方式來表達自己的利益訴求、為自己的利益進行鬥爭，而只能採取更為曲折的方式，例如黨內鬥爭的方式，以及民間社會運動的方式。從這一角度來看，1980年的校園民主運動就顯出了特殊的意義。如前所分析，這一代大學生是接近中國社會底層的，並且有代表公眾利益，著眼於國家、民族的長遠健全發展，而非某個既得利益集團的眼前利益的高度自覺。他們正是要在「改革」成為一種潮流，甚至成為時尚，人人「咸與維新」的時候，發出自己的聲音，提出對中國改革的目標、方向、路線的獨立要求。

許多競選人從一開始就十分自覺地維護社會底層的勞動者，工人、農民的利益和權利。這自然和他們自身就當過農民、工人的經歷有關，同時也是出於他們的社會主義理想。一位競選者說得很清楚：在思考中國的改革時，首先要問：「工人、農民現在想得更多的是什麼？他們要求快一些得到更多的經濟利益，並要求有多一些自己能行使的政治權力」。[90]他強調：知識分子只有「將自己的遠見卓識和工農淺近目標結合起來，才能共同組成改革的社會的巨大力量」。[91]這是一個重要提醒：如果改革不能滿足工人、農民的要求，給他們權利，甚至還反過來損害他們的利益，剝奪他們的權利，那改革就會變質。這一提醒的意義，今天已經看得很清楚了。

一位競選人認為，「二十多年的高度集中、統制（計劃）的經濟結構，造成

90　張煒：〈我的社會改革觀〉，胡平、王軍濤等著：《開拓──北大學運文獻》，頁123。

91　張煒：〈我的社會改革觀〉，胡平、王軍濤等著：《開拓──北大學運文獻》，頁123-124。

勞動者的人身半依半附狀態」，因此，當務之急是通過經濟改革，發展「統一的市場」、「社會主義商品化」，使勞動者獲得「人身自由」，民主才有根基：這是中國改革的關鍵。[92]另一位競選人則具體提出了職工代表大會行使企業管理權、組織獨立工會、制定勞動保護法、制定失業保險和救濟制度等工人四大權利要求。[93]一位競選人還提出了「改革的方向與原則是勞動群眾的自下而上的民主自治聯合」的理想[94]——「勞動者的權利」問題，本來是文革後期民間思想者最為關注的問題，現在作為中國改革的方向問題提了出來，意義自然重大，但卻被以後實際的改革運動所忽略，這其中包含了深刻的歷史教訓。

1980年北大競選人關注的另一個重心，是知識分子的地位與權利訴求。他們所要強調的是，「知識份子是一個代表先進生產力的階級，它今天已經獨立登上歷史舞臺」，隨著「科技成了主導工農業發展方向的部門」，知識分子也必然掌握社會改革的主導權。[95]對知識分子獨立、主導地位的確認與強調，這是共和國歷史上的第一次，意義自然十分深遠。正是出於此種全新的知識分子觀，他們對於思想、言論、出版的自由權的要求，當然具有首要的意義：這是知識分子和社會自由發展的前提條件。因此，有競選者提出，要以推動選舉，爭取言論、出版自由作為改革的「關鍵的一環」，[96]撬動整個改革運動的「支點」，並得到北大選民的廣泛認同。[97]

在一定程度上，我們可以說，1980年的校園運動所要表達的，主要是

92　〈「穩健改革派」——楊百揆〉，胡平、王軍濤等著：《開拓——北大學運文獻》，頁206-208。

93　夏申：〈經濟弊病和改革——論整體現代化之二〉，胡平、王軍濤等著：《開拓——北大學運文獻》，頁184-185。

94　楊利川：〈主要觀點介紹〉，胡平、王軍濤等著：《開拓——北大學運文獻》，頁240。

95　房志遠：〈對一些問題的回答〉；楊百揆：〈「穩健改革派」楊百揆〉，《開拓——北大學運文獻》，頁163、210-211。

96　胡平：〈競選宣言〉，胡平、王軍濤等著：《開拓——北大學運文獻》，頁15-16。

97　我曾說過，〈論言論自由〉是「一九八〇年的北大及中國校園民主運動的理論代表作，而且可以看作是七〇年代末開始至今的中國民間民主運動的主要理論成果之一」。錢理群：〈一九八〇年大陸校園民主運動〉，《我的精神自傳——以北京大學為背景》，頁381。後來，胡平也因此當選為海澱區人民代表。因為篇幅所限，我們不能對〈論言論自由〉所涉及的重大問題進行討論，有興趣者可以參考我的文章，錢理群：〈一九八〇年大陸校園民主運動〉，《我的精神自傳——以北京大學為背景》，頁331-411。

知識分子和工人、農民勞動群眾這兩大群體的利益訴求，他們對中國改革方向、發展道路有所選擇和期待，並且自覺地將他們視為中國改革的基本動力。這樣的訴求與選擇，主要有兩個方面。

(i)「一切為了人」：要求「整體現代化」和政治、經濟、思想、文化的全面改革

　　這是得到眾多選民支持的一篇競選宣言：

　　改革的起點和動力是人，改革的歸宿點和目的也是人，現在的中國人，廣大工農、知識份子和一般幹部都不同程度地感受到社會的壓抑。他們渴望經濟上的物質利益，政治上的民主權利，思想上的自由發展。他們的要求是全面的，只有社會整體的改革，實現整體現代化──經濟現代化、政治民主化、思想現代化──才能實現人的全面發展。[98]

這裡所表達的，正是「受壓抑」的「廣大工農、知識分子和一般幹部」的要求，其矛頭所指是毛澤東時代的「貧困社會主義」、政治上專制和思想控制。而我們要著重討論的，是其中蘊含的兩個重要思想。

　　首先是「一切為了人」的命題，這是對鄧小平提出，響亮一時的「四個現代化」（工業、農業、科技、國防現代化）和「小康社會」的目標的質疑：「『四化』口號恰恰忽視了社會的主體──人。忽視了社會生產的根本目標──人的需要」。[99]這裡的問題是：發展生產力、實現四個現代化的目的是什麼？其中又隱含著兩個問題：社會生產發展了，國家富裕了，達到了「小康社會」，但這就等於「小康之家」、實現了人民富裕了嗎？物質富裕難道就是我們的全部追求嗎？總之，「生產力能直接給我們帶來社會和諧、家庭的幸福和個人精神情感的充實與豐富嗎？」[100]這裡有著雙重質疑，一是對毛澤東提出、為鄧小平所繼承與發展的「富國強兵」，要求人民為國家發展作出「犧牲」的發展道路

98　〈怎麼辦──關於整體改革的提綱，兼與其他競選人商榷〉，胡平、王軍濤等著：《開拓──北大學運文獻》，頁174。

99　夏申：〈四化質疑──論整體現代化之三〉，胡平、王軍濤等著：《開拓──北大學運文獻》，頁189。

100　夏申：〈一切為了人──論「整體現代化」之一〉，胡平、王軍濤等著：《開拓──北大學運文獻》，頁177。

的質疑；另一則是對西方現代化道路的反思：「在西方高度物質生活水平條件下，精神危機又成為引人注目的社會問題。造成這種現象的重要原因之一，就是個性的發展脫離了人的群體性〔……〕西方現實給了我們一個深刻的啟示，以物質財富的增加做為社會發展目標，不能使人得到全面的幸福」。[101]

「全面的，社會整體改革」問題的提出，則是傳達了一種普遍的隱憂。如一位競選者所指出的：「我國的改革應該是全面的改革，而不應是局部的、片面的，中國現存的不合理結構有各方面的弊病，它們錯綜複雜地結合在一起，牽一髮而動全身〔……〕政治、經濟的改革必須並肩前進、相互配合」，[102]而現實的危險恰恰是不敢觸及政治改革的、單一的發展經濟的路線。

問題正在這裡：是推行全面的改革，實現社會整體現代化（經濟現代化，政治民主化，思想現代化），以促進人的全面發展？還是以富國強兵為發展目標，推行單一的、發展生產力的經濟改革，在其結果必然是在物質豐富的同時，又造成對人的新的奴役：分配的兩極分化，全社會的精神危機？——1980年的中國，正處在這樣的十字路口。

（ii）爭取人民權利，實現自下而上與自上而下的改革的結合

1980年校園民主運動的另一個響亮口號是「爭取人民權利」。除了前面所談到的勞動者和知識分子所要求的人身自由，思想自由，言論、出版自由，結社自由，勞動管理和保護的權利……等等具體自由與權利外，還著重提出了「以權利制約權力」的原則和要求：「凡是需要權威的地方，必然需要一種對這種權威的制約；凡是需要權力集中與強制的地方，必然需要一種相應的牽制與平衡」。[103]這同樣是有針對性的，如論者所說，在中國長期流行著一種「專制比民主更為可取」的理論：「在使一個經濟落後的國家迅速發達的起飛過程中，一小批堅強有力、富有遠見的、掌握大權的領導者，通過『強迫把羊群趕進牧場』的專制手段，較之於聽任那些不懂得自己真實利益之所在的芸芸眾

---

101 夏申：〈一切為了人——論「整體現代化」之一〉，胡平、王軍濤等著：《開拓——北大學運文獻》，頁181。

102 王軍濤：〈我的社會改革觀〉，胡平、王軍濤等著：《開拓——北大學運文獻》，頁84。

103 參看胡平：〈論言論自由〉，胡平、王軍濤等著：《開拓——北大學運文獻》，頁57。

生漫無節制的要求，變化無常的意見，更能夠取得直截了當的成功」。[104]這樣的「落後國家的集權發展觀」，正是毛澤東的「用野蠻方法實現現代文明」的理論依據，並且給中國的發展帶來嚴重後果。如論者所說：「對於這樣一種權力，人民既沒有力量糾正它早期不嚴重的錯誤（除非這個無限權力自己願意糾正），更沒有力量阻止它後來的擴張（如果它繼續擴張的話）。這樣一種無限權力排除了一切通過人民的力量以正常程序進行自我調節的可能性，人們幾乎只能坐視它把國家引向任何地方」。[105]同學們很容易就能聯想起我們講過的那段「由大躍進到大饑荒」的歷史。正是基於這慘痛的歷史教訓，1980年的競選者發出了這樣的呼籲：「為了防止權力濫用、防止權力變質；同時也為了權力更加有效地發揮其應有職能，我們必須明確權力的行使範圍」，保證人民權利，以權利制約權力。[106]但他們大概也沒有想到，此後中國的改革，卻仍然依照這種用不受制約的權力發展經濟的「開明專制」道路，同樣失去一旦發生錯誤，能夠「通過人民的力量以正常程序進行自我調節的可能性」；「六四」屠殺的悲劇就是這麼產生的——不過這都是後話。

擺在1980年的民間改革者面前另一個更加現實的問題，是如何爭取改革的參與權，從而實現由中國共產黨主導的、自上而下的改革運動，與有廣泛民眾參與的自下而上的改革運動的「上下結合」。[107]也就是說，這些民間改革者並無意挑戰共產黨對改革開放的領導權，只是要求獨立的參與權、監督權，他們期待的是黨、國家和民眾合作的和平的、漸進的改革。這不僅可以加強改革的民眾基礎，而且更是以權利制約權力，防止權力的濫用與腐敗。同學們可能還記得，這樣的上下結合也是1957年的「右派」所期待的，而1980年的民間改革者卻有著更大的自覺。因此，他們從一開始就明確提出，中國的民間改革力量在參與改革時，必須有自己「獨立的活動」，發展自己的「獨立自主力量」，「改革成功的標誌就在於：〔民間〕改革派能夠不托庇於權力而存在和發展」（括號內文字為錢所加）。[108]但在中國，這卻是一個不能實現的

104　參看胡平：〈論言論自由〉，胡平、王軍濤等著：《開拓——北大學運文獻》，頁71。

105　胡平：〈論言論自由〉，胡平、王軍濤等著：《開拓——北大學運文獻》，頁57。

106　胡平：〈論言論自由〉，胡平、王軍濤等著：《開拓——北大學運文獻》，頁76。

107　房志遠：〈對一些問題的回答〉，胡平、王軍濤等著：《開拓——北大學運文獻》，頁166。

108　胡平：〈論言論自由〉，胡平、王軍濤等著：《開拓——北大學運文獻》，頁75。

夢想，因為一黨專政的國家體制並不允許黨所不能控制的獨立的民間力量存在，這就註定了1980年的校園民主運動也和1957年的校園民主運動一樣，只能短暫地存在於一個瞬間，但這瞬間卻能照亮歷史。

3. 以民間刊物為中心的社會民主運動的再度興起

前面已經說過，1979年12月取締西單民主牆，民間社會民主運動就進入了一個低潮中的堅守時期。人們通過《學友通信》（王希哲1980年2月創辦於廣州）、《學習通訊》（徐文立1980年7月在北京編輯出版）的方式，對前一段的街頭政治運動中來不及討論的重大問題進行理論性的探討，同時也是一次自我精神的清理，作一次「價值重估」，以實現「精神的蝶變」。其中最重要的，就是對毛澤東思想的批判，對毛澤東與民間思想者之間的關係的清理。

（1）關於「毛澤東後期可貴思想」的論爭

關於「毛澤東後期可貴思想」的論爭這個問題，是由一位社會民主運動的骨幹，當時是河南大學哲學系的學生顧晉軍（生平不詳）在1979年12月給王希哲的一封信裡提出的：

> 毛澤東同志的偉大之處，不正是在於，他對他自己親自建立的國家採取了批判態度，衝擊了一個他之所以稱為主席的黨。這在世界上，在歷史上有幾個人能夠這樣做呢？我們姑且不談這種批判態度怎樣，有誰能否認它需要勇氣和魄力呢？毛澤東是從中國的大地產生的，毛澤東和現代中國息息相關，他是現代中國的化身，也是中國矛盾的體現者，在這樣的典型人物的身上，難道就看不到中國現代的要求？看不到中國革命，不存在難能可貴的思想？[109]

其實，這一評價包括兩個方面，一是強調毛澤東在文革中對黨的官僚體制的衝擊，這內含著毛澤東的「無產階級專政條件下的革命」理論與實踐，即所謂「毛澤東後期可貴思想」；另一則是強調毛澤東思想裡的「中國現代的要求」與「中國革命」的意義。但在1980年引起關注的只是前一方面，因此，接著展開

---

109 顧晉軍：〈談毛澤東同志後期可貴思想〉（1980年2月），載王希哲主編：《學友通訊》1980年創刊號。轉引自杜應國：《奔突的地火——一個思想漂泊者的精神旅程》，未刊稿。

的是關於「毛澤東後期思想」的爭論；而後一方面，關於毛澤東思想和中國現代性的關係，要到九十年代所謂「新左派」興起時，才會引起關注。

毛澤東的後期思想之所以在1980年特別受到關注，是因為它在民間思想者中確實有很大影響。我在前一講裡也說過，我和我的安順朋友一直是毛澤東後期思想的堅定信奉者和維護者；其實，前面介紹的北大競選中，一部分人把文革視為「失敗的革命」，其重要理論依據就是毛澤東後期思想。王希哲，這位1980年社會民主運動的重要骨幹，也正是看到這一點，在1980年初，提出對毛澤東後期思想要「給予及時的清算」，進而進行「毛澤東思想的批判」[110]——在我們的歷史敘述裡一再談到，中國的民間思想者都直接受到毛澤東的啟示和影響，他們都曾經是不同程度的毛澤東主義者；但如果把他們的信念堅持到底，就必然和毛澤東發生衝突，從而引發決裂。這一「走出毛澤東」的過程，有的如林昭、《星火》群體，他們從反右運動之後開始了這個過程，在大饑荒年代就已完成；但更多的人則要到文革中、後期才完成，比如我們已經介紹過的陸文秀、王申酉，就是其中的代表。八十年代初的社會民主運動提出「毛澤東思想批判」的任務，則是更為自覺地要從理論上和自己的「精神教父」決裂，這是中國民間思想者、民間社會運動，在思想上走向獨立的必然要求和重要標誌。

八十年代初，由民間思想者提出「毛澤東思想批判」，這在當代思想、文化史上更具有特殊的意義。如前所述，此時鄧小平正要藉助黨和國家權力，用黨的一紙〈歷史決議〉來中止對毛澤東、毛澤東思想、毛澤東時代的評價、研究和討論。因此，1980年關於「毛澤東後期思想」的論爭，就是一次衝破禁區的自覺努力，顯示了歷史責任感和膽識。

這一次爭論的主要理論成果包括：1980年2月刊登在《學友通信》創刊號上的「顧晉軍的通訊」，和發表於香港《七十年代》1981年第2期的王希哲的〈毛澤東與文化大革命〉（1980年10月–11月作），發表於《七十年代》1981年4期的杜應國的〈評王希哲〈毛澤東與文化大革命〉〉（1981年2月作）。杜應國後來又寫有〈毛澤東的理論失誤與文化大革命〉（1989年）、〈顛倒的革命——讀《文化大革命的起源》有感〉（1996年），這是對毛澤東思想和文化大革命連

---

110 見杜應國：《奔突的地火——一個思想漂泊者的精神歷程》，未刊稿。

續16年的清理，雖已在我們討論的歷史時期之外，但為了清理這一思想精神歷程，下面的討論，將以寫於1980、1981年的王文和杜文為主，也會涉及杜應國以後對此的某些分析。

如杜應國所說，王希哲的〈毛澤東與文化大革命〉的突破性貢獻，是它揭示了毛澤東思想的兩個本質性特徵：「農業社會主義」和「集權專制主義」。[111] 他並且這樣分析：作為一個落後農業國家的知識分子，「社會主義」對毛澤東和他那一代知識分子來說，是具有雙重意義的：既可以「救亡圖存，富國強兵」——這是他們追求的現代化目標；又可以「擺脫資本主義的災難」——這一代人具有幾乎本能地「拒斥資本主義」的心理。從前者出發，他們「要求集中統一，要求用行政權力來推動經濟活動」，就必然要接受以至捍衛「斯大林體制」；從後者出發，他們要求建設超越資本主義的「純淨社會主義」，必然走向「農業社會主義」的「空想社會主義」，既「排除小生產的一切弱點」、反對單幹和所謂「自發資本主義」，又保留、發展「小生產的一切優點」，追求所謂「自足自給」的封閉式發展與絕對平均主義的「平等」，以及在落後生產力水平上，拒絕社會分工的所謂「人的全面發展」。同時，將民主、自由、人道、人權、法制等都視為資本主義思想和法權而加以拒絕，從另一個角度強化了專制體制。[112]

在王希哲和杜應國看來，毛澤東思想的這兩個基本特徵，同樣也是所謂「毛澤東後期思想」的核心。

需要澄清的是兩個基本理論與實踐問題：如何看待毛澤東在文革中提出的「中華人民公社」的理想，以及文革中用「大民主」的方式對「走資本主義道路當權派（官僚主義者階級）」的衝擊。在一些人看來，這都是毛澤東後期思想中的精髓。

王希哲和杜應國指出，毛澤東在文革中提出的集「工、農、兵、學、商」為一體，熔「黨、政、軍、民、學」為一爐的「中華人民公社」的理想社會模式，實際上是「試圖把現代的生產手段和交換手段硬塞到一個幾分是幻想、

---

111 見杜應國：〈評王希哲《毛澤東與文化大革命》〉，載香港《七十年代》1981年第4 期，署名「畢博」。轉引自杜應國：《絕地困守（自選集）》，未刊稿。

112 杜應國：〈毛澤東的理論失誤與文化大革命〉，杜應國：《絕地困守（自選集）》，未刊稿。

幾分是對陳舊生活形式的抄襲的社會形式中」，[113]其實就是馬克思、恩格斯在《共產黨宣言》裡所批判的「封建社會主義」。這種本質上具有反動性的空想，自然無法實現，也必然遭到黨內外的廣泛抵制，但這卻是毛澤東所不允許的。為了排除主要來自黨內官僚和知識分子的「干擾」，就需要實行領袖獨裁。文化大革命就是這樣一個旨在建立「以他〔錢註：指毛澤東〕個人專制為特徵的農業社會主義的烏托邦」的「革命」，[114]是一次用暴力手段實行的規模空前、卻也是災難空前的「空想社會主義」、「軍事共產主義」試驗。這是社會主義史上「第二次空想社會主義」實驗，絕不是一個社會主義國家擺脫蘇聯官僚化絕境的嘗試。[115]

關於文革中用「大民主」形式衝擊「官僚主義者階級」，杜應國作了比較複雜的分析。他一方面指出，「官僚主義者階級」概念的提出，確實為群眾中鬱積的，對黨官僚和官僚體制的不滿而導致的反抗，提供了一個理論的依據，「在一個缺乏任何民主保障和民主權利的國家，這種以四大自由（大鳴、大放、大字報、大辯論）為標誌的大民主還是有其合理性的一面」。[116]但他同時強調，作為毛澤東思想體系和文革實踐中所謂「官僚主義者階級」的概念和「大民主」之間，存在著一些根本性的謬誤。

主要有兩個方面。其一，作為毛澤東革命對象的「官僚主義者階級」（文革中又稱「走資本主義道路的當權派」），並不是人們通常理解的官僚特權階級，而是那些對毛澤東「農業社會主義」（具體表現為總路線、大躍進、人民公社等實際運動）不甚理解、甚至有一定程度的抵制的黨幹部。因此，他們的主要罪狀都是執行所謂「修正主義」的政治、經濟、文化、教育路線。毛澤東實際上是要利用群眾本能的反官僚體制要求，來掃除他推行「農業社會主義」的障礙、實現個人獨裁的目的。這就是毛澤東在文革中一面高舉「反官僚」的旗幟，一面卻根本不觸及產生官僚主義與特權的體制，也沒有進行任何實質

---

113 杜應國：〈評王希哲《毛澤東與文化大革命》〉，載香港《七十年代》1981年第4期，杜應國：《絕地困守（自選集）》，未刊稿。

114 王希哲：〈毛澤東與文化大革命〉，載香港《七十年代》1981年第2期，轉引自杜應國：《奔突的地火──一個思想漂泊者的精神歷程》，未刊稿。

115 杜應國：《奔突的地火──一個思想漂泊者的精神歷程》，未刊稿。

116 杜應國：〈顛倒的革命──讀《文化大革命的起源》有感〉，未刊稿。

性的政治、經濟、思想、文化體制的改革，甚至在最後將打倒的官僚全部請回的原因所在。[117]

其二，所謂「大民主」，實際上是要用群眾運動的方式來解決黨內矛盾，而其「絕對的、須臾不可離的前提」則是「擁護毛澤東」。因此，「我們所看到的是一個極為矛盾的現象：一方面是極度民主，一方面是極度專制」，實質上是要「讓八億個意志統一為一個意志」，「這是民主呢，還是專制？」在這「現代迷信」的最強音中，更顯示了「大民主」它「本身所具有的專制性」。文革所要建立的「新秩序」，是「領袖專制」與「群眾專制」直接結合的「全面專制主義」——這就是文化大革命中的「大民主」的實際作用與實質。[118]

因此，毛澤東之所以發動文化大革命，無論是其指導思想，還是實踐結果，都強化了一黨專政的官僚體制。這是我們必須正視的歷史基本事實，不能將其理想化。當然，作為一個攪動了整個中國社會的空前的大「革命」，文化大革命的實際運動過程及效應，則是複雜的。杜應國對此有深刻的分析。其中特別有啟示性的，是這樣的觀察：「文化大革命的發生，正如恩格斯所說的那樣，是由『無數相互交錯的力量』，『無數個力的平行四邊形』交互作用的結果」，「在毛澤東的『第一推動』下」，「它以一種任何革命都不可能有的方式，把中國社會中隱藏得最深刻的矛盾都徹底地暴露出來了」，而且「得到惡性的發展」：「本來還不尖銳的，現在尖銳起來了」，「本來在壓抑狀態下表現良好的，現在則惡化了」。「同時，各種力量的相互衝擊、彼此摩擦，也大大增強了社會各階層和集團的防衛能力和自我意識。人們——不管是官僚還是人民，都更加懂得了怎樣去捍衛自己的利益。所謂『思考的一代』的崛起和官僚階層的自覺，從不同方面證實了這一點」[119]——或許這正是文化大革命的真實意義和歷史作用所在吧。

至少這有助於我們理解鄧小平所代表的黨的利益集團和社會民主運動之

---

117 杜應國：〈毛澤東的理論失誤與文化大革命〉，未刊稿，杜應國：《絕地困守（自選集）》，未刊稿。

118 杜應國：〈毛澤東的理論失誤與文化大革命〉，未刊稿。杜應國：《絕地困守（自選集）》，未刊稿。

119 杜應國：〈評王希哲《毛澤東與文化大革命》〉，載《七十年代》1981年第4期，文收杜應國：《絕地困守（自選集）》，未刊稿。

間的衝突：他們都通過文化大革命認清了自己的基本利益之所在。對鄧而言，就是無論如何也要維護黨「不容分享、不允許任何挑戰」的「絕對領導」，即一黨專政，這是他無論如何也要維護毛澤東旗幟的基本原因。社會民主運動也正是通過對於毛澤東思想和文化大革命的批判和清理，更自覺地意識著、把握著這個時代性歷史使命──最終要結束毛澤東所建立的一黨專政。

我們說過，從事社會民主運動的這一代人是在毛澤東教育、影響下接受社會主義理想；現在，他們又和毛澤東的「農業社會主義」、「空想社會主義」和「集權專制的社會主義」發生了深刻的決裂，導致了他們中有些人走向「社會民主主義」，有些則走向了「自由主義」的道路。

這裡，要略說幾句的是，八十年代初社會民主運動中，越來越凸顯出了社會民主主義傾向。此傾向與他們當時開始接觸到托洛斯基、布哈林（Nikolai Bukharin，1888-1938，蘇聯）、考茨基、伯恩斯坦（Eduard Bernstein，1850-1932，德國）等為代表的社會主義運動中的「異端思潮」直接相關。據杜應國回憶，在1980年初，義大利共產黨葛蘭西學院在羅馬召開了一次布哈林國際學術討論會，國內學者蘇紹智（1923-）應邀到會，歸國後寫了篇會議側記，發表在《編譯參考》第十期上，首次向國內學術界報導了國外布哈林研究的情況，引發了國內學界的布哈林研究熱。[120]杜應國在此思潮影響下，先後寫出了〈科學社會主義研究提綱〉、〈論托洛斯基反對派──俄共（布）思想鬥爭初探〉等文，於1980年7月和1981年初先後發表在北京和上海的《學習通訊》等民間刊物上。杜應國明確提出，要對國際共產主義運動中論戰的「歷史公案」，「對許多理論重新進行認識」。[121]最重要的是，要「及時吸取新養料，對二戰後迅速在歐洲社會興起和壯大的社會民主主義思潮作出正確估價和吸收」。[122]這樣，長期處在封閉狀態、孤獨地思考與探討馬克思主義和社會主義發展道路的中國民間思想者，終於和世界社會民主主義思潮取得了精神的聯繫。這無疑是具有重大意義的。王希哲也回憶說，他1980年6月在和另一位民主運動骨幹傅申奇（1954-）見面時，就達到了這樣的共識：「我們一致贊同考茨基、

---

120 轉引自杜應國：《奔突的地火──一個思想漂泊者的精神旅程》，未刊稿。

121 杜應國：〈致學友的信〉，載徐文立主編：《學習通訊》1980年第1期（創刊號），文收杜應國：《絕地困守（自選集）》，未刊稿。

122 杜應國：《奔突的地火──一個思想漂泊者的精神旅程》，未刊稿。

伯恩斯坦、盧森堡對布爾什維克的批評，認為實行社會民主主義，才是當今
國際共產主義擺脫困境的唯一出路」[123]——我們之前的歷史敘述裡，已經說
到了1957年北大校園民主運動中，林希翎等人的社會民主主義傾向；而1956
年，顧準在理論上也提出了要重新估價第二國際、社會民主黨及考茨基、伯
恩斯坦的思想、歷史地位的問題，他自己也在1957年前後醞釀「民主社會主
義」相關討論，並曾寫有論述「社會民主主義」的提綱初稿（未留存）；在1960
年的《星火》群體再一次舉起了「民主社會主義」的旗幟。而在1980年的社會
民主運動中，社會民主主義思潮的再度復興，這本身就構成了中國當代民間
思潮史的一條重要歷史線索。

（2）歷史的新機遇：推動「庚申變法」

我們已經多次說過，毛澤東時代的中國政治是瞬息萬變的，在鄧小平時
代也是如此。到了1980年6月，鄧小平為了黨內鬥爭的需要，吸取了中共元
老原統戰部部長李維漢（1896-1984）「要肅清封建主義的影響」的意見，[124]提
出了要進行政治體制改革的任務，並在1980年8月發表了〈黨和國家領導制度
的改革〉的講話批評毛澤東，說他「沒有在實際上解決領導制度問題以及其他
一些原因，仍然導致了『文化大革命』的十年浩劫」，[125]這似乎表明鄧小平試圖
解決毛澤東所沒有解決的體制問題。他指出，是「對經濟、政治、文化、社會
都實行中央高度集權的管理體制」造成了中國的官僚主義，「在加強黨的一元
化領導的口號下，不適當地、不加分析地把一切權力集中於黨委，黨委的權
力又往往集中於幾個書記，特別是集中於第一書記」，[126]這都在一定程度上觸
及「五七體制」的要害。因此，鄧小平提出，要「切實改革並完善黨和國家的
制度，從制度上保證黨和國家政治生活的民主化、經濟管理的民主化，整個

---

123 王希哲：《走向黑暗》，電腦刻印本，頁51。

124 石光樹：〈李維漢建議鄧小平肅清封建遺毒〉，《百年潮》1999年第5期。參看蕭冬連：《歷
史的轉軌：從撥亂反正到改革開放》，頁361-362。

125 鄧小平：〈黨和國家領導制度的改革〉（1980年8月18日），《鄧小平文選》第2卷，頁333。

126 鄧小平：〈黨和國家領導制度的改革〉（1980年8月18日），《鄧小平文選》第2卷，頁328-
329。

社會生活的民主化」，[127]首先要「保證全體人民真正享有通過各種有效形式管理國家、特別是管理基層地方政權和各項企業事業的權力，享有各項公民權利，健全革命法制」[128]——我曾經作過一個很有意思的研究：將鄧小平的這些論述和1957年的北大學生「右派」的言論一一對照，發現兩者在一些基本點上的認識是一致或相似的。也就是說，鄧小平儘管拒絕為「右派」徹底平反，但他事實上又不能不在一定限度內吸取1957年的「右派」的意見、接受1980年社會民主運動所提出的要求。因為他很清楚：「只有對這些弊端進行有計劃、有步驟而又堅決徹底的改革，人民才會信任我們的領導，才會信任黨和社會主義，我們的事業才會有無限的希望」[129]——鄧小平的出發點與歸宿，還是鞏固黨的執政地位，這也就預伏著他以後的迅速變化。這一點，鄧小平和毛澤東是完全一樣的。

在中國的體制下，鄧小平一言既出，立刻就掀起一股政治體制改革的浪潮。先是1980年8月30日至9月10日的第五屆全國人民代表大會第三次會議選舉了《憲法》修改委員會，準備根據政治體制改革的需要修改《憲法》。接著10月，在〈關於建國以來黨的若干歷史問題的決議〉的4,000名老幹部討論中，不僅討論了對毛澤東的評價，更對政治體制改革提出了許多尖銳的意見。在《光明日報》召開的理論座談會上，黨內外的知識分子紛紛發出壓抑已久的，呼喚民主、自由與法制的呼聲。中共黨史研究的權威胡華（1921-1987）將方興未艾的1980年政治體制改革的浪潮命名為「庚申改革」。

1980年10月25日，時為中共中央政策研究室[vii]的研究員的廖蓋隆（1918-2001），在中共中央黨校主辦的黨史學術討論會上作了一個長篇報告，因其中央政治局的智囊地位而引人注目。他在報告中強調民主「是我們達到政治目的的手段，同時也是我們的最終目的」，「庚申改革的實質，就是要實現黨和國家的民主化」——這正是1957年和1978-1980年的社會民主運動所要堅持的觀點、所要追求的目標。報告還透露了一些改革思路：第一，「修改憲法」，「把人代會分為兩個院：一個區域院，代表地方；一個社會院，代表社會各階層

---

127 鄧小平：〈黨和國家領導制度的改革〉（1980年8月18日），《鄧小平文選》第2卷，頁336。

128 鄧小平：〈黨和國家領導制度的改革〉（1980年8月18日），《鄧小平文選》第2卷，頁322。

129 鄧小平：〈黨和國家領導制度的改革〉（1980年8月18日），《鄧小平文選》第2卷，頁333。

各企業，兩院共同行使創制和立法權力，代表國家最高權力」；第二，「實行司法獨立原則，取消黨委審查案件的權力，法院獨立辦案，不受黨委干涉」；第三，「建立獨立農會，以維護農民利益」；第四，「允許各輿論機關、新聞記者獨立地報導新聞，發表評論」；第五，「基層（企、事業機關）實行直接民主，逐步直接選舉自己的領導人」；第六，「取消政治局，成立三個權力平衡的中央機關：執行委員會、監察委員會和紀檢委員會」[130]——這裡顯然吸取了社會民主運動的許多訴求。

我們前面討論過，以北大為中心的校園民主運動就是在這樣的背景下，於1980年10月-11月勃然興起，在年初的春寒中被打壓下去的社會民主運動也乘勢而起。9月，「中華全國民刊協會」毅然宣告成立，有16個省、市，共31家民間刊物加入。此種的民間組織在全國範圍的聯合，是共和國歷史上的第一次，也是唯一的一次。

正是在這樣的時機下，作為社會民主運動最有影響的代表人物之一的徐文立，審時度勢，於1980年11月15日發表了〈促進庚申變法的建議書〉（底下簡稱為〈建議〉），公開提出中國社會民主運動的獨立意志，提出社會民主運動對中國改革道路的基本思路和主要訴求。其要點有二：

其一，強調「只有自上而下與自下而上相結合的變法才是切實可行的道路」：「當前的中國政治形態明確地告訴我們，自下而上的變革是不可能的。因為中國社會和中國人民不想動盪，也經不起動盪了」；「中國變法的歷史經驗也告訴我們，自上而下的變革是行不通的，因為僅靠上層的變革力量難以抗拒舊體制官僚主義的反抗」，「中國的事情再也不能由少數人來辦了。應該還政於民，由全國人民來辦」。

其二，主張「以實現全面現代化的口號代替四個現代化的口號」，也即要求推行全面的改革，而非單一的經濟改革。其中一個重要方面，就是政治體制的改革，並提出「在當代歷史階段，確立四權分立的政治制度」，即「共產黨享有指導權，人大和政協享有立法權，國家機關享有行政權，法院享有完全獨立的司法權」的設想。

為保障以上兩條改革基本路線的實行，〈建議〉特別提出了以三大自由為

---

130 廖蓋隆報告的「民主改革」部分發表於香港《七十年代》1981年第3期。

核心的基本要求，即思想的自由（「放棄獨尊馬列主義、毛澤東思想的意識形態，真正實行信仰自由的原則」），言論、出版的自由；以及結社、組黨的自由。〈建議〉最後強調：「一切變法革新的著眼點在於解放人，尊重人的價值，人的權利。每個人的自由發展是社會進步的先決條件」。[131]

可以看出，〈建議〉所要求的兩個方面，和我們前面所討論的北大校園民主運動中所提出的訴求是完全一致的。因此，我們可以把〈建議〉看作是1978-1980年間的中國社會民主運動的一個總結性、綱領性的文件。但它卻是「最後的呼聲」，因為鄧小平很快就翻轉過來，開始行使鎮壓之權了。

這段歷史幾乎是1957年反右運動的重演。早在1980年7月，波蘭團結工會發動民主運動以後，9月時胡喬木就寫信發出中國也可能「爆發像波蘭那樣的局勢」的警告，他說：「少數持不同政見者與心懷不滿的工人群眾相結合，可能成為一股巨大的力量」，建議必須像毛澤東在1956年發生波、匈事件時那樣制定對策。1980年財政出現了100多億的赤字，物價上漲幅度較大，於是就有了陳雲「經濟搞不好要翻船，宣傳工作搞不好也要翻船」的擔憂。[132]鄧小平也感覺到，由他的〈黨和國家領導制度的改革〉引發的政治體制改革熱潮，黨內外民主力量的空前活躍，都超出了他允許的範圍，從而產生某種政治失控而「翻船」的危險。在1980年12月5日中央政治局決定華國鋒「辭去」中央主席、軍委主席的職位以後，「凡是派」所造成的後顧之憂解除，鄧小平就決心要對始終是他心腹之患的社會民主運動下手了。

這中間還有一個小插曲。在討論如何處理民間「自發組織」時，黨內出現了分歧。時為中宣部副部長的周揚早就提出「要給那些自發組織以合法地位」，胡耀邦主持的書記處主張要通過立法（《出版法》和《結社法》）來進行依法管理。[133]陳雲則指示，不要搞什麼《出版法》，過去我們同國民黨蔣介石鬥，就是利用國民黨政府那個《出版法》去登記，鑽出版法的空子進行合法鬥爭；現在我們不能讓人家來鑽我們的空子，變非法為合法，利用合法鬥爭形

---

131 徐文立：〈促進庚申變法建議書〉（1980年11月15日），轉引自杜應國：《奔突的地火──一個思想漂泊者的精神旅程》，未刊稿。

132 鄧力群：《鄧力群自述：十二個春秋（1975-1987）》（香港：大風出版社，2006），頁271。

133 鄧力群：《鄧力群自述：十二個春秋（1975-1987）》，頁272。

式同我們鬥，要讓他們登記無門，一律取締。[134]

　　如此看來，陳雲、鄧小平，以及他們的後繼者，都懂得如何維護共產黨一黨專政的利益，不管「法治」、「民主」的口號喊得多麼響，時至今日，中國大陸也沒有制定《出版法》、《結社法》，原因就在這裡。

　　於是就有了最後的結局：1981年2月20日由中共中央和國務院發布〈關於處理非法刊物、非法組織和有關問題的指示〉，宣布「所謂非法刊物和非法組織，就是指違反憲法和法律、以反對四項基本原則為宗旨的刊物和組織」，他們「打著『民主』、『自由』、『人權』、『改革』等旗號，進行反對黨反對社會主義的活動」，必須堅決取締，對「非法刊物」絕不允許「以任何方式印刷出版發行，達到合法化、公開化」，[135]這就從根本上取消了社會民主運動的合法性。

　　歷史將記下這一筆：從1981年4月開始，進行了全國性的秘密人逮捕（當時有明確規定：「對非法刊物、非法組織的處理，不要登報、廣播」[136]）。在我們的歷史敘述裡，大家所熟悉的文革後期民間思想者的代表人物土希哲、陳爾晉、徐水良，1978-1980年社會民主運動的骨幹徐文立、傅申奇等都先後入獄，杜應國也被傳訊，從此處於監控之中。

　　一位研究者說，這是一次「決定性的逆轉」：「在中共和社會上民主運動的關係上是一個里程碑」，一段始於利用、終於鎮壓的歷史由此結束。[137]實際上，這對整個中國改革史而言，也是一個「里程碑」：從此，中國的改革，變成了完全由中國共產黨掌控、不受任何監督與制約、以鞏固其一黨專政的地位與利益為最高目的、單一的自上而下的國家改革；從此，政治、社會、思想、文化的改革被長期擱置，中國的改革變成了以「富國強兵」為目的的、

---

134 阮銘：《鄧小平帝國》（台北：時報文化出版公司：1992），頁117。

135 中共中央和國務院：〈關於處理非法刊物非法組織和有關問題的指示〉（1981年2月20日）。見譚宗級、葉心瑜主編：《中華人民共和國實錄》第4卷（上冊），（長春：吉林人民出版社，1994），頁408。

136 中共中央和國務院：〈關於處理非法刊物非法組織和有關問題的指示〉（1981年2月20日）。見譚宗級、葉心瑜主編：《中華人民共和國實錄》第4卷（上冊），頁408。

137 李洪林：《中國思想運動史（1949-1998）》（香港：天地圖書出版公司，1999），頁289、295。

單一的經濟改革。這樣的改革帶有鮮明的「開明專制」色彩。後來發生黨的腐敗、兩級分化、環境破壞、精神危機……等等問題，都是鄧小平全面拒絕社會民主運動的訴求，選擇了「兩個單一」（單一的國家主導、單一的經濟改革）的改革路線必然導致的結果。

民間思想者關於國家政治體制改革的一系列重要思想，他們對毛澤東思想和體制的批判（我們在上一講與本講中都有詳盡的討論），也因此被強迫遺忘，從而造成了某種程度上的思想斷裂，以至我們今天不能不面對這樣的斷裂的後果。

二、體制內經濟改革和思想啟蒙運動

然而，結束也就是開始。鄧小平改革路線，從確立到後果呈現、出現危機，是一個歷史過程。而民間的變革、反抗的力量，也依然存在，並且會以新的形式繼續發揮作用。

歷史進入了八十年代的中、後期，這個時期可以說是一個中國社會發生激烈變革──用許多人的話來說，也是空前活躍、具有活力、大有希望──的時代。但在我們的敘述裡，卻只能是一個「簡述」：主要是因為對這一段歷史，我還沒有來得及進行專門的獨立研究，只能依然從「民間」和「上層」互動的角度，說說我的初步想法，而無法充分展開，這是要請同學們原諒的。

同學們可能還記得，我們在上一講中，說到文革後期的民間思想，主要有四大思潮，即「政治體制改革」派、「民主、法制」派、「思想啟蒙」派與「體制內經濟改革」派。從前面的敘述可以看到，在文革結束，開始有可能將民間思考轉化為社會實踐時，首先採取行動的，是主張「政治體制改革」與「民主、法制」的民間思想者。他們用街頭政治的方式，發動了轟轟烈烈的社會民主運動，試圖以自下而上、體制外的獨立民間運動，來推動體制內的自上而下的改革。因而和以鄧小平為首的黨內改革派產生了複雜的關係，曾有過短暫的合作，最終因鄧小平堅持毛澤東思想與體制，拒絕政治體制改革而決裂。鄧小平始終將民間改革力量視為當年的「右派」，也就像1957年的毛澤東那樣，鄧小平對他們同樣是開始時利用，在控制不住時，就翻轉過來殘酷鎮壓。

　　歷史運動的發展自有其邏輯，而且是無法阻擋的：正當1981年初，以青年工人和學生為主體的社會民主運動被鎮壓，其骨幹人物如徐文立、王希哲、陳爾晉、徐水良、傅申奇等「被迫退出歷史舞台」時，[138]民間青年思想群體中的另一些人──主要是「體制內經濟改革派」與「思想啟蒙派」──就開始走上歷史舞台的前沿。

　　這又是一個新的歷史時機。

（一）農村體制改革和「中國農村發展問題研究組」

　　首先創造這一歷史時機的，是中國的農民──正如我們一再強調，考察共和國的歷史，一定要注意中國農民的動向、農民的選擇對歷史發展的影響。

　　我們還是從一個細節說起。

　　1978年12月的一個夜晚，安徽鳳陽梨園公社小崗隊18戶人家自動聚集一起，開會討論自己的出路。當時小崗村的農民生活也確實到了絕境：人均年收入不到人民幣50元，戶戶討過飯，生產生活主要靠政府救濟──這也正是文革結束時中國農民的真實處境。一個月以後，1979年1月11日中共中央下發的〈關於農業問題的決定草案〉裡，就有這樣的基本估計：「1978年全國平均每人全年的糧食大體上還只相當於1957年，全國農業人口平均每人全年收入只有70多元，有近四分之一的生產隊社員收入在50元以下，平均每個生產大隊的集體積累不到一萬元，有的地方甚至不能維持簡單再生產」。[139]當時的安徽省委第一書記萬里（1916-）下鄉調查，所到之處，問農民的最大願望是什麼？農民回答說：第一是「吃飽肚子」，第二是「吃飽肚子」，第三還是「吃飽肚子」。萬里大為震驚並潸然淚下：「搞了快三十年的社會主義，怎麼還這麼窮！」[140]歷史似乎又回到起點上：還是要解決中國人民的，首先是

138　我們這裡講「被迫退出歷史舞台」，主要是指他們因身繫牢獄而不能再發揮應有的社會作用和政治影響，但就他們個人的政治生涯而言，這只是一段暫時的休眠而非終止或終結。

139　中共中央文獻研究室編：《三中全會以來重要文獻選編》，頁274。轉引自蕭冬連：《歷史的轉軌──從撥亂反正到改革開放（1979-1981）》，頁646。

140　吳象：〈農村第一步改革的曲折歷程〉，載杜潤生主編：《中國農村改革決策紀事》（北京：中央文獻出版社，1999），頁218。轉引自蕭冬連：《歷史的轉軌──從撥亂反正到改革開放（1979-1981）》，頁646-647。

中國農民的「吃飯問題」。而解決辦法也還是農民在1962年就提出的「包產到戶」[viii]，這在當時被毛澤東所拒絕，並因此引發出一系列的鬥爭，從批判「中國修正主義」、四清、一直到文化大革命。現在，毛澤東去世了，文革也結束了，堅韌、頑強的中國農民再一次提出原初的問題：小崗村的農民對幹部說，要想有碗飯吃，只有一家一戶幹，就怕政府不准許。你們當幹部的敢不敢！副隊長表示願意為此蹲班房。群眾說，如果你蹲班房，我們願意撫養你的孩子。於是，大家達成協議：我們分田到戶，如果以後幹成，每戶保證完成公糧上繳任務；如果不成、幹部坐牢，大家保證把幹部的小孩養到18歲。各戶主在保證書上按下手印，悄悄搞起了包幹到戶。[141]

這又是一個歷史的時刻：當中國的上層還在為中國的發展道路、改革路線進行著複雜的思想、政治（包括政治權力）的鬥爭，民間社會運動也在城市底層轟轟烈烈地進行時──如我們前面所討論，這都關係著中國未來的發展，自有重大意義；中國的農民，也用自己的方式作出了選擇，為中國的改革創造了新的可能性和新的契機。大概就在1978-1979年間，由安徽發軔，貴州、四川、甘肅、內蒙、河北、河南、廣東等省、自治區的一些貧困社隊的農民，都或明或暗地突破禁區，搞起了「包產到戶」或類似的「包幹到戶」，並像1962年一樣，在黨的下層、中層和高層，引起了強烈反響和激烈鬥爭。

這時，中國的最高層正逐步完成了權力的更替：1980年2月，在中共十一屆五中全會[ix]上，增選胡耀邦、趙紫陽為中央政治局常委，新設立了以胡耀邦為總書記的中央書記處，以後趙紫陽又擔任了國務院總理，實際上就基本上建立起了「鄧、胡、趙領導體制」的新格局。[142]「鄧、胡、趙新體制」首先面臨的，就是如何回應農民「包產到戶」的要求。1980年5月31日鄧小平首先表態支持，他的理由也很簡單：包產到戶「增產幅度很大」，「關鍵是發展

---

141 小崗村「秘密搞包產到戶」的故事，今天在大陸已廣泛流傳。較早的研究見龔育之：〈農民的偉大首創──《起源─鳳陽農業「大包幹」實錄》的序言和前言〉，《中共黨史研究》1998年第5期，頁25。以及徐樂義：〈安徽農村「大包幹」的起源和發展〉，《當代中國史研究》1998年第6期，頁27-36。

142 當然，這一體制的完成還有一個過程：先是1980年12月中央政治局確定，後又通過1981年十一屆六中全會正式選舉，由胡耀邦擔任中共中央主席，鄧小平擔任中央軍委主席，趙紫陽為中共中央副主席。

生產力」。鄧小平還提出：「現在農村工作中的主要問題還是思想不夠解放」，因此，政策還需要「放寬」。[143] 趙紫陽和新任國務院副總理、負責農村工作的萬里，隨即組織大規模調查，其中一個引起高層注意的，由陳一諮執筆的調查報告稱「『包產到戶』是中國農民在我國社會主義實踐中的偉大創造。正是這個偉大創造使人們看到了我國農村的曙光，而農村的曙光就是中國的希望」。[144] 到9月就形成了一個〈關於進一步加強和完善農業生產責任制幾個問題〉的中央文件，正式給予農民「包產到戶」的合法地位——這也是一個重要的歷史轉折點：「鄧、胡、趙新體制」選擇支持中國農民的要求，從而使他們主導的改革首先得到了農民的支持，並以農村改革為基礎，完全打開了改革開放的新局面。這與1962年毛澤東拒絕農民要求而產生一系列後果，形成了鮮明對比。

我們在這裡要著重討論的是，中國農民自發的「包產到戶」改革，和「鄧、胡、趙新體制」的支持，如何同時為民間改革力量的參與，創造了新的契機。同學們可能還記得，早在文革後期，以陳一諮、張木生為代表的一些民間思想者，就提出了著眼於體制內的改革，以農村的人民公社體制改革，作為中國社會變革的突破口的設想。現在，他們要投身於這場農村體制改革的洪流，就是勢所必然，或者說是水到渠成了。

其實，對這一歷史時機的到來，陳一諮等早有綢繆。在文革後期，他就在河南聚集了一批高幹子弟，並且和胡耀邦、鄧力群（1915-）（在八十年代他們分別是鄧小平、陳雲的得力幹將）建立了聯繫。文革後，經過各方力量的聚集、準備，在鄧力群等的支持下，於1981年2月成立了「中國農村發展問題研究組」（底下簡稱為「發展組」），小組的最初成員就有陳一諮、張木生等當年民間思想村落的骨幹。還有一批也是下鄉知青，他們是在恢復高考進入大學，受到了完整的現代教育（主要是經濟學和社會學），有志農村改革的在校大學生和畢業生 [145]——請注意這個時間：我們剛才介紹過，也是在1981年

---

143 鄧小平：〈關於農村政策問題〉（1980年5月31日），《鄧小平文選》第2卷，頁315-316。

144 〈農村的曙光，中國的希望——關於安徽省農村實行「包產到戶」的考察報告〉（1980年7月），此時陳一諮已經調到社會科學院農業經濟所工作。見中國農村發展問題研究組編：《農村‧經濟‧社會》（北京：知識出版社，1985），頁53。

145 農村發展問題研究小組的另兩位支持者是，時為國家農委副主任，後來是中共農村政策制

2月，中共中央和國務院發布了〈關於處理非法刊物非法組織和有關問題的指示〉，強力扼殺了方興未艾的社會民主運動；而代表了另一股民間改革力量的「中國農村發展問題研究組」也就在這一個月成立，從此登上了歷史舞台。兩件事發生在同一個月，或許有些偶然，但終結與開始的同時性卻是必然的，這意味著，當體制外的民間改革運動受到壓制時，體制內改革的民間參與，就同時開始了。

下面這段話，大概可以作為「中國農村發展問題研究組」的宣言：

> 我們從事理論研究的基本態度是：站在中國農村發展的立場上，站在八億農民的立場上，站在振興中華民族的立場上；既要具有時代的眼光，世界的眼光，又要具有歷史的眼光，現實的眼光；既要走中國自己的發展道路，也要探索與此相適應的、中國自己的農村發展的基本理論問題。[146]

這裡有四個值得注意的基本點。其一，強調「站在振興中華民族的立場上」，這批年輕人從一開始就把自己個人的發展融入到民族振興大業裡，這是那一代人的必然選擇，也是八十年代的時代精神。而把重心放在民族、國家發展目標，不再突出文革時期最為看重的社會主義理想，這其間的微妙變化，則耐尋味。

其二，強調「站在八億農民立場上」，這是典型的民間思想者的語言、姿態與立場，自然是和小組成員「文化革命時間都在農村生活、勞動過，瞭解農村，對農民有感情」有關，[147] 更和他們把中國改革的「立足點」放在「中國農村的發展」這一選擇直接相關，而這樣的中國變革與發展道路的思路，是在文革後期的思考中就已經初步形成的。這些，都顯示了發展組的「民間性」，和我們前面所討論的文革後期「民間思想村落」具有明顯的延續性，和1978-1980

定的具體主持者的的杜潤生，和社科院農經所副所長、國家計劃委員會委員兼農業局長王耕今。鄧力群當時是中央政策研究室的主任，中央辦公廳副主任，中國社會科學院副院長，是改革開放初期中央高層的主要參謀。

146 農村發展問題研究小組方法組：〈中國農村發展問題研究工作的初步構想〉（1980年10月），《農村・經濟・社會》第1卷，頁13。

147 陳一諮：《中國：十年改革與八九民運──北京六四屠殺的背後》（台北：聯經出版公司，1990），頁36。

年的社會民主運動也有著內在的一致性，在「六四」之後，陳一諮也匯入體制外的反抗運動絕非偶然，這是我們首先要注意的。

其三，強調「時代的眼光，世界的眼光」，則顯示出和文革後期不同的、新的時代特點：八十年代的中國，已經開始向世界開放，因此，發展組的成員比之文革後期的民間思想者，顯然更具有全球眼光，並且對西方世界有更深入、具體的了解。這同時也是那些與世界隔絕的計劃經濟格局裡成長起來的中、老年經濟學者所不能及的。成員們給自己規定的歷史任務，是尋找一條在全球化時代「中國自己的發展道路」。這樣，他們也就抓住了新時期的時代主題，並且和同樣關注這些問題的中共黨內最具活力的部分——以胡耀邦、趙紫陽為代表的高層、中層領導，和一大批長期受到壓制，而終於獲得精神解放和力量釋放的黨內高級知識分子——取得了思想的共識，並從他們那裡，獲得有力的支持。

其四，在探索中國自己的發展道路時，特別強調了「基本理論問題」，這是最能顯示發展組的眼光與特色的。他們專門寫文章論證：減少改革的盲目性、隨意性和多變性的關鍵，是要有適合中國農村發展實際的科學理論、戰略與政策；而科學的理論、戰略、政策必須建立在科學的研究基礎上；科學的研究又必須是多學科的綜合研究，並且要把作為基礎理論研究與應用研究的中間環節的「戰略研究」放在突出的地位 [148] ——應該說，發展組成員的理論眼光、興趣與修養，和他們成長於文革後期的民間思想村落的大環境、大背景直接相關，是和我們前面討論的民間思想者一脈相承的。

這樣，這批有志於為中國的改革作出獨立貢獻的年輕人，就在八十年代初中國歷史的轉捩點，找到了自己的歷史使命和位置。據說，小組的命名，是經過精心考慮的：「農村」自然是標明基本立足點；「發展」則是突出改革的目的是要促進發展，而且是農村政治、經濟、社會、文化的全面發展，進而通過農村發展促進中國社會的發展；「研究」更是一個基本定位，目標是要「探索適合中國自己的農村發展道路的理論問題」，因此，所關注的更是「發

---

148 參看：中國農村發展問題研究組：〈認清國情，加強農村發展的綜合研究〉，原載《農業經濟叢刊》1981年第3期，現收錄於中國農村發展問題研究組編：《農村・經濟・社會》第1卷，頁III-vi。

展戰略問題」，並同時強調研究的專業性和開創性。如小組的組織者陳一諮所說，「成員們都在大學受過專業教育」，「不受教條束縛，敢於提出獨立的意見」。[149] 這就表明，他們所自覺選擇的，是一條專業化的發展戰略的研究，以此來為中國的改革開放提供理論支持，並為最高領導層的決策提供諮詢，進而影響中國的改革方向與進程的道路。這樣，就和在此之前那種以直接發動民眾的街頭政治的方式，促進政治體制改革為目的的民間社會運動區別開來，也不同於學院和政府機構裡的研究；它要推進的是以農村體制改革、經濟改革為突破口、體制內的漸進式改革──這在當時中國的歷史條件下，是一個相當獨特的選擇，即他們要在「官方」和「民間」之間的灰色地帶來尋找和開拓自己的發展空間。這就在純粹的、激進的民間運動遭到鎮壓以後，為民間改革力量的聚集和繼續發揮作用，打開了一個新的空間，以一種更加曲折的方式來實現「上下結合」──政府主導與民間參與的結合。但這同時也就面臨著新的問題：如何在黨和政府的主導下，保持相對獨立自主性，即自身的民間性。而與高層政治的密切聯繫，也給自身命運帶來極大的不確定性，並最終可能成為高層政治鬥爭的犧牲品。

今天我們已經看得很清楚，他們所要建立的，實際上是一個智庫式的職業化研究機構，所要發揮的是「智囊團」的作用。這在西方民主政治中是一個行之有效的方式，但在中國卻是一個全新的嘗試：在毛澤東的政治中，不需要、也不允許這樣的獨立智囊團存在，毛澤東體制裡的「政策研究室」，不過是為其個人獨斷的決策服務的祕書班子。鄧小平也延續了毛澤東的思路與做法，只有胡耀邦、趙紫陽這種具有新的胸懷、眼光和民主作風、善於接受新生事物的領導人才有可能接受一種新的決策方式。趙紫陽是在1981年底，看到發展組〈「雙包到戶」地區農村發展的問題和趨勢──安徽省滁縣地區農村綜合報告〉[150] 以後，才注意到「中國農村發展問題研究組」的。趙紫陽在主持經濟體制改革時，遇到的最大問題就是處處遇到現行官僚體制的掣肘，他深感「只是在體制內兜圈子，轉來轉去始終難以『活』起來」，他的辦法就是「發展

---

149 陳一諮：《中國：十年改革與八九民運──北京六四屠殺的背後》，頁36。

150 這一報告由陳一諮、孫方明執筆，文收中國農村發展問題研究組編：《農村‧經濟‧社會》第1卷，頁79-99。

體制外的非國有經濟成分，這一塊先搞『活』了」，以此推動體制內的改革；趙紫陽後來總結說：「這是中國改革的特色」。[151]由此而形成了「趙紫陽的改革策略」，即繞開現行官僚體制，在體制外尋求突破。趙紫陽後來一再稱讚「戈爾巴喬夫有效地擺脫了保守勢力及共產黨組織的阻擾，而成立了總統和政府直接領導下的一個委員會，來進行改革」，也是在體制外尋求政治突破。[152]現在，趙紫陽正是從發展組看到了繞過官僚體制，把體制外的，更具有現代思想和知識，更具活力的年輕人吸納到體制內，又保持相對獨立性，進行創造性的改革研究，成為決策的另一種信息來源的新的可能性。這樣，具有開拓精神的、新的黨的領導人，和具有活力的、來自民間的年輕一代改革者之間，就獲得默契和溝通。據說，趙紫陽對這些年輕人曾有過這樣的評價：「一大批三、四十歲的中青年成長起來了，他們上過山，下過鄉，瞭解中國的實際情況，又學了各種理論，思想上框框比較少。應該把他們組織起來，為經濟改革和經濟發展服務，為黨中央國務院的決策服務」。[153]

　　1982年2月，中央書記處專門開會，胡耀邦、趙紫陽、萬里等一致同意，要用幾年時間，從各大學選拔300-400個插過隊、後又考上大學或讀研究生的年輕人到各研究機構和有關國家部門，從事農村改革研究，並發布了專門文件。「中國農村發展問題研究組」也因此迅速發展壯大，從1982年開始，連續5年參加了關於農村改革的中央一號文件的制定過程，成為中共農村改革的弄潮兒。[154]到1985年初，又正式成立了「中國經濟體制改革研究所」（底下簡稱為「體改所」），「在中華人民共和國的歷史上，創造了第一個為中央政府工作的同時，又在研究、人事、財務等方面，擁有高度自主權的研究機構」。[155]有了這樣的研究機構，這批平均年齡僅有35歲的中國「青年經濟學家」[156]在八十年代中國的經濟和政治改革中都發揮了重要作用。在「六四」之

151　宗鳳鳴記述：《趙紫陽軟禁中的談話》（香港：開放出版社，2007），頁46。

152　宗鳳鳴記述：《趙紫陽軟禁中的談話》，頁4。

153　陳一諮：《中國：十年改革與八九民運──北京六四屠殺的背後》，頁74。

154　參看蕭冬連：《歷史的轉軌──從撥亂反正到改革開放（1979-1981）》，頁461-465。

155　【美】凱瑟琳‧奎塞（Catherine Keyser）著，方治立譯：《體改所與政策制定──毛以後中國的專業化研究》（香港：大風出版社，2008），頁113。

156　這是他們在八十年代獲得的一個共名，他們先後成立了「北京青年經濟學會」，出版了《青

後，隨著趙紫陽下台，「體改所」也於1990年被解散，陳一諮等流亡到國外，之後參與國外的反抗運動；留在國內的，有一部分就逐步成為政府官員，依然主導著中國農村的改革和發展，像王岐山（1948-）就進入了國家領導層；有的則成為大學裡的著名的經濟學者，依然對中國經濟改革擁有重要影響——不過，這都已經是後話了。

關於「中國農村發展研究組」和「體改所」是需要專門另作研究的，[157]這裡只想針對他們與毛澤東的關係略做討論。有兩篇文章頗值得注意。發展組的一位重要成員王小強（1952-）曾寫過一篇〈農業社會主義批判〉，和我們前面討論中提到的民間刊物上發表的批判文章一樣，都著眼於自覺地清理曾經深刻影響過自己的毛澤東思想。清理的重心，則是對「人民公社體制」的批判，這顯然是為新的農村改革開路的。也就是說，這些年輕的改革者首先是通過「告別毛澤東」而走向改革之路的。[158]而在另一篇我們已經提及的〈認清國情，加強農村發展的綜合研究〉裡，他們在作出以農村改革作為整個中國改革的突破口與立足點的改革戰略選擇時，又以毛澤東的兩個論斷作為論證基礎：「中國革命實質上是農民革命」、[159]「農民的情況如何，對我國經濟的發展和政權的鞏固，關係極大」。[160]他們正是在毛澤東的以農村作為中國革命和建設的基地的戰略思想的啟示下，把自己的改革思想根植於「十億人口，八億農民，是中國最基本的國情」這一基點上；基本國情不變，中國的改革也必須以農村體

年經濟學者》叢書，創辦了《中青年經濟論壇》。

157 我另寫有〈中國農村發展問題研究組的歷史背景，作用與經驗〉一文，未刊稿。

158 〈農業社會主義批判〉一文裡，強調「（農業社會主義）它的反動性，倒不在於它的空想成分不能實現，而在於它的實質內容本身就是對自己空想成分的否定」，「當農業社會主義消滅不平等的幻想破滅時，它就不可避免地要走上加強與小生產相適應的專制統治，靠超經濟的行政權力來恢復和鞏固自然經濟的道路」，這都是抓住了曾經給這一代人以深刻影響的毛澤東式的社會主義思想的要害的，和王希哲、杜應國對「農業社會主義」的批判一致，都具有「走出毛澤東」的性質。原文載中國社會科學院寫作組編《未定稿》49期（1979年12月15日），後收《劉少奇與新中國》，前述引文見該書頁249。

159 毛澤東：〈新民主主義論〉（1940年），《毛澤東選集》（一卷本），頁652。

160 毛澤東：〈關於正確處理人民內部矛盾的問題〉（1957年2月27日），《毛澤東選集》第5卷，頁379。

制改革為突破口。[161]這就意味著，他們的改革之路又是從毛澤東出發的。

既「走出毛澤東」、又「從毛澤東出發」，這充分反映了八十年代的中國年輕一代改革者和毛澤東之間極為纏繞的關係。而且他們自己也不回避毛澤東對他們在精神氣質上的影響，按其中一位成員回憶中的說法，「那時，確實有一點毛澤東當年『恰同學少年，風華正茂，書生意氣，揮斥方遒，指點江山，激揚文字，糞土當年萬戶侯』的味道」。[162]我們通常能夠在八十年代的改革者那裡，發現毛澤東（特別是青年毛澤東）的身影，其中有些人還因為集中了毛澤東精神氣質中的正面和負面，而被稱作「小毛澤東」，這都是很有意思的精神現象。

（二）民間學術文化運動

1982年5月19日，《走向未來》叢書編委會在中國社會科學院青少年研究所正式成立——這又是一個標誌性的文化事件，它標示著「八十年代中國民間學術文化運動」[163]的興起。

這一運動，同樣孕育於文革後期對「新思想啟蒙運動」的呼喚。文革結束後，在思想、文化界，首先提出的口號就是「思想解放，衝破禁區」，並且開始在官方主持下，有了民間力量的聚合。除了大量學術團體恢復與重建外，更有以刊物為中心的聚合。用一位研究者的話說，刊物「雖由官方主辦，卻更像是知識分子『自己的園地』」。[164]八十年代初影響最人的，有三大刊物：《自然辯證法通訊》（1977年底創刊）、《讀書》（1979年4月創刊）和《未定稿》（1978年底創刊）。《讀書》提出「讀書無禁區」的口號，《未定稿》對毛澤東時代法定或公認的觀念所提出的質疑，涉及歷史學、經濟學、政治學、法學等各

---

161 〈認清國情，加強農村發展的綜合研究〉，中國農村發展問題研究組編：《農村‧經濟‧社會》第1卷，頁IV、III。

162 張少傑：〈校後跋〉，【美】凱瑟琳‧奎塞著，方冶立譯：《毛以後的中國專業化研究：體改所與政策制定》，頁559-560。

163 這是《走向未來》叢書的主編金觀濤的命名，見其《從《走向未來》到《河殤》——八十年代中國民間學術思想文化運動的研究》。轉引自蕭冬連：《歷史的轉軌——從撥亂反正到改革開放（1979-1981）》，460頁。

164 李懷宇：〈沈昌文以文會友辦雜誌「談情說愛」當編輯〉，南方網，2006年4月5日，http://www.southcn.com/nfsq/ywhc/ls/200604050346.htm。

個領域，[165]《自然辯證法通訊》對西方科學哲學及其他新思想的介紹，它們都在知識界和社會上，特別是在青年中產生幾乎是爆炸性的影響。這些刊物的作者主要是老一代的知識分子，包括黨內的知識分子，同時又逐漸吸納了中年和青年作者，形成了老、中、青三代學人的結合。

中、青年學者逐漸開始了在老一代學者支持下的獨立集合。這主要是一批文革中畢業的大學生和在讀的研究生，以及靠文革自學的成績被招入研究機構的中、青年。他們都有底層生活的經驗，大都屬於文革後期的民間思想者，有著強烈的社會、民間關懷，突破禁區、進行獨立思考與研究的願望、要求與能力，渴望用自己的獨立研究促進中國的改革，推動繼五四新文化運動之後的又一次思想啟蒙運動。

但他們剛起步就遭到體制的阻截：1980年金觀濤、王小強、林春（1952-）、李銀河（1952-）等分屬於科學哲學、經濟學、社會學等學科的青年研究者，試圖創辦《青年文稿》叢刊，第一集《歷史的沉思》還未出版，就被中共中央宣傳部認定為非法出版物，而扼殺於搖籃中。[166]而到了1981年，當局宣布民間刊物和民間組織為非法，就逼迫人們用更為迂迴的方式，尋找民間聚合、獨立發言的新的文化空間。

這才有了前述經過1981年整整一年的準備、於1982年成立的《走向未來》叢書編委會。其特點有三：首先，它是「官辦」的，屬於中國社會科學院青少年研究所領導，因而具有合法地位。但它卻具有極大的獨立性：青少年所不能撤換其主編和編委、不過問出書的具體事務、不干涉編委會內部運作，因而具有極強的「民辦性」，如金觀濤所說，它「實質上是民間的，個人性質的」[167]──和中國農村發展研究組一樣，《走向未來》叢書編委會同樣是在「國家」與「民間」之間的灰色地帶找到了自己的發展空間，在國家嚴禁民間刊物的情況下，在其縫隙處，依然發出了民間的聲音。其二，它用「編委會」的合法形式，實現了民間改革力量的聚合，同樣是在國家嚴禁民間組織存在的情況下，建立了不具組織形態的民間組織。其三，它採取了如下生存策略：「在

---

165 參看李凌：〈勇破堅冰的《未定稿》〉，《書屋》2003年第1期，頁4-19。

166 引自蕭冬連：《歷史的轉軌：從撥亂反正到改革開放》，頁460。

167 金觀濤：《從《走向未來》到《河殤》──八十年代中國民間學術文化運動的研究》，頁17。
轉引自蕭冬連：《歷史的轉軌──從撥亂反正到改革開放（1979-1981）》，頁461。

思想學術上大膽冒險、敢於創新，但在政治上絕不踩線」[168]——這樣的策略絕不消極，而是在以政治體制改革為主要訴求的民間社會運動受阻之後，選擇了一個新的進攻方向：開展民間學術文化運動，以求思想學術上的突破，更著眼於「中國文化的重建」。[169]這是一個帶有根本性的戰略選擇。

刊物或叢書編委會此後就成為八十年代民間思想文化運動的主要組織形式，影響比較大的，除《走向未來》叢書之外，還有我們前面已經提到的《青年經濟學者》叢書、《中青年經濟論壇》、[170]《文化：中國與世界》編委會（其主要成員是北大和社科院的學習西學的博士，甘陽（1952-）是其組織者）、《青年論壇》（湖北省社科院主辦，全國第一個自負盈虧的刊物，主編李明華（生平不詳））、《新啟蒙》叢刊[171]（王元化（1920-2008）主持，創辦於1988年10月，雖僅出版了4期，但他們所提倡的「新啟蒙」卻在學界不脛而走、迅速擴散，產生了很大影響）。此外，還有由湯一介（1927-）、龐樸（1928-）等主持的「中國文化書院」[x]。對於他們所進行的思想、文化、學術活動，及其影響（每一個刊物或叢書不僅聚集了一批學者，而且培育了大量的讀者，成長於八十年代、喜歡讀書與思考的青年幾乎沒有不受到影響的），還需要進行更專門的研究，這裡只能提出一個題目。

不過，按照本書的體例設計，還是要講一點毛澤東和八十年代的思想、文化運動的關係。從總體而言，八十年代的思想解放，思想啟蒙，其中一個重要方面，就是要從在文革中達到極點的「毛澤東崇拜」中解脫出來、從毛澤東思想專制所造成的思想蒙蔽裡解放出來。在某種程度上，這也是新時期改革運動的需要，如前面提到的對毛澤東農業社會主義的批判，就是為農村體制改革開路的。當時幾乎每一個學科的發展，都首先要對占據主導地位的毛澤東的有關論述提出質疑，以此作為突破口。

---

168 金觀濤：《從《走向未來》到《河殤》——八十年代中國民間學術文化運動的研究》，頁17。轉引自蕭冬連：《歷史的轉軌——從撥亂反正到改革開放（1979-1981）》，頁461。

169 見金觀濤：《我的哲學探索》，頁52。

170 參看【美】凱瑟琳·奎塞著，方治立譯：《體改所與政策制定——毛以後中國的專業化研究》，第六章：「從叢書熱到民間熱：追求專業化的呼聲」，頁193-230。

171 《新啟蒙》叢刊每期一個書名，從1988年10月到1989年2月共出了4期，書名分別為《時代與選擇》、《危機與改革》、《論異化概念》、《廬山會議教訓》由湖南教育出版社出版。

但同樣值得注意的是，毛澤東的某些思想也成為新的思想解放運動的資源。這裡可以講一個最後引發了上層鬥爭的「故事」。八十年代的思想解放與啟蒙運動其實有一個中心主題，就是「以人道主義反對專制主義」。我們在前面講到北大學生競選運動中所提出的「一切為了人」的改革目標，也是此種思潮的一個突出表現。如一位研究者所說，「有關人道主義的討論，一開始就和異化問題聯繫了起來」，[172] 早在1979年，高爾泰（1935-）（錢註：美學家，曾被打成「右派」，改正後在蘭州大學哲學系任教）在〈異化及其歷史考察〉、〈異化現象近觀〉裡，第一次提出社會主義社會存在異化現象；1980年哲學家王若水（1926-2002）也從思想、政治、經濟三方面的異化，對中國現行社會主義體制提出了尖銳批判。[173] 1983年周揚在中共中央黨校作了一個〈關於馬克思主義的幾個理論問題的探討〉的報告，進一步提出了「權力的異化」問題：「由於民主和法制的不健全，人民的公僕有時會濫用人民賦與的權力，轉過來做人民的主人，這就是政治領域的異化，或者叫權力的異化」。[174] 這就觸及到了中國政治體制的核心問題，從而引起了黨內「老左派」胡喬木等人的強烈反應，並上告鄧小平。有意思的是，周揚上書鄧小平為自己辯護時，搬出了毛澤東，說毛在1964年就贊成他講異化的文章──這是可信的，毛澤東提出「官僚主義者階級」的概念，其實就是承認社會主義可能發生「權力的異化」；如果借用文革中「毛澤東主義者」的說法、承認社會主義的異化現象，這正是毛澤東思想「最革命，最激進」的部分，但恰恰是八十年代的鄧小平所要拋棄的。因此，周揚借毛澤東以自辯，結果反而引起了鄧小平強烈的反彈，他這樣反問道：「周揚同志講毛主席1964年贊成他講異化的文章，毛主席是不是吃了他的虧啊？那時候滿腦子蘇聯變質。聯繫說到我們自己也變質，提出走資派，資產階級就在黨內，打倒走資本主義道路的當權派。不只在中央打，各級領導都打。是不是異化思想導致的啊？」[175]──我們多次說過，毛澤東思想的主體部分是維護一黨專政體制的，但它也有要衝擊官僚體制的思想與實踐這一面。八十年代以來鄧小平和他的繼承者始終堅守的是毛澤東思想中維護體制

172 蕭冬連：《歷史的轉軌──從撥亂反正到改革開放（1979-1981）》，頁452。

173 參看蕭冬連：《歷史的轉軌──從撥亂反正到改革開放（1979-1981）》，頁452-453。

174 周揚：〈關於馬克思主義的幾個理論問題的探討〉，《人民日報》1983年3月16日，第4版。

175 鄧小平和鄧力群的講話（1983年9月30日），鄧力群：《自述‧十二個春秋》，頁413。

的主體部分，而體制的批判者也常要利用毛澤東思想中具有批判性的一面，這都構成了在「後毛澤東時代」裡，毛澤東影響的複雜性。

（三）我和安順朋友的選擇

這裡，我想補述一個問題：我和我的安順朋友在八十年代的選擇。這個問題我在《我的精神自傳——以北京大學為背景》裡已經有比較詳細的論述，在本講裡，只能作一個概述。[176]

主要講兩點。一是在歷史轉折時刻我們的猶疑。如前所介紹，我們在文革後期的民間思考裡，堅持的是「毛澤東後期思想」，關心的是「特權階級的產生」和「社會主義民主」兩個問題，總體是接近陳爾晉那一派思想的；在民主牆期間，陳爾晉還專程來到安順，造訪了杜應國和我們一幫安順朋友。在政治上，我們既反感「四人幫」這些文革新貴，又對周恩來、鄧小平這些黨官僚持有高度警戒，而把希望寄託在毛澤東身上，在這個意義上，我們還是毛澤東主義者。這就決定了我們在歷史轉折關頭的猶疑態度。比如對1976年的天安門事件，我們就是「一則以喜，一則以憂」：一方面，我們對文革專政的批判深有同感，但另一面，事件本身所傳達出的那種明確不誤的「擁鄧」傾向，又讓我們隱隱擔心這會把歷史引向黨官僚專政的復辟。後來，我們把華國鋒等抓捕四人幫之舉，判斷為「右派政變」，也是出於這樣的隱憂——我到現在還記得很清楚：當我們所在的小城市也在舉行「歡呼粉碎四人幫的偉大勝利」的遊行時，我們幾個朋友卻爬上城市附近的一座小山上「冷眼旁觀」；其實我們內心是非常矛盾的，我們知道，自己應該為四人幫的倒台而高興，畢竟我們早就對他們在極左旗號下行專政之實有尖銳的批判，但我們又確實高興不起來，我們擔心會從此拋棄毛澤東的旗幟：在我們心目中，毛澤東依然是民眾利益的維護者。尤其讓我們哭笑不得的是，我們清楚地記得，就在不久之前，就在這座小城，就是這些群眾，還在歡呼「粉碎鄧小平右傾翻案風的偉大勝利」，轉眼之間又在歡呼性質完全不同的「偉大勝利」了。我們由此感到中國

---

176 詳參錢理群：〈一九七八——一九八〇大陸社會民主運動：杜應國《奔突的地火——一個思想漂泊者的精神旅程》序〉（2007年10月7日-30日），《我的精神自傳——以北京大學為背景》，頁221-330。尤其是當中「一九七六：社會民主運動第一次爆發，歷史轉折時我們的判斷」一節。

政治的荒謬和殘酷，以及自身的無奈，於是只能沉默。但後來我們還是手抄了一本《毛澤東論文化大革命》的小冊子，封面上寫著「以此紀念偉大的馬克思主義者毛澤東」幾個字。這本小冊子，我至今還保留著──不管我們在這歷史轉折關頭的認識和態度是否正確，也不知道我們這樣的反應，在當時的中國有多大的代表性，但這都是曾經有過的，是我個人以及我們這一群人的真實歷史記錄，就讓它留存吧。

當然，我們後來對此有過反省：其一，我們的失誤與悲劇在於，儘管我們同時反對文革新貴和黨官僚，卻「沒有看清毛澤東其實就是這兩大既得利益集團『老官僚』和『新貴』的總代表，我們所應面對與批判的正是『毛澤東專制主義』」。其二，我們對局勢的判斷嚴重失誤，一旦「面對現實，面對毛、鄧之間的對立和衝突，便只有陷入左支右拙，進退失據的二難之境」，我們甚至不能把握「人心的相背」，不懂得經過十年折騰以後，人們對永無休止的「運動」、「鬥爭」產生了極度的厭倦，因而渴望安定、恢復正常的生活秩序，希望得到明顯的物質生活的改善。因此，在「毛澤東的『走資派還在走』和鄧小平的『把國民經濟搞上去』之間」，「人心都倒向了鄧小平這一邊」，「我們卻未能把握這一時代的脈搏，依然在天真地構想，如何在未來的鬥爭中去捍衛毛的文革道路、文革思想」，[177] 這就嚴重地脫離了時代和民眾，走到了我們願望的反面。

但另一方面，「我們在歷史發生大轉彎的時刻，並沒有隨波逐流，而是堅守了自己的基本立場（例如『反對官僚主義者階級』，反對『一黨專政』的體制），基本訴求（例如『人民參與政治，監督與管理國家的權利』），因而也就保持了自身的獨立性：這對於民間思想者是帶有根本性的，是自身能否存在的基礎和前提」。[178] 如杜應國所說：「我們作出的『右派政變』的判斷，雖然表明了我們思想認識根源上存在的『左』的誤區，但它卻在個人立場上使我們得以和中共主流派，進而和中共的合法性統治拉開了距離，保持了應有的戒備和警惕。這同時也就為我們後來的思考和選擇，保留了更多的獨立和自由。而正是這種獨立和自由，最終為我們後半生的思想尊嚴和人格自持，提供了

---

177 錢理群：《我的精神自傳──以北京大學為背景》，頁242。
178 錢理群：《我的精神自傳──以北京大學為背景》，頁244-245。

必要的精神保障和心理支撐，這是一個十分重要的平衡點」。[179]

　　但在八十年代的現實中，我們確實又面對著「如何走出毛澤東」的問題。這裡的關鍵，是如何認識所謂「毛澤東後期思想」。在前面的敘述中，談到1980年民間社會運動中關於毛澤東後期思想的爭論，同學們可能會注意到，杜應國是堅持批判立場的一方；現在，我們就可以看出，這樣的批判，其實是一個自我清理，在某種程度上，他代表了我們安順這批朋友，進行自我批判——這當然也包括我在內。不過，杜應國在我們這批人中覺悟得最早，我受毛澤東的影響更深，但也在此之後，逐漸通過對毛澤東後期思想的清理而走出了毛澤東。這就表明，我們這批文革中的毛澤東主義者，對毛澤東的批判，就是一種自我批判，這是在對已經融為自己生命血肉的一部分進行割捨，因此格外艱難、分外痛苦、又真正刻骨銘心，而一旦割捨，就特別堅定、絕不回頭。因此，我們今天看到一些人又將毛澤東後期思想當作神明供奉起來，真有一種過來人的「不知如何說好」的感覺。

　　還是回到八十年代的歷史現場。在「凡是派」和「改革派」的論爭中，我們理所當然地站在改革派這一邊，但在鄧小平逐漸掌握了最高領導權、成為黨內主流派時，我們卻產生了懷疑。特別是鄧小平轉過來打擊曾經予以支持的「西單民主牆」運動時，我更作出了這樣的判斷：對鄧小平為主導的黨內改革派「不能抱任何不切實際的幻想」，[180]我們對他們已經採取和可能採取的「若干多少含有進步意義的措施是應該支持的。但從最終來說，我們並不是『同志』。我不相信，靠主流派〔錢註：鄧小平主導的改革派〕的恩賜，善心，或主流派與非主流派鬥爭的勝利，我們就能獲得真正的民主與自由」。[181]「我承認，目前聚集在主流派旗幟下的人員是複雜的，其中也不乏真誠的革命者、愛國者，甚至馬克思主義者。他們如果將自己的立場堅持到底，到一定時候也必然地要與主流派分裂。因為在主流派中居統治地位的，也是那個官僚集團的一份子（他們只不過是官僚集團中尚有一定活力的一翼，與腐朽分子是有

179　杜應國：《奔突的地火——一個思想漂泊者的精神旅程》，未刊稿。

180　錢理群給杜應國的一封信（1979年9月），參看《我的精神自傳——以北京大學為背景》，頁271。

181　錢理群給杜應國的一封信（1979年9月），參看《我的精神自傳——以北京大學為背景》，頁271-272。

區別，有矛盾、鬥爭的）」。[182]或許，正是因為有這樣批判性的審視，我們，特別是我，對要不要投身於這場鄧小平主導的改革，就有了更多的猶疑。

但我們又是有極強的行動、實踐欲望的一代人——這也是毛澤東對我們的影響的一個重要方面。因此，在歷史巨大變動面前，儘管我們已經預感到它的結局未必如我們所願，但如果因為這種清醒而完全採取旁觀者的態度，又是我們絕不願意的。於是，接著要討論的問題是，如何介入？加入到哪個改革潮流中？應該說，在具體道路的選擇上，我們曾有過激烈的爭論和許多的猶豫——我說過，這大概是顯示了我們身上的「哈姆雷特氣」——但我們更有「堂吉訶德氣」，我後來所寫的《豐富的痛苦——堂吉訶德與哈姆雷特的東移》，就是對我們這群人身上「二氣」的一個清理。[183]最後，還是「堂吉訶德氣」占了上風，我們決定按照各自的選擇，分別走上殊途同歸之路。

首先「沖出大山」的是杜應國：他在經過一段時間的觀察與了解之後，於1979年8月與廣州的王希哲、北京的徐文立等取得了聯繫，以後又與分處各地的民運骨幹，如陳爾晉、何求（生平不詳）、傅申奇、孫維邦（1943-）、徐水良、王沖（生平不詳）等建立了密切聯繫，成為《四五論壇》、《民主之聲》、《自由談》等民間刊物的重要撰稿人。這是一次預知結局的悲壯努力，他在1981年初的大鎮壓中，遭到審查，從此一直處於監控之中，成為我們安順群體的第一個「犧牲者」。

大約就在此時——1981年2月，我們安順群體中的另一位骨幹孫方明（1948-）從貴州來到北京，參加了陳一諮主持的「中國農村發展問題研究組」——其實，早在文革後期，孫方明就和陳一諮在河南駐馬店的民間思想村落有了聯繫，當時這樣的全國性的串聯很多。因此，他順理成章地在此時加入「中國農村發展問題研究組」。從此，孫方明就捲入了八十年代的體制內的經濟、政治體制改革，並逐漸進入上層的智囊班子。

我是我們群體中行動能力最差的一個。我儘管對政治有極大的興趣，但對政治實踐（無論是體制內的政治，還是體制外的政治）都充滿疑懼，是屬於

---

182 錢理群給杜應國的一封信（1979年9月），參看《我的精神自傳——以北京大學為背景》，頁272-273。

183 參看錢理群：《豐富的痛苦——堂吉訶德與哈姆雷特的東移》。

「好議政而不參政」的知識分子。我雖幾經猶豫，最後還是選擇了學者之路，並在1978年考上了北京大學中文系現代文學專業的研究生，成為王瑤、嚴家炎（1933-）先生的學生。關心現實、關心政治的本性不移，成不了純粹的學者，於是我也就順理成章地參與到八十年代的思想啟蒙運動和民間思想學術運動中。不過，在八十年代，我的主要任務是「成為學者，為學術界所承認」，主要精力全放在學習、研究、教學上，很少參加社會活動。

在前一講裡曾談到，文革後期呼籲「新啟蒙」時，就已經提出了要「回到魯迅的啟蒙傳統」；這在八十年代就變成了具體的思想、文化、學術實踐。我也是從「重建魯迅傳統」這一角度參與八十年代的思想啟蒙運動的，而我的介入方式，又是從清理自己入手。我這一時期的代表作《心靈的探尋》，其實就是一種自我清理，是我的「狂人日記」。我所要清理的，是我在毛澤東影響下所形成、也是當時占據主流的「魯迅觀」，這是一個高度意識形態化的、被納入毛澤東思想體系的「魯迅」。因此，這樣的清理，就必然隱含著對「我和毛澤東」關係的清理。這就是我在該書〈後記〉裡所說的：

> 中國這一代知識分子對於毛澤東的英雄、領袖地位的確認，對於他的許多理論的接受，開始確實是一種理智的選擇——由於他代表了民族的利益，由於他領導中國革命與建設的成功。但在發展過程中，卻逐漸變成了盲從。人們開始是出於信任，以後則出於盲目的慣性作用，逐漸接受了這樣的理論與事實：探索中國發展道路這類「大事」是毛澤東這樣的領袖的特權，而我們普通老百姓（包括知識分子）只需要按毛澤東的指示行事，踏踏實實地做好本職工作。包括我自己在內的中國五六十年代成長起來的這一代知識分子中的大多數，就這樣作出了關鍵性的錯誤選擇：他們半是被迫、半是自動地放棄了探索真理的權利，放棄了獨立思考的權利；這不僅從根本上背離了魯迅所開創的中國現代知識分子的歷史傳統，而且也是知識分子歷史品格的喪失：在社會分工中，以思考作為本職的知識分子居然停止了思考，甘心作馴服工具，這真是歷史的大倒退，大悲劇，也是歷史的大嘲諷。但我們卻長期以來對此麻木不仁，安之若素，甚至沾沾自喜。在本書寫作過程中，當我重讀到魯迅這段話：「自己明知道是奴隸，打熬着，並且不平着，掙扎着，一面『意圖』掙脫以至實行掙脫的，即使暫時失敗，還是套上了鐐銬罷，他卻不過是單單的

奴隸。如果從奴隸生活中尋出『美』來，贊嘆，撫摩，陶醉，那可簡直是
萬劫不復的奴才了」。回想起我也曾長時間地「陶醉」於自己的馴服中，我
覺得魯迅是在用鞭子抽打我的靈魂，我無地自容！[184]
從和毛澤東的關係中發現了自我的奴性，我如遭雷擊般被震醒，正是由此而
開始「走出毛澤東」。

但我仍在這本著作裡，對毛澤東給予了肯定：「如果說魯迅這一代，還
是『呼喚行動與實踐』的啟蒙的一代，那麼，以毛澤東、周恩來為代表的中
國馬克思主義者，就是將先驅者的啟蒙理想變為現實的實踐的一代」。[185]我
在八十年代確實這樣認識魯迅與毛澤東的關係，不過後來我有更為複雜的看
法。[186]

八十年代的學術活動中比較引人注目的，是我和學友黃子平（1949- ）、陳
平原（1954- ）一起提出了「二十世紀中國文學」[187]的概念。提出這樣的概念，
是為了在文學史和現代史研究中擺脫毛澤東的「新民主主義論」的模式；但在
對「二十世紀」的理解和闡釋裡，我又強調了列寧所說的「亞洲的覺醒」，這樣
也就內在地肯定了毛澤東領導的中國革命。既「擺脫」又「肯定」，這大概能夠
反映八十年代的我和毛澤東的糾纏關係。好像是在「二十世紀中國文學」的概
念提出不久，甘陽就邀請我們三人加入《文化：中國與世界》編委會；因為在
《讀書》上連載我們的「三人談」，我也就成了《讀書》的作者──這樣，我就算
成為八十年代民間學術文化運動中的一員了。不過，我對這類群體性的活動
並不積極，也沒有發揮什麼作用。

從前面的概述裡可以看出，在八十年代三大民間運動──體制外有社會民
主運動，體制內有著廣泛民間參與的農村改革運動，民間學術文化運動，當
中都活躍著我們安順小群體的身影。我曾為杜應國的回憶錄寫過一篇文章，

184　錢理群：《心靈的探尋》，頁307-308。

185　錢理群：《心靈的探尋》，頁64。

186　參看錢理群：〈魯迅的命運〉（又名〈魯迅與毛澤東〉，2002年12月12日在北京大學的演
　　　講），《遠行以後：魯迅接受史的一種描述：1936-2001》（貴陽：貴州教育出版社，2004），
　　　頁117-135。

187　參看錢理群、黃子平、陳平原：《二十世紀中國文學三人談》（北京：人民文學出版社，
　　　1988）。

題目就叫〈大山裡的小溪怎樣匯入歷史的大潮〉。[188]在我看來，這也能夠顯示「毛澤東時代」文化大革命和「後毛澤東時代」中國改革的廣度和深度：它把最邊遠地區、最底層的普通人、普通知識分子，都捲入其中。

三、八十年代末的政治體制改革，天安門民主運動

歷史的發展是自有邏輯的：1980年初，鄧小平鎮壓了民間社會運動，從而將政治體制改革擱置，開始了單一的、自上而下的、由農村開始，又擴展到城市的經濟體制改革，取得了巨大的成功，在迅速改變中國面貌的同時，也積累了巨大的矛盾。政治體制的問題，逐漸成為繼續推進經濟改革的阻力，還導致了改革動力的不足。鄧小平很清楚這樣的客觀情勢，他希望把改革的主動權依然控制在自己手裡，於是，就在1986年提出了政治體制改革的問題，[189]到黨的十三大就正式重新提出體制改革的任務。但如趙紫陽後來所說，鄧小平心目中的政治體制改革只是「一種行政改革，屬於具體的工作制度、組織制度、工作方法、工作作風的改革」，是「在堅持共產黨一黨專政前提下的改革」，「是為了進一步鞏固共產黨的一黨專政。任何影響和削弱共產黨一黨專政的改革，都是鄧堅決拒絕的」。在起草十三大報告時，他反覆關照：「無論如何政治體制改革不能受西方議會政治的影響，連一點這方面的痕跡也不能有」，一再說：「社會主義國家有一個最大的優勢，凡是一件事，只要一下決心，一作出決議，不受牽制，就能夠立即執行，不像議會民主經過那麼多複雜，那麼多反覆，議而不決，決而不行」。「他不僅反對政治制度建立什麼分權制衡的制度，而且十分厭惡人們用遊行、請願、鬧事的方式表達意見」，正如趙紫陽所說，對鄧小平而言，「政治體制改革和堅持四項基本原則，反對資產階級自由化是不矛盾，可以相容的」。[190]因此，在1986年，鄧

---

188 文收《我的精神自傳——以北京大學為背景》，改題為〈一九七八——一九八〇大陸社會民主運動：杜應國《奔突的地火——一個思想漂泊者的精神旅程》〉。

189 鄧小平：〈在全體人民中樹立法治觀念〉（1986年6月28日），《鄧小平文選》第3卷，頁163-164。

190 趙紫陽：〈鄧小平心目中的政治體制改革〉，《改革歷程》（香港：新世紀出版社，2009），頁271、274、275、276。

小平在提出政治體制改革的同時，又大談「反對自由化」，宣稱「要講十年二十年」，[191] 而他要反對的自由化，主要就是反對實行議會民主。

問題是，政治體制改革一旦提出，並形成社會輿論後，不同利益群體就會對此產生不同的理解和參與。特別是經過七、八年的經濟改革和思想啟蒙，中國開始出現了新的利益群體，主要是知識精英和民營企業的經濟精英，他們也必然要在政治上提出自己的要求。對此，趙紫陽也有一個分析：「由於市場經濟的實行，多種經濟成分的共存，外資的引進，個體經濟、私人經濟的發展，股份化的推行，公司制的發展，法人經濟的存在，於是各種經濟利益集團出現了，這種經濟基礎的變化，要求決策分散化、民主化，這跟上層建築高度集權的政治體制產生矛盾，客觀上必然要求政治上的開放」。[192] 中國的知識分子，在毛澤東時代完全被控制與打壓，不可能形成獨立的政治力量，在改革開放初期也依然只是扮演一個受益者和支持者的角色；但到了八十年代末，就逐漸形成知識分子精英群體，並開始發出獨立的聲音。1988 年 6 月播出的電視片《河殤》在某種程度上可以視為他們的一個宣言，解說員滿懷激情地宣稱，知識分子是歷史給予中國人民的「一個十分獨特的群體」，「摧毀愚昧和迷信的武器操在他們手裡；能夠與海洋文明直接對話的是他們；把科學與民主的蔚藍色甘泉澆灑在黃土地上的是他們！」[193] 同時宣稱：「比他們〔錢註：知識分子〕更有現實力量的，也許是這些相貌平平、談吐也不驚人的新型企業家們。甚至在這些小商店的老闆們中間，在這些急急忙忙的趕路的生意人中間，在這些離開土地四處攬活兒的農民中間，正在積聚的新的社會能量和衝動，都不可低估」。[194] 這裡掩飾不住知識分子的精英主義和對西方文化的浪漫想像，或許這就構成了這些知識精英的內在弱點，而對民營企業家的期待、把中國未來的民主寄託在中產階級的形成與發展上，幾乎是當時知識分子精英的一個共識；可以說這股激進自由主義思潮在

---

191 鄧小平：〈在黨的十二屆六中全會上的講話〉（1986 年 9 月 28 日），《鄧小平文選》第 3 卷，頁 182。

192 宗鳳鳴記述：《趙紫陽軟禁中的談話》，頁 80。

193 蘇曉康、王魯湘：《河殤》（台北：風雲時代出版股份有限公司、金楓出版公司聯合出版發行，1988），頁 97。

194 蘇曉康、王魯湘：《河殤》，頁 98。

八十年代末的中國知識界和民間社會裡占有主流地位，此將引起後來人的反思。但是，在八十年代末的歷史語境和歷史條件下，知識精英和民營企業的經濟精英所提出的訴求，還是反映了歷史發展的要求和各階層民眾的心聲。他們的訴求，主要就是爭取《憲法》賦予的更大的思想、言論、出版、結社自由，即要求更多的民主權利和發展空間，以及從體制上防止黨內的腐敗。這兩大訴求，最終都指向一黨專政的政治體制，如此，也就必然和鄧小平的「政治體制改革」發生根本的衝突。

青年學生則把這些訴求變為直接的實際運動。顯然，正是連續七、八年的思想啟蒙運動喚醒了年輕人，加上這些年來社會矛盾的積累──政府官員的腐敗，農村改革的停頓，城市改革進展緩慢，特別是政治體制改革的滯後，知識分子對於經濟、政治的要求得不到滿足等等──引發了巨大的不滿，最後爆發了1986年的「南北共震的十二月學潮」。[195]值得注意的是，八十年代末的「學潮」，並不像1957年和1980年的校園民主運動主要是校園內的思想運動，而是從一開始就走出了校園，成為街頭政治運動。這可以看作是1978-1980年社會民主運動的延續，是鄧小平在1981年強力鎮壓以後，民間反抗運動的再度興起。

時為中共中央總書記的胡耀邦，本來對鄧小平在1981年對社會民主運動實行強力彈壓就持有不同看法，這時就更主張以和平、理性的態度處理學潮，卻因此被以鄧小平為首的黨內元老發動宮廷政變而被迫下台──這自然更引起青年學生的不滿，於是又孕育了新的學潮。

值得注意的是，在激進自由主義影響日益擴大的情況下，同時出現了對其進行某種制衡的「新權威主義思潮」[xi]。如其中一位代表性人物所說，「這種思潮以漸進、穩定與開明權威為槓桿的秩序作為主要價值。在新權威主義看來，開明專制下的社會進步，才是最終實現民主與現代化的條件」，[196]主張者強調，「開明專制派」和「自由民主派」在實現自由民主的最終目標上是一致

195　參看楊繼繩：《中國改革年代的政治鬥爭》（香港：Excellent Culture Press，2004），頁317-326。

196　蕭功秦：〈困境之礁上的思想水花──當代中國六大社會思潮析論〉，《社會科學論壇》2010年第8期，頁60。

的，分歧只「在於通過什麼方法與途徑才能實現中國的民主」，[197]開明專制派不贊成用激進自由運動的方式，而主張「用開明權威政治這只『看得見的手』，來創造民主政治這只『看不見的手』，保持轉型的可控制性」。[198]新權威主義者並不否認「對秩序和穩定價值的強調，客觀上更能體現從舊官僚階級中轉化過來的新興技術官員與大企業集團的利益」，[199]因此新權威主義立即在中共黨內，包括黨的高層領導中引起反響。

有意思的是，鄧小平聽了趙紫陽關於「新權威主義」的介紹以後，曾表示「他就是這個主張，但是不必用這個提法」。[200]如前面所分析，鄧小平所要堅持的可以說是一種「黨國威權體制」，他的改革（包括政治體制改革）都以強化一黨專政為指歸，這就和「新權威主義」實現民主政治的最終目標，有著根本的區別。應該說，真正接受「新權威主義」並將其變成政治實踐的人，是趙紫陽。在某種程度上，可以說趙紫陽與鄧小平的基本分歧，正在於是要堅持「黨國威權體制」、還是通過「新權威主義」，以實現中國的民主政治。

最初，他們在「通過權威政治來實現政治體制改革」這一點上還是存在共識。儘管他們對於改革的最終目標存在根本分歧，但這樣的分歧是在之後政治實踐過程中逐漸暴露出來的，最終也為他們自己所認識，以至最後分道揚鑣。因此，在1986年後當鄧小平要進行他的政治體制改革時，他順理成章地選擇新任的總書記趙紫陽具體主持，並成立了「政治體制改革研究室」（我們安順朋友中的孫方明也是其中的一員）。

趙紫陽也就按照自己「新權威主義」的理念來推行他心目中的政治體制改革。他給自己規定了兩條：一是黨的執政地位不變，二是要改變執政方式，即由傳統的無產階級專政的執政方式轉變為「文明、開明、開放」的「現代」執政方式，也就是說，「在共產黨領導的基本框架下，更多地允許各種社會

---

197 蕭功秦：〈困境之礁上的思想水花──當代中國六大社會思潮析論〉，《社會科學論壇》2010年第8期，頁61。

198 蕭功秦：〈困境之礁上的思想水花──當代中國六大社會思潮析論〉，《社會科學論壇》2010年第8期，頁60。

199 蕭功秦：〈困境之礁上的思想水花──當代中國六大社會思潮析論〉，《社會科學論壇》2010年第8期，頁76。

200 宗鳳鳴記述：《趙紫陽軟禁中的談話》，頁154。

力量的政治參與，同時逐步以法治代替人治，把憲法已經原則規定的許多好的東西通過好的法律一一落實」。[201]但趙紫陽的政治體制改革卻遭到了兩面夾擊：儘管趙紫陽強調「黨的執政地位不變」，但一旦他要改變無產階級專政的執政方式，就必然觸動黨官僚集團的既得利益，於是一些老人就開始醞釀「倒趙」。[202]這暴露了八十年代中國政治的一個根本問題，也就是元老政治的干預。如趙紫陽自己所說，他（也包括他的前任總書記胡耀邦）實際上只是執行元老決策的「祕書長」，他的手腳是被捆住的。另一方面，趙紫陽這種逐步到位、權威政治控制下的漸進改良方式，也不被激進知識分子和青年學生所接受。這裡，正隱含著一個更為內在的根本問題：我們前面說過，1978-1980年的民間社會運動，至少在其初期，是和黨內的改革派相互配合的；但後來以鄧小平為代表的黨內改革派，卻反過來鎮壓了社會民主運動，於是造成社會民主力量對黨內改革派懷有深刻的不信任感。到了八十年代末，黨內改革派中的胡耀邦、趙紫陽等人已經開始走出了鄧小平，在這時候就出現了社會民主力量和以胡、趙為代表的黨內民主力量彼此合作的可能性。但是，不但胡、趙一時還不可能與以鄧小平為首的元老集團決裂，而且社會民主力量也依然把他們（特別是趙紫陽），視為一黨專政既得利益的維護者，而未能給予有力的支持。這樣，也就錯過了社會民主力量與黨內民主力量聯合推動中國政治體制改革的時機。

這樣，中國改革發展到八十年代末，不但政治體制改革已被納入未來討論發展的計劃中，而且各個利益群體都提出了自己的利益訴求：一方面，以鄧小平為代表的黨官僚既得利益群體、元老集團希望通過他們所控制的、有限度的政治行政改革，減少改革開放的阻力，提高統治的效率，以從根本上維護一黨專政的絕對權力；另一方面，以知識分子精英和民營企業的經濟精英為主體的新興利益群體，以及受他們影響的青年學生，則希望衝擊一黨專政體制（但並不挑戰共產黨的執政地位），進而提出了「爭取人民民主權利和言論、出版、結社自由，從制度上反腐敗」兩大要求，並且得到工人和市民群體的支持——由於八十年代後期嚴重的通貨膨脹（1989年上半年，官方承認的通

---

201 趙紫陽：〈我對政治體制改革的認識過程〉，《改革歷程》，頁293、296。

202 參看趙紫陽：《改革歷程》有關〈「倒趙風」的由來〉部分，頁261-268。

貨膨脹率高達25%），和1988年下半年為抑制通貨膨脹而採取的嚴厲的緊縮政策，以至生活水平下降、物質利益受到嚴重損傷，社會更產生日趨嚴重的不平等現象，使市民群體感到震驚、同樣不滿意改革現狀。而以胡耀邦、趙紫陽為代表的黨內民主派，則支持後者的要求，但希望政治體制改革能走上由權威政治控制的理性的、漸進改良的道路。由此形成了八十年代末的三大政治力量。他們之間的政治博弈，構成了1989年運動的深厚基礎和複雜內容。

因此，1989年的天安門民主運動可以說是勢之所至，而胡耀邦的突然逝世只是一根導火線，這和1976年以周恩來逝世為導火線而引發的「四五運動」，歷史是驚人地相似。而利益衝突的雙方：無論是鄧小平為首的元老集團（他們此時已在「維護一黨專政權力」這一點上取得高度一致），還是青年學生、知識分子、民營企業家、工人、市民，都不願妥協。主張和平、理性解決的趙紫陽既不為元老集團所容，也沒有在民眾這裡得到有力支持。而雙方的力量卻過於懸殊：鄧小平為首的元老集團依靠一黨專政的體制，掌握了黨和軍隊的最高權力；而民間社會力量，經過1981年對民間報刊、民間組織的強力鎮壓，事實上是處於無組織狀態，在思想、理論上的準備也顯然不足。如此，天安門民主運動就必然成為一個缺乏有力政治、思想、組織領導，而由散漫、沒有政治經驗的青年學生主導的自發運動。前面我們提到過八十年代保存下來的半民間組織，如「體改所」、叢書編委會，在運動中都只能成為支持力量，而不能發揮更大的作用，再加上社會改革力量和黨內民主力量的相互隔絕等種種因素，都決定這場運動的最後結局。

青年學生、工人、市民為此付出了血的代價，[203]同時留下了帶血的精神遺產，為後人永遠懷念──我說過，1989年的天安門民主運動是繼1957年民主運動、1978-1980年民主運動（含1980年的校園民主運動）之後，第三次的社會民主運動，在中國當代政治史、民主運動史上占有不可抹殺的歷史地位。

---

203 「根據政府後來的聲明，死亡的平民人數不超過300人。〔……〕儘管確切的死亡數字難以知曉，但據當時在北京的獨立觀察家的估計，平民死亡人數在2000至7000人之間，而傷者的數量要數倍於此」。「軍事鎮壓之後，出現了全國範圍的逮捕浪潮。據估計，僅在6、7兩個月，祕密警察就逮捕了約四萬人，其中數千人被判有期徒刑，數百人被處死刑。大多數被判刑的和所有被處死的都是工人和其他普通市民」。轉引自莫里斯‧邁斯納著，杜蒲譯：《毛澤東的中國及其後：中華人民共和國史》，頁476。

　　研究者在總結天安門民主運動的歷史經驗時發現，決定最後結局的雙方——黨內的元老強硬派和民間的激進派，其實是「可以互為對方的鏡子：一方是新理想，另一方是有革命的記憶；一方有着剛獲得的人民權力的感覺，另一方則早已習慣為人民掌權」，[204]研究者還認為雙方有著「同樣的摩尼教式的善惡對立的世界觀，同樣的埋頭不看現實的習性，同樣的缺乏與他方溝通的能力，以及同樣的革命理想主義」，「都同樣不願選擇以談判妥協解決政治衝突的政治行動方式，而是雙方都選擇『堅決鬥爭、絕不妥協』、『不屈不饒、寸步不讓』的政治行動方式」，「他們幾乎全都不假思索地認定，政治衝突只有一種解決方式，那就是『一方戰勝另一方，一方吃掉另一方』，亦即『要贏就全贏，不然就全輸』」，「政治結果也就變成了只有一種，即：不是東風壓倒西風就是西風壓倒東風」。[205]這個分析是深刻的—— 我們卻驚訝地發現，這些觀念、精神、思維、行動方式，完全是毛澤東式的；也就是說，天安門事件的雙方，無論是毛澤東的戰友，還是青年反叛者，都沒有走出毛澤東時代的政治模式和思維模式。當然，這樣的分析是從總結政治、思想的歷史教訓出發，並不會改變對天安門民主運動的基本歷史評價：天安門民主運動的歷史意義，及以鄧小平為首的黨內元老強硬派的歷史責任，應該都是毋庸置疑的。

　　但同時，也必須正視歷史的後果：時代已經到了八十年代末，毛式政治只能導致兩敗俱傷。一方面，社會民主力量遭到了致命的打擊，從此很難形成獨立的、有組織的力量，以趙紫陽為代表的黨內民主力量，也因趙紫陽的下台而處於群龍無首的地位。而隨著「體改所」被合併，《走向未來》、《文化：中國與世界》等編委會的被迫解散，體制內的民間參與之路基本上被堵死，八十年代蓬勃開展的思想文化運動被重創，民間社會反抗運動也就進入了十數年的沉寂時期。正是在這十數年裡，失去了民間社會監督、制約，黨的權力極度膨脹，肆無忌憚的權錢交易，就最終造成了權貴資本階層的形成。

　　另一方面，鄧小平在黨內元老支持下，為維護毛澤東留下的「一黨專政」遺產，不惜在首都對手無寸鐵的學生、工人、市民開槍——這是毛澤東都不敢

204　鄒讜：〈天安門：從宏觀歷史與微觀行動的角度看〉，《二十世紀中國政治：從宏觀歷史和微觀行動的角度看》（香港：牛津大學出版社，1994），頁186。

205　甘陽：〈序言〉，鄒讜：《二十世紀中國政治：從宏觀歷史和微觀行動的角度看》，頁xvii-xix。

採取的極端手段，他在文革中就說過：「誰去鎮壓學生運動？只有北洋軍閥。凡是鎮壓學生運動的人都沒有好下場」，[206] 於是「一黨專政」的體制從此失去了任何道義上的合法性──天安門大屠殺，成為這個政權永遠的恥辱柱，成為策劃者、指揮者、參與者永遠走不出的心中的魔魘。[207]

這裡，還有一個歷史的對比：1986年6月10日鄧小平第一次重提政治體制改革；[208] 不到三個月前，就在1986年3月29日，海峽另一邊的台灣，國民黨十二屆三中全會上也通過了「政治革新案」──也就是說，1986年國、共兩黨都啟動了政治體制的改革，但兩者卻有真動與假動之別。1986年9月28日，民主進步黨在台北成立，國民黨黨內的專政派主張要立即嚴禁，其時掌握最高權力的蔣經國（1910-1988）卻指示李登輝（1923-）要「採取溫和態度，以人民、國家安全為念，在不違反國策、憲法規定範圍內，研究組黨的可能性」。蔣經國並在國民黨中常會上說：「時代在變，環境在變，潮流也在變。因應這些變遷，執政黨必須以新的觀念，新的做法，在民主憲政的基礎上，推動革新措施」。到10月7日，蔣經國就對外宣布：「臺灣決定解除戒嚴」，當時總統府祕書長沈昌煥（1913-1998）提醒蔣經國：「解除黨禁有一天國民黨要失去政權的」，蔣經國回答：「天下沒有永遠的執政黨」。[209] 我曾經說過，在現代史上，國、共兩黨都跨不過「一黨專政」這個坎：1927年，國民黨要實行一黨專政，發動「清黨」運動，血腥屠殺共產黨人；1948年，兩黨都要堅持一黨執政，打開了內戰，失去了一次聯合執政的機會，造成兩岸的長期分離；1956年，大陸出現了進一步推進民主改革的機會，毛澤東卻發動了反右運動，強化了一黨專政；到1986年，國民黨在蔣經國主持下，順應歷史潮流，主動結束了一黨專政，邁出了走向民主的關鍵一步，但鄧小平領導下的共產黨卻依然堅持一黨專政，並因此在三年後不惜血腥鎮壓學生、工人和市民，

---

206 毛澤東對劉少奇、鄧小平等的講話（1966年7月19日），轉引自高皋、嚴家其：《「文化大革命」十年史》（天津：天津人民出版社，1986），頁31。

207 最近李鵬公布《李鵬日記》就是企圖推脫罪責，擺脫他內心的魔魘。此書未能出版，僅在網上流傳。

208 鄧小平：〈在聽取經濟情況彙報時的談話〉（1968年6月10日），《鄧小平文選》第3卷，頁160。

209 轉引自阮銘：《鄧小平帝國三十年》，頁124。

又一次錯過了歷史時機，非但沒有前進，反而倒退了一步。應該認真總結、吸取這其中所包含的深刻歷史教訓。

編註

i 中共十一屆三中全會：中國共產黨第十一屆中央委員會第三次全體會議，1978年12月18日-12月22日於北京舉行。這次會議被普遍認為是中國共產黨歷史上和中華人民共和國建國以來具有深遠意義的會議，被稱為「新時代的遵義會議」。由華國鋒主持，會議主要討論加速平反冤假錯案，否定「以階級鬥爭為綱」和「無產階級專政條件下的繼續革命」的文革路線，確定「以經濟建設為中心」的新路線，因此，被認為是中國走向「改革開放」時代的起端。

ii 牛棚：始於1966年夏天。為文革早期各機關、團體、學校自行設立的拘禁「牛鬼蛇神」的地方。所謂「牛鬼蛇神」指被群眾揭發出來的黨的幹部（所謂「走資本主義道路的當權派」）和知識分子（所謂「反動學術權威」）。

iii 四化：四個現代化，簡稱「四化」。即工業現代化、農業現代化、國防現代化、科學技術現代化。1964年12月第三屆全國人民代表大會第一次會議上，周恩來根據毛澤東建議，首次提出。周恩來在四屆人大上重申四個現代化目標，就成為之後鄧小平改革開放的理論依據。

iv 中共十一屆六中全會：中國共產黨第十一屆中央委員會第六次全體會議，1981年6月27日-29日於北京召開。會上通過〈中共中央關於建國以來黨的若干歷史問題的決議〉，對建國32年來中共的重大歷史事件特別是「文化大革命」作出總結，並評價毛澤東在中國革命中的歷史地位，否定了「文化大革命」和「無產階級專政下繼續革命」的理論。

v 1978年中央工作會議：1978年11月10日到12月15日於北京召開。

vi 五屆人大二次會議：第五屆全國人民代表大會第二次會議，1979年6月18日-7月1日於北京召開。

vii 政策研究室：中共中央政策研究室，簡稱中央政研室。負責分析國家情況，進而制定政策，並負責起草中共中央的主要文件、草案、報告、理論。中共中央政策研究室成立於1981年，原稱「中共中央書記處研究室」，於1987年胡耀邦下台後被撤銷，改為「中央政治體制改革研究室」。1989年與「中共中央農村政策研究室」合併為「中央政策研究室」。

viii 包產到戶、分田到戶、包幹到戶：1980年代初期，中國大陸在農村推行「家庭聯產承包責任制」，其改革的標誌為「包產到戶（分田到戶）」，後來被成為「家庭聯產承包責任制」（俗稱「大包幹」）。

ix 中共十一屆五中全會：中國共產黨第十一屆中央委員會第五次全體會議，1980年2月23日-29日於北京召開。全會決定提前召開中國共產黨第十二次全國代表大會。選舉胡耀邦、趙紫陽為中央政治局常委，決定設立中央書記處作為中央政治局及其常務委員會領導下的常設工作機構，全會選舉胡耀邦為中央書記處總書記。此外亦替劉少奇平反，決定撤消中共八屆十二中全會對劉少奇所定的「叛徒、內奸、工賊」等罪名。全會決定向全國人民

代表大會建議，把中華人民共和國憲法第四十五條中的「有運用大鳴、大放、大辯論、大字報的權利」的規定，予以取消。

x　中國文化書院：由馮友蘭（1895-1990）、張岱年（1909-2004）、朱伯昆（1923-2007）和湯一介等共同發起，是一個民間的學術研究和教學團體，1984年10月成立於北京。

xi　新權威主義思潮：新權威主義在中國的興起最早可追溯到1986年，其代表人物為吳稼祥（1955- ）。

後毛澤東時代(中)

1990-1999

│ 2010年7月補寫 │

　　歷史進入二十世紀九十年代，就有了更為豐富、複雜的內容。我們依然只能圍繞毛澤東的影響和我與毛澤東的關係，作一個簡述。

一、「尋找毛澤東」熱

　　這是1989年末出版的《書刊導報》第26期的一個報導：「『毛澤東』的重新復活卻成了當代中國人無法回避的一個現實」。[1]該報導提供了幾個「小鏡頭」：

　　鏡頭一　某地區，一些個體攤販正悄悄地高價出售毛澤東畫像。3角、8角、1元、2元〔……〕售價隨購買程度不斷上漲。[2]〔錢註：毛澤東像也進入校園。有報導說：「1989年下半年北京大學新華書店還進了不少毛主席像」，很受學生歡迎。還有人看見「北京大學47樓側面一層的走廊窗口上就貼著毛主席像」〕[3]

　　鏡頭二　一家報紙報道，文革郵票價格暴漲。一套《毛主席語錄》票，面值僅88分，中國集郵公司已調至150元。國內交換參考價為380元，新票在日本賣到710.50元。[4]

　　特寫鏡頭　在廣西桂南地區公路上，一座公路橋的橋欄上貼著一片小紅紙帖，上面寫著不太漂亮的幾個字：「毛主席在此」。毛澤東成了鎮守橋

1　轉引自張占斌、宋一夫：《中國：毛澤東熱》(山西：北岳文藝出版社，1991)，頁16。

2　轉引自張占斌、宋一夫：《中國：毛澤東熱》，頁16。

3　轉引自張占斌、宋一夫：《中國：毛澤東熱》，頁39。

4　轉引自張占斌、宋一夫：《中國：毛澤東熱》，頁16-17。

頭的守護神。[5]

一位老農說：「我把他老人家請進家門，能驅鬼壓邪，保佑平安，掛上他的像勝過拜觀音菩薩，勝過求土地雷公」。[6]

湖南省臨湘縣〔……〕長安街上隨處可見少男少女款式新穎、價格昂貴的高檔服飾上，別着一枚毛澤東像章，這是流行而時髦的裝束。[7]

這是1990年4月4日《中國青年報》的一篇報導：

位於東四南大街的北京青少年書店，就只有27平米的地方，然而3月中旬以來，這裡常常人頭攢動。

日前，記者慕名前往，在不大的門臉前，有一條引人注目的橫幅──「尋找毛澤東」圖書展賣周。

〔……〕

「哪一類書買得最快？」

「河北版的《毛澤東傳》、文物版的《毛澤東書信手跡選》、中央文獻出版的《毛澤東哲學批注集》、河南版的《毛澤東和他的分歧者》以及《走向神壇的毛澤東》、《走下神壇的毛澤東》等等，都是很搶手的。」[8]

記者來到北京最有名氣的王府井新華書店。值班經理張超告訴記者：從去年6月到今年2月底，書店壓了近十年的250套《毛澤東選集》（1-4卷）全部銷完，目前供不應求。[9]

---

5 轉引自張占斌、宋一夫：《中國：毛澤東熱》，頁17。

6 轉引自張占斌、宋一夫：《中國：毛澤東熱》，頁18。

7 轉引自張占斌、宋一夫：《中國：毛澤東熱》，頁17。

8 據統計，《毛澤東傳》首版發行5萬冊，《毛澤東哲學批注集》首版發行5萬冊，《毛澤東和他的分歧者》首版發行7萬冊，《走向神壇的毛澤東》、《走下神壇的毛澤東》首版發行均在10萬冊；此外，《毛澤東》首版發行25萬冊（一說28萬冊），三次印刷達55萬冊，《晚年毛澤東》兩次印刷發行7萬冊，《生活中的毛澤東》首版發行6萬5,000冊，《毛澤東軼事》（湖南文藝版）首版發行8萬冊，《毛澤東逸聞錄》首版發行10萬冊，《毛澤東家世》首版發行5萬冊，《領袖淚》首版三次印刷發行26萬冊等。這樣的發行量相比今天的暢銷書發行量不算什麼，但在當年圖書市場非常疲軟的情況下，則相當突出。轉引自張占斌、宋一夫：《中國：毛澤東熱》，頁24-25、46。

9 轉引自〈寫在前面的話：毛澤東重回人間的震撼〉，張占斌、宋一夫：《中國：毛澤東熱》序言，頁1-2。

根據這則報導中對1989年10月以來，北京新華書店總店對有關毛澤東書籍銷售的抽樣分析，發現當中個人購買的人數比例，占了94％。[10]

還有這樣的報導：

曾經冷清一時的韶山，如今更成了大學生們吸取政治營養的「寶地」，僅今年下半年，觀眾達40萬人次。（《中國青年報》1990年報導）[11]

剛剛進入90年代，老歌新唱更是風靡全大陸。〔……〕在各地舉辦的大型音樂會上，最受觀眾喝彩歡迎的是〈北京的金山上〉、〈東方紅〉、〈太陽最紅，毛主席最親〉等歌唱毛澤東的曲子。[12]〔錢註：還有這樣的繪聲繪色的描述：「北京卡拉OK歌舞廳。著霹靂服、蹬『高耐』鞋的歌手彈著吉他，飛舞的激光中，高唱〈大海航行靠舵手〉、〈南泥灣〉等被譜成搖滾樂的歌曲」〕。[13]

去年〔錢註：1989年〕秋天的中國大地又出現了毛澤東詩詞歌曲熱。〔……〕中國唱片總公司〔……〕製作了《毛澤東詩詞歌曲欣賞》盒帶投放市場，銷路頗佳。去年毛澤東誕辰96周年紀念日，中央電視台和北京電視台都於晚間播出了《毛澤東詩詞歌曲演唱會》專場節目，強烈地吸引了觀眾」。[14]（《新世紀》周刊1990年7月報導〈「毛澤東熱」透視〉）

湖北音像藝術出版社1990年上半年出版了《懷念您走下神壇的毛澤東》的歌曲磁帶，將有關懷念、思念、敬仰毛澤東的歌曲匯集一起，並配之非常漂亮的封面，據講很受人們歡迎。[15]

出現在1989年下半年至1990年的這一「尋找毛澤東熱」，最引人注目的，自然是它的民間性，這是活躍在大學校園、民間市場、民間娛樂場所的「毛澤東

---

10 轉引自〈寫在前面的話：毛澤東重回人間的震撼〉，張占斌、宋一夫：《中國：毛澤東熱》序言，頁3。

11 轉引自張占斌、宋一夫：《中國：毛澤東熱》，頁21。

12 林濤：〈「毛澤東熱」透視〉，《新世紀》周刊第13期（1990年6月出版）。轉引自張占斌、宋一夫：《中國：毛澤東熱》，頁50。

13 《中國青年報》報導：〈中國「領袖熱」〉（1990年），轉引自張占斌、宋一夫：《中國：毛澤東熱》，頁77。

14 林濤：〈「毛澤東熱」透視〉，《新世紀》周刊第13期（1990年6月出版）。轉引自張占斌、宋一夫：《中國：毛澤東熱》，頁50-51。

15 轉引自張占斌、宋一夫：《中國：毛澤東熱》，頁33。

熱」。

　　當時有位學者作了兩點分析，很值得注意：一，它標示著毛澤東進入了
民間精神生活，毛澤東熱成為人們（主要是中、老年人）的「朦朧的精神寄托
方式和信念表達方式」，甚至開始成為民間宗教信仰的一個部分；其二，它標
示著毛澤東開始成為人們（主要是年輕人）「文化消費」的對象，毛澤東像章
熱、收藏熱、歌曲熱等等，無不表現了將毛澤東審美化、娛樂化的傾向。[16]
同樣引起關注的，是人們閱讀毛澤東時，也主要是以描述毛澤東日常生活、
家世、人際關係的傳記類的紀實作品為主，這也表示著一種走近「走下神壇
的毛澤東」的心態：人們需要的，不是高高在上的「領袖」、「導師」的「神」的
毛澤東，而是和自己更接近的「人」的毛澤東，而在另一部分人（主要是底層
社會）那邊，又再轉化為有別於「意識形態神」的「民間神」的毛澤東──應該
說，這樣一個「民間化、生活化、消費化的毛澤東」，從八十年代末以來，就
一直存在於中國民間社會，其內在的思想、文化、心理的機制和意義很值得
研究。

　　還有人注意到，在「不曾平靜的校園」裡，「大學生成立了一些馬列主義和
毛澤東思想的研究小組或毛澤東著作讀書會等組織」，「他們談論毛澤東，不
僅僅着眼於談論毛澤東的日常生活瑣事，更多的是從毛澤東的一生經歷中，
捕捉人生的真諦」，研究他的「思想、學說及所走過的道路」。[17]「據中國新聞
社報道，去年〔錢註：1989年〕暑假期間，北大、清華圖書館裡毛澤東的書被
搶借一空；一些大學生宿舍的書架上出現了這些年來已經很少見到的《毛澤東
選集》；許多大學生在傳看毛澤東傳記」。[18]這構成了毛澤東民間熱的另一個
重要側面。

　　這樣一個「尋找毛澤東」的民間文化熱，發生在1989年「六四」之後，相
對沉寂的民間社會和大學校園裡，在表面的消費性、娛樂性的背後，又包含
著怎樣的思想、文化意味？當時，許多報紙，學校的師生、學者，都對此進
行了熱烈的討論，最後還出了一本《中國：毛澤東熱》的專著。由此，對「毛

16　陳晉：〈我看「毛澤東熱」〉，轉引自張占斌、宋一夫：《中國「毛澤東熱」》，頁121。

17　轉引自張占斌、宋一夫：《中國：毛澤東熱》，頁39。

18　林濤：〈「毛澤東熱」透視〉，《新世紀》週刊第13期（1990年6月出版）。轉引自張占斌、宋
　　一夫：《中國：毛澤東熱》，頁46。

澤東熱的評說」本身，也構成了一個思想、文化現象，它所提供的「六四」之後的大學校園、民間社會的思想信息和動向，對於認識毛澤東在九十年代初期中國的意義，是特別有意思的。我們且作「文抄公」，把討論中的各種看法分列如下，並略作評點：

> 學潮之後，大家不管出於什麼原因，都進入了更高層次的反思。溫故而知新、知史可明志。通過了解毛澤東，可以了解中國當代的歷史，了解中國的國情」。（中國人民大學哲學系學生任衛東）[19]

> 任何有意了解中國現代歷史的人，都無法跨越毛澤東。同樣，任何關注中國現實和未來的人也無法避開毛澤東，畢竟我們——不管有意識還是無意識，也不管願意還是不願意——背靠著、腳踏著毛澤東留下的遺產：正面的和負面的。[20]

> 「毛澤東熱」的出現，說明了各方面的人們都在對現實的問題作出反應（不管層次是淺是深），而這眾多方面的反應正好彙集在毛澤東這一點上。這個事實本身即說明了毛澤東的巨大豐富性。[21]

> 雖然其中〔錢註：指毛澤東思想〕有許多烏托邦與民粹主義的因素，與現今工業主義的世界格局格格不入，但它們確實代表了人類的平等、公正、自由、和諧的追求與探索，終究是一筆精神財富，哪怕它只開花不結果、或常結出苦澀的果。就是毛澤東的這些豐富性，吸引了一部分好學深思者。他們人數不多，但卻代表了「毛澤東熱」中的一支冷靜、理性的力量。（北京大學世界現代化進程研究中心研究生梅俊傑）[22]

對毛澤東思想中的烏托邦主義、民粹主義，在八十年代時對其主要做的是批判性的審視，但現在開始注意到了其內含的積極因素，這本身就很值得注意。

〔中國〕社會的發展已經離毛澤東時代甚遠了，而且毛的形象曾被放棄一

19　〈中國人大師生座談「尋找毛澤東」〉，轉引自張占斌、宋一夫：《中國：毛澤東熱》，頁58。

20　〈首都青年學者、博士生討論「毛澤東熱」〉，轉引自張占斌、宋一夫：《中國：毛澤東熱》，頁111。

21　〈首都青年學者、博士生討論「毛澤東熱」〉，轉引自張占斌、宋一夫：《中國：毛澤東熱》，頁114。

22　〈首都青年學者、博士生討論「毛澤東熱」〉，轉引自張占斌、宋一夫：《中國：毛澤東熱》，頁114。

隅；所以，近來的「毛澤東熱」似乎是一種歷史的回歸。〔……〕改革開放
使中國發生了翻天覆地的變化，〔……〕中國人在獲得物質上的保障的同
時，精神的支柱卻發生了動搖。〔……〕經濟領域出現分配不公，物價上
漲等混亂現象，腐敗現象嚴重，社會不安定因素存在，這些都增加了人
們的不安全感、無能為力感、迷茫失落感和無所適從感。在這一點上，
當今中國與毛時代正好形成一種對照。在毛時代裡，雖然物質生活相對
貧乏，雖然是一種盲目的個人崇拜，但是，這樣卻給人們提供了保障和
安全感。拋棄了毛的時代的狂熱，中國當今卻又進入兩難境地。〔……〕
「毛澤東熱」實質上是一種時代裂縫的象徵。誠然，中國人並不想再回到
毛時代，並不呼喚毛式的領袖人物，而是渴望消除心理上的不安全感、
無能為力感、迷茫失落感和無所適從感，這是「毛澤東熱」出現的根源。
（北京大學社會學系學生李博柏、閻麗靜）[23]

這些顯示：一方面，人們「並不想回到毛時代」，因為九十年代初，人們（包括
年輕人）都還保留著對文革災難的記憶，這不同於今天完全不了解毛時代的年
輕人；另一方面，人們又處於對現實的不滿，而自覺、不自覺地在不同程度
上將毛時代理想化，這兩方面都展示了許多人對毛澤東時代的複雜態度。

　　有人認為，毛澤東熱「是商品經濟衝擊下民眾意識的一個體現」，[24]「不同
階層、不同地位的人們都在商品競爭和流動的環境中適應新的角色」，[25]「民眾
意識正在逐漸顯示其重要性。不同民眾之間的差別已不能在某種統一的旗幟
下被抹殺。各個階層、各個集團都在尋找着代表自己利益和觀點的思想表達
方式」，[26]而自稱「農民的兒子」，有著「民本思想」的毛澤東就很容易被視為民
眾的代言人，而成為新的「大眾文化」一部分；[27]但民眾不過是要藉毛澤東來

23　轉引自張占斌、宋一夫：《中國：毛澤東熱》，頁115。

24　北京大學社會學系博士生、《北京大學研究生學刊》主編王延中在座談會的發言，轉引自張
　　占斌、宋一夫：《中國：毛澤東熱》，頁117。

25　北京大學社會學系博士生、《北京大學研究生學刊》主編王延中在座談會的發言，轉引自張
　　占斌、宋一夫：《中國：毛澤東熱》，頁120。

26　北京大學社會學系博士生、《北京大學研究生學刊》主編王延中在座談會的發言，轉引自張
　　占斌、宋一夫：《中國：毛澤東熱》，頁120。

27　參見，北京大學社會學系博士生、《北京大學研究生學刊》主編王延中在座談會的發言，轉
　　引自張占斌、宋一夫：《中國：毛澤東熱》，頁117-121。

表達他們的利益和要求。

「〔毛澤東思想充滿〕成功與錯誤的交織，或者過去看是錯誤的，而今天看則包含着真理的東西」（括號內文字為錢所加），比如「毛澤東早就提出，社會主義還存在着資本主義復辟的危險性，如果過去還不清楚的話，今天確實應該引以為戒」。[28]因此，有人認為，毛澤東熱是「對社會主義的禮贊」，是「民族自豪感的再度爆發和呼喚」。[29]後來「新左派」的毛澤東觀已經呼之欲出了。

「一位大學生告訴我，去年〔錢註：1989年〕六月以後，他們沉寂下來反思這一切時，發現需要學習、了解和熟悉毛澤東的思想方法，才能更好地從中國國情出發，把握中國現代化發展的規律和條件，而不是照搬西方的東西，更不能搞全盤西化」。[30]這裡隱含了一個尋找中國自己的現代化發展道路的問題；注意到毛澤東的貢獻是有意義的，但對其錯誤經驗教訓的總結，也許更為重要，但這在當時似乎是被忽視的。

值得注意的是這樣的報導：「在這股〔尋找毛澤東〕熱潮慢慢地擴展的時候，各高校有關部門如學生工作部、團委等予以了高度重視」（括號內文字為錢所加），「給予了適當的引導，即人們近一年來常用的『導向』」。[31]於是，就有了這樣的「提醒」：「一些學生看毛著甚至是把它作為『逆反哲學』，從片言只語中為學潮中的錯誤行動尋找理論依據。毛著中的個別激進主張對這些學生是很有影響的」，[32]「有些人特別熱衷於毛澤東晚年的言論，這一點應引起我們的重視」。[33]這裡對毛澤東思想中的「激進」部分，及其可能對青年產生影響所提出的警惕，是很有意思的。於是，又有了這樣的「引導」：要把「毛澤東熱」作為「樹立新一代領導集體權威的一次機緣」，因為毛澤東熱正昭示著「人

28　《北京青年報》載：〈尋找毛澤東什麼？〉，該文為1990年3月20日上午，中國人民大學召開之「毛澤東思想研討會」情況介紹。轉引自張占斌、宋一夫：《中國：毛澤東熱》，頁63。

29　北大哲學系學生辛鳴在「大學生『尋找毛澤東熱』座談會上的發言」（1989年12月13日召開），載《大學生》1990年第2期。轉引自張占斌、宋一夫：《中國：毛澤東熱》，頁87-88。

30　林濤：〈「毛澤東熱」透視〉，《新世紀》週刊第13期（1990年6月出版）。轉引自張占斌、宋一夫：《中國：毛澤東熱》，頁46。

31　轉引自張占斌、宋一夫：《中國：毛澤東熱》，頁43。

32　〈中國人大師生座談「尋找毛澤東」〉，轉引自張占斌、宋一夫：《中國：毛澤東熱》，頁57。

33　北京師範大學馬列所程仁華的發言，轉引自張占斌、宋一夫：《中國：毛澤東熱》，頁109。

們渴望有一個新的強有力的領導權威來建立起新的社會秩序」。[34]這又是在鼓吹「新權威主義」了，但也反映了九十年代初中國現實政治的需要。

也還有人指出：「有一種人，是在不適應現代社會基礎上懷念毛澤東的〔……〕近十年來，雖然我們也遇到種種挫折，但進行扎扎實實的建設都是有目共睹的。這就比毛澤東浪漫傾向有意義得多。如果尋找毛澤東是為了拿毛澤東對抗鄧小平，那將是非常危險的」。[35]談話者顯然更認同於鄧小平的改革。這說明，對毛澤東及毛澤東時代的評價，聯繫著每個人對現實中的鄧小平及鄧小平時代的態度、評價。

不難看出，以上關於毛澤東熱的評說、討論所提供的信息相當複雜，其間也多有相互矛盾、衝突之處；但或許正因為如此，其所折射出的「六四」以後至九十年代初的大學校園與民間社會的思想動向、民間和毛澤東的關係，也是多元而複雜的，而且當中許多內容還可以有更多的發展空間，以後的許多事情都起源於此。

二、我的「毛澤東研究」

在民間社會「尋找毛澤東」的時候，我開始「研究毛澤東」。

這同樣是出於「六四」體驗。「六四」後的紅色恐怖，確實讓我以及許多人都聯想起毛澤東時代，而且恐怕有過之而無不及。比如北大當局提出「醜話說在前面」，「槍打出頭鳥」，「不是秋後算帳，現在就要算帳」，「圍觀即參與」等，如此露骨地公開宣布北大已成為不受法律制約的監獄，大概是1957年和文化大革命時候也不曾有過的。[36]鄧小平所堅守和實行的，正是毛澤東的無產階級專政、一黨專政、個人獨裁的思想路線與體制，這才是發生「六四」最根本的原因。「六四」之後，不同的人都在總結經驗教訓。鄧小平總結的是「對思想教育上的放鬆」，也就是對毛澤東時代的思想控制有所放鬆，因此「六四」後便要加強思想、政治、社會的全面控制，這就意味著要強化鄧小平體制的

34　徐文秀對毛澤東熱的評介，轉引自張占斌、宋一夫：《中國：毛澤東熱》，頁75。

35　〈中國人大師生座談「尋找毛澤東」〉，轉引自張占斌、宋一夫：《中國：毛澤東熱》，頁61。

36　參看錢理群：〈未名湖畔的老人──悼吳組緗先生，並悼北大〉（1994年10月1日），《知我者謂我心憂──十年觀察與思考（1999-2008）》，頁507。

毛澤東色彩；而在我看來，恰恰相反，1978年以後中國思想解放運動的最大失誤，就是沒有明確提出並進行對於毛澤東思想、文化及體制的科學批判。我的「毛澤東研究」大概也就由此開始。

當我冷靜地面對九十年代的中國問題、知識分子問題、以及我自己的問題時，都更加深切地感受到對毛澤東思想進行科學清理的必要與迫切。當時我寫了一篇總結性的文章，題目叫〈世紀之交的中國大陸知識份子對歷史的反思和現實困境〉，其中有這樣一些具體分析與判斷：

(一)九十年代所面對的思想文化問題
1. 關於「如何看待毛澤東時代」的困惑

九十年代理想喪失、道德惡化與社會風氣毒化的現狀，重新提出了理想主義的價值，精神的意義，集體主義的倫理觀是否還有生命力的問題，而廣大工人、農民的生存狀況的日益惡化，也再一次提出了知識份子與工農關係的問題。這樣，對我們在歷史回顧裏所提到的對理想主義、浪漫主義的負面作用的批判，就發出了一個要防止「將孩子與水一起潑出去」的警告。但另一方面，在前述以理想主義與專制主義互為表裏為主要特徵的毛澤東思想、文化體系沒有得到認真清理的情況下，人們很容易產生對毛澤東時代的唯尊精神、崇尚個人犧牲的聖徒社會的懷舊情緒〔錢註：這在前述民間毛澤東熱裡看得很清楚〕。因此，過份強調追求物質與個人利益孫〔錢註：此「孫」字應為「所」之誤〕造成的精神危機，會不會忽略、否定了物質欲望、個人主義精神在今天中國仍然具有的積極意義；對於理想、精神、集體主義、與工農相結合〔……〕的重新強調，會不會導致對毛澤東時代及仍然在當今中國嚴重存在的專制主義的默認與肯定，從而與官方重新恢復毛澤東主義的權威意識形態的統治與控制的努力劃不清界限。[37]

這正是我在九十年代初感到的困惑，並且至今依然困擾著我。

---

37 錢理群：〈世紀之交的中國大陸知識份子對歷史的反思與現實困境——異國沉思錄之一〉（1995年5月19日），《知我者謂我心憂——十年觀察與思考(1999-2008)》，頁493。

2. 關於「如何看待中國社會的資本主義化」，「如何反思『西方現代性』」的困惑

在中國現實經濟、政治、文化生活中出現了不同程度的資本主義化，這
恐怕是不容忽視與否認的事實。（至於中國是否已經發生了整個社會資本
主義一體化，則還是一個可以討論的問題。）這就必然提出了一個對於資
本主義文化，資本主義的現代化道路的批判問題〔錢註：這正是九十年代
中期「新左派」所提出的問題；在當時對我有振聾發聵的作用，這是我一
直感謝「新左派」的〕。[38] 問題的提出，顯然具有積極意義：不僅有助於打
破一些知識份子美化西方現代化道路的幻想（這在反省東方專制主義時是
極容易產生的）〔錢註：事實上包括我在內的大多數知識分子在八十年代
都是以「西方現代化」作為「中國現代化」目標的〕，而且提醒中國知識份
子要關心中國的現實問題，對中國已經出現的資本主義化問題不能採取
迴避、漠不關心與緘默的態度〔錢註：我當時就有這樣的反省：自己過多
地關心知識分子的邊緣化問題，而對現實生活中發生的兩級分化現象，
工人、農民貧困化的問題，則顯得有些麻木〕。[39]

但是照搬資本主義發達國家對西方現代性、西方資本主義文化的批判卻
是危險的。因為中國的現實不僅存在着正在發展着的資本主義化，更嚴
重存在與保留着專制主義的基本體制〔錢註：這是當時我對「新左派」的
主要保留和疑慮〕。一位年輕的學者在與我的通信討論中，曾這樣提醒人
們注意：「有些東西，在西方是極須批判的，在中國，卻發揮着有效的作
用；或在中國，被證明是反動的東西，在西方卻是療效的良方」。他舉例
說，「人道主義在西方，不僅僅是對人的關懷，更是人與自然主奴關係的
確立，是認識論上的理性主義、科學主義的確立。因此，人道主義在西
方是一種現代性，它產生了一系列可怕的後果，必須被『消解』。但人道
主義在中國，更多的意義是在對人的關懷，它要對抗的是極權主義的政
治。如果以同樣的方式消解中國的人道主義，那實在是理論上的誤區」。

38　錢理群：〈世紀之交的中國大陸知識份子對歷史的反思與現實困境——異國沉思錄之一〉
　　（1995年5月19日），《知我者謂我心憂——十年觀察與思考（1999-2008）》，頁493-494。

39　錢理群：〈世紀之交的中國大陸知識份子對歷史的反思與現實困境——異國沉思錄之一〉
　　（1995年5月19日），《知我者謂我心憂——十年觀察與思考（1999-2008）》，頁494。

　　我以為，這一警告，是重要的，不容忽視的。我們知道，毛澤東多年所提倡的是一種反西方現代化道路的中國的現代化道路，因此，資本主義發達國家的知識份子在批判西方現代性時，或許可以從毛澤東思想中獲得某些理論資源；但對於中國的知識份子，在前述毛澤東思想體系沒有得到徹底清理以前，卻要十分警惕，不要重踏「以專制主義批判（代替）資本主義」的歷史覆轍〔錢註：當時這一警告，是針對剛剛興起的「新左派」的；在二十年後的今天，是更加重要了〕。[40]

　　可以清楚地看出，中國知識份子的困惑，既來自中國資本主義與打着社會主義旗號的專制主義並存的現實，又來自知識份子對於資本主義與社會主義的雙重否定與超越欲求。[41]社會主義旗號下的專制主義是他們急欲打破的，但他們又不願意在中國實行全面的資本主義化。前者是他們已經飽嘗而不願繼續下去的災難，後者是他們開始感受到、並且是可以預見的災難。固然可以由此而在理論上提出「各取社會主義、資本主義之長，去社會主義、資本主義之短」的綜合社會的理想，但這一理想是否可以實現，又如何實現，會不會又是一個烏托邦的幻夢，都是一個問題。於是，人們不能不陷入彷徨無路的苦悶與惶惑之中〔錢註：這一「苦悶與惶惑」已經糾纏了我近二十年，而且越陷越深〕。[42]

40　錢理群：〈世紀之交的中國大陸知識份子對歷史的反思與現實困境──異國沉思錄之一〉（1995年5月19日），《知我者謂我心憂──十年觀察與思考（1999-2008）》，頁494

41　錢理群：〈世紀之交的中國大陸知識份子對歷史的反思與現實困境──異國沉思錄之一〉（1995年5月19日），《知我者謂我心憂──十年觀察與思考（1999-2008）》，頁494-495。這恐怕是當時許多人的共同想法。《走向未來》叢書的主編金觀濤和劉青峰在這一時期所寫的〈開放中的變遷〉裡就明確指出：「歷史輪回所告訴當代人的，決不是應該毫不保留地重返資本主義文明，而是要超越一百多年以來的社會主義與資本主義的兩極對立」，「以資本主義為特徵的開放社會，和社會主義一樣，並不是人類社會演化之終極。人類由傳統走向現代的歷程至今尚未完成。一個開放的，穩定的理性社會也許只有對社會主義和資本主義兩極震動中吸取教訓後才能出現」。「中國學者必須為當代批判意識的重建去承擔自己應有責任」。見〈導言：尋找歷史之路〉，《開放中的變遷：再論中國社會超穩定結構》（香港：中文大學出版社，1993），頁18-20。

42　錢理群：〈世紀之交的中國大陸知識份子對歷史的反思與現實困境──異國沉思錄之一〉（1995年5月19日），《知我者謂我心憂──十年觀察與思考（1999-2008）》，頁495。

3. 關於「毛澤東思想、文化的當代命運」問題

在我看來，「毛澤東思想包含着兩個互相矛盾、衝突的方面。一方面，毛澤東構建了以黨的全面專政為核心的專制主義體系，通過對於人的全面控制與改造，最大限度地把中國人民組織起來，建設現代國家；另一方面，毛澤東又具有反體制的天性，他通過不斷革命，發動大規模的群眾階級鬥爭，不斷地，無休止地衝擊和摧毀在他看來日趨資本主義化的現存體制，以實現他的烏托邦夢想。這樣，毛澤東思想就同時兼具『建構與強化體制』與『反體制』的兩重性，這就使中國社會的各種力量──要求全面恢復毛澤東時代舊體制的力量，希圖維持『中學（毛澤東體制）為體，西學為用』的現體制的力量，必然出現的反舊體制與現體制的力量，都有可能從毛澤東那裏找到相應的理論根據，並從中吸取力量〔錢註：從這一角度看前面所說的對民間毛澤東熱的種種評說，就非常有意思〕。現在，『毛澤東』在中國大陸底層人民中已經成為能夠幫助他們避禍得福的『神』；可以預計，在今後中國社會的變動中，毛澤東的旗幟仍然會為多種政治勢力所反覆利用。事實上，毛澤東思想、文化已經滲透於幾代中國人的靈魂深處，並成為中國現代文化的一個不可忽視的部份。因此，要真正深刻地理解現在以及未來的中國大陸，就絕不能繞開、迴避毛澤東時代的歷史性存在與影響：這是二十世紀留給中國的最重要的遺產」。[43]

可以看出，我作為一個知識分子，在1995年所得出的這些結論，[44]與前述1990年左右的民間毛澤東熱所提出的問題，青年大學生、研究生、青年學者的思考，既有相通之處，也有很大不同，但都是當時歷史的真實記錄。

（二）關於「毛澤東陷阱」：理想主義向專制主義轉化的歷史經驗的總結

在確立了對毛澤東思想進行科學的清理和批判的目標以後，緊接著的問

43　錢理群：〈世紀之交的中國大陸對歷史的反思與現實困境──異國沉思錄之一〉（1995年5月19日），《知我者謂我心憂──十年觀察與思考（1999-2008）》，頁496-497。

44　以上所引自〈世紀之交的中國大陸知識份子對歷史的反思與現實困境──異國沉思錄之一〉的內容，於1995年寫於韓國漢城（今稱首爾），本是為韓國部分左翼知識分子作的一次講演準備的講稿，後未發表，1999年12月按原文重錄入電腦，後作為「附錄」收入《知我者謂我心憂──十年觀察與思考（1999-2008）》。

題是：這樣的清理與批判從哪裡入手？

事實上，在「六四」，以及接著而來的蘇聯、東歐瓦解，許多人都在歡呼「歷史的終結」時，我卻一直在思考一個反向的問題：不能因為共產主義運動的失敗，而否認或忽視一個事實：共產主義運動在十九世紀和二十世紀曾經吸引過眾多的世界各民族最出色的知識分子，它也是我們自己年輕時候的理想，這是為什麼？──我認為不能回避這個問題，必須作出科學的解釋，也才能從中總結出真正的歷史教訓。因此，在九十年代初，我做的第一個研究，是寫作《豐富的痛苦──堂吉訶德與哈姆雷特的東移》一書，試圖通過知識分子身上的「堂吉訶德氣」與「哈姆雷特氣」，討論「共產主義運動與知識分子的關係」。[45] 這和九十年代中期我對毛澤東思想的研究，其實延續了同一思路：通過毛澤東思想、毛澤東時代「理想主義」和「專制主義」關係的討論，研究「知識分子與毛澤東的關係」。

這同時也是「我和毛澤東」關係的一個連接點。也就是說，我對毛澤東思想、時代的清理和批判，從一開始，就是把自己擺進去的：對毛澤東思想、時代的清理、批判，實質上就是一種自我清理與批判──這裡，我要強調的是，這不僅是我個人的態度，而是同時期的毛澤東研究者（主要是當時被稱作「中青年一代」的毛澤東研究者）共同的心態。1989年出版的《晚年毛澤東》一書的主編，同時寫有《巨人的誕生：毛澤東現象的意識起源》的蕭延中（時為中國人民大學的講師、副教授）就這樣寫道：「批判不僅銷蝕着靈魂，它也深深地觸動着自我。寫作過程中，我時時感到『毛澤東』總與晚年自身聯繫着，研究他總彷彿背負了一副沉重的十字架，令人氣悶、傷心和後怕」。[46]

於是，就有了這樣的研究發現：「毛文化的幾乎每一個命題在其起點，即最初的理論形態都是具有革命理想主義和烏托邦色彩的〔錢註：這正是能夠吸引知識分子的最重要的原因〕，然而其理論命題的展開與實現，對象化的終點，都成了反動的專制主義。應該強調的是，終點的專制主義並非對起點的理想主義的反叛，而恰恰是起點的理想的邏輯的與歷史的展開的必然結果。

45　詳參，錢理群：《豐富的痛苦──堂吉訶德與哈姆雷特的東移》（北京：北京大學出版社，2007）。

46　蕭延中：〈出版後記〉，《巨人的誕生：毛澤東現象的意識起源》（南昌：江西人民出版社，2005），頁356。

也就是說，專制主義的後果正孕育於起端的理想主義之中」，「而且這裡還奇妙地存在著理論的邏輯過程與現實的歷史過程的一致性」，「二十世紀中國歷史運動最基本的特點，即是這起端的理想主義、浪漫主義、烏托邦主義逐漸走向專制主義，或者說逐漸展現其專制主義的內質。所有的追求都走到了自己的反面：這正是二十世紀最大的悲劇和荒謬劇」。[47]

問題是如何如實與精細地描述、揭示這個我稱之為「毛澤東的陷阱」的「由理想主義、烏托邦主義向專制主義轉化」的理論與歷史過程——於是，我就有了底下幾項歷史經驗教訓的反思和總結。

1. 關於在「地上」建造「天堂」，實現至善至美的「大同」世界、理想社會的反思

這其實就是我們以前講課中一再強調的，毛澤東的大躍進、人民公社，以至最後的文化大革命都是他「在中國建立一個徹底破除了資產階級法權的，政治上絕對平等，經濟上絕對平均，人人都獲得全面發展的『共產主義的人間天堂』」的烏托邦試驗，其結果是直接引向大饑荒和文革中的無窮災難。這確實是一個理論與現實的「陷阱」，並存在著深刻的教訓：

> 至善至美的理想社會，只能存在於彼岸世界，是一個可望不可及的遠方目標。它的存在，使人們永遠也不會滿足於現狀，從而加強對現實的批判和改造力量。但這種改造、變革的努力，只能使此岸世界不斷改善，不斷趨向、接近理想，卻永遠也不會達到至善至美的理想境界。任何將彼岸世界此岸化的努力，都會給人類帶來災難，「天堂」的現實化就是「地獄」。[48]

47　見錢理群：〈為什麼要研究毛澤東，打算怎樣研究毛澤東〉，電子稿。我們在前面提到的一生投入於中國革命的美國人李敦白在回顧自己走過的道路時，也有這樣的反省：「我們當初所選擇的構築烏托邦世界的方法，一開始就已經埋藏了毀滅的種子；我們當初所設想之計劃的原罪，在於一開始就認定要創造一個十全十美的民主，就一定要利用『鎮壓』來對付『一小撮的階級敵人』。而『十全十美的民主』這樣動人的承諾，便誘使原本善良的人們加入了鎮壓的行列。李敦白、雅瑪達‧伯納著，林瑞唐譯：《我在毛澤東身邊的一萬個日子》，頁2。

48　錢理群：〈世紀之交的中國大陸知識份子對歷史的反思與現實困境——異國沉思錄之一〉（1995年5月19日），《知我者謂我心憂——十年觀察與思考（1999-2008）》，頁484。

這是毛澤東時代中國的最大悲劇。這一點，在我們過去的講課中多次提到，就不多說了。

2. 關於至善至美的人性的追求，以及「人的改造」的反思

我說過，毛澤東不同於其他掌權者，他的革命不滿足於社會的改造，更要傾其全力進行「人的改造」：這是他所發動的二十世紀中國一個最大膽、也是最荒謬的烏托邦試驗。

毛澤東提倡所謂純粹、至善至美的人性。其主要內容有二：一是自覺地壓抑、克制人的動物性本能欲望，從性欲到物欲，使人成為純精神、道德的存在物，即所謂「脫離了低級趣味的人」；二是自覺地壓抑、克制人的個人欲望，成為「毫不利己專門利人」的「高尚的人」。[49] 這兩方面合起來，就是要求人的「非動物化」和「非個人化」──作為個人修養，「毫不利己」，「專門利人」或許還是一個值得尊敬的境界；但問題是，毛澤東要以此作為普遍、絕對的倫理原則，要求所有的人，並採取強制改造的手段，如文革時期那樣，要求人們「狠鬥私字一閃念」。

問題更在於，毛澤東又強調：「在階級社會裡就是只有帶著階級性的人性，而沒有什麼超階級的人性」。[50] 於是，就有了這種邏輯性與歷史性轉換：無產階級是最先進的階級，因此無產階級的人性（階級性）是善與美的；而無產階級政黨（中國共產黨）又是無產階級利益的自覺代表，因此中國共產黨的黨性就是無產階級的階級性（人性）的集中體現，從而具有至善至美性。這樣，前述「毫不利己，專門利人」這種非個人性的要求就變成了「個人利益絕對服從黨的利益」的黨性原則，壓抑本能欲望的非動物性的要求，就變成了「為實現黨的理想、崇高的精神原則，而奉獻一切」、無條件地犧牲自己的精神，用毛澤東引述的列寧的話來說，就是自覺地成為黨領導的革命機器裡的「齒輪與螺絲釘」。這樣，許多人（包括知識分子）誠心誠意接受的「人的改造」，最後落實下來，就是成為「黨的馴服工具」。這也正是毛澤東的目的：通過「改造人」實現對人、知識分子外在行為和內在精神、心靈的全面控制和利

49　毛澤東：〈紀念白求恩〉（1937年12月21日），《毛澤東選集》（一卷本），頁620-621。

50　毛澤東：〈在延安文藝座談會上的講話〉（1942年5月），《毛澤東選集》（一卷本），頁827。

用。

3. 關於追求思想的至善至美性、絕對真理性，將馬克思主義絕對化、宗教化的反思

這同樣存在著一個轉換：一開始許多知識分子接受馬克思主義，是探索民族振興之路中的一個自覺選擇；但毛澤東和共產黨卻將其宣布為「歷史必由之路」，也就是將馬克思主義作為知識分子的必然歸宿與探索真理的最後終結，這樣，也就賦予馬克思主義以至善至美性與絕對真理性。建國後，馬克思主義更被宣布為全民族必須接受的國家指導思想，使其成為國家宗教，並且寫進了憲法；之後，無論是毛澤東的「六條政治標準」，還是鄧小平的「四項基本原則」，都將「堅持馬克思主義的領導地位」作為一條不可逾越的「底線」。這樣，對馬克思主義的一切質疑、批判都是非法的，並能以「維護憲法」的名義，對一切獨立知識分子進行殘酷鎮壓──這正是典型的思想專政。

4. 關於「人民崇拜」的反思

「人民（人民群眾）」在毛澤東的理論體系和中國意識形態的宣傳中，一直占據極其崇高的地位。如前所分析，人民被宣布為歷史的創造者、上帝，道德的至高者，更是中國共產黨統治的合法性的源泉、依據。也正是這一點，吸引了許多的知識分子，他們也都是人民的崇拜者。

問題是，歷史的發展卻由「人民崇拜」轉化為「領袖崇拜」。這裡也有一系列的邏輯轉換：人民群眾是劃分為階級的；階級的最大利益與長遠利益是通過無產階級政黨體現的；政黨是由一定的領導集團領導的；領導集團是必須由領袖代表的。這樣，由「群眾─階級─政黨─領袖」組成的金字塔結構，逐層推演的結果，處於塔尖地位的領袖，就以處於基礎地位的人民的名義，取得了實際上不受任何監督與制約的權力，所謂「人民民主專政」，實際上就變成「人民代表專政」、「黨專政」、「領袖個人獨裁」。浪漫主義的人民崇拜最終結出了最嚴峻的專政之果。

5. 關於將矛盾、反抗、鬥爭、運動絕對化、神聖化的「鬥爭哲學」的反思

　　魯迅說過：「人被壓迫了，為什麼不鬥爭？」[51]許多知識分子也是因被壓迫而走上革命鬥爭之路的。在備受民族壓迫和階級壓迫的二十世紀中國，鬥爭的尖銳、複雜、激烈，本來是不可避免的社會現象，並且具有顯然的歷史合理性。但毛澤東卻將矛盾、鬥爭、反抗、運動的客觀性、合理性絕對化，形成了他「鬥爭就是一切」的鬥爭哲學，他宣布對立面的鬥爭是馬克思主義哲學，但這實際上是他自己的哲學的核心，而對立面鬥爭就是「一個吃掉一個」，你死我活。毛澤東充分利用他手中的權力，不斷地發動大規模的、群眾性的、疾風暴雨般的階級鬥爭，人的嗜殺性，以及中國人喜歡窩裡鬥的惡習，都被誘發出來，每個中國人、每個知識分子，都成了這殘酷的生存競爭的參與者和受害者。所有的鬥爭、反抗，都最終成為對他人和自己的傷害。

　　這樣，在毛澤東時代，所有對至善至美的社會、人性、思想的追求，對人民的崇拜，對反抗精神的強調，最後都走向反面，走向新的專制。這裡充滿了思想邏輯和歷史的陷阱。我們必須走出這些陷阱，同時，如前面所提醒的，又要防止「把孩子和髒水一起潑掉」，[52]這正是我們面對毛澤東的遺產時最為困惑之處。儘管我至今也還沒有完全擺脫這樣的困惑，但在1995年，我作出了上述總結以後，卻有如釋重負之感。[53]

51　魯迅：《三閒集・文藝與革命》(1928年4月4日)，《魯迅全集》第4卷，頁84。

52　後來我對防止「把孩子和髒水一起潑掉」問題有進一步的思考，對1995年的反思又作了反思：「是的，我們必須吸取將『彼岸理想此岸化』的教訓；但是，我們能因此放棄對『烏托邦理想』的嚮往與追求嗎？是的，我們要反對將人『非動物化』和『非個人化』的『思想改造』；但我們又能走到另一個極端，把人僅僅看成是動物性的，純個人的存在嗎？是的，我們反對將馬克思主義絕對化、宗教化；但我們能從根本上拋棄馬克思主義嗎？是的，我們反對『人民崇拜』；但我們又能鄙視人民，漠視他們的利益，完全脫離普通老百姓嗎？是的，我們反對將鬥爭絕對化，但人受了壓迫，為什麼不能反抗？難道反對國內階級壓迫與剝削，就是『破壞穩定』，反抗國際強權，就是『恐怖主義』嗎？此外，還有許多相關的問題。比如，在歷史的再認識、再考察中，我們如何認識五四以來的激進主義的革命思潮及其實踐？如何認識社會主義運動的理論與實踐等等」。見錢理群：《我的回顧與反思——在北大的最後一門課》(台北：行人出版社，2008)，頁221-222。

53　以上討論，均見〈世紀之交的中國大陸知識份子對歷史的反思與現實困境——異國沉思錄之一〉(1995年5月19日)，《知我者謂我心憂——十年觀察與思考(1999-2008)》，頁481-498。

三、1998年前後北大百週年校慶的民間紀念
（一）「尋找真北大的聲音」

我們還是從人們似乎已經遺忘了的一個細節說起：1997年11月20日，北大學生社團「時事社」主辦的油印刊物《時事》試刊號發表了一篇〈尋找真北大的聲音〉的發刊詞：

> 一切的大興土木似乎在表明北大是欣欣向榮的。可是我感覺不到一點新鮮的氣息，只有壓抑的感覺。因為三角地上只有TOFFL培訓和招聘廣告了，因為民主草坪上只是坐著相互擁抱的情侶了，因為圖書館裡只有一張張透出英語單詞和微積分的麻木的臉孔了，理想和責任感已經在我們的頭腦中缺席了。我實在難以找尋到北大的氣息，青春的活力。我不斷地問自己：我是在北大嗎？怎麼我聽不到五四的吶喊，怎麼我看不到三角地的指點江山，怎麼我聽不清理想主義的聲音，怎麼我看不到熱血沸騰的青年，怎麼我感受不到心憂天下的責任……失去精神的北大正如一個被抽去有脊柱的巨人，他的肌肉在不斷發達，可他總也立不起來。
>
> 〔……〕批判地叛逆地永遠抗爭，積極地建設地不斷開拓，這才是真北大的精神。〔……〕時事社為你，為北大，為中國撐起一方理想主義的天空，讓你聽到真北大的聲音，讓你感受到多少年來鼓舞了一代又一代青年的真北大的精神。[54]

這裡，是對「六四」之後中國大學校園的真實的揭示，如學生刊物裡的一篇文章所說，「大學生活卻出現了狹窄化、專業化、技術化的傾向。『三點成一線』的單調生活，[55]使學習成了機械訓練和應付考試的枯燥過程，生活成為注重實用，只對專業技能感興趣的單維化生活。在工藝層面的操作和忙亂之中，個性和創造逐漸消隱」。[56]

這裡，更有對北大「獨立，自由，批判，創造」傳統的呼喚與自覺繼承。

54　在時事社被取締以後，我把學生送給我的這份刊物保存起來，並將這篇發刊詞收入我編輯的《走近北大》一書，算是我的默默紀念。《時事》編輯部：〈尋找真北大的聲音〉，錢理群主編：《走近北大》（成都：四川人民出版社，2000），頁282-284。

55　指每天奔走於「寢室」——「教室」、「圖書館」——「食堂」三點之間的直線單調的讀書生活。

56　〈大學的興盛和文化重建〉，轉引自錢理群：〈一九九七年北京大學的歷史記事〉，《我的精神自傳——以北京大學為背景》，頁417。

這是在「六四」鎮壓九年之後，終於發出的新一代北大人，新一代中國青年的
獨立的聲音。我當時就寫了一篇題為〈一九九七年北京大學的歷史記事〉的文
章，表示「要以史家之筆，作出這樣的判斷：《時事》、《微光》、《大學》這些
學生民間刊物，衝破了九十年代的精神禁錮與商品經濟的衝擊所造成的思想
沉寂狀態，重新高舉『精神、思想自由與獨立』的旗幟，表現了極其可貴的批
判、創造的精神與勇氣，他們為北大的傳統所寫下的這新的一頁，將會載入
史冊」。[57] 這是對1919年的五四運動、1957年的五一九民主運動、1980年的
校園選舉運動，以及1989年的天安門民主運動的一個呼應與回響，儘管它
的規模與影響都不能和這些北大輝煌的歷史相比，但它又確實是對這些輝煌
時刻所開創與發展的北大精神的自覺繼承，而且它發生在民間聲音完全被扼
殺、民間運動失去了生存空間的九十年代的大學校園和中國，標示著獨立、
自由、科學、民主的火炬在新一代人中的傳遞，因此就有了不可忽視的意義。

　　這裡所說到的《微光》、《大學》是同時出現的學生社團「微光社」、「百年
同行」主辦的刊物，當時還有一些類似的刊物，因此，在1997年的北大，形
成了一股民間思潮。我之所以在其一出現時，就對它作出這樣的歷史性評
價，是因為他們當時正受到了巨大的壓力，如我在文章裡所說，「《微光》、
《時事》的主編均遭審問、調查，強迫交出作者名單，刊物也被查禁，相關社
團則被禁止繼續活動」。我至今還清楚地記得，時事社請我演講，卻不能在北
大校園裡講，只能轉移到另一所不太知名的學校的一間教室裡。因此，我要
記下這歷史的一筆，同時又這樣自責：「我恨自己的軟弱無力，就連此刻我寫
下的這一切，所謂『史家』的判斷，又有什麼用呢？說穿了不過是阿Q式的自
慰，而孩子們需要的是現實的保護與抗爭啊！……。」[58]

　　那麼，這些年輕的北大學子究竟表達了怎樣的意見和思想，讓當局如此
不能相容呢？

　　這是他們對九十年代中國現實的判斷和批判：「『六四』事件以後，政改
〔即政治體制改革〕停滯不前，甚至倒退了，而經濟改革卻繼續推進」，形成了

57　錢理群：〈一九七九年北京大學的歷史記事〉，《我的精神自傳——以北京大學為背景》，頁
　　418。

58　錢理群：〈一九九七年北京大學的歷史記事〉，《我的精神自傳——以北京大學為背景》，頁
　　415、418。

「政治專制，經濟開明」的局面，並反過來影響經濟改革，造成「股份制改革起點極不平等」，「操作極不公正」。面對這樣的現實，中國的知識界在自身「邊緣化」以後，既「喪失了對社會批判的勇氣」，又「對日日發生在自己身邊的犯罪保持沉默，以致於偽學者氾濫，知識份子普遍奴性化，成為這個時代的特徵」。他們因此而發出警告：「隨著這種不公平的改革的進一步推進，社會深層次的矛盾日益顯露，而政治上的專制又必然會轉化為經濟領域的更加腐敗，國企大面積癱瘓，失業工人隊伍進一步擴大，社會不公越演越烈，經濟崩潰那一日終將來臨！」[59]年輕人是敏感的，他們對「『六四』事件以後」的中國「政治專制，經濟開明」的「不公平的改革」的批判，以及對九十年代中國知識分子的「普遍奴性化」的批判，都抓住了要害，並且為其後的歷史所證實。

這是他們所意識到的歷史任務：「有必要再一次高舉『科學』的旗幟，啟科學之蒙，啟民主之蒙，要根植於中國國情，以理性批判的態度探討有中國特色的道路」。[60]這也抓住了要害：中國依然需要新的思想啟蒙運動。而且這是在九十年代政治高壓下，在民間參與方面，這是一個可以嘗試的領域和方式。儘管從一開始就受到打壓，但也說明了這樣的參與是要付出代價的。

（二）另一種民間紀念

這是我在1997年前後的一個想法，也可以說是我內在生命的一種需要。「六四」以後這九年，儘管我有許多緊張的思考，但總體來說，是過著平靜的書齋生活，遠離了社會實際運動。這種情況，引起了我的不安，而且與日俱增。到1997年幾乎到了臨界點，我在一篇文章裡，這樣寫道：「我無法回避內心的疑慮，擔憂，恐懼與悲哀。我擔心與世隔絕的寧靜，有必要與無必要的種種學術規範會窒息了我的生命活力與學術創造力和想像力，導致自我生命與學術的平庸與萎縮；我還憂慮於寧靜生活的惰性，會磨鈍了我的思想與學術的鋒芒，使我最終喪失了視為生命的知識分子的批判功能；我更警戒、恐懼於學者的地位與權威會使我自覺、不自覺地落入權力的網絡，成為知識的

---

59 《中國雪崩》，轉引自錢理群：〈一九九七年北京大學的歷史記事〉，《我的精神自傳：以北京大學為背景》，頁416。

60 《我說中國學術界的現狀與出路》，轉引自錢理群：〈一九九七年北京大學的歷史記事〉，《我的精神自傳：以北京大學為背景》，頁416。

壓迫者與政治壓迫的合謀與附庸。我同時又為成了學術『名人』陷入傳播媒體的包圍中，在與普通百姓及年輕人的交往中增添了許多不必要的障礙，而感到悲哀。於是，我內心深處，時時響起一種生命的呼喚：像魯迅那樣，衝出這寧靜的院牆，『站在沙漠上，看著飛沙走石，樂則大笑，悲則大叫，憤則大罵，即使被沙礫打得遍身粗糙，頭破血流』也在所不惜」。[61]我內心的呼喚，就這樣和北大學生的呼聲相應和了。

於是，就有了一次用民間的力量推動思想啟蒙的相互合作，時機就選擇在1998年北大百週年紀念。如當時的一篇報導所說，由於北大在中國的特殊地位和影響，它的百週年校慶「已經不僅是一個著名學校的生日，它甚至超乎教育界而成為整個國家生活中的一件大事」，[62]為全國所矚目。當時，在思想、文化、學術界圍繞著如何認識與理解北大傳統，曾有過一場影響深遠的爭論。一位學者編了一本《北大傳統與近代中國——自由主義的先聲》，[63]我們在前面講到的因為提出「大民主、小民主」的概念而遭毛澤東批判的李慎之（1923-2003），在為此書寫的序言裡明確指出：蔡元培（1868-1940）「提出『囊括大典，網羅眾家，思想自由，兼容並包』的方針，使北大正式成為在中國引進和發揚自由主義的基地」，[64]「值此北京大學慶祝建校一百周年之際，最要緊的是弘揚北大的自由主義傳統」。[65]文章強調「自由主義是最好的、最具普遍性的價值」，並呼籲和斷言：「發軔於北京大學的自由主義傳統在今天的復興，一定會把一個自由的中國帶入一個全球化的世界，而且為世界造福爭光」。[66]據說李慎之此文是「近四十多年來第一篇公開地講自由主義的文章」，

61 錢理群：〈尋求精神支援——《魯迅和他的論敵文選》序及其他〉（二）（1997年4月27日），《走進當代的魯迅》，頁323。

62 參看錢理群：〈另一種民間紀念——《校園風景中的永恆：我心目中的蔡元培》序〉，《論北大》（桂林：廣西師範大學出版社，2008），頁204。

63 劉軍寧主編：《北大傳統與近代中國——自由主義的先聲》（北京：中國人事出版社，1998）。

64 李慎之：〈弘揚北大的自由主義傳統〉，劉軍寧主編：《北大傳統與近代中國——自由主義的先聲》，頁2。

65 李慎之：〈弘揚北大的自由主義傳統〉，劉軍寧主編：《北大傳統與近代中國——自由主義的先聲》，頁1。

66 李慎之：〈弘揚北大的自由主義傳統〉，劉軍寧主編：《北大傳統與近代中國——自由主義

因此被認為「開拓了中國自由主義者的言路空間」，使「自由主義作為一種學理立場浮出水面」。因此，也遭到了以後被稱為「新左派」的學者的批判：這或許就是九十年代最有影響的「自由主義」和「新左派」論戰的發端之一吧。[67]

有意思的是，國家最高領導也高度重視北大的百週年紀念，江澤民發表長篇演講，突出的是愛國主義傳統。[68]於是，北大的校慶就被高度政治化了。這樣一個政治功利化，同時又有濃厚的商業化色彩的官方紀念，引起了學校師生、校友，以及社會的不滿，於是就有了「民間紀念」的客觀需要。我和一部分師生就順勢提出要編寫、演出《蔡元培》話劇，讓老校長的形象重現北大舞台，開展一個以「繼承和發揚蔡元培校長開創的北大精神傳統」為中心的民間紀念活動。因為是要宣揚蔡校長，學校當局難以禁止，於是就採取了「不反對，不支持，不宣傳」的態度，不管怎樣，我們總算獲得了一個民間參與的活動空間。我們的《蔡元培》話劇組也就成了「志願者的精神自由集合體」。劇組用了很大精力進行「傳播蔡元培思想與精神」的活動：組織對和蔡先生有關的老人和專家的採訪；舉辦各種學術講座；發動校友、師生撰寫研究論文；舉辦有關圖書、圖片展覽；開闢宣傳櫥窗，印發《編演資料》等等。而劇本的編寫、排演、演出、宣傳，策劃等，實際上都是一次次民間的自我教育、啟蒙的過程。最後又通過舞台的表演，傳遞給北大師生，它所引起的強烈反響，既在意料之中，又出乎意料之外。這種民間的「另一種紀念」就成為北大百週年紀念的一個特殊亮點。[69]最後，我們編寫了《校園風景中的永恆：我心目中的蔡元培》一書，算是一個歷史的記錄吧[70]——當然，這只是「死水

的先聲》，頁5。參看楊繼繩：《燦爛的夕陽——悼李慎之》，《懷念李慎之》，自印本。

67　關於這場由北大百周年校慶引發的論爭，可參看李蔚新：〈90年代自由主義思想在中國的復興〉，文載《當代中國研究》2002年夏季號。

68　江澤民：〈繼承和發揚五四運動的光榮傳統〉（1998年5月4日），《江澤民文選》第2卷（北京：人民出版社，2006），頁121-126。

69　一位社會學系的學生曾以北大百周年校慶作為一個歷史事件寫了一篇畢業論文，因為要經過體制內的答辯，自然不可能寫入我們的民間紀念活動；但這位學生卻執意要將這篇論文送給我，或許是要藉此彌補他的某種遺憾吧。我們都相信，1998年前後的民間紀念遲早是要進入北大的校史的。

70　參看錢理群：〈另一種民間紀念——《校園風景中的永恆：我心目中的蔡元培》序〉，收錄於錢理群編：《校園風景中的永恆：我心目中的蔡元培》（成都：四川人民出版社，2000）。

微瀾」，既形成不了民間運動，影響也有限；但同時也要看到，類似的民間活動所在多有，只不過發生在北京大學，就有幸留存下來，更多的情況，還是如魯迅所說的，人們「在前仆後繼的戰鬥，不過一面總在被摧殘，被抹殺，消滅於黑暗中，不能為大家所知道罷了」。[71]而我們自稱「志願者」這一點倒頗值得注意：在下一個歷史階段，「志願者」將成為民間參與的重要方式。

（三）新的思想啟蒙：毛澤東文化影響下的國民性批判

下面，還要多說幾句我對1998年前後思想啟蒙的一種理解，以及相應的教學活動。在我看來，九十年代的思想啟蒙，既是五四新文化運動和八十年代思想解放運動精神的繼承，同時也要面對時代的新問題。我又認為，鑒於八十年代未能對毛澤東思想進行徹底清理，九十年代需要進行補課，因此，「批判毛澤東思想對國民性的影響」，就應該是新啟蒙的重要任務。正是基於這樣的認識，我於1997年在北大專門開設了一門選修課：「周氏兄弟思想研究」，[72]而且講明，我的重點是講魯迅、周作人的思想在九十年代中國的意義；後來，我把它概括為「講魯迅、周作人，又接著往下講」，而講述的一個重點，就是「改造國民性」。主要講四個題目，「都是有很大的現實性」，[73]而且融入了我對「毛澤東與毛澤東時代的思考」。[74]這門課開設在1997年，是自覺地為百週年校慶民間紀念提供思想和理論資源的。

後又收錄於錢理群：《論北大》。

71　魯迅：《且介亭雜文・中國人失掉自信力了嗎？》（1934年9月25日），《魯迅全集》第6卷，頁122。

72　這次講課的講稿後來整理成了《話說周氏兄弟》一書，在該書的〈後記〉裡談到了聽課的情景：「因為聽課的人越來越多，不得不一再地改換教室，直至全校最大的可容三百多人的階梯教室，有時還有學生要站著聽課。聽課的人遠遠超過了中文系的範圍，包括了許多外系（甚至理科）的學生，進修教師，更有不少外校的有工作單位、無工作單位的旁聽者。這樣的聽課熱情八十年代中後期有過，在九十年代卻是久違了的。這或許傳遞了時代氛圍的某些變化的某種信息」。錢理群：〈後記〉，《話說周氏兄弟》（濟南：山東畫報出版社，1999），頁304。

73　錢理群：《話說周氏兄弟》，頁159。

74　錢理群：《話說周氏兄弟》，頁306。

1. 說「食人」

魯迅所說的「吃人」，或者說中國民族是一個「食人」的民族，不僅是象徵，而且是實指：中國人真的是在「吃人」，包括肆無忌憚地殺人。而且在中國，「食人」是與「忠」、「孝」這樣一些中國傳統的儒家主流文化的基本概念聯繫在一起的，是在倫理道德的美名之下，在道德理想主義的旗號下食人。更可怕的是，這種吃人已經進入了中國的文學，被審美化了。中國老百姓家喻戶曉的《三國演義》、《水滸》，都有吃人的描寫。而且都是繪聲繪色，塗以「道德美」的神聖光彩。

而且還有許多為「食人」張目的現代理論。如將「革命」置於至高無上的地位以後，還要求一種整體性的思維，即為整體性的利益必須犧牲個人的，包括個人的生命，在中國，正是太不把人的生命當成一回事了。魯迅曾十分沉重感嘆說：造物主「實在將生命造得太濫，毀得太濫」。

還有「殺反革命」，好像革命一到，一切反革命者就得死，更泛化為「殺非革命」，實際就是「所有的異己者都該死」。中國這一個世紀的歷史就是以「革命」的名義殺害「反革命」與「不革命」的歷史。

而中國知識分子在食人、嗜殺中往往扮演幫凶的角色，藉助政治力量來扼殺對手，甚至把對手送上斷頭台的知識分子是大有人在的，一部「五四」以後的思想文化史，也就是中國知識分子互相殘殺的歷史。[75]

2. 談「做夢」

中國民族沒有宗教，好像沒有宗教的狂熱，但有另外一種形態的宗教狂熱。一九五八年大躍進就是一種宗教的狂信：首先是迷信主觀精神和意志，第二，迷信群眾運動，第三，迷信權力。將不受監督的權力和群眾運動結合起來，彷彿什麼人間奇蹟都能創造。由此，引申出迷信青春，迷信無知等等。

迷信主觀精神意志的同時是反科學、反理性；在迷信群眾運動的另一面是反專家、反知識分子；在迷信多數的同時壓制少數；在迷信權力的同時壓制民主；在迷信青春的同時反對老年人。所以「狂信」的另一面就是周作人說

75　參看錢理群：〈說「食人」──「改造國民性」思想之一〉（1997年11月11日、18日講），《話說周氏兄弟》，頁157-178。

的「專制」。

還有「群眾性的大批判運動」。這首先是語言的迷信，語言的狂歡，用語言的魔力將人的本性迷惑。然後，語言也變成一種「施暴」的力量。但沒有人會對此有任何的反省，因為每個人都處在高度興奮的狂熱中，都有一種莫名的神聖感，彷彿自己在創造歷史，為「真理」而戰。因此這就使這類「狂信的專制」又帶上了某種道德理想主義的色彩，中國這個民族沒有宗教狂，但有道德狂，道德理想主義的狂熱，道德理想主義和不受限制不受監督的權力的結合，從而造成很大的災難。

要追問的是，在全民夢造成的全民族的災難中、專制裡，知識分子扮演什麼角色，負什麼責任？客觀地說，知識分子是受害者，另一方面又是推波助瀾者，這裡也隱含著對於權力，對於「專制的狂信」的恐懼，進而在「從眾」心理中尋得平衡，找到為自我辯護的理由。

中國的歷史是在一亂一治中循環前進的，本世紀好像有這麼個規律──一亂就殺人，一治就做夢。亂了就殺人，人殺夠了，天下太平了，就講「治」；而一講「治」就做夢，不顧主客觀條件亂來一氣，又造成災難，又亂，又殺人。在做夢和殺人之間不斷反覆，好像這就構成了本世紀的一部歷史。[76]

3. 論「演戲」

魯迅說，中國人多是「做戲的虛無黨」，中國人很少是「信而從」，而是「怕而利用」，整個中國的天地是一個戲場，整個歷史就是一部做戲的歷史。[77]而這種「做戲的虛無黨」是通過語言表現出來的，中國就是一個「文字遊戲國」，[78]在中國「有明說要做，其實不做的；有明說不做，其實要做的；有明說做這樣，其實做那樣的；有其實是自己要這麼做，倒說別人要這麼做的；有一聲不響，而其實倒做了的」。[79]中國的語言完全游離於想和做之外，

76　參看錢理群：〈談「做夢」──「改造國民性」思想之二〉（1997年11月11日、18日講），《話說周氏兄弟》，頁179-197。

77　參看魯迅：《華蓋集續編‧馬上支日記》（1926年7月12日-8月16日作），《魯迅全集》第3卷，頁346。

78　參看魯迅：《且介亭雜文二集‧逃名》（1935年9月5日），《魯迅全集》第6卷，頁409。

79　參看魯迅：《偽自由書‧推背圖》（1933年4月6日），《魯迅全集》第5卷，頁97。

自由行動。問題是，大家都清醒地知道語言的虛偽性，卻仍要繼續維持這個虛偽性，因為已經形成了遊戲的規則。明知是假的，也要做出相信的樣子，才能維持遊戲的規則，如果其中有一人說出真話，指出它是假的，這人就是蠢物，就破壞了遊戲規則，使遊戲做不下去，大家都會反過來要把他撲滅。

在中國，權力與語言的合一，形成語言的霸權，所謂「凡當局所誅者皆有罪」。在這種情況下，語言只具有政治功能，唯一的功能是征服，不是可以討論、交流的，官話成為唯一合法的語言存在：在權力者統治下的臣民為了取得生存權，也必須跟著說官話。強權統治的可怕處在於，不僅剝奪人們說話的權利，也剝奪人沉默的權利，每人必須表態。強迫說話必然帶有表演特點，必然說假話，這就造成語言的遊戲化，奴隸與奴隸主之間的相互欺騙，而且雙方心照不宣。

近百年來中國盛行的是這樣兩種語言形式，或者是以服從模仿為特徵的「土八股」，或者是胡說八道、顛倒黑白，語言形式又很漂亮的「洋八股」、「黨八股」、「幫八股」、「革命八股」，基本籠罩了中國人的說話與寫作。「黨八股」、「革命八股」周作人認為在中國傳統中的根源，就是中國「古之史論」，是「宋以後的策論」，韓愈的文章是它的「祖師爺」。我認為毛澤東的語言就有相當的策論成分。而「毛語言」是包括毛澤東時代所形成的一種思維方式、情感方式、心理方式以及語言方式，對中國國民性的影響，是絕不可低估的。[80]

4. 析「主與奴」

魯迅發現，在中國，主與奴是可以互換的，有權時無所不為，失勢（也就是失去權力）的時候就奴性十足。因此，在中國很容易產生「權力崇拜」，產生「權力至上」的觀念，在毛澤東時代就有了更大的，或者惡性的發展，以至毛澤東明確地作出理論的概括，叫做「革命的根本問題是政權問題」。「文化大革命」中更是發展為「有權就有一切，沒有權就沒有一切」，文化大革命最後變成全民大奪權，就是因為每一個人的利益都跟權力聯繫在一起，你這一派掌權了，你就是「主人」中的一分子，可以分享各種權力；你這一派的對立面掌了

---

80 參看錢理群：〈論「演戲」──「改造國民性」思想之三〉（1997年11月18日、11月25日講），《話說周氏兄弟》，頁198-233。

權，你就是「奴隸」，隨時都有可能被「專政」的鐵拳剝奪一切權力。

因此，這種權力崇拜已經滲入到不同程度捲入「文化大革命」潮流中的中國人的靈魂深處，並且遺傳到了後代。當今之中國，幾乎每一個人都最大限度地利用自己由於社會分工而享有的權力，既為自己撈取物質的利益，又在施虐於他人中，得到自我精神的滿足。另一方面，人們又在形形色色的精神暴政面前，處處顯示出麻木、忍從的奴相。跟阿Q似的，在對他人的更加肆無忌憚的報復中，贏得精神的補償與自慰，由此形成惡性的循環。[81]

不難看出，我在1997年重新闡釋周氏兄弟對中國國民性的批判，其矛頭正指向了毛澤東思想、文化對中國國民性的消極影響，並且有強烈的現實針對性，可以說是對毛澤東時代和後毛澤東時代的精神病象的一次集中診斷。因此，不僅在聽課的學生中引起強烈反響，而且引起了最高當局的注意。以致最後在2000年7月高校黨的建設工作會議上，由中共中央政治局常委、國務院主管教育的副總理李嵐清（1932-）出面，對我進行點名批判，試圖將我趕出北大，後來遭到了北大學生和老師的強烈反對而不了了之。[82]這也算是個不大不小的事件吧。

四、「六四體制」：九十年代中國社會結構、體制的變化

以上討論，雖主要集中在九十年代的中國校園，但其實，我們更應關注的是這十年中國社會結構、體制的變化。

我曾經說過，在共和國歷史上，1957年的反右運動，是一個關鍵，其所建立的「五七體制」與之後大躍進、人民公社運動、四清與文化大革命的出現密切相關。這裡，我還要強調，1989年的「六四大屠殺」，又是一個歷史的關節點。提出「六四體制」的概念，便是要強調「六四」以後進一步強化、發展的一黨專政體制，既是毛澤東時代「五七體制」的延續，又有新的鄧小平時代的特點，而這樣的「六四體制」又和「六四」以後中國社會結構的巨大變動緊密聯

---

81 錢理群：〈析「主與奴」（上）──「改造國民性」思想之四〉（1997年11月25日講），《話說周氏兄弟》，頁234-248。

82 參看：〈「大批判」紀實（1999年8月-2000年12月）〉，《知我者謂我心憂──十年觀察與思考（1999-2008）》，頁78-113。

繫在一起：既是此結構變化的體制上的原因，同時，社會結構的變化，又賦予「六四體制」有別於「五七體制」的新特徵，並深刻影響了此後中國社會的變化。

「六四體制」的形成有一個發展過程。其中的關鍵，是1992年鄧小平的南巡講話[i]。有研究者在研究「不同的制度背景」對社會結構的變化的影響時，將「1978-1991年」作為一個階段（在此之前，還有「1949-1956」、「1957-1965」、「1966-1977」三個階段），而把「1992年以後」列為一個新的階段，[83]這是有道理的。

「六四大屠殺」，給中國政治帶來的直接影響是政治體制改革的全面後退，對民間反抗力量的全面打擊，以及黨的權力的全面擴張。在最高領導層則是陳雲影響力的急劇擴大，在政治上提出要把「反和平演變」置於和經濟建設同樣重要的地位，即所謂「兩個中心」；在經濟上則批判「改革的市場取向」，並提出「兩種改革觀」的問題，要「堅持社會主義方向的改革」，而反對「自由化即資本主義化的改革」，矛頭直指鄧小平的改革主張。可以看出，陳雲派的目的是要全面地恢復毛澤東的「五七體制」，回到文化大革命前的毛澤東時代──這一直是中國「老左派」的目標，我們在下一講裡會有詳盡討論。而鄧小平對毛澤東時代的態度則更複雜，他一方面和陳雲一樣，否認文化大革命、肯定與堅持「五七體制」，但另一方面，他比陳雲更清醒地看到，不打破計劃經濟的桎梏，經濟無以發展，人民生活得不到提高，就會威脅黨的統治權力。因此，他堅持要「改革開放」、發展市場經濟，對毛澤東思想、體制進行一定程度的揚棄。當時新任黨的總書記的江澤民重申毛澤東所說的「兩把刀子（列寧、斯大林）不能丟」[84]的警告，大有回復毛澤東時代的趨勢。鄧小平於1992年1月18日至2月21日，到深圳、珠海、上海等地視察時，就連續發表講話，這在之後被稱作「南巡講話」，實際是對執政者提出警告，其中心是：「關鍵是堅持『一個中心、兩個基本點』〔……〕誰要改變三中全會以來的路線方針政策，老百姓不答應，誰就會被打倒」，並且強調「計劃經濟不等於

83　陸學藝主編：《當代中國社會流動》（北京：社會科學文獻出版社，2004），頁183。

84　「兩把刀子」是毛澤東在1965年的八屆二中全會上提出來的，他說：「我看有兩把『刀子』，強調中國不能丟」。詳見《毛澤東選集》第5卷，頁321-322。

社會主義〔……〕市場經濟不等於資本主義」，要「堅決地試〔驗〕」（括號內文字為錢所加）發展市場經濟。[85]所謂「三中全會以來的路線方針政策」，就是鄧小平路線，其內容就是「一個中心，兩個基本點」，即以經濟建設為中心，堅持四項基本原則和改革開放，在經濟建設上就是要走市場經濟道路。

鄧小平的「南巡講話」及時地阻止了向「階級鬥爭治國」的毛澤東路線回歸的趨向，將中國重新拉回到「改革開放」的軌道，這又是一個歷史的關鍵時刻。鄧小平看得很清楚，是否「改革開放」，關係著黨的統治合法性；現在鄧小平重申「繼續堅持改革開放」，就再一次挽回了因為「六四」鎮壓而失去的民心、黨心，凝聚了人心，繼續保持了中國發展的動力和活力，從而使中國共產黨及其領導的中國，重又走出了「六四」之後的困境。[86]

應該說，在鄧小平發出警告以後，江澤民迅速地回到鄧小平的路線，在以後的執政期間，也基本上執行了鄧小平的路線。在這個意義上，可以說，1992年以後的中國，鄧小平的路線得到了全面貫徹，在逐漸形成、完善了「鄧小平體制」（即「六四體制」）之後，其改革路線的正面與負面，才得到更充分的暴露和揭示，我們今天正可以對其進行全面的科學考察與評價。

如前面一再分析的，鄧小平路線的核心在「堅持四項基本原則」，其中

85　以上材料轉引自楊繼繩：《中國改革年代的政治鬥爭》，頁491、493。

86　在聽了我的講課以後，一位台灣學生曾來信提出她的困惑，其中一點即是「始終無法理解毛一次次政策與實踐出現巨大落差後，人民怎麼繼續被吸引？」我在給她的回信裡，說了這樣一段話：「建國60年來是出現過三次大的危機的：大躍進造成的大饑荒；文革造成的大破壞；六四造成的信任危機。而實際情況也並非你說的『人民繼續被吸引』，事實上每一次危機後，都有因對根本體制的懷疑而引起的民間反抗。〔……〕都遭到了殘酷的鎮壓，以致今天人們（包括你在內）都已經不知道這些確實有過的反抗。這是『硬』的一手。當局同時還有『軟』的一手：一是對人民作出讓步，〔……〕另一方面，就是提出一個多少反映了老百姓要求的新的目標，例如在饑荒年代借著外國的封鎖而提出『自力更生』，高舉維護民族獨立的旗幟；在文革結束以後提出『四個現代化』的新目標；在六四以後提出『繼續堅持改革開放』，這些都是符合民意的，至少向老百姓表明，毛澤東、共產黨雖然犯了錯誤，但他們還是願意改正的。〔……〕在中國只有一個黨，而完全不允許反對黨的存在，共產黨始終是唯一者，而不可能有任何力量取代。……這樣，在更根本的、也更徹底的反抗被鎮壓的情況下，大多數人就只能採取支持共產黨自己改革的態度，這就容易給人（包括你）一個『人民繼續被吸引』的印象，其實是有很多無奈的」。見錢理群：〈和台灣學生的一封通信〉，載《思想》第15期（台北：聯經出版公司，2010），頁265-266。

心是「堅持黨的領導」，在這一點上，他堅定不移地要維護毛澤東的「五七體制」，特別是其核心的兩條。一是「黨總攬一切」的政治、軍事、經濟、思想、文化權力的絕對集中與壟斷，在「六四」以後，如前一講所說，社會民主力量和黨內民主力量，都受到了全面、徹底的打壓，失去了自下而上的民間改革運動來監督、制約，黨權的擴張就達到了肆無忌憚的地步。二是「第一書記專政」，鄧小平在「六四」之後特別提出所謂「核心論」，把江澤民指定為「第三代領導核心」，並預先指定胡錦濤（1942-）為「第四代」接班人，其目的就是要維護與強化「第一書記專政」。儘管鄧小平之後，中國本已無政治強人，但在江澤民、胡錦濤穩定了黨內的領導地位之後，都在試圖不同程度地製造個人崇拜，[87]也都是意在強化「第一書記專政」。在九十年代中期以後，省委第一書記兼任省人民代表大會常務委員會主任，實際上取消了人大的監督職能，與此同時，在幹部任命上，更加強化了領導人的意圖，[88]這都給「第一書記專政」提供了組織的保證。正是在權力的高度集中，即人們說的「權威政治」這一點上，可以說，鄧小平的「六四體制」是毛澤東的「五七體制」的自覺繼承與強化。

鄧小平路線的另一要點，是所謂「改革開放」。它有兩個特點，其一是由共產黨一黨掌控的、以鞏固黨的執政地位為出發點和目的的、單一的經濟改革。這一點，在「六四」之後得到了徹底的執行，政治體制、社會體制、思想文化體制的改革完全被擱置，並自覺地強化了政治、社會、思想、文化的全面控制。其二是在經濟改革上以「建立中國特色的市場經濟」為中心，這一點，在「六四」後才真正得到實現，研究者指出，1978-1991年期間，儘管市場機制已經開始在不同領域發揮作用，但計劃體制仍然居於主導地位，只有到了1992年以後，市場體制才上升為基本的經濟體制，同時，計劃體制也在一些重要領域發揮作用。[89]但這樣的和「權威政治」結合為一體的「市場經濟」，

87　這一點，江澤民做得十分露骨，引起了普遍不滿；胡錦濤在2009年的國慶遊行中推出自己的「方陣」，在2008年奧運會、2010年世博會的開幕式上都著意突出個人，其實也是在強化「核心地位」。

88　參看楊繼繩：《中國改革年代的政治鬥爭》，頁509。

89　陸學藝主編：《當代中國社會流動》，頁34。

就只能發展為「權貴市場經濟」，這大概就是所謂的「中國特色」。[90]這一點，我們將在下面作進一步討論。

這種「權威政治加市場經濟」，即權力和市場的結合，可以說是鄧小平路線的精髓，事實上也成為江澤民時期的執政綱領，並具體體現為江澤民時期的兩大指導思想和努力目標：「穩定壓倒一切」、「發展就是一切」。而正是這兩個「一切」，引發了中國社會結構的巨大變動，產生了一系列的後果。

（一）社會結構的變動，新階層的出現

在1992年以後，中國社會結構的變動中，最引人注目的是出現了新階層[91]，形成新的利益群體：權貴資本階層、私營企業主階層、知識精英階層、下崗工人群體、失地農民群體與農民工階層。

1. 權貴資本階層

權貴資本階層的形成，是鄧小平「權威政治加市場經濟」體制——即權力和市場相結合——的直接產物。研究者這樣分析：「在『市場經濟加權威政治』的條件下，經濟領導部門掌握的是各種經濟活動的審批權，即發財審批權；黨政部門掌握的是人事任免權，即升官審批權」，這樣的「經濟活動審批權」與「官員任免權」本身就是一種「高度壟斷性的商品」，於是，就必然發生「權錢交易」，實行權力向資本的轉化，這就是官僚權貴資本階層形成的一個基本原因。[92]

這種權力向資本轉化、新階級（階層）出現的危險，是人們早已注意並警惕的。[93]同學們應該記得，早在1957年北大的校園裡，就討論過權力高度集

90　參看楊繼繩：《中國改革年代的政治鬥爭》，頁510。

91　我這裡使用的是社會學上的「階層」概念，這也是當下中國大陸學術界普遍運用的概念；而沒有用馬克思主義、左翼政治經濟學上的「階級」概念。「階級」的概念，在毛澤東時代強調的是「區分敵我」，「區分依靠、團結、打擊對象」，在實際政治中會出現許多問題。因此，我們選擇了「階層」這一相對中立的概念，但也並不忽視、回避不同階層之間的利益衝突。

92　楊繼繩：《中國改革年代的政治鬥爭》，頁510。

93　從下文的引述看來，在五十、六十、七十年代，基本上是用「階級」的概念（「特權階級」、「官僚主義者階級」等），也有用「階層」的概念（「新興官僚統治階層」、「特權階層」等），兩

中可能產生新的「特權階級」的問題；在六十年代《星火》再一次提出「新興的官僚統治階層」的問題；到1965年毛澤東自己也提出了「官僚主義者階級」的概念；在文革中，在社會主義國家出現特權階級的問題，更成為民間思想者最熱衷討論的話題，其中陳爾晉提出的「特權資本化」的警告，幾乎預言了以後歷史的發展。而毛澤東去世前，也發出了「資產階級在黨內」的警告。但是，在毛澤東時代的中國，資本主義並沒有得到發展，也沒有市場化，這就使得「特權資本化」還只是一種危險，其現實化是有限的，人們所反對、批判的「特權階層」，是指「政治上、精神上和經濟上都享有特權，對其他階層人民進行欺壓、掠奪與奴役」。[94]再加上毛澤東不斷發動群眾階級鬥爭遏制黨的幹部的特權，破壞幹部隊伍的穩定性，[95]所謂「特權階級」實際上是不具有完整的階級形態的，還處於萌芽狀態，或者叫「低級階段」吧。

但到了八十年代，特權向資本的轉化，就有了經濟的基礎與條件。據有關研究，這樣的「藉權力聚斂財富」大體經過了四個階段。首先是1984年以前對外貿易有限度的開放，導致有權力背景的人可以藉倒賣[96]「進口商品許可證」，利用進口商品國內、外價格的差價，獲取暴利。其次，1984至1992年，國家實行計劃價格與市場價格並存的雙軌價格。1988年，1噸鋼材計劃價格700元，市場價格1,500元；在1988年，商品、資金、外匯的雙軌價差高達3,569億元。[97]巨大價差給掌握計劃內商品、資金、外匯的權力者與關係人獲得暴利創造了最好的機會。但這都還是「小試身手」。到1992年鄧小平南巡講話以後，所掀起的全民經商的熱潮中，高幹子弟紛紛「下海」，投身於剛剛興起的股票市場、房地產市場，利用權力操縱市場，利用所獲得的土地使

個概念是重合的。

94　向承鑒：〈目前形勢和我們的任務〉，《星火》第1期，油印稿。收譚蟬雪編著：《求索——蘭州大學「右派反革命集團案」紀實》，頁34。

95　據統計，1957-1962年，受到清理、批判、處分的黨員、幹部有433萬人，見薄一波：《若干重大決策與事件的回顧》（修訂本）（下冊），頁1043-1044。轉引自陸學藝主編：《當代中國社會流動》，頁65。在文革中，全國脫產幹部中有17.5%，近300萬人被立案審查，據魏宏文主編：《國史紀事本末・「文化大革命」時期》，轉引自陸學藝主編：《當代中國社會流動》，頁66。

96　「倒賣」是大陸習慣用語，台灣叫「轉賣」。

97　轉引自楊繼繩：《中國改革年代的政治鬥爭》，頁513。

用權、舊區拆建權和銀行貸款權，聚斂了驚人的財富。這是特權向資本轉化的第三階段。1997年以後，國家開始實行大規模的國有資產重組，一部分國有資產低價出售給有權力背景的人，變成了對國有資產的變相瓜分。只有進入了生產資料、金融等領域，權力和市場結合，「權力是在市場當中行使的權力」，「市場是權力在當中起作用的市場」，[98]「權力的資本化」才真正成了現實。[99]

國有資產重組的結果，形成了巨大的國有壟斷企業和部門，同樣也因為權力高度集中、缺乏監督與制約的原因，使得國有壟斷企業和部門，逐漸疏離公共職能而突現其特殊利益，形成研究者所說的「『新國有化』與『權貴私有化』左右手聯動的『原始積累流水線』」，成為形成權貴資本階層的一個重要來源。[100]而這樣的國有壟斷企業又具有極強的擴張衝動，而且越來越沒有邊界，擠占非國有部門的發展空間，觸角伸向每一個可以獲得利益的角落。其大肆挺進房地產領域，就是攪亂經濟秩序，造成嚴重後果的一例。如研究者所指出：「國有企業已經演變成一種有效的財富轉移機制，把財富從非國有部門轉移到國有部門，從地方轉移到中央，從大多人轉移到少數人」。[101]

形成中國權貴資本階層還有一個重要背景，即八十年代開始實行、到九十年代又進一步發展的「向地方分權」政策。應該說，向地方分權，倒是毛澤東開創的傳統。毛澤東1956年發表〈論十大關係〉、實行經濟改革、1958年發動大躍進，都以向地方分權、發揮地方積極性為重要突破口。現在鄧小平在實行市場經濟條件下，向地方分權，就造成了「以地方政府為能動主體，結合市場刺激而形成了改革經濟的主要動力」，並且在九十年代逐漸「建立、形成了以擴增GDP為主要審核『政績』的制度」。[102]因此，在鄧小平1992年南巡講

98　孫立平：〈中國正在加速走向社會潰敗〉（2010年4月1日發布），2011年7月27日取自，中華網：http://club.china.com/data/thread/1638757/2713/17/51/6_1.html。

99　以上討論參看楊繼繩：《中國改革年代的政治鬥爭》，頁512-514。

100　參看秦暉：〈「中國奇蹟」的形成與未來——改革三十年之我見〉本文原刊載於2008年2月21日《南方周末》電子報第1254期。但該網站上目前本文刊載不全，故轉引學術批評網，2011年7月27日取自：http://www.acriticism.com/article.asp?Newsid=9412&type=1002。

101　鄭永年：〈中國改革的路徑及其走向〉，《炎黃春秋》2010年第11期，頁3。

102　參看黃宗智：〈改革中的國家體制：經濟體制和社會危機的同一根源〉，載《開放時代》2009年第4期。

話後，全國掀起的「經商下海狂熱」當中，地方政府是一個主要推動力。其結果是，由於調動了地方政府的積極性，確實有效地促成了各地方經濟的快速發展，但卻同時造成了地方政府功能的根本性變化：一方面是在公共服務上失職，在履行社會管理職能上的粗暴；另一方面，逐漸以「招商引資」為其主要任務，自身成為經濟的主體，形成社會學家所說的「政府行為的經濟化與企業化」，[103]這就必然為自己追求利潤的最大化，並且自覺地站在強勢群體（外商和私營企業主）這一邊，許多地方政府在某種程度上已經成了外資與中資的代理人，這是典型的權力向資本的轉換。[104]這樣一來，地方官員及其親屬、關係人，就成為高幹子女之外的另一個權貴資本階層的重要來源。此種地方既得利益群體的形成與發展，就成了當下中國官吏腐敗難以遏制、改革難以推行、社會矛盾難以解決、惡性事件屢屢發生的根本原因。

值得注意的是1994年實行的分稅制。在實行向地方分權之後，藉此舉擴大中央的稅收和功能，顯然是要將經濟發展創造的財富向中央集中──這樣的分權與集權之間的擺動，在毛澤東時代也發生過，這是集權體制固有的矛盾。分稅制實施後，縣、鄉財政普遍陷入困境，地方官員為擺脫困境、維護既得利益，一方面巧立名目增加農民負擔，另一面就更加仰賴招商引資，不惜以賤買勞動力、土地，破壞自然資源為代價，這樣造成的地方經濟繁榮，其實預伏著巨大的經濟、社會、政治危機。但在另一方面，地方保護主義也因此而滋生、發展，形成日趨強大的以地方權貴資本階層為中心的地方勢力。這是地方政治的極權（土皇帝），以及地方資本的極權，對中國政治、經濟發展所產生的長遠影響。

權貴資本階層的另一個重要來源是軍隊。1992年以後軍隊也捲入全民經商熱裡，軍隊與市場結合，這在中共軍事史上是空前的。如研究者所說：「下海經商大潮中的最大奇觀是人民解放軍成為國際貿易和金融的主力軍，除了

---

103 據孫立平分析，「政府行為的經濟化和企業化」的主要表現有幾個方面：1.「政府機構直接參與贏利性的經營活動」；2.「利用行政權力牟取部門或個人的經濟收入」；3.「以『為企業辦實事』的名義介入企業活動」；4.「層層下達經濟增長指標，將經濟增長速度作為衡量政府官員的基本標準」。參看孫立平：《斷裂：20世紀90年代以來的中國社會》（北京：社會科學文獻出版社，2003），頁147-169。

104 參看溫鐵軍：〈我們還需要鄉村建設〉，載《開放時代》2005年第6期。

生產和出口武器外，軍隊還開辦了許多民用品企業，經營著兩萬多家工業、商貿和服務業的企業或公司」。[105]軍隊經商，由於更加缺乏監督與制約，就更加肆無忌憚，更為瘋狂地攫取財富，這便為軍隊權貴資本階層的形成提供了經濟基礎，儘管後來明令禁止，但卻是禁而不止。由於中國的軍隊特別缺乏透明度，許多內幕至今不明，我們的討論也只能點出問題。但可以肯定其嚴重程度遠超過人們的估價與想像。

於是，就有了這樣的結果：一是社會財富的急劇集中——據中國社會科學院經濟研究所收入分配課題組的全國範圍的住戶調查，2002年收入最高的1%人群組獲得了社會總收入的6.1%；最高的10%人群組獲得了總收入的近31.9%。[106]另一是權貴資本階層的形成：中國億萬富豪中有80%至90%是高幹親屬，其中2,900多名擁有的資產達20,000億多元[107]——多年來喊的「狼來了」，大概是到二十世紀九十年代，權貴資本階層之「狼」才在中國特色的「六四體制」內真正培育成熟。

對於新生權貴資本階層，我有如下的分析。

首先是「從一開始就具有了極大的腐朽性與寄生性」。[108]他們根本就不創造任何新的社會財富，不過是將建國幾十年工人、農民、知識分子勞動的血汗，在「高積累，低消費」的政策下積累下來的國有資產攫為己有，因此，他們只攫取利潤而絕不承擔任何資本家都必須承擔的風險，這在典型的西方資本主義國家，即使是原始積累時期的西方國家，都是未曾見過的、特殊的狀況，也即具有中國特色的權貴資本階層，他們及其子女在國內外肆無忌憚地、不計後果的瘋狂消費，連西方資產階級都為之瞠目結舌，其秘密即在於此。

---

105 海耶（Eric Hyer）：〈中國的軍火商：指令利潤〉（*China`s Arm Merchants: Profits in Command*），《中國季刊》1992年12月第132期，頁1101-1118。轉引自莫里斯・邁斯納著，杜蒲譯：《在毛澤東的中國及其後：中華人民共和國史》，頁443。

106 李實、岳希明：〈中國城鄉收入差距調查〉，《財經》2004年3、4期合刊。轉引自楊繼繩：《中國改革年代的政治鬥爭》，頁522。

107 轉引自何方：《從延安一路走來的反思——何方自述》（下），頁787。

108 錢理群：〈酷夏憂思錄〉（2001年8月27日-9月6日），《知我者謂我心憂——十年觀察與思考（1999-2008）》，頁139。

其次是「與國際壟斷資本的勾結，具有某種買辦性」，[109]這在下面再作論述。

其三是「與中國傳統的，這些年有了惡性發展的黑社會相勾結」。[110]中國的不少基層社會事實上已經控制在這相互連通的兩種勢力手中：他們既用瘋狂的掠奪威脅普通平民的生命財產安全，同時又用暴力維持著權貴資本階層所需要的社會穩定。這就是所謂「官匪一家」的實質，是所謂「打黑打黑，打而不絕，越打越黑」的內在原因。許多學者已經論證了中國傳統中的流氓政治與流氓文化對中國社會的深刻影響。應該看到，這種流氓文化對這些年中國政治、經濟、思想文化、社會生活的滲透已經達到了驚人的地步。中國權貴資本階層的流氓化，已經是一個不爭的事實。

最後，還要補充權貴資本階層的代際繼承性。這是從毛澤東時代傳承下來的，即所謂「打天下者坐天下」，或所謂的「血統論」。我們在以前的歷史敘述中一再談到，這是從「五七體制」中的「重新劃分階級」，以及六十年代「貫徹階級路線」、「培養接班人」，再到文化大革命中的「高幹子弟要永遠掌權」等思維一路延續下來的。對權貴資本階層來說，他們覬覦的是經濟、政治、思想文化一體化的全面權力，而且要代代相傳。現在中國出現了所謂「官二代、三代」，當然不是偶然的。

2. 私營企業主階層

按社會學家的分析，所謂「私營企業主階層」，是「由各種非公有制企業組織的投資人組成」的，其形成與發展經歷了曲折的過程。在毛澤東時代，傳統的資產階級是社會主義革命的對象：先是1956年通過對資本主義工商業的社會主義改造運動[ii]，基本上消滅了私營經濟，資方人員成為拿定息的階級；到1965年，定息制度被取消，傳統的資產階級完全失去了經濟上的存在基礎；而到文化大革命時期，更對之實行無產階級專政。到了改革開放時期，私營企業有了恢復與發展的可能，但在八十年代初，卻或者混跡於個體工商戶

---

109 錢理群：〈酷夏憂思錄〉（2001年8月27日-9月6日），《知我者謂我心憂——十年觀察與思考（1999-2008）》，頁139。

110 錢理群：〈酷夏憂思錄〉（2001年8月27日-9月6日），《知我者謂我心憂——十年觀察與思考（1999-2008）》，頁140。

裡，或者隱形於集體企業中，沒有獲得法律的認可。直到1988年，第七屆全國人民代表大會通過〈中華人民共和國憲法修正案〉[iii]，國務院公布〈中華人民共和國私營企業暫行條例〉，私營企業作為「社會主義公有制經濟的補充」才獲得了公開存在和發展的合法權利。之後，隨即進入一個快速發展的時期，特別是1992年以後，私營企業的戶數和投資者人數的年增長幅度均達到了兩位數，到2002年，全國私營企業總數已經達到202.85萬戶。1992-2002年十年間，全國私營企業實現的產值總增幅為75.5倍、實現社會消費品零售額總增幅為87.3倍、實現稅收總增幅為206.8倍、吸納就業人數總增幅13.7倍。在整個國民經濟中，私營企業已經占到1/3以上的比重。在私營經濟發展較快的浙江等地，私營經濟已經是三分天下有其二，甚至超過70%。[111]研究者指出：「正是由於私營企業的發展對國家經濟社會發展的巨大貢獻，私營企業主階層的政治、經濟和社會地位近年來迅速上升。從中央到地力，各級政府對私營企業的發展寄予越來越大的希望」。[112]

據社會學家的研究，中國新興的私營企業主階層具有這樣一些值得注意的特點：（1）「機關幹部和企業管理人員家庭出身的人成為私營企業主的可能性大於總體結構中的平均分布」；[113]（2）私營企業主階層的文化程度在逐漸提高：從1993-2002年，擁有較低文化資源的私營企業主所占比例，從47%下降為19.7%；擁有中等文化資源的業主所占比例從35.9%上升為41.9%；擁有較高文化資源的業主比例從17.2%上升為38.4%，升幅達123.3%。這說明，私營企業主最初是以低、中文化水平的成員為主的，但隨著私營企業的發展，「低學歷的人越來越難以進入私營企業主這個階層」。[114]（3）「私營企業主的社會來源越來越以其他領域的精英為主，尤其經濟精英的轉化更為明顯」，從1993-2002年，原企業負責人所占比例從六分之一上升到一半以上，成為第一位。這都表明了私營企業主階層的「精英」性質，普通老百姓創辦私營企業的機會越來越少。[115]（4）「國家幹部和農村幹部是私營企業主階層的極重要來

---

111 以上數據轉引自陸學藝主編：《當代中國社會流動》，頁241-243、245、257-258。

112 陸學藝主編：《當代中國社會流動》，頁258。

113 陸學藝主編：《當代中國社會流動》，頁247。

114 陸學藝主編：《當代中國社會流動》，頁249。

115 陸學藝主編：《當代中國社會流動》，頁251。

源」，[116]私營企業主階層的黨員比例也在逐漸上升，2002年已高達30%，這都表明私營企業主階層與國家權力關係的日益密切。[117]（5）隨著私營企業主階層在國家經濟生活中的貢獻與地位提高，他們的政治參與意識也逐漸加強。國家──特別是地方政府──也在制度和政策上不斷調整、擴大私營企業主階層的政治參與空間。除了各級人大代表和政協委員中的比例和層級呈上升趨勢外，私營企業主階層更積極介入基層選舉，以直接掌握一定的組織權力資源，這都表明，私營企業主階層與政府權力千絲萬縷的聯繫正在被自覺地強化。[118]

我對私營企業主階層也有這樣的觀察：黨內權貴資本階層實行權力的壟斷與經濟的壟斷，迫使中國的私營企業主階層只能在他們的庇護、卵翼下求得發展，從而具有先天的依附性。他們在黨內權貴資本階層上付出的一切，就只能在對工人的瘋狂盤剝中得到補償，黨內的權貴資本階層也利用他們的權力壓制工人的任何反抗作為回報。兩者的勾結，一方面使私營工廠裡的工人處於空前悲慘的境遇，同時也使得中國的私營企業主階層對工人的盤剝，從一開始就是將現代資本的剝削方式與傳統的封建方式結合，他們在一定程度上需要仰賴專制體制來維護其超經濟的剝削。再加上中國的許多私營企業主，在初期有不少是從不具有「現代文化知識」[119]的農民轉化過來的，因此，他們自身不具有民主的要求，至少這種民主要求是不強烈的。這就是說，中國權貴資本階層的反民主性與腐朽性，也影響了依附於他們的中國私營企業主階層的品質，這是我們必須正視的現實。因此，我對一些知識分子把中國民主化的希望主要寄託於私營企業主階層，是持保留態度的。[120]

當然，前述社會學家的研究也表明，中國的私營企業主階層的來源、內部結構、自身的知識結構也都在變化中，更重要的是，他們自身的發展，也必然要提出政治、經濟民主化的要求，因此，在一定的條件下，中國的私營

---

116 陸學藝主編：《當代中國社會流動》，頁253。

117 陸學藝主編：《當代中國社會流動》，頁249。

118 引自陸學藝主編：《當代中國社會流動》，頁263-265。

119 主要指近現代從西方傳入的現代文化知識，其中包括科學、民主等現代觀念。

120 以上分析詳見錢理群：〈酷夏憂思錄〉（2001年8月27日-9月6日），《知我者謂我心憂──十年觀察與思考（1999-2008）》，頁140。

企業主階層也有可能成為推動中國社會民主化的一種力量。我特別注意的是，在投入1992年的全民經商、下海的熱潮中的人裡，有一部分是八十年代民間民主運動和天安門民主運動的骨幹與積極分子，許多人後來都取得了商業的成功，成為私營企業主階層的骨幹。因此，其中必有一部分人依然堅持當年的理念，而在一定的歷史條件下，再度在中國民主化運動中發揮其獨特的作用，這或許是可以期待的。

私營企業主階層的代際繼承，最初或許並不明顯，到了下一時期，才逐漸引人注目，「富二代」就成了一個熱議的話題。

3. 知識精英階層的分化

我們已經多次說過，知識分子在毛澤東時代處於相當尷尬的地位。對毛澤東而言，國家的建設與發展需要知識分子，不能不給予一定的地位，但他卻從根柢上不信任知識分子，將其視為社會主義革命的對象；因此，毛澤東不但從理論上不承認知識分子的獨立存在，認定他們只能依附於無產階級或資產階級，而且實行「利用、限制、改造知識分子」的政策，竭力將他們排斥在體制之外。可以說，在1957年以後，中國知識分子已經不再作為獨立的政治、社會力量，在中國政治、經濟、社會、思想、文化發展中發揮獨立的作用，在文化大革命中，他們更成為「全面專政」的對象。

八十年代，中國知識分子在全民現代化建設熱潮中，獲得了較高的社會地位和較大的發展空間，但同時又處在鄧小平「反資產階級自由化」的陰影之下，知識分子自身也在發生變化，逐漸從體制的依附中擺脫出來，在八十年代末，就發出了自己的獨立聲音。這同時意味著知識精英階層已開始形成。但在八十年代，知識精英主要是依靠自己的知識資本所造成的聲望對社會產生影響，本身並不具有多少經濟實力，當時甚至還有「腦體倒掛」、「造導彈的不如賣茶葉蛋的」之說。

但到九十年代，知識分子精英階層發生了深刻而重要的變化。這是和國家體制越來越重視對知識分子精英的接納、吸收直接相關。我對之曾經有過這樣的描述：「花樣繁多的評獎、立項，評職稱、評學科帶頭人、評博士點、提拔接班人……，已經形成了一套操作性極強的新科舉制度，目的仍是請君入甕：只要爬了上去，就有錢有房有地位，但必須聽領導的話，至少要削弱

自己的批判的鋒芒。如有個別不識相者，得了利益還要批判，就視為大敵，必封殺而後快：這也是傳統的胡蘿蔔加大棒的統治術的新用」。[121]

知識分子體制化的一個重要結果，是學院、專家類型知識分子的增長與突現，同時，隨著網絡、報刊等新舊媒體的急劇擴張，造就了龐大的新聞從業人員，更造就了一批所謂「媒體知識分子」，這兩類知識分子的情況當然很不一樣，但卻都導致知識分子獨立性與批判性的減弱，這也是十分明顯的。[122]

知識分子體制化的結果，一方面極大地提高了經濟實力，知識分子精英階層既以體制內的身分獲取不斷提高的工資、獎金、課題項目費用，其中一部分人同時又以體制外的身分參與市場分配，積累了與八十年代不能相比的經濟資本，其中相當一部分人生活方式明顯的中產階級化，並成為九十年代消費文化的主要推動力之一。另一方面，越來越多的知識分子精英進入權力機構，原有的知識資本也迅速轉換為文化權力與學術、教育權力，權力資本的極度擴張，也成為九十年代知識分子精英階層的顯著特徵，到了新世紀更有了惡性的發展。知識分子精英階層就是這樣藉助自己原有的知識資本，以及新積累的經濟資本和權力資本，加上其以原有和新闢的社會關係資本作為優勢，在上個世紀九十年代和新世紀，逐漸進入了「中間階層」[123]，而「中間階層」的成熟與發展，[124]也正是這一時期中國社會流動中的引人注目的現象。

知識分子精英中間階層化的結果，總體上形成了知識分子的保守性品格，和八十年代知識分子的激進化形成鮮明對比。但知識分子由於主要從事

---

121 錢理群：〈酷夏憂思錄〉（2001年8月27日-9月6日），《知我者謂我心憂──十年觀察與思考（1999-2008）》，頁145。

122 參看李陀：〈序言〉，《七十年代》，頁xiv-xv。

123 據社會學家的分析，「中間階層」具有以下特徵：（1）一定的知識資本及職業聲望資本。（2）從事以腦力勞動為主的職業。（3）所從事的職業有較高的市場回報。（4）具有一定職業權力。（5）收入和財富在社會屬於中等水平。（6）具有購私產房、私人汽車、定期旅行休假等消費能力和相應的生活方式。（7）對社會公共事物具有一定的社會影響力。參看陸學藝主編：《當代中國社會流動》，頁270-271。

124 據《當代中國社會流動》一書的分析，中國中間階層主要來源，除幹部群體，知識分子群體外，還有小業主、小商販，私營企業主，鄉鎮企業家，就業於外資企業的管理、技術人員和白領員工。陸學藝主編：《當代中國社會流動》，頁277-279。

精神勞動，其政治、經濟、社會地位與其精神取向和思想發展的關係是複雜的：既有被體制收編者，也有依然堅持反體制者；在具體的思想、觀念、立場上更會有不同的傾向。這樣，就形成了知識精英階層的思想分化，並引發了激烈的論爭，這也是九十年代最矚目的思想、文化現象。

「六四」以後，首先興起的是保守主義思潮，當時就有「國學在燕園（北京大學校園）悄然興起」之說，以後新儒學就源源不斷鼓吹了20年。與此同時，是建立學院派學術的自覺努力，這既是對八十年代激進主義思潮的反思，也是在專制回潮下知識分子的自我保護。在九十年代初，又有「人文精神」的討論，這是對專制體制與市場經濟對人文精神的衝擊，以及「六四」之後知識分子，特別是人文知識分子邊緣化的一個反撥。我曾經說過，「這樣的批判性的關注，在整個社會風氣趨向遠離現實、遠離政治的情況下，自然是有積極意義的；但形成對照的，卻是知識份子對同時發生的兩極分化現象，工人、農民生存狀態的急劇惡化，反應的遲鈍，他們對自身邊緣化的敏感，就多少帶有自憐、自戀的病態」。[125]

影響最大、最為深遠的，自然是九十年代中後期所謂「自由主義者」和「新左派」的論爭。[126]儘管這樣的命名，特別是用這樣的命名，在知識分子中排隊，可能把問題簡單化，但兩種意見的分歧，是確實存在的。在我看來，主要是對九十年代中國社會性質的認識不同，導致思想文化的批判對象認識的不同。「新左派」認為中國社會的資本主義化，成為世界資本主義體系的一個有機組成部分，標誌著中國社會的質變，這是當前中國社會的主要危險，也應該成為主要的批判對象。「自由主義者」則認為，就社會性質和社會制度而言，九十年代的中國社會，和毛澤東時代一脈相承，是在社會主義名義下實行的專制，而幾千年的封建殘餘還在阻礙中國前進，因此對於中國特色集權專制的批判，還是一個未完成的任務。

與此相聯繫的，是對九十年代獲得極大發展的中國式的市場經濟的態度。「新左派」把批判鋒芒指向市場霸權和壟斷精英，認為試圖通過市場經濟

---

125 錢理群：《我的精神自傳——以北京大學為中心》，頁148。
126 一般認為，「自由主義」和「新左派」的標誌性代表作是：1998年李慎之為劉軍寧所編輯《北大傳統與近代中國》一書寫的序言：〈弘揚北大的自由主義傳統〉；1997年《天涯》第5期發表的汪暉：〈當代中國的思想狀況和現代性問題〉。

的發展達到民主、公平和正義，是新市場崇拜，是另一種烏托邦；「自由主義者」則堅持中國向市場經濟轉型問題即使再嚴重，也只能硬著頭皮向前走，並且認為中國問題的根子是沒有得到改革的壟斷性權力結構，導致市場經濟發展的不完善、不成熟，需要反對的是權力對市場的干預。

由此而引申出的，是對毛澤東、毛澤東思想與毛澤東時代、中國革命的不同歷史評價。「新左派」強調，中國的馬克思主義本身就是一種現代化意識形態；不僅中國的社會主義運動以實現現代化為目標，而且它本身就是中國現代性的主要特徵，毛澤東的社會主義思想是一種反資本主義現代性的現代性理論——應該說，這是對毛澤東思想的一個全新的闡釋，產生了很大影響。「新左派」因此對中國革命、毛澤東時代給予了更多的正面評價，也反對全盤否定文化大革命。而「自由主義者」則堅持對毛澤東專制主義的批判、對以階級鬥爭為中心的毛澤東時代的批判、對毛澤東無產階級專政下的繼續革命的理論與實踐（文化大革命）的批判，以及對暴力革命的批判，因此主張「告別革命」。

關於中國未來的發展道路，「自由主義者」強調民主、自由，並且有明確的目標，就是要發展公民社會、走西方已有成熟經驗的憲政民主道路。因此，他們延續八十年代的思路，把希望寄託於中產階級身上。「新左派」則更注重社會的平等，主張借鑑中國革命和毛澤東社會主義實驗的經驗，走中國自己的發展道路。他們把更多的希望寄託在發展人民民主上，同時又強調民族國家的地位和作用，反對以美國為首的西方霸權，認為民族主義的復興是歷史的必然。而「自由主義者」對民族主義則始終保持警惕，擔心民族主義的非理性會被專制體制所利用。[127]

可以看出，「新左派」與「自由主義者」的論爭，同是對九十年代中國社會變動的反應，只是有不同的判斷和理論分析，也有不同的對應之策，這本身便有著深刻的歷史內容與現實意義，同時也可能通過論爭而達到某種共識（即所謂「最大公約數」），同時又保留各自的意見。但問題在於，雙方都把對方視為主要危險：「新左派」認為「自由主義者」是壟斷精英的代言人，「自由主義

---

127 以上概括性介紹，參看楊繼繩：〈自由主義和新左派的論爭〉，《中國改革年代的政治鬥爭》第8章第3節，頁539-557。

者」則視「新左派」為專制體制的合謀。我曾經說過，他們彼此糾成一團，反而把專制體制放在一邊了，同時也削減了他們的影響。

這裡，想補敘一段我自己在九十年代中後期思想的發展和選擇。應該說，我在八十年代主要堅持的是啟蒙主義立場，思想上則有著自由主義色彩。我在前面談到，九十年代「新左派」出現，他們對中國社會資本主義化的尖銳批判，使我注意到了改革開放帶來的負面：中國社會的兩極分化。因此而引起可謂刻骨銘心的自我反省，我追問自己：為什麼對底層人民權利和生活的相對貧困化視而不見？在中國的兩極分化中，我作為知識分子應負什麼責任？我在面對和批判中國的歷史與現實時，始終有魯迅所說的「我也在其中，我也未嘗沒有吃人」的感覺，因此，一切外在的批判最後都轉化為自我批判，對自己的責任的追問。我由此而反省自己八十年代那種缺乏自我警戒的精英立場，未加反思的西方現代化想像，以及對魯迅參與構建的、曾經給我以深刻影響的、強調社會平等與正義的左翼傳統、革命傳統、社會主義傳統的淡化與忽視。但我同時又警惕於：再走回頭路，否定堅持民主與科學的啟蒙主義傳統，美化中國革命和毛澤東時代，回到也同樣曾經給我以深刻影響的民粹主義立場。對毛澤東時代，我有太多刻骨銘心的歷史記憶，我不可能忽視和否認毛澤東思想、中國革命和中國社會主義模式曾經走到反面，給民族帶來災難的歷史事實，我也不可能忘記其中深刻的歷史經驗教訓。這就使我陷入一種歷史選擇的兩難，以及在現實論爭中的尷尬境地。我發現，自己因為無法認同任何一個旗幟鮮明的立場和斬釘截鐵的觀點，而顯得猶豫不決。當然，最終我還是在魯迅的「真正知識階級」的選擇裡找到了自己的立足點：一方面，堅持基於「立人」理想的徹底的批判立場，對民主、科學、自由、平等的理念，對理想主義和啟蒙主義，都持「既堅持，又質疑」的複雜態度，始終保持對形形色色的意識形態、烏托邦的懷疑，對任何不能自審的東西始終反感和警惕，因而永遠不滿足現狀，成為一個永遠的批判者，包括不斷地懷疑和批判自己，並因此選擇永遠的邊緣地位。另一方面，在兩極分化的現實中，我則堅持站在底層人民、弱勢群體這一邊，對一切方面、以一切形式出現的人壓迫人、人奴役人的現象和制度，進行力所能及的批判，但拒絕充當所謂「人民代言人」，在自己與底層民眾的關係中，也同樣堅守自己的獨立性。同時本著「想大問題，作小事情」的原則，做力所能及的建設性工

作，研究民間思想發展史，推動民間改革運動──我自認為這是對我在毛澤東時代形成的左翼立場、革命理念、社會主義理想，質疑中的堅守與發展，同時又在堅守與發展中質疑。對於我來說，就是首先要「走出毛澤東」，和毛澤東建立的一黨專政的體制決裂；同時又和毛澤東參與構建的革命傳統、社會主義傳統保持某種精神的聯繫。我不知道自己的這一最後選擇，在我的同代人，也即毛澤東培養出來的一代知識分子中間有多大的代表性，但至少也算是一種選擇吧。

這樣的選擇也影響了我在學術上的表現，從九十年代末開始，我就不斷提出要科學地研究「共和國文化」，在2002年所寫的一篇文章裡，更加明確地提出了「科學總結二十世紀中國經驗」的任務，並且特意點明「孫中山、魯迅、毛澤東」的重要性：「可以說，20世紀的中國經驗，主要集中在他們的思想與著作中，不管人們對之作出怎樣的評價，他們都是研究與了解20世紀中國不可忽略、繞不過去的『世紀遺產』」。[128] 我這樣概括我對毛澤東的認識：「毛澤東在二十世紀中國舞台上演的正是一場歷史的大悲劇」，「他留給後人的是這樣複雜而豐富的遺產，是一個難啃而又不能捨棄的果子」──「作為中國歷史上罕見的烏托邦思想家與獨裁者，在他的思想與實踐中，天才的想像與嚴重的後果是交織在一起的」，[129]「毛澤東那些避免西方工業文明弊端，尋找非西方的現代化道路的天才想像與試驗，是和他所重新建立起來的專制體制，以及由此產生的嚴重後果膠合在一起的，而後者至今還影響着中國社會」，「如何將其剝離，是一個極其艱難的工作」。[130] 因此，在我看來，對毛澤東的遺產，首先應該進行科學的批判，然後才有可能從中剝離出某些合理的因素，發掘其內在價值。這就既不是「將其理想化，有意迴避甚至否認毛澤東遺產的負面及其嚴重後果」，同時又不是將「毛澤東的遺產看作是罪惡的堆砌而將其徹底遺忘與拋棄」。[131] 在當今一切講「站隊」、非此即彼的學術界，

---

128 錢理群：〈科學總結20世紀中國經驗〉，《追尋生存之根──我的退思錄》，頁21。

129 錢理群：〈2005年小結〉（2006年1月12日-15日），《知我者謂我心憂──十年觀察與思考（1999-2008）》，頁268。

130 錢理群：〈2005年小結〉（2006年1月12日-15日），《知我者謂我心憂──十年觀察與思考（1999-2008）》，頁269。

131 錢理群：〈2005年小結〉（2006年1月12日-15日），《知我者謂我心憂──十年觀察與思考

我這樣的學術立場自然是十分不合時宜的 [132]——不過，這已經是題外話了。我們還是拉回來繼續討論九十年代中國階級關係的變動吧。

4. 下崗工人群體

在毛澤東計劃經濟時代，國有企業和集體企業實行的是雙重用工制度：對計劃招聘的工人（主要是來自城市的工人）實行固定工制度 [iv]，工人從進入企業之日就納入了單位體制，擁有完全的就業保障，不存在失業和下崗，當時就稱為「鐵飯碗」，這其實是毛澤東時代「工人」這個職業為人們所稱羨的經濟原因，而且工人同時也享有很高的政治地位。計劃外，則對主要是從農村招聘的工人實行臨時工制度 [v]，他們的就業是沒有完全保障的，類似於後來的農民工。這典型地表現了毛澤東時代城、鄉二元對立的結構，如我們在第十講所說，在文化大革命中，這樣的不合理的用工制度是當時工人造反的一個重要原因。但到了八十年代，國有企業實行優化勞動組合 [vi]，被「優化下來」的工人就處於待崗狀態，城市工人的鐵飯碗從此被打破。到1992年，開始實行勞動市場改革，以及九十年代推行全員勞動合同制 [vii]，不僅導致工人大量下崗，更進一步使他們進入失業者的行列。[133]

這裡需要特別提出的，是1992年國務院發布〈全民所有制工業企業轉換經營機制條例〉，作為1988年〈企業法〉的實施細則，據說這樣的「轉換經營機制」是為了提高全民所有制企業的經營自主權，但在當時（「六四」之後）強調黨的絕對領導、擴張黨幹部權力的背景下，加強企業經營自主權的結果，只是企業管理層權力的擴張，而企業工人卻逐步喪失了參與企業管理和勞動報酬確定的權利。[134]這是一個重要的關節點。如研究者所說，管理層權力擴張

（1999-2008）》，頁268。

132 以上分析原以〈拒絕遺忘，科學總結二十世紀中國經驗的第一步〉為題，後以〈科學總結20世紀中國經驗〉為題，收錄於：《追尋生存之根：我的退思錄》，頁21-34。但以上引文，凡引自《知我者謂我心憂——十年觀察與思考（1999-2008）》一書者，在《追尋生存之根：我的退思錄》中則全部被刪去，後又補錄於〈2005年小結〉一文，收錄於：《知我者謂我心憂——十年觀察與思考（1999-2008）》，頁267-269。

133 以上材料引自陸學藝主編：《當代中國社會流動》，頁303。

134 游正林：《內部分化與流動——一家國有企業的二十年》（北京：社會科學文獻出版社，2000）、馮同慶：《中國工人的命運》（北京：社會科學文獻出版社，2001）。轉引自陸學藝

的結果，給管理層幹部利用權力轉移和侵吞國有資產提供了機會，結果導致許多國有企業瀕於破產，這就是所謂企業的「空殼化」。[135]據統計，1995年全國30.2萬家國有企業中有20.2%空殼化。[136]空殼化導致的企業破產，就必然導致大量工人下崗。這就意味著，管理層和相關權力者對國有資產的侵吞，是以大量工人的下崗為代價的。這也表明，九十年代權貴資本階層與下崗工人群是同時產生的，是「六四體制」下企業改革的產物。

1995年9月，中共十四屆五中全會[viii]通過了〈中共中央關於制定國民經濟和社會發展「九五」計劃和2010年遠景目標的建議〉，提出新的國有企業改革思路，當中有兩條相關我們討論的問題，一是「減員增效」[ix]，一是「抓大放小」[x]。「減員增效」的直接結果是職工的大規模下崗，下崗人數到2004年已經有3,000萬人之多。儘管這些下崗人員通常都會在體制外部門求得就業機會，但他們在毛澤東時代和改革開放初期所享有的種種經濟政治待遇，則在一夜之間喪失殆盡。而「抓大放小」則意味著國有小型企業和集體企業完全變成私營企業，其原有職工或成為私營企業的雇工、或下崗回家，他們原有的福利保障、經濟政治待遇也同樣完全喪失。「這樣，對工人而言，無論是減員增效的改革還是抓大放小的改革，都同樣意味着他們的經濟社會地位的下沉」。[137]

1996年至1998年又完成了鄉鎮集體企業的改制，完全轉變為私營企業。原來的職工也同樣或者成為私營企業雇工、或者下崗，並同時失去了原企業的集體福利。[138]

對下崗職工問題，我也有過這樣的分析：「『下崗職工』（這種稱呼本身就是中國特色：中國人總是能夠找到一些美妙的詞語。例如『下崗職工』之類，來掩蓋被剝奪勞動權利的血的事實）」，「人們經常用經濟結構的調整來解釋

主編：《當代中國社會流動》，頁94-95。

135 陸學藝主編：《當代中國社會流動》，頁95。

136 吳敬璉等：《國有經濟的戰略性改組》（北京：中國發展出版社，1998），頁26-27。轉引自陸學藝主編：《當代中國社會流動》，頁95。

137 陸學藝主編：《當代中國社會流動》，頁96。

138 以上有關下崗職工的材料均引自陸學藝主編：《當代中國社會流動》，頁94-96。

這一現象的必要性與合理性。當然不能否認這一個方面」，[139]無論是「減員增效」，還是「抓大放小」，以至集體企業的私營化，從提高經濟效率、調整經濟結構上都有其客觀需要，在某種程度上，這也是由計劃經濟轉變為市場經濟必須經歷的陣痛。從另一個角度看，這也必然是各個利益群體的相互博弈、協商、妥協的過程。

　　問題是，當時（「六四」之後）的中國政治體制是「一切由黨說了算」，而黨和政府完全站在強勢群體（企業領導層）那邊，作為企業弱勢群體的工人，則被剝奪了發言權，也處於完全無組織的狀態，「六四」之後政府對民間組織的全面取締，對新聞媒體輿論的全面控制，都使得工人不可能通過任何其他途徑來發出自己的聲音。自身無力，又無外援，工人就只能任人宰割，根本沒有參與博弈的權利與可能，當然也不可能有任何協商與妥協，更不可能有任何反抗。這樣，工人不僅在下崗時只獲取了極其低廉的補償，而且在下崗後也沒有得到（或極少得到）社會福利的保障。而我們知道，中國的工人在1949年後的國家建設中，是貢獻很大、犧牲也很大的一個階級——如我們在前面所說，毛澤東時代實行的是低消費，高積累的富國強兵的工業化路線，這就意味著工人的勞動成果絕大部分都轉化為國家和企業財富，而自身只得到了與其付出完全不相稱的低微報酬，但毛澤東時代在工廠內部實行相對公平的職工福利、保險制度，這對工人的低工資而言多少是一個補償。但到九十年代「六四體制」下的企業改革，卻把凝聚著工人數十年血汗的企業財富轉移到少數管理層幹部手裡，他們之中許多人後來都成了權貴資本階層的成員，而工人原有的福利、保險卻被剝奪殆盡。在這個意義上，我們可以說，九十年代的國有企業改革和鄉鎮企業改革實際上是對工人的一次掠奪，據有關部門1999年對北京市1,000名下崗職工的調查顯示，職工下崗前後個人收入平均下降61.15%。[140]這就意味著，改革的利益為權貴資本階層所掠取，而改革的風險、代價則完全轉嫁到了工人身上。[141]

---

139 參看錢理群：〈酷夏憂思錄〉（2001年8月27日-9月6日），《知我者謂我心憂——十年觀察與思考（1999-2008）》，頁141。

140 轉引自孫立平：《斷裂：20世紀90年代以來的中國社會》，頁67。

141 參看錢理群：〈酷夏憂思錄〉（2001年8月27日-9月6日），《知我者謂我心憂——十年觀察與思考（1999-2008）》，頁141。

　　人們注意到，九十年代的中國國有企業、鄉鎮企業改革是在空前「平靜」的狀態下完成的，而在通常的情況下，經濟結構如此巨大的轉型，是會伴隨著激烈的利益博弈，以致社會動盪，但在中國「六四」之後極大強化的專制體制高壓下，在「穩定壓倒一切」、「發展就是一切」的既定方針下，這一切都沒有發生。這也可以說是「中國特色」吧。這就產生了兩個方面的效應：一方面，中國在政治成本、經濟成本與社會成本都極為低廉的情況下，完成了經濟結構的轉型，提高了經濟效率，這是九十年代中國經濟高速發展的一個重要原因。另一方面，這個過程卻導致了中國社會急劇的兩極分化，並且極大地損害了工人階級的利益，出現了「下崗工人」群體，使得工人階級在國家政治、經濟、社會生活中的地位迅速邊緣化，因而從根本上威脅、動搖著共和國的根基。現在，許多所謂「中國崛起」的辯護士著意強化前者，將其稱之為「中國奇蹟」，而有意忽視、掩飾後者，用經濟的發展遮蔽政治、社會的危機，這實際上是對歷史的一種著意遮蔽。

　　這裡還要指出一點：下崗工人群體也是代際繼承的。社會學家的調查表明，「有生產和運輸工人父親的人，從生產和運輸崗位上下崗待崗和失業待業的比例均很高（分別為42.1%和42.4%），就職於同類崗位者的比例也較高（26.0%）」。[142]這說明，工人的利益受損，直接影響到他們的子女：他們最容易下崗，即使上崗，也很難向上流動。這和前面提及的「官二代」、「富二代」聯繫起來，就顯示出中國的兩極分化有逐漸凝固化的趨勢，這是很值得關注的。

　　我還注意到一點：下崗工人中有一個特殊群體，即在文革後期和改革開放初期進入工廠的下鄉知識青年。當年，特別是文革後期，進工廠當工人，是許多知青最為嚮往的（另一理想出路是當兵）。文革結束後恢復了高考，許多知青和青工（主要是在政治資本和文化資本上享有優勢家庭的子女）都進入大學，因而抓住了向上流動的機會，成為此後改革的受益者；而仍留在工廠當工人的知青（他們中有許多人都出身於工人、農民和市民階層）卻最容易下崗、成了改革的利益受損者：1977年恢復高考，就這樣決定了那一代許多人的命運。

142　陸學藝主編：《當代中國社會流動》，頁305。

5.「失地農民」群體

毛澤東時代宣稱「以工農聯盟為基礎」，農民──特別是農民中所謂「貧下中農」──被賦予很高的社會地位，但在城鄉二元對立結構下，農民主要是為國家工業化作出犧牲的對象，並且終生被束縛在土地上。而「後毛澤東時代」，鄧小平的改革是從農村改革入手，首先打破人民公社制度對農民的束縛，解放了農民，於是農民在隨後的農村經濟改革和農村工業化的快速發展中，獲得了較大利益，其經濟地位較為提高，因此農民也成為鄧小平改革的基本動力。

但中國農民和鄧小平改革的「蜜月期」只有八年（1978-1986）。從1987年開始，首先，農業經濟出現了明顯滑坡趨勢。統計資料表明，農產品的產量和價格同時下降，糧食在1999-2001這三年連續減產，農民收入趨於下降；與此同時，農民的負擔卻逐漸加重。據統計，1993年以來，農民所承受的各種負擔（稅），普遍超過10%，一些地方甚至超過25%。[143] 還有這樣的統計：「至2000年，農民承擔的稅費總額達1,359億元，比1990年的469億元增長1.89倍。其中，農業稅收負擔增長4.28倍，村級提留增長0.62倍，鄉級統籌增長1.29倍，其他收入增長4.70倍，農民人均負擔增長2.01倍，農民稅費負擔佔農民收入的比重大約上升到7-12%之間」。[144]

農民負擔的加重有多方面原因，除了前面討論的農民稅收與不合理收費的大幅增長外，其中一個重要原因，是在「穩定壓倒一切」的指導思想下，為加強對農村社會的控制而強化農村基層組織，同時就造成農村機構的日趨龐大。基層權力掌握者把他們的親屬和關係人大量轉為非農業人口，使得基層權力的極度擴張，形成「紅」（政府權力）、「黑」（黑社會）、「黃」（農村高利貸者）三位一體的，錯綜複雜、尾大不掉的關係網與利益群體，而且極大地增加了農民的負擔。

就在這一時期，國家財政對農村公共產品和服務投入的比重卻逐年下

143　以上材料引自陸學藝主編：《當代中國社會流動》，頁93-94。

144　趙雲旗：〈中國當代農民負擔問題研究（1949-2006）〉，《中國經濟史研究》2007年第3期，頁100。

降。農民能夠分享的公共資源逐年減少。例如，「國家財政用於農業的支出占國家財政支出總額的比重，從1991年的10.26%降至2001年的7.71%。農村社會保障體系極不健全，絕大多數農民沒有醫療保障和其他社會保障」。[145] 已經陷入經濟貧困的農民卻不得不承擔高額的教育支出和醫療衛生支出。這裡有這樣一組數字：「1999年，在全國5721.57萬在校初中生中，農村學生占57.2%，而農村初中教育經費占全國初中教育總經費的比例為47.8%，相差近10個百分點」。[146] 財政預算內，城市和農村初中生人均經費的比例為1.67：1。[147] 這就意味著經濟收入遠不如城市的農民卻要承受遠高於城市居民的教育負擔。受教育機會的分配更是不平等。「有資料顯示，2001年，與甘肅相比，北京本專各科高考錄取分數線低24 ～ 72分」。[148] 2000年實行「教育產業化」，大學本科收費漲幅高達50%。[149] 其最後結果，就是限制、堵塞了農民子弟向上流動的機會，「到2001年為止，中國農村小學生能夠考上大學的機會，只有15%」，「機率大約比全國平均水平低62%」。[150]

對農民利益損害最大的，是對農民土地利益的抽汲。據統計，1996年到2001年，五年間全國耕地減少了4,335.5萬畝，這些土地都轉化為非農用地，並由此造成了大批「失地農民」。[151] 和下崗工人一樣，他們也處於完全無權維護自己的利益，任人宰割的地位。有調查表明，「失地農民所得補償占土地市場價值的比例僅為10% ～ 15%，集體得到了25% ～ 30%，政府及其機構得到了60% ～ 70%」。[152] 而且，「這些失地農民在失去土地的同時，除了得到有限

---

145 陸學藝主編：《當代中國社會流動》，頁94。

146 陸學藝主編：《當代中國社會流動》，頁91。

147 吳剛：〈教育與社會再轉型期的關係形態〉，載丁鋼主編：《中國教育：研究與評論》第2輯（上海：教育科學出版社，2002）。轉引自陸學藝主編：《當代中國社會流動》，頁91。

148 吳剛：〈教育與社會再轉型期的關係形態〉，載丁鋼主編：《中國教育：研究與評論》第2輯。轉引自陸學藝主編：《當代中國社會流動》，頁91。

149 吳剛：〈教育與社會再轉型期的關係形態〉，載丁鋼主編：《中國教育：研究與評論》第2輯。轉引自陸學藝主編：《當代中國社會流動》，頁92。

150 轉引自陸學藝主編：《當代中國社會流動》，頁92。

151 陸學藝主編：《當代中國社會流動》，頁94。

152 〈農民因土地的低價徵用將損失的3萬億走向〉，http://www.ccrs.org.cn，2003年9月11日。轉引自陸學藝主編：《當代中國社會流動》，頁94。

補償外，在就業和社會保障方面幾乎沒有從徵地一方得到任何保證和安排，淪落為種田無地、就業無崗、低保無份的『三無遊民』」，[153]而且數量達5,000萬之多。[154]這樣，每一次土地的徵收，都成了權力對農民的掠奪，政府和相關官員、土地開發商則是受益者，這同樣加劇了兩極分化。

失地農民群體的出現，典型地表現了中國農民和鄧小平改革關係的變化：從1987年開始，農民逐漸從改革的受益者變成利益受損者，這就從另一方面抽空、動搖了改革的基礎。

6. 農民工階層

按社會學家的界定，「農民工指擁有農業戶口[xi]、被人雇用去從事非農活動的農村人口」。[155]我們已經說過，毛澤東對農民的基本控制手段是將其束縛在土地上。毛澤東熟讀古書，他深知農民離開土地，成為「遊民」，最容易造成社會的動亂，並直接威脅統治的安全。因此，他建立了不允許城、鄉人口流動的「戶籍制度」[xii]，即使是人民公社時期創辦社隊企業，一些農民從事非農勞動，但他們收入的也不是工資，而是工分[xiii]，依然要回到生產隊參與分配，而且基本上是「離土不離鄉」[xiv]。在一些城市工廠裡也有合同工[xv]，但真正來自農村的工人不但數量有限，而且多少有些不合法，具有短期性與臨時性。到了大饑荒年代，政府更是嚴厲地打擊「盲流」，同時又在農村不斷打擊「自發資本主義傾向」，嚴禁農民從事非農業活動。如此，農民工在毛澤東時代是絕沒有發展空間的。

如我們一再說明，鄧小平的改革是從「解放農民」為突破口的，這裡自然也包括將農民從土地束縛中解放出來。而隨著改革開放，鄉鎮企業、外資經濟、個體經濟和民營經濟的迅速發展，在客觀上產生了從農村吸收勞動力的要求，這就為農民工的出現，創造了物質和經濟的條件。因此，八十年代初，在蘇南和珠江三角洲地區，最早在深圳，就陸續有了農民工。到1989年「第一次出現『民工潮』」。[156]在九十年代，農民工一方面成為「農村人口在目

---

153 陸學藝主編：《當代中國社會流動》，頁94。

154 陸學藝主編：《當代中國社會流動》，頁318。

155 陸學藝主編：《當代中國社會流動》，頁307-308。

156 陸學藝主編：《當代中國社會流動》，頁321。

前城鄉之間、區域之間不均衡發展中尋求相對均衡的不二選擇」，成為農民在
農村日益衰敗情況下，維持和改善家庭生活的最佳途徑，因而吸引了越來越
多最有文化的農村青壯年勞動力，以致有「有文化的人去務工，沒有文化的
人去務農」的說法，據調查，一半以上的農民工具有初中文化教育水平，明
顯高於農村人口的平均文化程度。[157]另一方面，城市裡的各類工廠企業，也
發現這些具有一定文化程度的農村廉價勞動力是他們降低勞動成本的最佳選
擇。這裡有一個很有意思的材料：在前面說到的「減員增效」的企業改革中，
「很多企業裁減了學歷較高，但體能、技能和勤力性均較低的城鎮工人，由學
歷較低，但體能、外部技能和勤力性均較高的農村戶籍者〔錢註：即農民工〕
替代」[158]這樣，兩個方面的需求，都促成了農民工階層的迅速發展與成熟，
「僅僅進城務工的農民工的數量，既以從80年代中後期的三四千萬人，發展
到2003年的9900萬人之眾」。[159]之後幾年又有急速的發展，據說已經高達
近兩億人。[160]他們之中許多人已經長期紮根在城市、全家生活在城市，而以
非農職業為生。城市的發展，以致居民的日常生活已經須臾難離農民工的勞
動和工作，農民工事實上已經成為中國產業工人階層的主要組成部分，被稱
為「新工人階層」。[161]「根據2000年第五次全國人口普查的數據，農民工占全
國工人總數的50%以上，在產業工人中占57.5%，在第三產業從業人員中占
37%」。[162]

　　從一個意義上看，「農民工」的出現，是對毛澤東時代以來長期束縛於
土地的農民的解放，並因此成為提高農民生活的基本手段。這裡有一組數
字：「2000年，農業對農民純收入的負貢獻高達-112%，其中種植業的負貢
獻為-229%，而〔出外打工的〕勞務報酬收入的正貢獻卻為167%」（括號內文

157　陸學藝主編：《當代中國社會流動》，頁311。

158　陸學藝主編：《當代中國社會流動》，頁304。

159　陸學藝主編：《當代中國社會流動》，頁321。

160　據李昌平：〈九十年代三農政策基本錯誤〉（2008年1月6日發布），2011年7月27日取自三
　　　農中國網：http://www.snzg.cn/article/2008/0106/article_8748.html。

161　陸學藝主編：《當代中國社會流動》，頁336。

162　以上材料引自陸學藝主編：《當代中國社會流動》，頁309。

字為錢所加）。[163] 在這個意義上，可以說是農民工支撐了中國的農民家庭與農村社會。同時農民工也從在城市打工中獲得了「流動資本」，即積累了經驗和閱歷，開闊了眼界，學到了知識，而且在不同程度上獲得了向上流動的機會。[164] 這也就是農民工可以忍受在城市打工的一切痛苦，而絕不願意回鄉從事農業勞動的原因。

但農民工向上流動的機會又是極其有限的。這是因為農民工沒有從根本上擺脫毛澤東時代的城鄉二元對立結構的束縛，他們依然承受著毛澤東時代遺留下來的身分歧視。如研究者所說，「跟城鎮正式工人相比，他們獲得的是『同工不同酬』、『同工不同時』、『同工不同權』的『三同三不同』的地位」。[165] 據統計，「同樣是從事非農勞動，擁有非農戶口者平均工資是擁有農業戶口者的1.78倍」。[166] 農民工是納稅人，卻基本排斥於當地政府的服務範圍之外，「不能享受城鎮『低保』〔錢註：最低生活保障〕以及社會保險（如醫療保障、養老保障），[167] 子女也沒有享受平等教育的權利。他們更沒有基本的公民權，沒有組織權利，對政府決策沒有發言權，也沒有和企業對話的權利。[168] 和城市下崗工人、農村失地農民一樣，在鄧小平的「六四體制」下，中國的農民工也沒有自我保護的權利和能力，只能默默忍受政治、精神歧視和超經濟的剝削。

本來，中國工業化和城市化的發展，就需要不斷從農村轉移勞動力；而對農民「既解放，又束縛」的鄧小平體制造就的農民工階層，所提供的農村勞動力，既集中了農村最有活力的人才，具有相當的文化水平，卻又在城鄉二元對立結構的束縛下，處於絕對無權、可被任意宰割的地位。這樣，中國的工業化和城市化發展，就獲得了不需要付出多少代價、絕對廉價、勤奮，而又有效率的勞動力，而且基本上民間並不存在任何有組織的博弈和反抗。正

---

163 白南生、何宇鵬：〈回鄉，還是進城〉，載李培林主編：《農民工》（北京：社會科學文獻出版社，2003），頁22。轉引自陸學藝主編：《當代中國社會流動》，頁314。

164 陸學藝主編：《當代中國社會流動》，頁312。

165 陸學藝主編：《當代中國社會流動》，頁316。

166 陸學藝主編：《當代中國社會流動》，頁317。

167 陸學藝主編：《當代中國社會流動》，頁316。

168 陸學藝主編：《當代中國社會流動》，頁316-317。

是建立在「低人權」基礎上的「低成本」，成就了中國工業化、城市化進程在九十年代的迅猛發展。這就造成了「中國奇觀」：對中國工業化、城市化作出最大貢獻和犧牲的農民工，卻成了這一發展的利益受損者，得益的依然是權貴資本階層。

以上分析所談到的新階層、新群體，都是毛澤東時代所沒有的，這些階層與群體在八十年代或沒有、或還處於萌芽狀態。其所引起的社會各階層地位、關係變化，與所導致的社會結構變化，都是前所未有的，既是我們所說的「六四體制」的產物，也表現了與「五七體制」不同的特點。這一切，主要發生在1992年到2001年這將近十年的時間內。為了敘述的方便，我們把它放在九十年代的時段內，它也確實構成了九十年代的中國社會發展的主要內容。

（二）一黨專政體制之群眾基礎、階級基礎的變動

人們很容易就注意到，毛澤東時代的「兩大剝削階級」和「兩大勞動階級」在鄧小平的「六四體制」下，發生根本性的深刻變化：毛澤東所要消滅的「資產階級」和「資產階級知識分子」，在九十年代發展成了「私營企業主階層」與「知識分子精英階層」，並擁有了越來越多的公共資源，產生了越來越大的社會影響；而毛澤東發動文化大革命所要打擊的「黨內資產階級」（「走資本主義道路的當權派」），則終於以「權貴資本階層」的形態形成與成熟，並成為國家和社會的主導力量。另一方面，毛澤東視為依靠力量的工人階級和農民階級中則出現了「失地農民」、「下崗工人」兩個群體和具有農民身分的新工人──「農民工階層」，這都標示著工人、農民經濟、政治地位的邊緣化。同時也意味著，鄧小平的改革開放，其主要受益者是權貴資本階層、私營企業主階層與知識分子精英階層；工人、農民雖然從中也有獲利（主要是生活的改善和一定的流動機會），但總體上卻是利益受損者。也因此，鄧小平的改革逐漸失去了工人和農民的支持。

這樣的變動，造成了鄧小平所堅持的「一黨專政體制」和「改革開放」的合法性與群眾基礎、階級基礎產生危機，必須尋找新的合法性基礎與相應的新的群眾基礎、階級基礎。從這個意義上，我們可以說，江澤民政權於2001年提出「三個代表」理論，就是擺脫危機的自覺努力。「三個代表」理論的核心是所謂「先進生產力的代表」理論；我曾在2001年寫有一篇文章對這一理論的實

際含義作了兩個方面的分析。一是以「生產力的發展」作為一黨專政和改革開放合法性的基礎，背後的理論基礎就是「經濟決定論」、「唯生產力論」，但同時又隱含一個「潛台詞」：「生產力發展了就有了統治秩序的穩定，生產力不發展就會喪失權力」[169]——這樣把生產力的發展直接與權力聯繫起來，不顧長遠利益的破壞性發展就是不可避免的。其二，是強調「先進生產力」的三大要素：資本，管理與技術——這本身就是對中國共產黨奉為指導思想之馬克思主義勞動價值學說的一個背離；[170]那麼，代表著三大要素的「資本投入者」（權貴資本階層和私營企業主階層），「管理投入者」（權貴資本階層，私營企業主階層，知識精英階層）和「技術投入者」（知識精英階層），就理所當然地成為「先進生產力」的代表。中國共產黨既以「先進生產力代表」自任，那麼，它就必然要代表這些「精英集團」也即既得利益集團的利益欲求，這樣，中國共產黨的一黨專政（「六四體制」）就找到了支持與維護自己統治合法性的新的階級基礎與群眾基礎。一旦如此，中國共產黨也就徹底剝離了它「維護以工人和農民為主體的下層人民利益」的外衣，變成了一個主要維護所謂「政治精英，經濟精英，管理精英與技術精英」的上層階級利益的黨。通俗地說，共產黨由「窮人黨」變成了一個名副其實的「富人黨」；也就是說，以「三個代表」理論的提出為標誌，「中國共產黨終於完成了自己的質變」。[171]

但「三個代表」理論的提出者又要掩蓋此代表基礎的質變，宣布自己是「全體人民利益的代表」。這就意味著，背離了工人、農民的利益，卻又不允許工人、農民為主體的下層人民成立代表自己利益的政黨和組織（獨立工會、農會），對於一切維護工人、農民利益的社會運動，都一律嚴禁與打壓；這說明，其所要維護與強化的還是一黨專政的政治、經濟、思想、文化體制。有些人看不到這一點，認為「三個代表」理論是標誌著中國共產黨「由一個革命

---

169 錢理群：〈酷夏憂思錄〉（2001 年 8 月 27 日-9 月 6 日），《知我者謂我心憂——十年觀察與思考（1999-2008）》，頁 152。

170 馬克思的勞動價值學說不是沒有問題，主要是將勞動創造價值絕對化，以致唯一化；但如果因此走向另一個極端，忽略以致否定勞動、體力勞動者創造價值的作用和地位，就會出現分配不公的問題。

171 錢理群：〈酷夏憂思錄〉（2001 年 8 月 27 日-9 月 6 日），《知我者謂我心憂——十年觀察與思考（1999-2008）》，頁 152。

黨向社會民主黨的轉化」，這就過於一廂情願了。還有人認為，中共的這一質
變，有可能為實現他們的理想——經濟私有化和政治民主化——開闢道路，這
同樣是一個單相思。新的利益集團是絕不會放棄一黨專制這一命根子的——他
們深知自己統治基礎的薄弱與不得人心，若離開了武力鎮壓與言論自由的剝
奪，它是一天也活不下去的。

於是，我們發現了鄧小平「六四體制」和毛澤東「五七體制」的內在一致性
與延續性：他們都是以「一黨專政」為其核心與本質。然而，兩者一黨專政的
階級基礎與群眾基礎卻發生了變化：在毛澤東時代，儘管事實上已經多方地
損害了中國工人和農民的利益，但大體上還是保留了較多的「窮人黨」傳統，
它的主要支持者還是中國的工人與農民；但現在以「三個代表」思想為指導的
中國共產黨一黨專政，則是以新生的權貴資本階層、私營企業主階層與知識
分子精英階層，即所謂政治精英、經濟精英與技術、管理精英為階級基礎與
群眾基礎的。此種一黨專政的階級基礎與群眾基礎的變動，顯然是九十年代
新階層的出現、階級關係與社會結構變動的反映，事實在先，因此執政黨執
政理念、方式的變動是必然的結果。我也因而將正式提出以「三個代表」作為
中國共產黨指導思想的2001年，作為「六四體制」最後定型的標誌，作為我們
「九十年代」歷史敘述的結束。

同學們可能還記得，我們在第十講裡曾經說到，毛澤東在文化大革命中
創造了一個不同於「十七年」的新的一黨專政模式；在2001年那篇文章裡，我
又進一步總結出了「1949年以來半個多世紀曾經在中國實踐過的三大統治模
式」。[172]

所謂「十七年模式」（1949-1966年），就是「以階級鬥爭為中心，以工
人、農民與下層人民為階級基礎和群眾基礎」的一黨專政；所謂「文革模式」
（1966-1976），就是「以不斷革命為中心，拋棄黨的官僚和知識階層，由領袖
的個人獨裁與群眾專政直接結合」的一黨專政；而現在的「三個代表」模式（醞
釀於1977-1991年，形成於1992-2001年），則是「以經濟建設為中心，以權貴
資本階層，私營企業主階層和知識精英階層，即政治、經濟、技術精英為階

---

172 錢理群：〈酷夏憂思錄〉（2001年8月27日-9月6日），《知我者謂我心憂——十年觀察與思
考（1999-2008）》，頁156。

級基礎、群眾基礎」的一黨專政。統治的主要理念、路線和階級基礎、群眾基礎或有變化，但一黨專政的本質則一以貫之。[173]

（三）「六四體制」的意識形態

　　我們說過，毛澤東的「五七體制」是旗幟鮮明地以「興無（產階級思想）滅資（產階級思想）」為其意識形態，毛澤東在意識形態上從來都是充滿自信的；但他的繼承人，從鄧小平開始就陷入了意識形態的困境。鄧小平本人是沒有理論興趣的，他奉行的是實用主義，並公開承認「社會主義是什麼，馬克思主義是什麼，過去我們並沒有完全搞清楚」，[174]他的四項基本原則，就是一條：堅持黨的領導。也就是說，他理解的「馬克思主義」、「社會主義」，其實只有一個內容，就是「黨的領導」。這樣，鄧小平時代的意識形態非常明確地指向「維護黨的絕對領導」。毛澤東時代強調馬克思主義、社會主義，多少還能說是一種信仰，因此對黨員、黨幹部，以至民眾和知識分子，還具有某種精神吸引力；但到了鄧小平時代，就完全成了精神控制的手段，出現了普遍存在的信仰危機。江澤民提出「三個代表」，自稱「先進思想的代表」，其實就是要把自己打扮成「當代活的馬克思主義的代表」，所謂「堅持馬克思主義」就是堅持江澤民的「三個代表」思想，這同樣是維護黨的新領袖對全黨、全國思想控制的一個手段，實際要實行的，就是意識形態專政。於是，就有了要將「三個代表」理論「進入課堂，進入教材，進入學生頭腦」的要求，人們很容易就聯想起毛澤東時代的「洗腦」，這確實是一脈相承，但卻越來越無效了。

　　因此，從九十年代開始，中國實際上進入了一個沒有思想、沒有理論、也沒有信仰的時代，而且是一種從上到下（從既得利益集團到普通百姓，知識分子與青年）的全民無信仰狀態，但是同時又依然把「主義」、「理論」、「思想」、「信仰」喊得震耳欲聾。這種「無信仰」和「表演性」，就構成了九十年代意識形態的重要特點。

　　當局真正倡導、並從上到下實際影響九十年代思想文化的，一是實用主

173　參看錢理群：〈酷夏憂思錄〉（2001年8月27日-9月6日），《知我者謂我心憂──十年觀察與思考（1999-2008）》，頁156。

174　鄧小平：〈改革是中國發展生產力的必由之路〉（1985年8月28日），《鄧小平文選》第3卷，頁137。

義與實利主義，二是享樂主義與消費主義。失去了信仰、精神的追求、道德
的約束，人的行為就只剩下了利益驅動。我們說過，毛澤東時代有「為了崇高
的理想，什麼事都可以做」的「革命邏輯」，因而導致了許多濫殺無辜的罪行；
九十年代和九十年代以後的中國，又盛行著「為了自己的利益，什麼事都可以
做」的「趨利邏輯」，同樣導致了不擇手段地謀害他人生命的罪行。看似兩個極
端，從精神至上到物欲橫流，但實際上都是對人性惡的誘發，抑善而揚惡，
形成對國民精神的極大傷害。

　　主流意識形態通過對傳播媒體的控制與利用，和大眾文化相結合，也成
為九十年代中國思想文化的一個特點。這在用各種形式推銷享樂主義與消費
主義文化這一點上，尤為突出。鋪天蓋地的廣告，各種類型的瘋狂演出，一
方面粉飾太平，一方面將全民的注意力引向超前享受，無節制的現在歡樂，
完全壓抑了人們的精神追求與思考力。正是這樣的彌漫中國的世紀末的狂歡
中，淹沒了被壓迫者、被侮辱者的痛苦的呻吟聲，也扼殺了清醒、獨立的批
判聲音。當局的目的也正在於此。

　　此種「堅持主義」為表，「實利、實用與消費」為裡的主流意識形態，就構
成了「六四體制」意識形態的基本內容與特點。[175]

（四）「六四體制」的全球化背景

　　毛澤東時代一方面在「自力更生」的口號下實行「鎖國」政策，處於和西方
資本主義世界相對隔絕的狀態，僅留有限的貿易關係；但另一方面，在「國際
主義」旗幟下，先是向蘇聯和社會主義陣營「一邊倒」，在中蘇論戰之後又試圖
成為「第三世界」的領袖。如我們前面所說，毛澤東離世前，於1975年親自打
開了中國向西方世界開放的大門，恢復和改善了中美關係。鄧小平繼承了毛
澤東這一遺產，使八十年代中國與西方世界的關係，得到了迅速的恢復與發
展，特別是外資與合資企業第一次獲得合法地位──同學們可能還記得，我
們曾經說過，毛澤東早在1965年就提過「允許日本在中國辦工廠」的設想，但
像八十年代這樣首先引入華人資本、進而引進西方資本並專門設置「特區」，

175　參看錢理群：〈酷夏憂思錄〉（2001年8月27日-9月6日），《知我者謂我心憂──十年觀察
　　與思考（1999-2008）》，頁147-151。

卻是鄧小平的發展與創造。在「六四」以後，最初由於西方的經濟封鎖，外資引入一度受挫，但在鄧小平南巡講話以後，外資的流入就更具規模。外資企業與合資企業在中國工業發展總體格局中的比重越來越大、重要性越來越突出，事實上成為九十年代中國經濟迅速發展的重要推動力。

或許更值得我們注意的是九十年代初，蘇聯和東歐社會主義國家的瓦解，事實上實現了以西方資本主義經濟與民主體制為主體的全球政治、經濟的一體化，隨著跨國公司向全球所有地區、國家經濟的滲透，人類進入了「全球化」的時代。而中國的執政者也越來越自覺地以「融入世界」作為執政的基本理念與追求，特別是2001年中國參加世界貿易組織以後，更是大踏步地進入了全球化的過程。在這樣一個全球化的時代，中國已經成為世界的中國，一切國內問題都是全球問題，反過來說，一切全球問題也都會成為中國問題。這是和毛澤東時代「關起門來，無法無天，自說自話，自行其事」完全不同的。儘管鄧小平及其後繼者堅持的還是中國式極權體制，但也必須具有不同於毛澤東時代、甚至不同於八十年代的新特點。九十年代以後的中國事情，只有將其置於全球化的背景，才能得到科學的認識和說明。這也是「六四體制」不同於「五七體制」非常重要的一個方面。

首先，是中國極權體制與西方世界的相依相存。由於中國黨和政府對工人、農民的公民權利的全面剝奪，就使得中國成為國際資本投資的最好場所、最佳的「世界工廠」：不但擁有大量廉價勞動力，而且沒有工會、農會的監督以及工人運動、農民運動的制約，這在全世界是罕見的，外國資本家只要賄賂了中國官員，就可以肆無忌憚地殘酷剝削中國工人和農民，他們在國內絕不敢施行的野蠻管理卻可以在中國暢行無阻。我曾經說過：這真是自稱社會主義的中國的恥辱，中國共產黨當年依靠組織工人運動、農民運動，反抗中外資本家的剝削與壓迫起家，現在卻利用手中的權力嚴禁工人、農民的反抗運動，主動為國內外資本家的超經濟剝削掃清道路，這正突出地表現了中國共產黨的變質，在這個意義上可以說，當代中國的權貴資本階層是具有某種買辦性的。[176]

---

176 參看錢理群：〈酷夏憂思錄〉（2001年8月27日-9月6日），《知我者謂我心憂——十年觀察與思考（1999-2008）》，頁143。

　　這也就必然形成了中國經濟和西方經濟之間的相互依存：一方面，加入世界貿易組織之後，外資爭相湧入中國，成為中國經濟高速發展新的巨大推動力，以致中國經濟的發展已經完全離不開外國資本的投資；而廉價的中國商品也大量進入西方市場，並依靠以低人權為代價獲得的低成本，贏得了可觀利潤，同時也衝擊了西方的勞動市場。另一方面，中國廣大的市場，更對經濟發展動力不足的西方世界產生了巨大的吸引力，跨國公司大量將投資轉移到中國，也同時影響了西方的勞動市場。也就是說，在全球化背景下的中國和西方的經濟關係中，真正獲利者是中國權貴資本階層和西方跨國公司的壟斷資產階級，而中國自身與西方的勞動者都是利益受損者：中國工人雖然獲得了就業機會，但卻忍受著超經濟的剝削，西方企業的工人卻因此可能失去就業機會。

　　經濟上的相互依存，也必然形成政治上某種程度的相互依存。中國極權體制的穩定帶來中國社會的穩定，這正是以美國為首的西方世界所需要的：美國要維護其世界領導地位，需要一個「穩定的中國」來支撐；而中國的極權體制也需要依靠西方，特別是美國來支撐，以作為自身穩定的外部條件。於是，就有了這樣的相互承諾：中國公開宣布「絕不挑戰美國的世界領導地位」，美國則把中國視為「利益攸關方」。這也就在實際上宣布：東方最大的極權國家與西方最大的霸權（這意味著一種世界極權）國家，成了「利益攸關者」。這就意味著，中國得到了某種程度的世界默許和認可，中國也事實上參與了美國所領導的世界新格局、新秩序構建，並成為其重要成員。

　　當然，也還有相互衝突、制約的一面。在蘇聯、東歐瓦解，並不同程度上接受了西方民主體制之後，中國成了為數不多的極權國家中的大國，面對這樣一個在意識形態與政治體制上完全不同於己因而難以信任、有著太多不確定因素、多少有些不可捉摸，但卻在經濟、軍事上日益強大的中國，西方政府、政黨、以致民眾普遍有一種不安全感，因而把希望寄託在中國體制的改變上，這自然不為中國極權體制所接受。這正是中國與西方在國家利益衝突背後，更為實質的意識形態與體制的衝突。但它其實又是服從於前面所分析的相互依存的根本利益，因此，雙方都把衝突掌握在可控的範圍內，從而形成一種相互制約。有意思的是，雙方分別打著「人權」牌（西方對中國政府）和「主權」牌（中國政府對西方政府與輿論），但只是打牌而已，並不真正

看重人權或主權，目的是最後取得「雙贏」。一些中國的「自由主義者」、「民族主義者」看不清這一點，或希望依靠西方的支持爭取民主，或希望依靠中國政府維護國家、民族利益，都是一廂情願。西方和中國政府兩造之間的實際關係，就是一種相互利用與制約，具有極強的功利性，意識形態的分歧，是服從於黨和國家與資本利益的。我曾經說過，中國如果再發生「六四」那樣的反抗和鎮壓，西方世界是絕不可能再對中國政府實行全面制裁的；而中國政府在拒絕西方的民主、自由理念與體制的同時，又毫無障礙地接受了西方的物質主義、拜金主義、消費主義等被馬克思所批判的「資本主義腐朽的意識形態」。

當然，也要看到，國際的制約也會使中國當局在對國內思想、文化的控制上受到不同程度的限制：打開國門以後，就無法禁止國際範圍的思想、文化的交流與傳播，以及其反過來對中國國內的影響。在全球化的時代，極權統治者再也不可能「無法無天」、完全無視國內外的輿論監督。要回到毛澤東閉關自守時代那樣幾乎無縫隙的密封式控制，已經不可能了。

以上幾個方面：新的階層、利益群體的形成，一黨專政階級基礎的變化，意識形態的新特點，國際背景的新特點，就構成了「六四體制」的基本內涵與特點。這是在「六四」之後所建立的「穩定壓倒一切，發展壓倒一切」新秩序的產物，是全面貫徹「權威政治加市場經濟」的鄧小平路線(這是八十年代鄧小平提出的「堅持四項基本原則和改革開放」的路線的堅持與發展)的結果，它由鄧小平所創建，又在江澤民時代得到全面實現和完善，並對九十年代以來的中國政治、經濟、社會、思想文化的發展，產生了決定性的影響。

同時，我們也要看到「六四體制」本身的有限性與脆弱性，它的每一個特點都會引發巨大的矛盾與危機：「新的階層、利益群體的出現」所造成的兩極分化，引發了日趨劇烈的階層矛盾和衝突；「一黨專政階級基礎的變化」，必然使黨成為階層矛盾、社會衝突的焦點，並喪失了原有的合法性；「以『主義』為表，實利主義、消費主義為裡的意識形態」不但使黨失去對內對外的思想凝聚力，而且引發了嚴重的道德危機與精神危機；「國際背景的新特點」則使中國的極權統治處於複雜的國際關係之中，受到多方面的制約。所有這一切，都會極大地削弱一黨專政的統治力量，體制內部也非鐵板一塊，存在許多縫隙，民間思想與力量也就獲得了某些發展空間，「五七體制」下的「無法無天，

為所欲為」的毛澤東時代已經很難再現，從「五七體制」到「六四體制」，其總體發展趨勢，是一個一黨專政統治逐漸弱化，制約、反抗力量逐漸增長的過程。歷史畢竟在發展與前進。

五、閃光一現：1998年的「北京之春」

這一講已經拖得很長，但我們還是要講一個發生在這段歷史後期的「閃光一現」的事件——正是因為存在著刻意遺忘和遮蔽，我們就應該將其留存於歷史敘述裡，那怕只是簡要的一筆。

人們很容易就注意到，「六四體制」構建、完善的十多年間（1989-2001），也正是中國民間社會運動被打壓而沉寂時期，這兩者之間顯然存在內在的聯繫。但沉寂中仍有微響——如毛澤東時代經常說的那樣，「人還在，心不死」，民間社會運動之根深藏在人心、民心之中，一有機會，就會破土而出。前面提到北京大學百年校慶的民間紀念活動，雖然還構不成我們所討論的民間社會運動，但「死水微瀾」裡還是顯示了人心所向——追求民主、自由，要求憲法賦予的權利的火種隨時都可能復燃。

1997年10月，中國政府簽署了〈經濟、社會及文化權利國際公約〉，並承諾將進一步簽署〈公民權利和政治權利國際公約〉。我們在前一講已有介紹的1978-1980年社會民主運動的主要骨幹、時已釋放出獄的徐文立敏銳地抓住這一時機，和另一位骨幹分子秦永敏（1953-）聯合，發表了〈告全國工人同胞書〉，號召成立自由的獨立工會（中共已簽署的前一個公約中有相應的條款），以捍衛中國工人，尤其是下崗工人的利益，由此打破了國內民間社會民主運動近十年的沉寂，引起各方震動。

這裡，有三點頗值得注意。首先，號召成立「自由的獨立工會」，這是對1989年天安門民主運動的自覺承接和呼應。我曾在一篇題為〈一個未完成的歷史任務〉的文章裡指出，「爭取言論、出版、結社自由，是貫穿1989年天安門民主運動的一根紅線，是運動的基本訴求，被認為是迫在眉睫的中國政治體制改革的一個關鍵性環節和突破口」，特別是繼「高校學生自治聯合會」之後，北京知識分子、工人也成立了「自治聯合會籌備委員會」，運動後期還成立了「首都各屆聯合會」，「群眾自治組織的出現，是中國社會民主化進程中必

須邁出的關鍵性的一步」。[177]而這也正是當局所最害怕的：「六四」最後的大屠殺，其中最重要的原因就是擔心中國出現波蘭團結工會那樣的各階層群眾自由、獨立的組織。十年之後，「成立自由的獨立工會」任務被再次提出，正是表明，這是中國社會民主化進程中繞不過去的歷史課題，不管阻力多大，它總會不斷地提出。其二，1997年重提成立獨立工會，又是新的時代要求：它是我們前面所討論的，九十年代出現大批下崗工人，這一階級關係的新變動的直接反應，這是工人階級在「六四體制」中被全面邊緣化的情勢下，組織起來維護自己利益的自覺努力，意義自然十分重大。其三，時機選擇在中國政府簽署〈經濟、社會及文化權利國際公約〉，這也是我們前面討論到的「九十年代中國問題成為國際問題一部分」這一時代新特點的反映。

1997年末，徐文立和秦永敏又進一步採取行動，分別以《人權觀察》和《公民論壇》的名義，向當局要求註冊為合法工會。在要求未果的情況下，於1998年初，由秦永敏出面編發非正式的《人權觀察》，不定期地向國內外報導中國大陸最新人權和民間社會民主運動的信息。與此同時，徐文立還利用在大陸剛剛興起的互聯網新技術，開闢了「空中民主牆」——這是以後在二十一世紀得到進一步發展的網絡民主運動的先聲，是一個偉大的開創。正是「網絡民主牆」，使長期僵滯的大陸民間社會民主運動得以激活，各自分散的資源得以重組，並日趨轉向活躍。北京、四川、貴州、河南、湖北、湖南、黑龍江、吉林、遼寧、山東、上海、浙江等12個省、市紛紛成立各種民間組織，開展不同形式的活動。徐文立又因勢利導，總結歷史經驗教訓，提出了「公開，理性，和平即非理性」的鬥爭方略，以半公開的方式，極力推動大陸民間社會民主運動的統合與發展——這就是1998年中國大陸悄然升溫的民主之春，又稱為「北京之春」。[178]

1998年6月，徐文立被國內55名民間社會民主運動參與者推舉為國內政治反動派代表，要求與準備來華訪問的美國克林頓（Bill Clinton，又譯柯林頓，1946-，美國）總統會面。7月，浙江發生了震動國內外的「七一○」組黨

---

177 錢理群：〈一個未完成的歷史任務〉，2009年在大陸知識分子紀念「六四」二十周年學術討論會上宣讀，未公開發表。

178 參看金楓：〈1998：北京之春——中國民主黨組黨運動被鎮壓紀實〉，《北京之春》1999年第4期。

案，王有才（1966-，北京大學畢業生，天安門運動的積極參加者）等民間社會民主運動骨幹，因申請組織中國民主黨浙江省分部籌委會而悉數被捕，一時輿論譁然，科學史家許良英（1920-）、胡耀邦祕書林牧（1927-2006）等著名知識分子和黨內民主派代表發表了〈呼籲釋放王有才的公開信〉。10月，徐文立與京津地區的民間民主運動骨幹又發起組織中國民主黨京津分部，並出任分部主席。前述12個省、市也紛紛成立民主黨分部──此種全國範圍的公開「組黨運動」，是1949年建國以來第一次，也是對中國共產黨一黨專政體制的正面衝擊和公開挑戰。

中共當局自然絕對不能容忍。11月29日，徐文立再次被捕；11月30日，秦永敏也遭逮捕。12月1日《人民日報》發表李鵬（1928-）文章，公開表示「絕不允許出現反對黨」，「旨在導向多黨制，而且動搖共產黨的領導地位，這是不允許的」。[179]12月18日，江澤民在紀念中共十一屆三中全會二十週年大會[xvi]上，宣布要「始終警惕國際國內敵對勢力的滲透、顛覆和分裂活動」，「必須堅持四項基本原則，旗幟鮮明地加以反對，並堅決把它們消滅在萌芽狀態」。[180]

但反抗並沒有因此停息。1998年12月27日上午，在杭州中級人民法院宣判王有才時，數百名群眾圍觀抗議，包括浙江大學、寧波大學學生，杭州工人、市民、下崗人員、全國各地的民主黨成員。一位名叫任兵（生平不詳）的下崗女工還舉著「抗議」的橫標。[181]事實上，在1998年對民主黨公開彈壓之後，民間組黨建社的努力，始終沒有停息過，只是總是很快就遭秘密逮捕，難於為外界所知罷了。

這都是歷史，是中國民間民主運動中不可抹殺的一頁。

江澤民政權因此而如驚弓之鳥，又於1999年發動了對「法輪功」的鎮壓。

---

179 轉引自金楓：〈1998：北京之春──中國民主黨組黨運動被鎮壓紀實〉，《北京之春》1999年第4期。

180 江澤民：〈二十年來我們黨的主要歷史經驗〉（1998年12月18日），《江澤民文選》第2卷，頁260。

181 以上關於「北京之春」與「組黨運動」的敘述均轉引自杜應國自傳《奔突的地火──一個思想漂泊者的精神旅程》（未刊稿），以及金楓：〈1998：北京之春──中國民主黨組黨運動被鎮壓紀實〉。

法輪功本來並不是民間反抗運動，而是半宗教性質的民間組織[182]。它的引人注目之處在於對底層民眾的影響。這樣的影響，在我看來，主要有三個方面，而且都與前述九十年代社會結構的大變動直接相關。首先是大批城市下崗工人組成了龐大的城市貧困市民群，他們因下崗而失去了單位的保護，不享受任何社會福利，看病困難成了一個有關基本生存的大問題。正是在這一點上，法輪功的健身功能，對於醫藥無門的底層民眾產生了巨大的吸引力。其二，法輪功還為其信徒提供了相互往來、交流的機會，這正是被排斥在單位、社會之外的下崗職工與無人過問的老年人所渴望的。其三，法輪功提倡的「真、善、忍」三大理念，更是為陷入極度的物質貧困與精神貧困的底層民眾提供了精神的支撐：「真」與「善」堅守了人性的基本底線，對前面講到的物欲橫流的世風是一個有力的抵制；而「忍」字則道盡了人世的艱辛，最容易引起無權無勢的普通民眾的共鳴。我曾經說過，我們這些自稱的啟蒙知識分子實際上並沒有為我們眼中的啟蒙對象提供任何精神的力量，倒是法輪功的「三字訣」以老百姓最能接受的方式讓他們獲得了精神的庇護。因此，法輪功及類似的各種氣功組織，在九十年代盛行於中國民間社會，並有逐漸向中、上層社會滲透的趨勢，絕不是偶然的，它從一個特定的角度，反映了我們所說的「六四體制」所造成的底層民眾的生存、精神困境與掙扎，是九十年代典型的民間思想、文化現象。它和同時期以及以後不斷發展的民間宗教，都很值得我們注意。

　　法輪功從眾多的氣功組織中脫穎而出的重要原因是它的組織性。有意思的是，後來在所謂「清查法輪功」運動中，人們才發現，法輪功的各級領導層的成員和骨幹，有許多是中共的黨幹部和黨員，他們是按照中國共產黨的組織方式來組織法輪功的，結果如江澤民所描述：「人不知、鬼不曉，突然在黨和國家權力中心的大門口聚集了一萬多人，圍了整整一天。其組織紀律之嚴密，信息傳遞之迅速，實屬罕見」。[183]而江澤民尤感震驚的是，「對這種已形成為全國性組織，涉及相當多黨員、幹部、知識分子、軍人和工人、農民的

---

182 對法輪功組織的評價，是一個複雜的問題。我個人對其氣功理念與某些行為方式，都持保留態度。這裡僅是將其作為二十世紀末、二十一世紀初的中國政治、思想、文化現象來作討論。

183 江澤民：〈一個新的信號〉(1999年4月25日)，《江澤民文選》第2卷，頁319。

社會群體，卻遲遲沒有引起我們的警覺」。[184]這樣具有巨大組織力、而黨又不能控制的民間組織，使得江澤民政權要視為心腹之患而必欲滅之，是其堅持一黨專政邏輯的必然結果。1999年夏天所發動的大規模、不擇手段的對法輪功的血腥鎮壓，是「六四體制」本質的大暴露：它表明，一黨專政的體制，為了使黨成為「唯一者」，是隨時準備對民眾行使「鎮壓之權」的。尤其值得注意的是，在「六四」之後，1989-1999年這十年苦心經營而形成的新既得利益群體，特別是權貴資本階層，依附於他們的各級官僚，以及為數並不少的知識分子精英階層，都積極地參與「清查法輪功」這場實際上將矛頭指向以底層民眾（特別是下崗職工）為主體的城鄉貧民群體的大鎮壓。

歷史的辯證法在於，江澤民政權鎮壓法輪功，對底層民眾如此下手，不僅使其民心喪盡，更將法輪功成員及其同情者「逼上梁山」：本來並不具有政治色彩的法輪功組織，從此走上了政治抗爭的道路，成為最具影響力的民間反抗運動，這大概是鎮壓者所未曾料及的。

本來，在一個世紀就要結束、新的世紀即將到來的時候，是實行民族和解的大好時機。但1998年對組織獨立工會、政黨運動的鎮壓，1999年對法輪功的大清洗，卻使得九十年代的中國歷史、二十世紀的中國歷史，結束在一片殺伐之聲中，這大概也是一切善良的人們料所未及的。

編註

i　南巡講話：指1992年1月18日-2月21日鄧小平視察武昌、深圳、珠海、廣州、上海時發表的重要談話，當時稱「南巡講話」，後官方改稱「視察南方談話」。

ii　社會主義改造運動：從1953年開始，毛澤東宣布中國進入社會主義革命階段，即開始對農業、手工業的個體經濟和資本主義工商業進行社會主義改造，將個體經濟改造為集體經濟，私營經濟改造為公私合營經濟或國有經濟，1956年宣布改造基本完成。

iii　〈中華人民共和國憲法修正案〉：於第七屆全國人民代表大會之第一次會議中通過，該會議1988年3月25日-4月13日於北京召開。

iv　固定工制度：固定工指在計劃經濟體制下，對全民所有制和城鎮集體所有制單位，在國家勞動計劃之內，經由各級勞動人事部門正式分配、安排和吸收錄用的職工。固定工不規定

184　江澤民：〈一個新的信號〉（1999年4月25日），《江澤民文選》第2卷，頁320。

工作年限,一般不得辭退,一分配即定終身,並享有國家法令所給的福利待遇。

v　臨時工制度:「臨時工」是和「固定工」相對的,大多來自農村,沒有終身就業的保障,也不能享受國家規定的福利待遇。

vi　優化勞動組合:此優化勞動理論講求勞動力的配置合理化,以便提高勞動效率。其實行的結果,導致大量工人「下崗」。

vii　全員勞動合同制:1986年7月公布〈國營企業實行勞動合同制暫行規定〉,其中招用的職工稱為「合同制工人」,亦是在國家勞動工資計劃指標內招用的常年性工人,他們與固定工享受同等的勞動、工作、學習、社會福利等待遇。但自九十年代實行了全員勞動合同制後,固定工和勞動合同制工人一樣,都必須與受雇企業簽定勞動合約。

viii　中共十四屆五中全會:中國共產黨第十四屆中央委員會第五次全體會議,1995年9月25日-28日於北京召開。通過了〈中共中央關於制定國民經濟和社會發展「九五」計劃和2010年遠景目標的建議〉,建議1996年起展開「九五」計劃及2010年遠景目標。

ix　減員增效:二十世紀九十年代中期的有關研究表明,大型國有企業的虧損額最大,但其虧損面最小,虧損率最低;反之,中小型企業的虧損額較小,但虧損面大,虧損率高,於是政府進行「放大抓小」的改革,意即「搞好大型企業,放活小型企業」。搞好大型企業的措施就包括「增員減效」,「增員減效」最後造成大規模的下崗。所謂放活小型企業則是要「採取改組、聯合、兼併、股份合作制、租賃、承包經營和出售等形式」,意即改革小型企業的產權結構和經營機制,使其產生新的活力。

x　抓大放小:指公有產權的轉讓,把原來的國有小型企業以及集體企業改變成非公有制企業,於九十年代啟動。被改制企業的職工,或被買主接收成為私營企業雇員,或下崗成為失業人口。

xi　農業戶口:起源於計劃經濟時期,當時將戶口劃分為農業戶口和非農戶口。農業戶口指靠自己生產口糧的農業人口。

xii　戶籍制度:其特點為根據地域和家庭成員關係,將戶籍屬性劃分為農業戶口和非農業戶口。1958年1月9日,經全國人大常委會頒布〈中華人民共和國戶口登記條例〉,確立一套嚴格的戶口管理制度,當中區分為「農業戶口」和「非農業戶口」兩大類。個人試圖從農村遷移到城鎮地區從事非農業工作,皆必須向相關部門申請,而至省外工作則需有六種許可證。離開本人戶口所在地的人,沒有糧食配額、單位住房、公費醫療。

xiii　工分:工分起源於中華人民共和國成立後,在農村建立的農業生產互助組,普遍採用於農業生產合作社和農村人民公社中。人民公社時期,農業生產一般由生產隊組織,社員以生產隊為勞動單位進行勞動並取得報酬。「工分制」以潛在勞動能力為依據,根據性別、年齡為每一個社員指定一個工分標準,按工作天數記錄工分數,年底根據每個人的工分數進行分配。十一屆三中全會後,推行家庭聯產承包責任制,逐漸廢止農村的評工記分。

xiv　離土不離鄉:為因應農民無法伴隨工業化的過程進入城市的困難,改由鼓勵農民在農田上發展工業,提出「離土不離鄉」的模式。

xv　合同工:自1956年來出現於中國的一種類似臨時工的用工形式,人們普遍把季節工、臨時工統稱為「合同工」。其身分多半為外來農村戶口,稱為「農民合同工」,而非「農民合同制

工人」。外地農民合同工雖享有所簽合同中的工資待遇，但其身為農村戶口，沒有用工檔案，不適用於離退休待遇規定，而他們在都市工作時用的是「暫住證」而不是常住戶口，因此不能享有失業保險、退休養老保險、住房基金等待遇福利，雇用企業也無義務為合同工繳納失業保險費、退休養老保險費和住房基金。在台灣的語境中指「契約工」。

xvi　紀念中共十一屆三中全會二十週年大會：2008年11月7日於北京人民大會堂召開。

後毛澤東時代（下）

2000-2009

| 2010年8月補寫 |

　　我們的敘述進入了二十一世紀的最初十年，這是剛剛發生的事，也是正在發生的事情，因缺乏時間的距離，為歷史考察帶來一定的困難。因此，我們的討論也將更加簡略，只能大體提出幾個問題。

一、鄧小平的改革、開放的正、負面效應

　　如前所說，鄧小平的改革起始於1978年，1992年以後則進入一個全面實施的新階段，到了2000年以後，就逐漸顯示出其全部後果，無論是正面效應、還是負面效應，都十分引人注目，同時其內在矛盾與危機也都暴露無遺——在某種程度上可以說，這也是完成了一個歷史過程。

　　於是，我們注意到了一系列的數字，表明了中國社會的巨大變化。

　　首先是經濟的持續高速發展。1978-2008年中國GDP平均增速超過9.5%；同期世界平均增速為3.0%。中國這一時期的增速不僅明顯高於1953-1978年平均6.1%的速度，而且比日本、韓國經濟起飛階段平均增速（分別為9.2%和8.5%）還高一些。2008年中國GDP總量達到30.07萬億元人民幣，升至世界第三。內部產業結構也發生重大變化。2008年，在GDP中，第一、第二、第三產業所占比例分別為11.3%、48.6%、40.1%，數據反映出中國已從農業國轉變為工業國。[1]

　　經濟的發展，導致了人民生活的改善，1979-2003年，中國城鎮居民平

1　參見趙德馨：〈新中國六十年經濟發展的路徑、成就與經驗〉，《百年潮》2009年第10期，頁19-20。

均收入從400元（人民幣）上升到10,000餘元（人民幣），增加了25倍；中國農村人均收入由150元（人民幣）提高到2800元（人民幣），增長近20倍。[2]1979-2003年，全國居民消費水平平均增長7%；按現行匯率計算，2003年人均國民生產總值達到1,090美元，向「小康社會」目標邁出了決定性的一步。[3]農村的極端貧困人口從1978年的2億5,000萬人減少到2003年底的2,900萬人，25年裡，農村貧困人口減少了88.4%，貧困發生率下降到3%左右，13億人口的溫飽問題基本解決。[4]

經濟的發展，也引發了社會、文化、教育、衛生……事業的全面發展。據溫家寶（1945-）在2007年政府工作報告，全國基本上已普及九年制義務教育和基本掃除青壯年文盲，此外，覆蓋城鄉、功能比較完善的疾病預防控制體系，以及突發公共衛生事件醫療救治體系，已經基本建成。[5]

同樣不可否認的是思想壟斷與社會控制的鬆動，社會流動機制的初步形成，給人們帶來了更多的自由和不斷改善的希望，保持了社會的基本穩定。[6]

由此而形成了所謂「中國的崛起」。在2008年前後發生世界金融危機後，中國經濟的迅速復甦，更是極大地提高了中國的國際影響力。可以說，中國已經完全獨立於世界之林，成為世界正在發展中的多元化結構的主要成員。

1997年香港、1999年澳門的相繼回歸，此後十年的穩定發展，以及2008年國民黨恢復台灣的執政地位以後，兩岸關係的改善與和平發展的前景，都可以視為中國統一大業的重大進展。

同學們可能還記得，我曾經說過，歷史賦予毛澤東及其後繼者的歷史使命，是實現國家的統一、獨立，解決13億人口的溫飽問題；應該說，直到2009年共和國成立60年，這樣的三大歷史使命才算基本完成。這60年，是上

2　轉引自辛子陵：《紅太陽的隕落：千秋功罪毛澤東》，頁742。

3　據溫家寶2004年5月26日在世界銀行全球扶貧大會上的講話。轉引自辛子陵：《紅太陽的隕落：千秋功罪毛澤東》，頁742。

4　據國家財政部提供的資料。轉引自辛子陵：《紅太陽的隕落：千秋功罪毛澤東》，頁744。

5　溫家寶2007年政府工作報告，轉引自辛子陵：《紅太陽的隕落：千秋功罪毛澤東》，頁744。

6　據統計，1949-1979年，從前職到現職，實現向上升遷的流動率只有7.4%；1980-1989年，向上升遷的流動率提高到18.2%；1990-2001年，進一步提高到30.5%。轉引自陸學藝主編：《當代中國社會流動》，導言頁13。

接100年努力奮鬥的結果，最後30年的改革、開放更是起了決定性的作用。

這都是必須肯定的歷史進步。

同樣必須正視的是，這樣的進步是付出了極大的代價而取得的，更同時帶來了巨大的問題和矛盾，並形成了巨大的政治、經濟、社會、思想危機。

首先是日趨嚴重的兩極分化、社會不公。這是我們前一講所討論的「六四體制」必然帶來的後果。據世界銀行1997年發布的〈共享不斷提高的收入〉報告，中國八十年代初期反映居民收入差距的數據「基尼係數」[i]是0.28；到1995年是0.38；到九十年代末上升為0.458；[7]2008年就到了0.5%的「高度不平等」程度[8]——所謂「基尼係數」，是義大利經濟學家基尼最早提出的，此數據之數值介於0到1之間。如果基尼係數在0，表示財富在全社會平均分配；如果基尼係數在1，則表示全社會財富被一個人占有。按照國際經驗，基尼係數小於0.3屬於相對平均，在0.3與0.4之間屬於中度不平等，超過0.4，則不平等程度偏大。

據財政部2009年公布的數據，全國10%的家庭的財產占城市居民全部財產的45%，而10%最低收入的家庭財產總額，僅是全部居民財產的1.4%。[9]七個壟斷行業職工不到全國當年職工人數的8%，但工資和工資外收入占當年職工工資總額的55%。[10]

根據中國改革基金會國民經濟研究所專家的調查統計研究，目前全國城鎮最高與最低收入10%家庭間的人均收入差距約31倍，城鄉合計，全國最高與最低收入10%家庭的人均收入差距55倍。[11]

還有這樣的統計數據：「最低工資人均GTP的比值，世界平均為58%（國際勞工組織《世界工資報告08／09》的數據是60%，見該報告第35

7　　轉引自孫立平：《斷裂：20世紀90年代以來的中國社會》，頁22。

8　　轉引自馬慶鈺：〈市場經濟呼喚政治改革〉，《炎黃春秋》2010年第11期，頁15。

9　　人民網北京2009年12月9日電。轉引自馬慶鈺：〈市場經濟呼喚政治改革〉，《炎黃春秋》2010年第11期，頁15。

10　　何偉：〈「國進民退」五定位〉，《中國經濟時報》2009年11月25日。轉引自馬慶鈺：〈市場經濟呼喚政治改革〉，《炎黃春秋》2010年第11期，頁15。

11　　見王小魯：〈我國的灰色收入與居民收入差距〉，《比較》總31期，2007年7月。轉引自馬慶鈺：〈市場經濟呼喚政治改革〉，《炎黃春秋》2010年第11期，頁15。

頁），〔……〕中國是25%」；[12]「經合組織24國最低工資與平均工資的比值
平均50%，中國平均工資按國家統計局數據，中國最低工資是平均工資的
21%」；[13]「中國最低年收入為6,120元，不到世界平均值的15%，排在158
位」。[14]這說明，中國經濟發展速度居世界前列，不平等程度也居世界前列。
這兩個「居前」便形成巨大反差，經濟大發展、社會財富大增幅的背景下，卻
存在著這樣的不平等，已超出了人們的精神承受力，而且還有逐漸擴大的趨
勢。

　　如研究者所說，「更重要的是因壟斷和特權造成的〔收入〕的升高沒有說
得過去的理由」（括號內文字為錢所加），實際上是一種仰仗權力的掠奪，不
具有任何合法性和道德性，這就使「大眾的不公平感比同等基尼係數的國家
更高」。[15]我還要補充一句：如此巨大的社會不公，發生在自稱「社會主義國
家」，在意識形態上高唱「社會平等，公平和正義」的中國，而實際生活中卻高
度貧富不均，兩者之間的反差如此巨大，就更令人不能容忍。

　　社會的不公還表現在公共品供給不足和公共品缺少公共性上。在毛澤東
時代就存在著這樣的問題：黨的幹部享受更高的公共福利，收入低的普通民
眾，特別是農民，則享受較少的或基本上沒有社會福利，這就是過去我們通
常說的「特權」所造成的社會不平等；但在毛澤東時代，這樣的特權受到一定
的限制（毛澤東的辦法是不斷發動群眾運動，打破能享受特權的幹部隊伍的穩
定性），而且毛澤東時代所實行的單位所有制，對普通幹部、工人的基本福利
是有保障的，儘管維持在一個極低的水平，但至少會造成相對平均的印象。
而如前所說，鄧小平的單一經濟改革所造成的失地農民群、下崗工人群，大

12　劉植榮：〈世界工資研究報告與借鑑〉（2010年3月3日），2011年7月27日取自，劉植榮博
　　客──飛翔的鐵塔：http://blog.sina.com.cn/s/blog_46904e310100gufv.html。

13　劉植榮：〈世界工資研究報告與借鑑〉（2010年3月3日），2011年7月27日取自，劉植榮博
　　客──飛翔的鐵塔：http://blog.sina.com.cn/s/blog_46904e310100gufv.html。

14　劉植榮：〈世界工資研究報告與借鑑〉（2010年3月3日），2011年7月27日取自，劉植榮博
　　客──飛翔的鐵塔：http://blog.sina.com.cn/s/blog_46904e310100gufv.html。

15　秦暉：〈「中國奇蹟」的形成與未來──改革三十年之我見〉本文原刊載於2008年2
　　月21日《南方周末》電子報第1254期。但該網站上目前本文刊載不全，故轉引學
　　術批評網，2011年7月27日取自，學術批評網：http://www.acriticism.com/article.
　　asp?Newsid=9412&type=1002。

約有7,000萬人，還有近億的農民工階層，不僅經濟收入極低，而且基本上被排斥在社會福利之外。另一方面，「公共服務部門放棄服務責任，利用公共資源大肆『創收』，同時並憑借壟斷權力排除來自民間的競爭」，這樣，「『二次分配』不是緩解了，而是加劇了初始分配的不平等」。[16]於是，又有了這樣的統計數據：中國公務員的工資是最低工資的6倍，世界平均為2倍；中國國企高管工資是最低工資的98倍，世界平均為5倍。[17]這些為經濟高速發展曾經作出或正在作出重大貢獻的下崗工人、失地農民、農民工，恰恰不能享受社會福利、享受改革的成果，這不僅是最大的不公，而且也對改革的合理性造成了極大的損傷。

與此相聯繫的是政府自身支出的浩大。據國家信息中心經濟預測部「政策動向課題組」2006年公布的數據，該年全國各級國家機關的公款招待費、公務用車費、公款出國考察費超過一萬億元人民幣，占年度財政支出的30%。而這個比例在日本僅是2.4%，英國為4.1%，印度為6.1%，俄羅斯為8.2%，美國為9.9%。[18]如此高比例的政府支出便與公共服務支出的匱缺形成了鮮明的對比，不僅滋長了政府的官僚化與腐敗，也彰顯了社會的不公。

同樣引人注目的是城鄉之間、東部和中西部地區之間的差距。1990-2003年，城鄉居民收入的絕對額差距上升了七倍以上，即使扣除物價因素的影響，也擴大了三倍以上；據2002年統計，全國總體收入差距的2/5以上來自城鄉之間的收入差距；1995-2002年，東部地區和中、西部地區之間的收入差距貢獻率從7.5%提升到8.7%。此外，還有城鎮中行業壟斷所造成的收入差距，2001年行業間職工平均工資的基尼係數比1990年高出86%。[19]據統計，

---

16 參看秦暉：〈「中國奇蹟」的形成與未來——改革三十年之我見〉本文原刊載於2008年2月21日《南方周末》電子報第1254期。但該網站上目前本文刊載不全，故轉引學術批評網，2011年7月27日取自，學術批評網：http://www.acriticism.com/article.asp?Newsid=9412&type=1002。

17 劉植榮：〈世界工資研究報告與借鑑〉（2010年3月3日），2011年7月27日取自，劉植榮博客——飛翔的鐵塔：http://blog.sina.com.cn/s/blog_46904e310100gufv.html。

18 轉引自馬慶鈺：〈市場經濟呼喚政治改革〉，《炎黃春秋》2010年第11期，頁16。

19 參見李實、岳希明：〈中國個人收入的最新變化〉，熊景明、關信基編：《中外名學者論21世紀初的中國》（香港：香港中文大學出版社，2009），頁382、386-387、389。

中國行業之間的工資差高達3,000%，是世界平均值的4.3倍[20]──此種多方面的收入差距確實已經到了臨界的水準上，無疑在加深改革合理性危機。

其次，在「發展就是一切」的思想指導下，經濟的高速發展又是以資源的大浪費、生態的大破壞和環境的大污染為代價的。這又是一組驚心動魄的數字：「全國三分之一的地區存在嚴重的水土流失」；「75%的湖泊和一半左右的河流被污染」；「世界上污染最嚴重的十個城市中至少有七個在中國」；母親河黃河「93%的水流不符合中國自己制定的品質標準」；「60%人口的飲用水低於世界衛生組織的標準」。[21]

這就意味著，中國經濟的高速發展，是以犧牲中國經濟持續發展的利益與子孫後代的長遠利益為代價的，是一種既吃老祖宗又遺患後人的暴發戶、敗家子的發展經濟的方式，它在本質上，和我們說過的毛澤東時代一樣，都是一種破壞性的發展，這本身也同樣構成了對改革合理性的極大損傷。

其三，如前所說，支持鄧小平經濟改革的意識形態，實質上是一種實利主義、實用主義與消費主義。因此，經濟的高速發展，帶來的是物欲橫流、道德底線突破、權貴資本階層腐敗，腐蝕了整個社會，形成精神的糜爛和社會風氣的敗壞。

而教育市場化，即所謂「教育產業化」的結果，更是造成了教育腐敗，這樣的腐敗又直接、間接地腐蝕了受教育者的心靈，這是真正的貽害子孫後代；同時又進一步擴大了社會的不公，2000年實行教育產業化以後，大學本科[22]收費比1999年漲幅高達50%左右，一些重點學校的收費在6,000元（人民幣）以上。[23]而當年官方統計的農村人均純收入僅為2,210元（人民幣）。[24]「到

20　「根據2009年5月5日《中國青年報》的報道，〔……〕中國行業之間工資差達到了3000%，是世界平均值的43倍」。劉植榮：〈世界工資研究報告與借鑑〉（2010年3月3日），2011年7月27日取自，劉植榮博客──飛翔的鐵塔：http://blog.sina.com.cn/s/blog_46904e310100gufv.html。

21　轉引自陳智宏：〈中國在全球事務中的責任和遵守行為：一個分析框架〉，熊景明、關信基編：《中外名學者論21世紀初的中國》，頁331。

22　即台灣的大學部。

23　吳剛：〈教育與社會在轉型期的關係形態〉，載丁鋼主編：《中國教育：研究與評論》第2輯。轉引自陸學藝主編：《當代中國社會流動》，頁92。

24　陸學藝主編：《當代中國社會流動》，頁92。

2001年為止，中國農村小學生能夠考上大學的機會，只有15%」，[25]據研究者
估算，此機率比全國平均水平低62%。[26]

　　同時發生的，還有醫藥衛生的全面市場化，導致「上學難，看病難，住房
難」成為二十一世紀中國民眾的三大困境，被稱為「三座大山」。[27]其背後原因
是中央部門和地方政府的權力和利益的極度擴張，使本來應該是公共服務的
社會領域（如教育、醫療、社會保障和住房），現在都紛紛市場化，成為權力
資本獲取暴富的領域。這就意味著，當社會改革的主導權掌握在地方既得利
益集團手裡，所謂「社會改革」就必然成為對底層民眾利益的新的損害，導致
老百姓不堪重負，怨聲載道，同樣對改革的合理性構成了極大損傷。

　　這可以說是「中國奇蹟」的另一面：儘管鄧小平的改革開放極大地改變了
中國的面貌，人民生活普遍有了改善，但改革的共識卻迅速喪失，如一位社
會學家所說，連社會認同和社會向心力都在急劇流失。[28]改革的獲利者早已
喪失了改革的動力，更確切地說，他們已經把改革變成是新的獲利機會，因
此，每一次新的改革，不管打著什麼旗號，都會是對民眾利益新的損害。這
就形成了研究者所說的「無改革，高發展和不穩定」的局面：「改革停滯不前，
發展速度加快，社會則變得越來越不穩定」。[29]

　　這同時意味著，改革的受損者（更準確地說，是「受損大於所得」者）越來
越意識到自己的利益所在——隨著改革開放，必然帶來民主權利意識的覺醒，
這是不以執政者的意志為轉移的；而且隨著官方一再失信於民，民眾最終意
識到：必須自己起來爭取自己的利益。如前所說，在「六四體制」下，二十世
紀九十年代是新的階層與利益群體形成的時期，到了二十一世紀，社會各階

25　〈警惕農村輟學率上升〉，《中國教育報》2001年6月6日。轉引自陸學藝主編：《當代中國
　　社會流動》，頁92。

26　陸學藝主編：《當代中國社會流動》，頁92。

27　「三座大山」一詞，來源於毛澤東領導的中國革命，當時稱「帝國主義，封建主義和官僚資
　　本主義」為壓在中國人民頭上的「三座大山」，推翻這三座大山就成為中國革命的最充足的
　　理由。現在，將中國共產黨領導下的「新中國」出現的新的社會不平等造成的民眾生活的三
　　大困境，稱為「三座大山」顯然含有諷刺的意味。

28　參看孫立平：〈中國正在加速走向社會潰敗〉（2010年4月1日發布），2011年7月27日取
　　自，中華網：http://club.china.com/data/thread/1638757/2713/17/51/6_1.html。

29　鄭永年：〈中國改革的路徑及其走向〉，《炎黃春秋》2010年第11期，頁3。

層，各個利益群體就更為自覺地為了維護自己的利益而鬥爭。於是，就形成了紛繁複雜的各種社會思潮與社會運動，執政者也對其作出了自己的回應與調整。下面，我們將作四個方面的討論。

二、維權運動、網上監督、非政府組織：三大民間力量的興起

前一講最後談到，1998年「北京之春」組建獨立工會和組黨的努力，遭到了鎮壓，這也就意味著在中國大陸現行專制體制下，民間抵抗運動很難有發展的空間；隨後對法輪功的鎮壓，也表明一切獨立於黨之外的組織，那怕是法輪功這樣的半宗教組織，也都不允許存在。

另一方面，如前面的分析所說，隨著改革共識的喪失，底層民眾表達自身利益訴求和維護自身利益的要求日益強烈，也就是說，在上層既得利益階層逐漸喪失了改革動力的時候，底層民眾參與改革的熱情卻在增長，這也就必然要突破鄧小平自上而下的、黨所控制且以維護一黨專政為指歸的改革，轉而推動自下而上、民眾參與且以維護民眾（特別是弱勢群體）利益為指歸的改革運動。但這樣的民間改革運動不可能採取傳統的公開、有組織的反抗形式，而必須尋找新的組織方式、行動方式，以至新的思維、新的理念。也就是說，我們一直關注的中國現代民間思潮、社會運動在二十一世紀必然具有一種新的形態。如我們現在所看到的，短短十年間，就有三大民間力量興起。

首先是以下崗工人、失地農民、城市貧民、農民工為主體的民間維權運動[ii]。這可以說是「六四體制」自身產生的對立物。其主要表現形式，是這些年人們經常提及的所謂「群體性事件」[iii]。據統計，2007年全國群體性事件已經超過了八萬起，平均每六分鐘發生一起，比14年前的1993年增加了十倍。2008年、2009年，這樣的上升的趨勢還在繼續。[30]群體性事件主要有以下特點：（1）大都是不同階層與利益群體之間的利益衝突，是弱勢群體自身利益受到傷害而奮起的反抗，因此，我們以「維權運動」命名。其中有：國有企業下崗工人的維權，國有企業私營化過程中工人利益受損引發的反抗，農民工因

30　于建嶸：〈中國騷亂事件和管治危機〉（2007年11月5日發布），2011年5月23日。取自，大道網：http://www.methodfirst.cn/cl_in.html?id=129。

拖欠工資等原因引發的維權，農民和農村強勢群體（鄉村幹部、私營企業主、糧食收購站、工商稅務部門、派出所）的直接對抗，強制拆遷、徵地、環境污染、公共衛生事件等引發的維權⋯⋯等。（2）這樣的維權抗爭，最初是利益受損者的自發反抗，以後就逐漸有知識分子支持與參與，發展到後來，有些突發事件聚集參與者往往是「無直接利益衝突者」，成為發洩社會不滿的渠道與方式。（3）維權抗爭主要發生在利益衝突的不同階層與群體之間，但由於地方政府往往站在強勢群體一邊，並為維護穩定而不惜動用武力，這就使維權的群體事件越來越把矛頭指向黨和政府，成為官與民的衝突。（4）由於地方政府濫用警力，維權群體性事件最後往往導致暴力反抗，造成嚴重後果。（5）民間維權運動儘管已經具有、且可能還要繼續增強其政治色彩，但就總體而言，其主要訴求，還是集中在經濟利益範圍，比較少涉及政治體制的問題，並且仍處於分散的、偶發突發的自發狀態，暫時還不可能形成自覺的、有組織的社會運動。對執政者而言，尚處在可控制的範圍內，因此也有一定的容忍度，同時也使得維權運動尚有一定的發展空間。當局最要警惕與嚴處的是知識分子的介入，特別是法律介入，這些年連續發生對維權律師的迫害事件，就是一個信號。

在維權運動中，還有兩個特殊的群體。一是1957年的「右派」，一是以「天安門母親」[iv] 為代表的1989年「六四」受難者的家屬。這些年他們奮起抗爭，贏得了廣泛的社會同情；其主要訴求有二：為1957年和1989年的民主運動平反、恢復歷史的真實面目，同時維護自身的政治、經濟權利。他們都是風燭殘年的老人，為了對歷史和子孫後代負責，寫下了大量的血淚回憶，其「拒絕遺忘」、「維護歷史與自我尊嚴」的鬥爭精神是一筆極其寶貴的精神財富。

參與維權的還有一個龐大的「上訪者」[v]群體。和集體性的反抗相比，他們具有更大的個人性與自發性，但卻更為持久，其糾纏不休，此起彼落，讓權勢和官僚頭痛不已。他們為此付出了慘烈的代價，也因此獲得廣泛的社會同情。人們也把上訪群體人數的急遽上升，看作是社會不穩的重要標誌。

其次，網絡技術的出現，給民間表達訴求、凝聚力量，提供了新的空間與可能性。前一講提到的1997-1998年間，民間社會運動的組織者徐文立開闢的「空中民主牆」，就是推動「網絡民主運動」的第一個嘗試。二十一世紀以來迅速興起的網民群體，是以年輕人為主體、以青年知識分子為骨幹的，他

們沒有徐文立這一代人的民間反抗運動經歷，也沒有那樣強烈的政治意識，但他們具有參與公共事務的熱情，也就能夠成為民間改革運動的推動力量。大體上他們是從以下幾個方面，來參與改革事務：（1）利用網絡的搜尋技術，對各級政府，特別是地方官員，進行有效的民間監督，發展「網絡民主」；（2）在網絡上，就國內外重大問題，改革的重大問題，以及當下發生的各種政治、經濟、軍事、思想、文化、學術事件，發表意見、提出訴求，以形成「網絡輿論」；（3）利用網絡發布信息的便捷、較難控制的特點，對維權運動進行輿論支持，或直接組織維權活動；（4）利用建立網站的方式，彼此交流信息與思想，逐漸形成某種「意見群體」，進行志同道合者之間，不受時間與空間限制的力量的聚集、合作，形成沒有明確組織形態的民間組織，並開展形式多樣的民間活動，如志願者活動、各種興趣活動等等。這些活動一般不具有鮮明的政治色彩，但其中的骨幹力量大多具有自覺的社會參與意識，或是人們通常說的「公民意識」，在某種程度上可以說網民參與的是一種公民運動。

其三，非政府組織，即所謂「NGO」組織，又稱為「志願者」、「義工」組織，是二十一世紀以來發展最快，也是目前中國唯一合法存在的民間組織。據民政部門發布的統計報告，2006年全國各類公益性民間組織，已達35萬4,000個，[31]因為有許多未註冊的組織，所以實際數字可能還要更多。我曾經作過這樣的計算：「如果每一個組織參加者有三十人，就有近一千萬人；如果每個組織的活動受益者也是三十人（當然這是大大保守的估算），那麼，也有一千萬」，[32]這兩個「一千萬」意味著什麼，給我們留下了很大的想像空間。[33]

實際上，志願者公益組織的發展，有一個從不合法到合法的長期博弈過程。我在2000年最初接觸的一個志願者組織，其領導人就因此而被捕入獄（當然用的是別的「理由」），經過可以說是艱苦卓絕的鬥爭，最後得到了政府有限度的承認。特別是2008年汶川地震和奧運會裡，中國志願者，特別是青年志願者的出色表現，為舉國、舉世所矚目，更得到了社會廣泛的認可。

31　轉引自黨國英、于莫：〈中國改革的現代性解析〉，《讀書》2010年第8期，頁20。

32　錢理群：〈「我們」是誰〉（2007年5月26日在「公益2007」志願者論壇上的演講），《致青年朋友》（北京：中國長安出版社，2008），頁77。

33　參看錢理群：〈「我們」是誰〉（2007年5月26日在「公益2007」志願者論壇上的演講），《致青年朋友》，頁77-85。

順便說一點,2008年末,中國大陸很有影響的《南風窗》,在評選「2008:為了公共利益年度榜」時,破例評選了「三大群體」:「網民,志願者,集體維權者」。我因此說過:「2008年是中國民間三大群體登上中國歷史舞台的一年」。[34]

有人將志願者組織稱之為是「非政府性」與「非營利性」的「第三部門」,由此決定了它的最大特點與作用,在於「它對政府機制和市場機制形成必要的補充與制約,是所謂『第三種力量』」。[35]我自己還把它稱作是「理想主義者聚合」,也就是說,它是以某種信念、理念為支撐的志願的聚合。這樣的理念可以是「追求社會公正,平等,社會正義」,因此以救護、幫助社會弱勢群體為主要宗旨與服務對象;可以是「認定農村的發展是中國發展的關鍵」,因而關注「三農(農民、農業、農村)問題」,積極參與「支農」[vi]、「支教」[vii]活動;也可以是「追求人和社會與大自然的和諧發展」,進行各種環境保護的實驗;還可以是「以傳統文化的復興為己任」,開展經典閱讀與普及活動等等。可以看出,志願者的這些信念、理念,都是針對改革開放所產生的某些弊端,有著隱含的批判性,但卻又採取了積極補救的建設性態度,就其本質而言,正是用民間參與的形式,對政府主導的改革的一種糾偏與制約。

另一方面,志願者組織的非營利性,則表明了它所信仰與堅守的,是和實利主義、實用主義、消費主義等社會主流意識形態不同的新的價值理念。我曾在「志願者論壇」上的一篇題為〈「我們」是誰〉的演講裡,作了這樣的表述:

> 當許多人奉行個人中心主義和極端利己主義,拒絕任何社會責任和承擔,我們卻嘗試「利我利他,自助助人」的新的倫理。〔……〕當許多人沉湎於個人的無止境的物質享受、感官刺激、奢侈消費,我們卻相信人不僅有物質的欲望,更有精神的追求,我們嘗試着一種「物質簡單,精神豐裕」的新的生活方式。我們更關注大多數人的生存狀態,以及我們生活的生態環境,希望在共同富裕,共同發展,公正、平等的社會和諧中,在

---

34 參看錢理群:〈2008總結〉(2009年2月7日-2月16日),《知我者謂我心憂——十年觀察與思考(1999-2008)》,頁446。

35 參看錢理群:〈「我們」是誰〉(2007年5月26日在「公益2007」志願者論壇上的演講),《致青年朋友》,頁79。

人和自然的和諧中，獲得自己生命的愉悦和意義：我們正在嘗試着建立一種新的幸福觀。〔……〕當許多人奉行將他人視為敵人的叢林規則，進行殘酷的你死我活的生存競爭時，我們嘗試着視他人為兄弟，在志願者和服務對象之間，在志願者之間，建立起人與人的相互信任、尊重、支持、合作、互助的新關係。〔……〕當許多人陷於所想與所說、所做的分離，將真實的自我掩蓋、保護起來，被迫或主動生活在謊言之中，我們卻嘗試着通過志願者活動將「想、說、行」統一起來，努力生活在真實之中。[36]

所有這一切都表明，志願者的「追求和嘗試顯然是對現實中國社會實際起着支配作用的生活邏輯，對當下相當多的人的選擇的一個挑戰」。[37]在某種程度上，它是現行體制下的「另一個存在」，具有內在的批判性與否定性；同時，它又是通向未來的，可以說是理想公民社會的雛形：這都是其真正價值所在。

在志願者隊伍中，有兩個群體特別值得注意。一是「青年志願者」，其主力是在校大學生、研究生和畢業不久的各行各業青年，這是一批年輕一代中的理想主義者，他們中的骨幹，是出於對現行教育體制和體制下的自我生活方式不滿，而走上志願者道路的，因此，對他們來說，參加志願者運動的主要意義是在尋找自我人生道路，我因此把青年志願者運動看作是「當代大學生自己聯合起來，在參與社會變革的實踐中，尋找新的價值理想，確立新的人生目標的自我教育運動」。[38]在汶川地震中同時引起關注的，還有民營企業家組織的志願救助活動，而許多志願者組織也越來越多地得到了民營企業家的資助，這是中國民營企業主階層非常值得注意的動向，這不僅是他們對社會的回報，同時也是一種參與民間運動的方式。民營企業家與民間運動的結合，會對中國未來社會的發展產生怎樣的影響，還有待觀察。

這裡需要對我自己在2001年以來的思想、活動作一個簡要的介紹——這

---

36 錢理群：〈「我們」是誰〉（2007年5月26日在「公益2007」志願者論壇上的演講），《致青年朋友》，頁81。

37 錢理群：〈「我們」是誰〉（2007年5月26日在「公益2007」志願者論壇上的演講），《致青年朋友》，頁81。

38 錢理群：〈「我們」是誰〉（2007年5月26日在「公益2007」志願者論壇上的演講），《致青年朋友》，頁78。

也是本書結構所要求的話題。我在2002年退休以後，不僅把自己的研究興趣轉向對共和國歷史中長期被遮蔽的另一面——民間思潮與運動史的研究，本書即是這一研究成果的集中體現，而且把自己的社會活動轉向對自下而上的民間改革運動的參與和推動。這是我的一個基本信念：可以說是從文革開始，特別是文革後期的民間思考，形成了我的根深柢固的底層情結。因此在八、九十年代我儘管主要生活與活動在上層的學院裡，但關注的中心，還是民間的社會運動和民間思想文化運動，並自覺充當民間社會運動的觀察者和參與者(從八十年代的民間學術，到九十年代的北大百週年的民間紀念)。在退休以後，遠離了學術體制的中心，自覺地邊緣化，因此，我也在一定程度上也擺脫了體制的束縛，我覺得自己就應該「走向民間」，以更積極的態度，參與新世紀的民間運動。由於主客觀條件的限制，我沒有參與維權運動和網上監督，而主要集中精力於民間教育改革運動和青年志願者運動的推動。我給自己規定的任務，則是為這兩個運動作鼓吹和經驗總結，以提供理論資源，提倡一種「志願者文化」和「新教育理想」。這樣的理論建設，是民間運動健康發展所需要，卻往往被忽略，又是我能夠做的。為此，我作了很多演講，也寫了許多文章，積有《我的教師夢——錢理群教育演講錄》[39]、《做教師真難，真好》[40]、《錢理群語文教育新論》[41]、《致青年朋友》等書，還計劃寫一本《論志願者文化》，並在《我的精神自傳——以北京大學為背景》裡有詳盡的說明，這裡就不多說了。

現在，我們回過頭來講二十一世紀的三大民間運動——其實，更全面地說，二十一世紀還存在著迅速發展的民間宗教運動，由於情況比較複雜，我自身又沒有任何研究，本書的敘述只有闕如，同學們如有興趣，可以自己去研究。這三大民間運動，從精神譜系來說，和本書詳盡討論的民間思潮、社會運動——從1957年的民主運動，到1978-1980年的社會民主運動，及1980年的校園競選運動，以至1989年的天安門民主運動，是一脈相承的，都以民間的力量推動中國社會的民主和進步為指歸。但如前面所說，現在的民間運

39 錢理群：《我的教師夢——錢理群教育演講錄》(上海：華東師範大學出版社，2008)。

40 錢理群：《作教師真難，真好》(上海：華東師範大學出版社，2009)。

41 錢理群：《錢理群語文教育新論》(上海：華東師範大學出版社，2010)。

動又確實具有新的形態，這不僅是因為有新的時代條件，比如像網絡民主運動就顯然與新的科學技術有關，為以前的時代所不可能有；而且更與中國特殊的政治環境有關：政治體制改革嚴重滯後，在言論、出版、結社自由都受到極大限制的情況下，公開的政治反抗空間極小。民間運動就出現了一種特殊形態：儘管就其發展背景、實質內容而言，具有顯然的政治性，但表現出來的形態卻是一種「非政治性」：維權限於經濟範圍，志願者主要從事社會服務，網民監督也只限於地方個別政府部門與官員。在這個意義上，二十一世紀的中國民間社會運動尚處於不成熟的「初級階段」，但從另一個角度看，其超越了單一的政治性，也未嘗不是一種豐富與發展。

此類民間運動和執政者的關係，則十分微妙與複雜。一方面，無論是維權、網絡監督，還是志願者，都具有一定的合法性，黨和政府也予公開承認；但另一方面，各級當權者又都將其視為「不穩定因素」，因而對之交互使用了「限制與打壓，控制與利用」的政策，這就使得這些民間組織與運動，既面臨活動空間逼仄、不得不在狹縫中求生存的困境，又隨時有被收編、利用而變質的危險。

最後，還想談談毛澤東對這三大民間運動的影響，這也是頗有意思的。人們注意到，底層的維權運動，特別是在其初期，往往都打著毛澤東的旗號，這不僅是出於懷舊，參與維權的下崗工人、失地農民、被強迫搬遷的城市貧民，他們要懷念毛澤東時代是可以理解的；更重要的是，毛澤東思想中的反體制方面，對官僚主義者階級特權的批判，對底層人民利益的維護，在新的歷史條件下，對投訴無門的底層民眾又產生了新的吸引力。儘管毛澤東在其統治期間實際上又損害著底層人民的利益，但隨著時間的推移，這些方面比較容易被忽略，反而是把毛澤東為底層說話的言論放大，使之成為新的反抗運動的資源。同樣引人注目的是網民中最為激進的部分，所謂「憤青」中出現了新的「青年毛澤東主義者」，他們和文革前夕與文革中出現的青年毛澤東主義者，既有某種精神聯繫，又有更鮮明的新時代的特色，因而顯示出很大不同。他們建立以傳播毛澤東思想為己任的網站，也吸引著為數不少的青年網民。這與這些年民粹主義思潮的興起直接相關。我們說過，毛澤東思想本身就有極強的民粹主義色彩，在當今中國兩極分化日趨嚴重，一部分知識精英自身特權化，成為特權階層的辯護士和代言人的情況下，可以想像，毛

澤東反精英的極端平民主義和絕對平均主義的思想，自然會引起本身就充滿
非理性的反抗激情的年輕網民的共鳴。在志願者運動中，則集中了一批有著
底層情懷、實踐精神，懷有浪漫激情的新的理想主義者，他們也同樣很容易
和毛澤東，特別是青年毛澤東產生共鳴，尤其是毛澤東「知識分子與工農相
結合」的號召，更成為許多志願者組織的指導思想。[42]這一切都顯示了毛澤
東在當下中國民間社會的影響。據2008年一個居民宗教信仰調查，中國人在
家中供奉毛澤東塑像的達11.5%，僅次於祖宗牌位（12.1%），高於佛教塑像
（9.9%）、財神（9.3%）和土地爺（8.8%）。[43]於是，就提出了一個中國民間「毛
澤東信仰」的問題，這裡既有保平安、求安定的祈福，也有對社會、生活不
滿的傾訴。如一位研究者所說，毛澤東「再次成為社會輿論中象徵着正義、
公平、貧富均等的精神符號」。[44]同學們可能還記得，我在講文革時曾經提
到，當年（1966、1967年）的造反派將毛澤東視為「永生不背叛民眾的革命家
領袖，反抗特權階層壓迫的正義帶頭人」，[45]到了二十一世紀，毛澤東又在中
國民間社會重獲這樣的形象，這是耐人尋味的。而我所關注的是「這樣的懷念
毛澤東的民眾情緒對當下中國政治的影響」。「在我看來，這樣的影響，有兩
個發展趨向。或者以毛澤東思想、觀念、體制作為批判和否定現行體制的資
源，或者以毛澤東思想、體制、統治經驗作為維護現行體制的資源。後者正
在得到最高當局的鼓勵和支持」。[46]

三、知識分子的不同走向

2001年以後，中國經濟的高速發展，對思想、文化、教育、學術的直

42　在一份〈青年中國（志願者）行動宣言〉（2009年4月）裡，就明確宣傳：「知識分子唯有主動
　　與工農結合，支持執政黨中央打破腐敗特權階層的特權，中國的改革才會有大的新的質的
　　突破」。〈青年中國（志願者）行動宣言〉（內部交流本，2009）。

43　據北京零點研究諮詢集團研究調查。轉引自李向平：〈「毛澤東信仰」的現象解讀〉，《南風
　　窗》2009年第6期，頁90。

44　李向平：〈「毛澤東信仰」的現象解讀〉，《南風窗》2009年第6期，頁91。

45　尤西林：〈文革境況片斷〉，徐友漁主編：《1966：我們那一代的回憶》，頁8。

46　參看錢理群：〈2009年總結〉，未刊稿。

接影響包括：國家和地方政府資金投入大幅度增加，中上層知識分子收入急劇提高，這一方面確實為思想、文化、教育、學術的發展提供了越來越充足的物質條件，促進了科學、文化、教育及相應事業的發展；同時，在中國集權體制下，又極大地強化了掌握巨大財力的行政權力對思想、文化、教育、科學事業的控制與干預，加速思想、文化、教育、學術權力向資本的轉化，出現越來越嚴重，並且遏制不住的思想、文化、教育、學術之商業化、行政化、官僚化、體制化傾向，其結果就造成了思想、文化、教育、學術的全面腐敗和對知識分子的整體收編。

伴隨著全球經濟危機下的「中國的崛起」，民族主義、國家主義的思潮也同時「崛起」，在執政者的強力支持與引導下，迅速成為主流意識形態。

正是以上兩個方面的因素，造成了知識分子向現行國家體制靠攏的趨勢，並且越來越成為主導性的傾向，知識分子的獨立性、創造力和批判性被削弱以至喪失，已經成為不可逆轉的事實。我在很多場合，都一再引述魯迅的警告，他說，統治者對知識分子的要求，一是「同意」，在今天來說，就是支持、擁護他們的「偉大思想」、「英明決策」；二是「解釋」，即從知識層面、從理論上闡明這些思想、決策的「科學性」，「合道德性」，以至「偉大的歷史意義」；三是「宣傳」，也就是「說謊」；最後就是「做戲」。[47]可以看出，到二十一世紀，就有越來越多的知識分子自覺、半自覺地履行這「同意和解釋」、「宣傳與做戲」四大職能，開始時還有些心虛，羞羞答答、扭扭捏捏，做到後來，就習以為常，理直氣壯，並以此炫耀於世了。

首先是民族主義的極端發展，變成新的中華中心主義。本來民族主義是有其合理性的。它是對在中國頗有市場、同樣具有危險性的「西方中心主義」的一個反撥。我們在前面說過，在八十年代曾經有過以未加反思的西方，特別是美國式的現代化，作為中國現代化目標的強大思潮，此後也一直有知識分子堅持「中國的現代化就是美國化」的立場。這樣的極端立場，到二十一世紀就受到越來越多的質疑。特別是美國在蘇聯、東歐瓦解以後，進一步推行

47　魯迅：《准風月談・同意和解釋》（1933年9月3日），《魯迅全集》第5卷，頁303-304；
　　《二心集・宣傳與做戲》（1931年11月20日），《魯迅全集》第4卷，頁345-346。可參看錢
　　理群：〈2002回顧〉（2003年1月1日-8日），《知我者謂我心憂──十年觀察與思考（1999-
　　2008）》，頁211。

國際霸權主義，西方右翼勢力將經濟崛起的中國視為威脅、對中國進行圍堵時，中國國內民族主義思潮的興起，是有一定社會與群眾基礎的。但這樣的民族主義思潮，本身又存在著兩個陷阱。其一就是將民族主義膨脹為「中華中心主義」。比如有論者提出「蒼天當死，黃天當立」，[48]鼓吹「大中華經濟文化圈」，[49]揚言「世界上的一切解放運動，無一不沐浴着中國思想的陽光。世界上的一切和平進步，無一不得惠於中國的功德」，[50]「中國思想、中國經營能力的當量將深刻影響世界，並將成為領導未來人類思潮的唯一動力」。[51]還有人預言：「中國下一步的現代化進程，決定了中國必然要與西方進行一種以軍戰支撐的商戰」，[52]主張要確立「第一是要在這個世界上除暴安良，第二是要管理比現在中國所具有的更大更多的資源，給世界人民帶來福祉」，[53]「重新站到領導這個世界的位置上」的「大目標」，[54]於是，順理成章地就有了「我們要準備打仗〔⋯⋯〕小打不如大打，晚打不如早打」的呼喚，[55]而且還有這樣的豪言壯語：即使「造成我們國家前進的一度滯遲」，但「這種代價與未來的永恆的代價相比，是微不足道的。我們將因我們的某些犧牲換來更多的補償，世界將為之重著編年史。有道是──『為有犧牲多壯志，敢教日月換新天』」。[56]論者引人注目地引用了毛澤東詩詞，當然不是偶然，因為這樣的豪言在毛澤東時代曾經響徹雲霄。現在，這些話語在「後毛澤東時代」重新響起，正說明在所謂「中國崛起」背景下出現的新中華中心主義，和毛澤東時代在文革中推到極致

---

48 宋強、張藏藏、喬邊等著：《中國可以說不──冷戰後時代的政治與情感抉擇》（北京：中華工商聯合出版社，1996），頁24。

49 宋強、張藏藏、喬邊等著：《中國可以說不──冷戰後時代的政治與情感抉擇》，頁30。

50 宋強、張藏藏、喬邊等著：《中國可以說不──冷戰後時代的政治與情感抉擇》，頁49。

51 宋強、張藏藏、喬邊等著：《中國可以說不──冷戰後時代的政治與情感抉擇》，頁51。

52 宋曉軍：〈中國無法不顯其大〉，宋曉軍等著：《中國不高興──大時代、大目標及我們的內憂外患》（南京：江蘇人民出版社，2009），頁96。

53 王小東：〈持劍經商：崛起大國的制勝之道〉，宋曉軍等著：《中國不高興──大時代、大目標及我們的內憂外患》，頁98。

54 王小東：〈持劍經商：崛起大國的制勝之道〉，宋曉軍等著：《中國不高興──大時代、大目標及我們的內憂外患》，頁99。

55 宋強、張藏藏、喬邊等著：《中國可以說不──冷戰後時代的政治與情感抉擇》，頁41。

56 宋強、張藏藏、喬邊等著：《中國可以說不──冷戰後時代的政治與情感抉擇》，頁42。

的「中國應成為世界革命中心」、「用革命戰爭拯救世界」的論調，是一脈相承的。民族主義發展到這樣的極端，就失去了自身的合理性，並且具有極大的危險。

民族主義的另一個陷阱，就是發展到國家主義，用「一致對外，反對美國霸權」來掩蓋日趨嚴重的國內問題與危機，甚至為現行的專制體制辯護。[57] 於是，就有了為「中國崛起」作出種種「解釋」的高論。據說「人類在解決收入貧困、人類貧困、知識貧困和生態貧困四類貧困中沒有什麼太大成功的案例，只有中國在其特定的國情條件和體制下，才取得了初步的成功」──這裡不僅存在對中國發展成就的誇大，更存在有意的遮蔽，甚至把中國單一經濟發展導致的生態危機以及隱含的生存危機，都說成巨大成就，完全顛倒了事實。同時，這又暗示著全人類都沒有擺脫四大貧困，唯有中國獲得了「成功」，這就讓人想起毛澤東時代、文化大革命中最流行的「全世界都陷入水深火熱之中，等待中國去解救」的囈語，這已經成為歷史的笑話，而今又以新的理論形態出現了。

要害是要證明現行「體制」的優越性。於是就有了對「中國經驗」也即「中國模式」、「中國道路」的如下概括：中國發展的「奧祕」就在「中國六十年不變的強政府」，「有效的政府」，「與其他國家相比獨一無二的中央集權」。而且據說這個「中央集權」的「強政府」具有特殊的優越性：這是「中性無偏私的政府」，「執政的中國共產黨不是任何一個利益集團的代表，而是全中國各族人民共同的政治代表」，「是一個先進、無私、團結的執政集團」，並且具有「分工制衡糾錯機制」等等──這裡所說的一切，和真實地生活在中國這塊土地上普通人的實際感受大相徑庭。但他們卻偏要強調自己高度認可的國家與政府（當然也包括他們自己），都是代表「人民大眾」的：「我們的政治制度、政治體制改革，或者叫中國特色政治體制建設，也就是給社會、給人民以很大的權利的保障和自由發展的空間」，「不管是政治模式、社會模式還是經濟模式，其中最重要就是發展模式的人民性問題」。最後概括出來的「中國模式」、

57　也有些民族主義的鼓吹者看到了這樣的危險，因此提出了「內修人權，外爭族權」的口號，力圖調和「政治民主化目標和民族主義目標」。王小東：〈持劍經商：崛起大國的制勝之道〉，宋曉軍等著：《中國不高興──大時代、大目標及我們的內憂外患》，頁100。

「中國道路」，也就是所謂「集權為民」四個字。[58]應該客觀的說，「集權為民」倒是概括了毛澤東所開創、鄧小平及其後繼者所堅持的「一黨專政」體制的特點：「集權」是實，「為民」不過是一種意識形態，實際就是「開明專制」。因此，這些知識分子所做的，無非是用所謂「中國經濟發展」來論證「毛澤東時代」及「後毛澤東時代」一以貫之的一黨專政體制的合理性、優越性。而且還有充當「中國智庫」的自我角色定位，據說「中國現在所面臨的一個嚴重問題是在『言』和『行』之間存在着明顯的落差，中國在國際舞台上表現卓越，但卻往往表述不出來。這就需要提升中國智庫和國際對話的能力，能夠把自己的行動轉化成科學語言和外交語言，並通過學者宣講出去，就會取得更好的效果，也會提升中國的軟實力」。[59]本來充當智庫也不失為知識分子的一種選擇，問題是在中國現行體制下，智庫所實際擔負的只能是「宣講」，也即魯迅說的四大職能，缺乏獨立自主性、本質上的依附性，就成了這些知識分子先天的致命問題。

應該指出，這樣的「新開明專制」論，看起來似乎是八十年代的新權威主義的重現，但卻具有鮮明的為現行權威體制辯護的色彩。如我們在前面提到的那位八十年代新權威主義的倡導者所說，「當今中國的權威體制的結構特點〔……〕脫胎於全能主義或全控主義體制的新權威主義，是一種『極強國家』與『極弱社會』相結合的權威統治」，這樣的「社會制約力度極低的『極強勢政府型』的權威政治」，可能因為強大的國家行政優勢，在經濟和社會發展上取得一定成績，但也必然越來越為既得利益集團所綁架、越來越損害社會弱勢群體的利益。[60]有意無意忽略這些基本事實，將這樣的權威體制美化為「集權為民」，倒是和自己選定的當局「智庫」的身分相一致。

引人注目的，還有文化保守主義的凸顯。這既是九十年代初便已「悄悄興起」的「國學熱」的延續，但也有新的時代背景。如論者所分析，大體有三。

58　以上關於「中國道路」、「中國模式」的討論意見，見支振鋒、臧勤：〈「中國模式」與「中國學派」——「人民共和國60年與中國模式」學術研討會綜述〉，《開放時代》2009年第4期。

59　見鐘舒民：〈正在走向世界舞台中心的中國外交面臨新挑戰，中國智庫要提升國際對話能力〉，《文匯報》2010年8月16日，第7版。

60　蕭功秦：〈困境之礁上的思想水花——當代中國六大社會思潮析論〉，《社會科學論壇》2010年第8期，頁62。

一是「全球化與市場經濟引發的價值觀的世俗化，引起全民的尋根意識與文化認同感的覺醒」。二是中國的經濟崛起，激發起「遭受百年屈辱後的揚眉吐氣感」，「強化了國人的民族意識」——這一點和民族主義的興起，是具有同一背景的。第三，「回歸傳統的思潮也與新中產階級的發展有關，這一思潮體現了這一新階級在文化上的更精緻的趣味與追求」。[61]但和所有的社會思潮一樣，文化保守主義既是勢所必然，也存在著自己的陷阱。在我看來，主要有二，一是商業化、娛樂化，成為消費文化的新品種，就又陷入了原本要對抗的世俗化。其二是政治化，這恐怕也正是許多文化保守主義的鼓吹者所自覺追求的，即要使儒學重歸廟堂、成為國家意識形態的新核心。但在中國現實體制下，這樣的訴求卻會走向願望的反面：成為現行專制體制的新裝飾，政治化的另一端，則是通向國家主義和新中華中心主義。這也是當局所需要的。

在一部分知識分子向體制靠攏的同時，另外一部分知識分子則主動走向民間。我們在前述的三大民間運動中，都看到了越來越活躍的知識分子身影。特別是維權律師的法律救助，使維權運動納入現代法制的軌道，並注入現代民主意識、權利意識，其影響將是深遠的。知識分子成為各種非政府組織的骨幹，從事各種公益活動，進行相應的社會調查與研究，不僅取得了許多實際成效，而且越來越發揮了對政府的監督與制約作用，同時也是一種新的歷史條件下的思想啟蒙運動，特別是通過青年志願者的組織與培育，也會對未來中國的發展產生影響。網民監督本身就以青年知識分子為主體，它把分散的、本來處於社會生活邊緣地位的年輕人吸引到國家公共事務上，並行使公民權利，其影響同樣深遠。在某種程度上可以說，書齋裡的知識分子終於在這三大民間運動中找到了自己介入社會的方式。但同時所受到的限制，由此帶來的侷限性，也是十分明顯的。而且，像網絡這樣的新技術本身就是一把雙刃劍，在發展網絡民主的同時，也會出現網民多數專政——對民間運動和民間知識分子，也應持分析的態度，切不可將其理想化，成為新的烏托邦。

當然，更多的知識分子還是堅守在自己的專業崗位上，用自己的專業知識為社會服務，並盡可能地保持思想與行動的獨立，這明顯地具有積極意

61　蕭功秦：〈困境之礁上的思想水花——當代中國六大社會思潮析論〉，《社會科學論壇》2010年第8期，頁74。

義。更有知識分子堅守獨立批判立場，對國內外重大問題及時給予回應，並試圖創造新的批判理論，為社會提供新的價值理想，這樣的努力，其意義不可低估。

在2008年，一部分知識分子發表了〈零八憲章〉（底下簡稱為〈憲章〉）。〈憲章〉一開頭就特意點明：「今年是中國立憲百年，〈世界人權宣言〉公布60周年，『民主牆』誕生30周年，中國政府簽署〈公民權利和政治權利國際公約〉10周年」。這就表明，他們所要推動的2008年「憲章運動」，是百年立憲運動的繼續，是以「西單民主牆」為標誌、1978-1980年的民間社會民主運動的繼續，而且要和推動公民權利和政治權利的國際運動相聯結。〈憲章〉明確宣布自己的價值理念：「自由、平等、人權是人類共同的普世價值；民主、共和、憲政是現代政治的基本制度架構」，並從這樣的價值理念出發，對毛澤東時代作出了尖銳的批判：「1949年建立的『新中國』，名義上是『人民共和國』，實質上是『黨天下』」。執政黨壟斷了所有政治、經濟和社會資源，製造了反右、大躍進、文革、六四、打壓民間宗教活動與維權運動等一系列人權災難，致使數千萬人失去生命，國民和國家都付出了極為慘重的代價」。對「二十世紀後期的『改革開放』」，在肯定其「使中國擺脫了毛澤東時代的普遍貧困和絕對極權，民間財富和民眾生活水平有了大幅度提高，個人的經濟自由和社會權利得到部分恢復」等歷史進步的同時，特意強調：「抽離了〔自由、平等、人權、民主、共和、憲政〕這些普世價值和基本制度架構的『現代化』，是剝奪人的權利、腐蝕人性、摧毀人的尊嚴的災難過程」（括號內文字為錢所加），隱含著對鄧小平改革路線的實質性的批判。對當下中國的現狀，〈憲章〉則作了這樣的批判性的論斷：「有法律而無法治，有憲法而無憲政」。〈憲章〉由此而提出了二十一世紀中國發展道路的新抉擇：拋棄「威權統治下的『現代化』」，而走上「認同普世價值、融入主流文明、建立民主政體」的道路，並具體提出了：「修改憲法」、「取消一黨壟斷執政特權」、「分權制衡」、「司法獨立」、「軍隊國家化」、「人權保障」、「結社、集會、言論、宗教自由」、「財產保障」、「城鄉平等」、「聯邦共和」、「政治平反，查清歷史事件真相，尋求社會和解」等要求[62]──可以看出，〈憲章〉力圖將歷史與現實的民間反抗運動之主要訴

---

62 〈零八憲章〉（2008年12月10日發布），2011年7月27日取自，零八憲章：http://www.2008xianzhang.

求，用「憲章」的形式明晰化，形成一個以推動「憲政民主」為主要旗幟的新的政治體制改革運動，同時，提倡一種和平的、理性的、非暴力的精神。有人認為，〈零八憲章〉運動的出現，標誌著「持不同政見運動基本結束，中國社會已經轉進到非暴力公民權利實現的階段」。[63] 這其實是顯示了自由主義走向溫和化的傾向和趨勢，他們力圖緩解自由派知識分子與執政者的緊張關係，希望形成一種可以和當局進行談判的政治力量，以達到和解與合作。但他們始終得不到當局的認可，卻遭到越來越嚴厲的打壓，就更顯得一廂情願。

〈零八憲章〉運動採取了在網上徵求署名的方式，簽署人最初有303人，後來發展到了數千人。除了有代表性的知識分子之外，還有許多普通網民。也有的知識分子基本上認同其理念，但又認為〈憲章〉的自由主義色彩過濃，不利於吸引更多民間改革力量（例如持社會民主主義觀點的左翼知識分子）加入，而未參加連署。[64] 還有人認為〈憲章〉沒有提出維護勞動者權利的訴求、沒有高舉社會公平和正義的旗幟，以「融入主流文明」為目標，對西方文明價值觀缺乏反省，僅是一個自由主義知識分子的運動，而持保留態度。顯然，這樣的不同意見的討論都是正常、有益的。

但〈零八憲章〉卻遭到了來自「左」、「右」兩方面的圍剿。極左的毛澤東派把〈零八憲章〉視為「徹底實現資本主義復辟的綱領」，「企圖顛覆我國社會政治制度的反革命行動綱領」，「使中國重新成為帝國主義的殖民地」，宣布憲章的發起於簽署人是「漢奸」、「賣國賊」、「外國資產階級代理人」。海外一些反共人士則指責零八憲章旨在「為共產極權思想留一條生路」，「讓中共苟延殘喘」，甚至是「掩蓋中共罪行，欺騙民眾」，「與虎謀皮」。[65]

最後是權力出場：執政當局宣布〈零八憲章〉是「反黨反社會主義的政治

---

info/chinese.htm。

63　歐陽懿：〈《零八憲章》：中國社會現代化進程中重要的里程碑〉（2009年11月25日發布），2011年7月27日取自，零八憲章：http://www.2008xianzhang.info/Reviews/20091204%20ouyang%20yi.html。

64　參看秦暉：〈中國更需要民主辯論與重新啟蒙〉（2009年3月8日），《亞洲週刊》第23卷第9期，2011年7月27日取自，亞洲週刊：http://www.yzzk.com/cfm/Content_Archive.cfm?Channel=tt&Path=3104908231/09tt1.cfm。

65　轉引自杜光：〈零八憲章：和解的宣言，合作的宣言〉，《杜光文存‧紀念特輯》，內部交流稿。

宣言」，對部分簽署者採取傳訊、監控、跟蹤等違反憲法的措施，嚴禁〈零八憲章〉傳播。最後，以「配合敵對勢力」、「煽動顛覆國家政權」罪，對憲章的主要發起人劉曉波（1955-）判以重刑。我曾在一篇文章裡指出，這是執政者要「向世人傳遞出明白無誤的三大信息：一，在當今黨的核心領導下，中國是不允許任何反對派，不同政見者存在的，哪怕是最溫和的反對派；二，中國的現行政治體制是不允許討論的；三，中國的民間民主運動是沒有任何合法性的，哪怕是最理性的民主運動。這就從根本上拒絕了中國的政治體制改革，以及相應的司法改革和社會改革」。我曾談到「最近三十年中國政治體制改革的三起三落」：「1980年鄧小平提出國家體制改革，到1981年宣佈取締民間組織和報刊而自動中止；1986年鄧小平重提政治體制改革，又因1989年鎮壓學生運動而終止；近年又提出政治體制改革，現在恐怕要以對劉曉波的重判為標誌而終止」。[66] 在2010年劉曉波獲得諾貝爾和平獎以後，當局對所有劉曉波和〈零八憲章〉的支持者，都加強了控制。這更是表明，中國的執政者不但完全無意於對一黨專政的體制進行任何改變，而且還要加強其思想、社會控制。他們似乎因為中國經濟的崛起，在鎮壓國內不同意見者時更加有恃無恐，這樣，就再一次失去歷史的機會進行改革，其後果將是極為嚴重的。

四、中國共產黨的分化：黨內毛澤東派與民主派的出現

2004年，前中共中央總書記趙紫陽在離世之前，作出了一個嚴峻的判斷：「這個體制實際上是腐爛了」。[67] 在此之前，他已經斷言：「鄧小平的路線已走到盡頭」，[68] 鄧小平的「兩手都要硬」[viii]，他的「四項基本原則與改革開放

66　錢理群：〈2009年總結〉，未刊稿。如果聯繫毛澤東時代，就應該說是「五起五落」。毛澤東也曾兩度試圖進行政治體制的改革。一次是1956年提出「百家爭鳴，百花齊放」和「互相監督，長期共存」的「放」的方針，如前所分析，這是一次「無產階級專政條件下的政治改革」，後來以發動反右運動而結束。第二次是1966年發動文化大革命，提出要以「巴黎公社民主原則」進行國家體制的改革，但又以毛澤東的退縮而夭折。

67　宗鳳鳴記述：《趙紫陽軟禁中的談話》，頁373。

68　宗鳳鳴記述：《趙紫陽軟禁中的談話》，頁296。

的市場經濟是矛盾的」，[69]「經濟上的改革開放與政治上的高度集權，此路是行不通的」。[70]這其實是所有正視中國現實的人（包括社會上與黨內）的一個共識，人們普遍感覺到「再不能這樣繼續下去了」。可以說各階層的人，都要求突破鄧小平的「兩手都要硬」，作出新的選擇。這樣的要求必然要反映到執政黨內部。事實上，正如毛澤東當年所說：「黨內無派，千奇百怪」，中國共產黨內從來就不是鐵板一塊，總是存在著不同意見，但在毛澤東時代基本上沒有形成派別，無論是劉少奇、周恩來，還是彭德懷，他們儘管和毛澤東有各種矛盾，但基本上是忠於毛澤東的，都是「毛派」。只有在八十年代，開始出現了所謂「凡是派」與「改革派」之爭，後來又有陳雲派與鄧小平派之爭，但總體來說，在維護黨的一黨專政這一基本點上，還是一致的。應該說，直到天安門事件，在是否要鎮壓學生、知識分子、市民民主運動問題上，才發生了根本性的分歧與衝突，但即使這樣，趙紫陽還是避免了公開的分裂。但到了九十年代，當新的社會階層、新的利益群體形成，兩級分化日趨嚴重，各階層都更加自覺地提出自己的利益訴求時，黨內的分化才真正有了階級、階層的基礎。到2001年以後，黨的性質發生質變，一黨專政的階級基礎發生變化，「改革共識」的喪失，意味著趙紫陽所說的「鄧小平路線已走到盡頭」，黨內的分化的公開化，就是不可避免的了。

於是，就有了黨內毛澤東派與民主派的出現與對峙。

黨內的「極左派」，在「六四」之後，曾經團結在陳雲的旗幟下活躍一時；但在鄧小平1992年南巡講話以後，他們就基本上退出了權力中心，但仍不斷通過上〈萬言書〉的方式，對江澤民的黨中央施加壓力。而且隨著社會兩極分化的發展，普通民眾、青年和部分知識分子中，出現了懷念毛澤東與毛澤東時代的情緒，這就使得「極左派」開始有了群眾基礎。到了2007年中共十七大[ix]召開前夕，黨內「極左派」發表了題為〈高舉馬克思列寧主義毛澤東思想偉大旗幟，堅決捍衛四項基本原則，開闢社會主義現代化建設的新時期〉的〈對黨的十七大的獻言書〉（底下簡稱為〈獻言書〉），上書者包括170名黨、政、軍中、高級幹部。如〈獻言書〉的標題所示，他們的主要訴求有二：一是

69　宗鳳鳴記述：《趙紫陽軟禁中的談話》，頁192。

70　宗鳳鳴記述：《趙紫陽軟禁中的談話》，頁296。

「堅決捍衛四項基本原則」，二是「高舉毛澤東旗幟」，這也就意味著公開亮出了「毛澤東派」的旗幟。

首先是要放棄鄧小平的「改革開放」，稱其為「資本主義的改革開放」，而「堅持四項基本原則」，就是要堅持政治上的高度集權。核心是要堅持「共產黨的領導」，即黨的絕對權力，不允許任何分權。這裡包括堅持「社會主義公有制」，也即黨的既得利益集團打著「代表國家、工人階級最高利益」的旗幟，實行對經濟所有權、分配權的絕對控制，並獲取最大利益；「全力恢復和加強馬克思主義在意識形態領域的指導地位」，即鞏固黨對思想、文化、學術的壟斷地位和絕對控制；堅持作為「無產階級專政在中國的具體形式」的「人民民主專政」，其中的關鍵是堅持黨對軍隊的絕對領導和控制，拒絕「軍隊國家化」；堅持在「反對資產階級自由化」、反對「資產階級的個人自由」的旗號下，剝奪憲法規定的言論、出版、集會、結社自由，實行黨在思想、文化、學術上的「專政」。

在這些毛澤東派看來，堅持四項基本原則的關鍵，就是要「高舉毛澤東思想旗幟，絕不能丟掉它的核心和靈魂。否則，就是假高舉，而不是真高舉」。那麼，他們要真高舉的毛澤東思想的「核心和靈魂」是什麼呢？回答也很明確：「近年來我國所有制結構和階級關係的空前大變化，不是證明階級鬥爭『長期存在』，『誰勝誰負』問題尚未解決，『繼續革命』不可避免嗎？」這就是說，他們要重新恢復和推行毛澤東「階級鬥爭為綱」的治黨治國路線，其具體的實踐步驟，就是重新發動一場以「走資本主義道路的改革派」（其中又有「走資本主義道路的當權派」和知識分子中的「資產階級自由化分子」兩部分）為打擊對象的「無產階級專政下的繼續革命」。這就等於逕直地呼喚一場新的文化大革命了。他們所要「回到」的，就是1957年反右運動以後進一步建立和發展、到文化大革命走到極端的極權體制，也即我們一再提到的「五七體制」。這也就同時表明，所謂黨內「毛澤東派」，所代表的就是「五七體制」下既得利益集團的利益。[71]

71　以上引文見〈170名黨員、幹部對黨的十七大的獻言書〉，2011年7月27日取自，《批判與再造》（復刊版）：http://critiqueandtransformation.wordpress.com/2007/10/02/170%e5%90%8d%e9%bb%a8%e5%93%a1%e3%80%81%e5%b9%b9%e9%83%a8%e5%b0%8d%e9%bb%a8%e7%9a%84%e5%8d%81%e4%b8%83%e5%a4%a7%e7%9a%84%e7%8d%

　　值得注意的是，〈獻言書〉已經指明：「鄧小平在思想上可能是錯誤的東西更多些，這些錯誤思想為中國復辟資本主義開闢了道路」，同時嚴屬指責江澤民的「三個代表」思想對「黨的性質」的「改變」。到了2008年和2009年，黨內毛澤東派的一部分人就公開成立「毛澤東主義共產黨」ˣ、「中國工人（共產）黨」ˣⁱ，實行組織上的分裂，同時更加明確地提出要反對鄧小平、江澤民的「修正主義」，並旗幟鮮明地提出要「重塑毛澤東思想權威」，而且重點是毛澤東的後期思想，宣稱「毛澤東時代、特別是毛澤東時代的後期，是世界發展史上人類社會最輝煌、最美好的歷史時期，是通向共產主義的必經之路」。[72]他們同時提出要重新評價文化大革命的「最大歷史意義和經驗教訓」，認為「文革前三年天下大亂，後七年基本天下大治──億萬人民意氣風發，各行各業碩果纍纍，社會主義新生事物層出不窮，新型革命秩序初步確立」，是一個理想的社會，[73]進而重新拾起文化大革命的口號，號召「高舉造反有理的大旗」，高呼「戰無不勝的毛澤東主義萬歲」，「重建無產階級專政，堅決消滅私有制」，[74]這就意味著要全面回到毛澤東時代──同學們可能會聯想起我曾經向大家介紹過的，毛澤東文革初期在給江青的信中提出的期待與預言：在他死了以後，會有「左派」高舉起他的旗幟來反對「右派」。對毛澤東派興起的影響，自然不可低估；當局對此的曖昧態度，與對〈零八憲章〉的嚴屬打擊形成鮮明對比，或許更值得注意。

　　與毛澤東派同時興起的，還有黨內民主派。

　　應該說，黨內民主派的形成與出現，是經歷了一個曲折的複雜過程的。黨內民主派的主要構成是黨內的知識分子，他們的特點就是所謂「兩頭真」。曾任張聞天的祕書的何方這樣談到他們艱難的思想歷程：「當年參加革命時懷抱的崇高理想就是為自由民主而奮鬥，喊的口號中有『不自由毋寧死』，唱的

---

bb%e8%a8%80%e6%9b%b8/。

72　毛澤東主義共產黨：〈關於時局的聲明〉（2008年5月4日），轉引自杜光：〈從史學危機透視政治危機〉（2010年3月27日），《杜光文存》第23期，內部交流稿。

73　中國工人（共產）黨主席齊志平：〈致胡錦濤建言獻策書〉（2009年8月15日），轉引自杜光：〈從史學危機透視政治危機〉（2010年3月27日），《杜光文存》第23期，內部交流稿。

74　毛澤東主義共產黨：〈關於時局的聲明〉（2008年5月4日），轉引自杜光：〈從史學危機透視政治危機〉（2010年3月27日），《杜光文存》第23期，內部交流稿。

歌也是『我們為了博愛，平等，自由，不惜任何代價，甚至我們的頭顱』，可是後來不知怎麼搞的，這個理想竟然漸漸地淡忘了。而且回頭一想，反而是越奮鬥，離民主、自由、博愛、平等越遠，甚至走到了它們的對立面。是當年選的理想錯了（因為那是資產階級和小資產階級的東西，是反動的），還是後來背叛了原來的理想（因為自由、民主、博愛、平等這些東西屬於人類共同理想，不分什麼資產階級的還是無產階級的）？難道這些問題不值得認真地反思？人到暮年，再不好好想想，以後可就連想的時間都沒有了」。[75] 應該說，這樣的反思在文革後期，特別是文革以後就已經開始了。因此，這些黨內知識分子，在「改革派」與「凡是派」的鬥爭中，堅決地站在鄧小平這一邊；在胡耀邦、趙紫陽與鄧小平產生分歧以後，又都團結在胡耀邦、趙紫陽周圍，這都不是偶然的。但在八十年代，他們都不可能和現行體制決裂，這一點連胡耀邦與趙紫陽都做不到，其中一個重要原因，就是何方所分析的，「七十年的革命生涯，是一直受到馬克思主義、社會主義、黨的領導等這些重大原則的指導、規範和約束的。〔……〕雖有許多行為是被迫的和隨大流的，但整個說來，還是基於對這些重大原則自覺自願地皈依和遵守」，[76] 對這些老共產黨員來說，「黨的領導」幾乎成了不可逾越的「底線」，要從中擺脫出來，是極其艱難的，這不僅有意識形態的束縛，而且說到底，也有一個既得利益的問題：他們自身的利益也和黨的執政利益聯繫在一起。應該說，正是「六四」大屠殺震醒了這些真誠的革命者，使他們看清了「堅持四項基本原則」（核心是維護黨的絕對權力）和他們所期待的「改革開放」之間不可調和的矛盾，從而對鄧小平的改革路線產生了懷疑。隨後十年中，改革成果為新的權貴資本階層所奪取，廣大工人、農民卻陷入物質與權利的貧困，黨自身也蛻變為權貴的「代表」，這就迫使這些老共產黨員作出新的抉擇：要堅持自己原初的追求自由、民主、平等、博愛的革命理想，就必然要維護社會弱勢群體（下崗工人、失地農民、農民工等）的利益，並和造成兩極分化的根源——一黨專政的現行體制——決裂。這樣，他們自身也回到了原初的「真」，堅守了對真理的追求，而真理是高於黨和主義，更高於集團和一己的利益的。

75　何方：〈前言〉，《從延安一路走來的反思——何方自述》，頁 x-xi。

76　何方：〈前言〉，《從延安一路走來的反思——何方自述》，頁 xi。

　　黨內民主派在二十一世紀以來，就以《炎黃春秋》雜誌為中心，逐漸醞釀、形成，在一些重大問題上，不斷通過個人或聯合的發言，對黨內和社會產生影響。到2007年，就以兩個標誌性的事件，而為全國和世界所矚目。

　　首先是《炎黃春秋》2007年第2期，發表原中國人民大學副校長謝韜（1921-2010）的〈民主社會主義模式與中國前途〉，高舉起了「民主社會主義」的旗幟。文章明確提出：「政治體制改革再也不能拖延了」，「只有民主社會主義才能救中國」，並且具體說明：「構成民主社會主義模式的是民主憲政，混合私有制，社會市場經濟，福利保障制度」，同時強調：「民主社會主義的核心是民主，沒有民主的保障，其它三項都會異化和變質」。[77]我們首先注意到，和黨內毛澤東派要求放棄改革相反，黨內民主派要求深化改革，這就要改變單一的經濟改革模式，深入到政治體制改革。政治體制改革的核心又是實行「民主憲政」，突破一黨專政的政治格局，這恰恰又是黨內毛澤東派所要死守不放的。

　　其次，黨內毛澤東派要高舉「毛澤東主義」旗幟，黨內民主派則要高揚「民主社會主義」。對這些忠誠的老革命黨人而言，完全放棄馬克思主義和社會主義是不可能的，這是他們的基本信念。因此，在他們拋棄了毛澤東主義（在他們看來，毛澤東主義依然沒有擺脫共產主義運動中的「斯大林模式」），就要從馬克思主義內部去尋找新的理論資源，他們找到的，是長期被視為修正主義的第二國際的民主社會主義（又稱「社會民主主義」）。在他們看來，民主社會主義正是將他們的追求民主、自由、博愛的理想和為勞動者謀福利、追求社會公平、正義的社會主義理想有機地統一起來，並且有了北歐等社會福利國家的成功經驗作為借鑑，在已經有社會主義傳統的中國推行民主社會主義，可能是能使中國共產黨比較容易轉彎，而且具有一定民意基礎的選擇。

　　這樣的民主社會主義思潮在現代中國是由來已久，自有傳統的。這也是我們的講課一再強調的，中國的自由主義知識分子其實是更接近社會民主黨人的；而從1957年的校園民主運動，到六十年代的《星火》，到七十年代的民間思想村落，再到1978-1980年的社會民主運動，都始終貫穿著民主社會主義思想的發展線索，並且出現了顧準這樣的理論家──他早在1956年就作出了

77　謝韜：〈民主社會主義模式與中國前途〉，《炎黃春秋》2007年第2期。

選擇與預言：「民主社會主義是我的理想，但是它的實現，要以高度發達的經濟為前提，它的逐步實現，要在二三十年之後」。[78]在這個意義上，我們可以說，在中國經濟獲得了大發展的二十一世紀，民主社會主義終於從一種理想而成為具有現實可能性的選擇，這應該是民主社會主義思潮在中國民間思想運動裡長期孕育和發展的一個結果。歷史就這樣完成了一個過程。

《趙紫陽軟禁中的談話》於2007年公開出版，這也是一個重要標誌。我曾經說過，「這本『宗鳳鳴記述，李銳、鮑彤序』的《趙紫陽軟禁中的談話》，是一個集體智慧的結晶——特別是考慮到此書的『記述』性質，畢竟不是趙紫陽親筆所寫，因此將其視為以趙紫陽命名的中共『老共產黨人的集體思想的結晶』可能是更準確的。從另一面說，經過二、三十年的思想積累，出現這樣的總結性著作，也是水到渠成，勢所必然」。[79]黨內民主派也因此有了一位標誌性的人物，更具有凝聚力與召喚力。

以趙紫陽為代表的這些民主派共產黨人的態度也同樣鮮明：「目前社會上出現的一切弊端，皆淵源於鄧小平雖主張經濟上改革開放，卻又堅持政治上的高度集權，是由這條政治路線造成的」，[80]「中國的問題，關鍵就在於一黨專政」，[81]因此，需要新的「思想解放」，其核心「只能是、也應當是政治改革」，[82]而「所謂政治改革，就是要放棄黨壟斷一切的權力」。[83]

作為具有一定理論性的著作，《趙紫陽軟禁中的談話》一書，對造成這樣的現狀，形成這樣的「中國問題」的原因，作了歷史的追溯和理論的追問，討論了一系列的重大理論與實踐問題。諸如，「如何看待中國共產黨領導的『革命』」、「如何看待毛澤東的『社會主義實踐』」、「如何認識和估計近三十年的中國的『改革開放』」、「如何看待馬克思主義」、「如何認識『無產階級專政』」、

78　顧準：〈我的反動世界觀和反動政治思想、經濟思想的初步清算〉（1969年3月14日），《顧準自述》（北京：中國青年出版社，2002），頁327。

79　錢理群：〈中國改革向何處去——2007年的觀察與思考之一〉（2007年1月20日-2月14日），《知我者謂我心憂——十年觀察與思考(1999-2008)》，頁316-317。

80　宗鳳鳴記述：《趙紫陽軟禁中的談話》，頁313

81　宗鳳鳴記述：《趙紫陽軟禁中的談話》，頁328。

82　宗鳳鳴記述：《趙紫陽軟禁中的談話》，頁28。

83　宗鳳鳴記述：《趙紫陽軟禁中的談話》，頁378。

「什麼是『社會主義』」、「社會主義和資本主義的關係是什麼」等等。我寫有專門的研究文章〈中國改革向何處去〉，文收《知我者謂我心憂──十年觀察與思考（1999-2008）》，同學們有興趣，可以去參考，這裡就不多說了。

需要略說一點，也是本書結構所要求著重討論的，是對毛澤東、毛澤東思想的評價，這也是黨內民主派和毛澤東派分歧的焦點之一。趙紫陽及他所代表的老共產黨人對毛澤東的「社會主義實踐」的批判，主要集中在一點：「在落後的國家，在發展中國家，取得革命勝利後，不能馬上建立社會主義，必須補資本主義這一課」，[84]而毛澤東的問題正是在於，「過早地結束了新民主主義階段，超越階段地實行社會主義」，[85]就必然「畸形發展，使社會主義變形」。[86]「不是馬克思原來意義上的社會主義，即建立在大工業基礎上的以工業為主體的社會主義；而是要建立由『農民坐天下』的社會主義，即農業社會主義的理想天國」本來是一個具有濃厚的民粹主義色彩的烏托邦理想，毛澤東卻要用群眾暴力的方式來強制推行，也就必然導致了專制主義。[87]此種對「新民主主義時代的毛澤東」基本上持肯定態度，而對「社會主義時代的毛澤東」基本上持否定態度的傾向，在黨內民主派中是有相當代表性的，這背後正隱含著一個基本信念，即堅守他們當初參加革命時的「新民主主義」理想。因此，這一部分黨內民主派更願意高舉「新民主主義」的旗幟。當然，在他們的理解裡，「新民主主義」和「民主社會主義」是相通的，但因為是來自中國革命歷史自身，也就更具合法性。這也使我們聯想起六十年代的那位農民思想家，他當年提出的「退到新民主主義」主張，在二十一世紀又得到某種回響，當然其背景與意義都已經大不相同，但仍是很有意思的。

以趙紫陽為代表的黨內民主派，對毛澤東「富國強兵」的現代化路線也提出了批評，趙紫陽特地指出了「不惜犧牲農民利益，甚至剝奪農民來發展軍事工業」所造成的嚴重後果。[88]這其實也是毛澤東的「農業社會主義」試驗的根本矛盾：既以農民為基本動力，卻不斷損害農民的基本利益。這正是這些

84　宗鳳鳴記述：《趙紫陽軟禁中的談話》，頁86。

85　宗鳳鳴記述：《趙紫陽軟禁中的談話》，頁45。

86　宗鳳鳴記述：《趙紫陽軟禁中的談話》，頁86。

87　宗鳳鳴記述：《趙紫陽軟禁中的談話》，頁123-124。

88　宗鳳鳴記述：《趙紫陽軟禁中的談話》，頁123。

始終與農民保持血肉聯繫的老中國共產黨人，在反思歷史時最感困惑與痛苦的，而且此種對農民的剝奪，在現實生活中還在繼續，這也是他們最終要和毛澤東及其體制決裂的一個重要原因。

值得注意的是，在和毛澤東派的對峙中，特別是感覺到「回到毛澤東時代」的現實威脅，使得近年來黨內民主派加強了對毛澤東的批判力度。其中影響最大的是辛子陵《紅太陽的隕落：千秋功罪毛澤東》（上、下兩卷），此書於2007年在香港出版，2008年、2009年都連續重新增訂註釋出版。其最引人注目之處，在於明確作出「毛澤東過大於功，倒三七開，是偉大的革命家，失敗的建設者」的評價。作者提出，在歷史發展的「機遇期內必須採取的一個重大步驟是重新評毛。尊毛的意識形態，反毛的經濟政策，這種『打左燈向右拐』的機會主義組合可以苟安於一時，但早晚要翻車」，「當務之急是恢復歷史的本來面目，向人民群眾特別是年輕一代說清楚毛澤東的空想社會主義的來龍去脈，回頭看看那個『左』禍肆虐，生靈塗炭的時代，揭穿毛澤東的假馬克思主義，奪回話語權，使毛澤東的空想社會主義在中國徹底失去號召力」。[89]這大概也是許多黨內民主派的一個共識。他們顯然對於他們所認為的「美化毛澤東時代」的傾向，充滿焦慮與警惕。

再回到《趙紫陽軟禁中的談話》來，該書提出了超越「主義」的「社會進步新指標」，[90]這或許是更值得注意的。可以說，這正是對中國革命、建設、改革之歷史經驗的總結。按照預設的「理想社會模式」來強行計劃社會的發展，按照未加檢驗、未加反思，因而成為先驗的理論觀念、邏輯來指導社會發展，並且以是否符合「主義」作為衡量社會實踐的標準，此種烏托邦的、強制性的「社會主義實驗」，是曾經帶來災難的，這正是毛澤東時代最大的教訓。趙紫陽還指出：「目前世界上還沒有什麼理想的社會模式，也沒有固定的模式」，「今後社會的發展，不應從什麼模式出發，也不宜以什麼主義來劃分」，[91]而要「根據實踐發展形成的潮流，也就是更根據民意一步步向前發展」。正是從「實踐」和「民意」（趙紫陽說，「民意就是人們內心裡的真正追

89　辛子陵：〈導言：偉大的革命家，失敗的建設者〉，《紅太陽的隕落：千秋功罪毛澤東》，頁xlv-xlvi。

90　宗鳳鳴記述：《趙紫陽軟禁中的談話》，頁30。

91　宗鳳鳴記述：《趙紫陽軟禁中的談話》，頁177。

求」）[92]這兩個「根據」出發，趙紫陽提出了他的「社會進步新指標」，即「以生態環境即生活品質，文化水準即人的素質，生活水準即富裕程度，以及腦力勞動與體力勞動差別、城鄉差別、勞動生產率、經濟效應、人均收入、社會公平等為指標，不以社會制度如社會主義、資本主義為界線來作為先進與否的指標」。[93]這樣的新指標，顯然是以人自身的健康、全面發展為中心的，注重人的生活環境、人的素質、人的物質生活、精神生活、人的社會地位、人際關係的良性、優化發展。它超越「主義」，實際上是資本主義和社會主義的一種「融合」，這也使我們想起了顧準當年提出的「東西方滲透」理想。它在全球化的新時代，在實現了經濟高速發展的中國再度提出，是很有意思的。我把它稱為「中國改革新思維」，或許可以為中國未來發展方向的選擇，提供一個思路。

五、調整與堅持：執政者的回應和選擇

人們不難發現，黨內的毛澤東派和民主派，都是針對鄧小平的改革路線所帶來的政治、經濟、社會、思想文化危機所作出的不同回應，分別從兩個完全相反的方向提出了修正，並給出不同的發展路徑。

問題是，黨的最高執政者對客觀存在的政治、經濟、社會、思想文化危機帶來的執政危機，以及黨內針鋒相對的兩種意見，又作出怎樣的回應與選擇。

在我看來，最高當局的回應，集中在三句話上。

第一句話是保證「黨的執政地位」；[94]這在2009年又有一個新的說法：「黨的事業至上」。[95]這就是趙紫陽所說的，「當政者目前一切是保衛維護一黨專政，這一點，在他們看來絕對不能動，這是一切的出發點和歸宿點。其他都

---

92 宗鳳鳴記述：《趙紫陽軟禁中的談話》，頁327。

93 宗鳳鳴記述：《趙紫陽軟禁中的談話》，頁30。

94 胡錦濤：〈在紀念黨的十一屆三中全會召開三十周年大會上的講話〉，《人民日報》2008年12月19日，第1版。

95 《人民日報》評論員文章：〈讓人民群眾切實感受到司法體制改革成效〉，《人民日報》2010年2月22日，第1版。

是虛的」。[96]同學們可能還記得，我曾經談到兩個俄國人對中國幾代領導人的影響：赫魯曉夫是毛澤東、鄧小平揮不去的夢魘，而當今中國最高領導怎樣也擺脫不了戈爾巴喬夫的陰影──絕不能讓中國共產黨的領導權在自己手裡失落，這是胡錦濤的底線，也是對他年輕時候的誓言：「絕不能把先輩們流血犧牲得來的革命果實從我們手中丟掉」[97]的一個兌現方式吧。

第二句話是：「牢牢地扭住經濟建設這個中心，繼續聚精會神搞建設，一心一意謀發展」，[98]這是對毛澤東派要恢復「以階級鬥爭為中心」的毛澤東路線的一種拒絕，也顯示了這一代領導人務實的一面：他們深知，真要搞毛澤東的階級鬥爭、繼續革命，必然天下大亂，黨的統治也將毀於一旦。

第三句話是：「絕不走改旗易幟的斜路」，[99]這是對民主派的民主社會主義的拒絕，他們還是要高舉毛澤東的旗幟，特別是鄧小平的「四項基本原則」，這是黨的「核心利益」，是絕不能放棄的。

三句話合成一句話，就是「不折騰」。[100]既不回頭搞階級鬥爭，也不往前真正推進社會民主、結束一黨專政，依然在鄧小平改革路線的框架內，在維護「六四體制」的前提下，來應對越來越嚴重的政治、經濟、社會、思想文化危機。

於是，又有了「調整」與「堅持」這軟、硬兩手。

首先是「調整」。主要有三個方面。

一是面對「發展就是一切」的發展觀所帶來的經濟發展失衡，資源、生態大破壞等危機，作出經濟改革與發展方向、方式的調整，提出「可持續的科學發展觀」，強調「轉變經濟發展方式」、「節約資源和保護環境的國策」。[101]

96　宗鳳鳴記述：《趙紫陽軟禁中的談話》，頁349。

97　胡錦濤：〈生動的一課──工人、農民、戰士、學生座談音樂史詩《東方紅》〉，《人民日報》1964年11月6日。

98　胡錦濤：〈在紀念黨的十一屆三中全會召開三十周年大會上的講話〉，《人民日報》2008年12月19日，第1版。

99　胡錦濤：〈在紀念黨的十一屆三中全會召開三十周年大會上的講話〉，《人民日報》2008年12月19日，第1版。

100　胡錦濤：〈在紀念黨的十一屆三中全會召開三十周年大會上的講話〉，《人民日報》2008年12月19日，第1版。

101　胡錦濤：〈高舉中國特色社會主義偉大旗幟　為奪取全面建設小康社會新勝利而奮鬥──在

其二，面對日趨嚴重的兩極分化和民眾日趨激烈的反抗，作出各階層利益關係的調整，提出「以人為本」、「發展成果由人民共享」、「把提高效率與促進社會公平結合起來」等理念，對長期奉行的「富國強兵，剝奪農民」的發展路線有所修正，並採取「城市反饋農村」、「廢除農業稅，減輕農民負擔」、「著力保障和改善民生」等相應措施，要求權貴資本階層作出某種讓步，以緩和社會、階層矛盾。[102]

其三，面對鄧小平單一的經濟改革所帶來的政治、社會、思想文化、道德危機，迫於強大的社會壓力，提出了全面推進經濟、政治、社會、文化體制改革的目標，並進行了不同程度的改革。[103]

對以上三個方面的調整，我想作三個方面的評價。一方面，不可否認其積極意義，應該說，這樣的調整符合了經濟、社會發展的客觀要求，像廢除農業稅、城市反饋農村，都是帶有歷史性的，也給民眾帶來了一定的實際利益，因此得到老百姓支持，從而不同程度上加強了黨的執政地位。另一方面，也要看到在「六四體制」不變的情況下，這樣的調整必然受到極大限制，並不可避免地會發生變形、變質。而我要強調的是，這些調整，並非執政者的恩賜。首先它是社會、經濟發展的勢之所至，那樣一種依靠所謂「低人權優勢」和「資源、生態大破壞」的高速發展是不可能持續的，更重要的是，它也必然受到底層民眾、普通工人、農民、農民工越來越強烈的反抗和抵制，這就迫使既得利益集團不能不作出某種讓步，對執政者來說，這也是保證其執政地位必須作出的讓步。也就是說，所謂「調整」，實際上是各階層、各利益群體之間，民眾與執政者之間相互博弈的過程和結果，而且也只有依靠利益受損一方的長期反抗、鬥爭，不斷對執政者施加壓力，才有可能堅持調整，

中國共產黨第十七次全國代表大會上的報告〉（2007年10月15日），《人民日報》2007年10月25日，第1版。

102 胡錦濤：〈高舉中國特色社會主義偉大旗幟　為奪取全面建設小康社會新勝利而奮鬥──在中國共產黨第十七次全國代表大會上的報告〉（2007年10月15日），《人民日報》2007年10月25日，第1版。

103 胡錦濤：〈高舉中國特色社會主義偉大旗幟　為奪取全面建設小康社會新勝利而奮鬥──在中國共產黨第十七次全國代表大會上的報告〉（2007年10月15日），《人民日報》2007年10月25日，第1版。

並保證調整向有利於普通民眾、弱勢群體的方向發展。

執政者還有「堅持」的一面，在我看來，有三個「絕不讓步」。第一，絕不給民眾以實質性的言論、出版、結社、集會、遊行的自由，尤其是絕不允許反對黨的存在。第二，黨必須對軍隊實行絕對的控制、領導和指揮，這是防止內亂（黨內之亂與社會之亂）的根本，也是制止內亂的最後手段，絕不允許軍隊的國家化。第三，黨必須管幹部，即堅持等級授權制：一切幹部的權力都由上級黨組織授予，並可隨時撤換，這樣的逐層依附關係，是「下級服從上級，全黨服從中央」，維護黨中央的絕對權威的基本保證。以上三條「堅持」，都是毛澤東的「五七體制」和鄧小平的「六四體制」的核心，目的是要保證黨成為「唯一者」：輿論的唯一控制者、軍隊的唯一控制者、權力的唯一控制者，而且是唯一具有實際意義的組織，也就成為唯一的可選擇者。這五個「唯一」正顯示了一黨專政的極權體制的實質，也就是中國共產黨所標榜，亦被一些知識分子極力美化的「中國特色的社會主義」的實質性內涵。這是中共的命根子，是執政者不允許有任何鬆動的底線。

人們還注意到最近幾年執政思路的變化。2008年舉辦奧運會前後，中國的經濟崛起，特別是在全球經濟危機中，中國國際地位的提高，都大大加強了執政者在意識形態和體制上的自信心。於是，在總結所謂奧運會的經驗基礎上，便提出了建立和強化了「集中力量辦大事」的「舉國體制」之發展、治國路線。這其實就是毛澤東「大權獨攬」的極權體制的發展，毛澤東就是依靠此獨攬大權的體制，集中力量辦了大躍進、人民公社，以至文化大革命這一系列大事。其所造成的災難，早已被強迫遺忘，今天在一些知識分子的幫助下，又作為新的神靈重被祭起。這樣的舉國體制，在指導思想上強調黨國至上，在意識形態上強調服從國家整體利益，在組織領導上強調絕對服從，在組織和動員方式上強調軍事化，在社會管理上強調全面控制，這實際上就是一個戰備體制，這在毛澤東所創建的依靠戰爭贏得權力、又用戰爭的方式治理國家的體制裡，是自有傳統的。因此，舉國體制的重新強調本身，就顯示了向毛澤東時代靠攏的趨向。

可以看出，最近幾年，無論是2008年的汶川救災、舉辦奧運會，2008年以來處理經濟危機，2009年舉辦國慶盛典，2010年舉辦世博會、亞運會、抗洪救災、舟曲救災等，都無一不是自覺地發揮舉國體制的威力。應該說，

在處理危機事件時，包括經濟危機、社會危機、公共衛生危機、自然災害，因為都是非常時期，國家處於「類戰爭狀態」，此種戰備性的舉國體制，可以取得短時期的高效率，似乎很有優越性；但如果以此作為治國路線、發展模式，並要將其常態化與制度化，則是十分危險、貽害無窮的。毛澤東時代的歷史教訓，無論怎樣遮蔽，都仍是客觀存在，足以警示今人。

而且我們發現，在自覺推行舉國體制的努力中，出現了三個特別值得警惕的傾向。一是重新強化最高領袖的絕對權威，試圖重新恢復毛澤東、鄧小平時代的強人政治（儘管限於主客觀條件很難做到），奧運會、國慶大閱兵等場合，都成了突出領導者個人、獻忠心的大好時機。這正是意味著向毛澤東時代的第一書記專政靠攏。其二，是強化黨的思想、輿論控制，特別是網絡的控制，而且越來越自覺地用立法的方式來實行合法的控制。同時進行的是重建意識形態的努力，其特點有三，（1）以打著愛國主義旗號的國家主義作為核心價值。（2）提倡復興傳統，從傳統中獲取統治合法性的資源。（3）是鼓吹中國特色的馬克思主義，將所謂「中國模式」理論化與普世化。在這三個方面都得到一些知識分子自覺、不自覺的配合。可以看出，這些年當局在意識形態宣傳上，是越來越具有主動性地進行強勢出擊，一面猛批普世價值，一面又向世界輸出中國軟實力，這其實也是向毛澤東時代的意識形態輸出靠攏。其三，強化社會控制，即所謂建立「打防結合，預防為主，專群結合，依靠群眾」的社會治安防控體系，這實際上就是要恢復毛澤東時代的群眾專政。以上三個方面，都表明了執政者有限度地向毛澤東時代回歸的意向。

這樣的意向，其實有著深刻的國際背景。全球經濟危機導致國際多元化格局出現，本來是提供了一個進一步實現前面所提到的東西文化相互吸取、融合的歷史機遇，但我們這裡卻陷入民族狂熱，在「走自己的路」的旗號下，猛批普世價值，拒絕向西方學習，並在對自己的發展道路（包括毛澤東時代）缺乏反思的情況下，強化舉國體制，把即使可能有的某些長處，也推向極端而走向反面，以為這是發揮中國特色的社會主義制度的優越性，但其實預伏著更大的危機。

問題是，此種有限度地向毛澤東時代回歸的趨向，是有一定的群眾基礎的。前面提到部分民眾中對毛澤東時代的懷念、民粹主義思潮的復興、黨內毛澤東派的興起，以及部分知識分子對毛澤東式的中國道路的推崇，青年毛

澤東主義者的出現，都是必須正視的現實，這裡糾纏著許多複雜的理論、歷史、現實問題，不可以簡單對待。或許正因為如此，如何科學地評價毛澤東、毛澤東思想、毛澤東時代，就成為當下中國思想、文化、學術界爭論的一個焦點，是一個不可回避的理論的、歷史的、現實的課題。或許也是我們要開設這門課的一個主要動因和意義吧。

最後，我們還是要回到中國當下的現實問題來。如前所說，中國今天的執政者採取「既調整又堅持」的對策，這本身就存在著不可克服的矛盾：調整，就要一定程度限制既得利益集團，首先是權貴資本階層的利益；堅持，就是要強化已經成為既得利益集團的各級黨和政府的權力。今天的執政者面臨著政令不通、任何改革在推行過程中都會變形、變質等一系列的困境，都是根源於這樣的內在矛盾，也是今天的改革之所以陷入學者所說的「尺蠖效應」的原因所在：「就像那一放一縮卻只朝著一個方向移動的尺蠖，我們的政策一『左』，老百姓的自由就減少，但福利卻難以增加；政策一『右』，老百姓的福利就收縮，但自由卻難以擴大。一講『小政府』，官員就推卸了責任，但權力依然難以限制；一講『大政府』，官員就擴大權力，但責任仍然難以追問。『右手』大動，公共資產就快速『流失』，但老百姓的私產並無多少保障；換上『左手』，老百姓的私產就受到侵犯，但公共財產仍然看守不住」[104]無論怎樣改革，採取什麼政策，獲利者永遠是權力的掌握者，權力的資本化越來越是體制性的、不可逆轉的。

問題的嚴重性還在於研究者所說的「作為改革主體的執政黨已經對改革缺乏集體共識」。如論者所描述：「領導層現在就好像一個『救火隊』，被動地被社會或者社會問題推著走，哪裡著火就出現在哪裡。這種被動性必然出現更多的問題，使得改革面臨更大的困難。執政黨作為一個集體往往對重大改革問題失聲或者保持沉默。人們所聽到的只是個別領導人的微弱聲音」，而且彼此矛盾。[105]在我看來，這樣的矛盾與失聲，其實就是當政者在鄧小平路線已

---

104 秦暉：〈「中國奇蹟」的形成與未來──改革三十年之我見〉本文原刊載於2008年2月21日《南方周末》電子報第1254期。但該網站上目前本文刊載不全，故轉引學術批評網，2011年7月27日取自，學術批評網：http://www.acriticism.com/article.asp?Newsid=9412&type=1002。

105 鄭永年：〈中國改革的路徑及其走向〉，《炎黃春秋》2010年11期，頁5。

經走不下去的情況下，還想採取「既堅持又調整」路線所必然遇到的尷尬與困境。

於是，就出現了社會學家所說的「中國正在加速走向社會潰敗」的危機。社會潰敗的核心，就是「權力的失控」，「權力成為不但外部無法約束而且內部也無法約束的力量」，「地方性權力、部門性權力已經成為既無上面約束，又無下面監督，同時還缺少左右制衡的力量」，這就意味著「強勢利益集團已經肆無忌憚」，「腐敗已經處於失控和『不可治理狀態』」。由此導致的是整個社會的潰敗：「社會底線失守，道德淪喪」，「職業操守和職業道德的喪失」，「社會的信息系統已經高度失真」，「社會失去進行長遠思維的能力」，「眼前的權力與利益分配就是一切」，最後就造成了「社會認同和社會向心力在急劇流失」。[106] 全社會──社會和政府、資本之間，社會上、中、下層之間，各階層內部彼此之間──都陷入了深度的不信任，充斥著不滿和怨恨。這種結構性的社會危機，才真正致命。與此同時，民族問題逐漸突現，這幾年連續發生的西藏、新疆地區的騷亂，都為全國、全球所矚目。民族問題比較複雜，我對此沒有專門研究，只能把問題提出，無法展開論述。

這就是當下的中國：一面在快速發展，一面卻危機重重──誇大或忽略任何一面，都得不到中國的真實。

我在很多場合都談到這樣一個看法：當今的中國，正處在一個十字路口，在經過建國後60年的努力，基本上實現了國家的獨立、統一，基本上解決了13億人口的溫飽問題，並在經濟獲得了高速發展以後，將「向何處去」？在全球化的時代，中國的問題，也同時是世界的問題；「中國走向何方」，不僅影響中國的未來，也關係著世界和人類的未來。

這事實上已經成為一切關心中國與世界發展的人們正在思考的中心，也是人們爭論的焦點。在我看來，前面所討論的，無論是毛澤東派主張「回到毛澤東的階級鬥爭為中心的繼續革命的路線」，部分知識分子所鼓吹「集權為民」的「中國模式」、「中國發展道路」，還是〈零八憲章〉運動倡導的「憲政民主」，黨內民主派高揚的「民主社會主義」，趙紫陽等老共產黨人提出的「超越『主

---

106 孫立平：〈中國正在加速走向社會潰敗〉（2010年4月1日發布），2011年7月27日取自，中華網：http://club.china.com/data/thread/1638757/2713/17/51/6_1.html。

義』的社會進步新指標」，都是對「中國何處去」問題的回應。在理論旗幟的背後，是各種利益群體的博弈；[107]而更多的民眾，則以行動作出自己的選擇。在這個意義上，可以說，當下的中國，正處於空前活躍的狀態，未來的發展具有極大的不確定性，這讓許多人感到焦慮，但從另一個角度看，又具有多種發展的可能性。這或許是一種混亂，又未嘗不可視為一種發展的生機。

越來越多不同階層的人們，越來越不滿意於現狀，於是，開始思考，爭論，聚集，行動——或許這就是中國的希望所在。歷史畢竟是人創造，由人民，也是由我們每一個人書寫的。

2010年8月13日寫畢，2010年12月30日修訂，2011年7月16日定稿

編註

i 基尼係數（Gini coefficient）：或譯堅尼係數、吉尼係數，是20世紀初由吉尼（Corrado Gini，1884-1965，義大利），根據經濟學家馬克思・勞倫茨（Max Lorenz，1876-1959）所提出的收入分配曲線——勞倫茨曲線（Lorenz curve）所定義的，一種判斷收入分配公平程度的指標。此係數以比例數值表示，介於0和1之間。

ii 維權運動：又稱「中國維權運動」或「中國人權運動」，是指中國大陸人民維護基本權益的自發運動，主要訴求是在中國現行法律下，要求法定權利得到保障和反抗權利受侵犯的事件。維權運動約於2000年後開始出現，在2003年逐漸成形，民眾透過遊行、法律控訴及媒體曝光等，挑戰政府或大企業的權限，以維護自身權益。運動最初多維護消費者權益、業主權益，後來已觸及公民政治權利等政治禁區。

iii 群體性事件：指社會群體與統治當局的衝突與對立，多為社會底層為爭取自身權益，而與統治階層進行對抗，或因統治階層不當行為觸怒民眾，引發與統治階層衝突與對立。

iv 「天安門母親」運動：由前中國人民大學哲學系副教授、「六四事件」死難者家屬丁子霖（1936-）等人發起，連同一群在六四天安門事件中遇害者的母親組成。主張要求中共平反

---

107 有研究者指出當代各種社會思潮與社會階層的對應關係：「大體上看，追求自由與個體權利的自由主義思潮，確實在中產階級中有相當多的支持者。強調秩序與穩定的新權威主義，在官員與大企業家中有更多的贊同人。呼喚平等與社會公正的新左派則在青年一代而不是中老年人中，有許多支持者。〔……〕新左派中的激進派或民粹主義派，在中西部地區的底層弱勢群體與『憤青』中有許多支持者。在70後的知識型白領、中產階層、企業家中，文化保守主義有比較大的影響。民主社會主義在飽經政治風霜的老幹部中有相當多的支持者」。這樣的分析，是有一定道理的。蕭功秦：〈困境之礁上的思想火花——當代中國六大社會思潮析論〉，《社會科學論壇》2010年第8期，頁75。

八九民運，呼籲徹查及公布「六四」事件，並向死傷者家屬和公開道歉。

v　上訪：或稱「信訪」（即「來信來訪」的簡稱），是中華人民共和國特有的政治表達及申訴方式。按照官方定義，信訪指中華人民共和國公民、法人或者其他組織採用書信、電子郵件、傳真、電話、走訪等形式，向各級政府、或者縣級以上政府工作部門反映冤情、民意，或官方（警方）的不足之處，提出建議、意見或者投訴請求等等。為處理信訪事宜，中華人民共和國國務院辦公廳專門設立有國家信訪局，各級政府、人大及政協也設有信訪辦公室。

vi　支農：指城市裡的志願者通過各種方式支持新農村建設的公益性活動。

vii　支教：指支援落後地區鄉鎮中小學校的教育和教學管理工作。

viii　兩手都要硬：「兩手」指中共宣布的「黨的基本路線」的兩個側面，即「改革開放」和「堅持黨的四項基本原則」（黨的領導、馬克思主義、毛澤東思想的指導、社會主義道路與無產階級專政）；「兩手都要硬」指在這兩方面都要嚴格徹底執行。

ix　中共十七大：中國共產黨第十七次全國代表大會，2007年10月15日-21日於北京召開。大會主題是「高舉中國特色社會主義偉大旗幟，為奪取全面建設小康社會新勝利而奮鬥」。大會確定了「胡錦濤為總書記」的黨中央的領導地位，並將科學發展觀寫入黨章為重要指導思想。

x　毛澤東主義共產黨：2008年5月宣告成立，其綱領是要反對鄧小平、江澤民、胡錦濤的「修正主義路線」，要求全面回到毛澤東時代，目前只見於網上活動。

xi　中國工人（共產）黨：2009年8月宣告成立，提出「無產階級兩黨制」，目前只見於網上活動。

後記

本書是我2009年9月至11月在台灣交通大學社會與文化研究所給研究生上課的講稿；課前我自己寫了詳細的文字稿，講完後，又由學生整理出錄音稿，我再修訂成初稿。三個月下來，居然積有近30萬字。2010年，我又集中了一年的時間，除了將當時來不及講的最後三講補寫出來以外，還把多年積累在手頭上的毛澤東著作和相關的研究論著重讀一遍。在原有的框架、結構內，作了大量的補充，力圖展現毛澤東的方方面面，使論述更加複雜，內容更為豐富，同時盡可能地吸取海內外相關的研究成果，以增加論述的深度與厚度。為此，加添了大量的註釋，也增大了篇幅，最後達到現在超過70萬字的篇幅。儘管仍有未盡意之處，但已經到了年底，無論如何也要交稿了。就寫此「後記」，藉機「打住」吧。

按理說，不到一年半的時間，就寫出了這麼一本厚厚的書，速度是夠快的了，我自己也有些吃驚，這完全是意外的收穫。但細想起來，其實為了寫這本書，我已經醞釀了25年，也準備了15年。這裡，就不妨說說這本書的寫作經歷、過程吧。

1994年，我寫過一篇研究筆記，題目就叫〈我為什麼要研究毛澤東，打算怎樣研究毛澤東〉，文章一開頭就這樣談到研究的緣起：「在決定一生道路的青年時代，我的精神導師有二，其一為魯迅，其二即是毛澤東。因此，在我寫完了《心靈的探尋》，對『我』和『魯迅』進行了基本的清理以後，我的心就轉向了毛澤東，渴望著對『我』和『毛澤東』這個更為基本的自我人生命題進行一次清理。也就是說，寫作本書的最初衝動是產生於1985年。[1]但那時，我

1　1985年這一年，我在連續為北大中文系1981、1982、1983、1984級學生開設「我之魯迅

自覺還沒有足夠的精神力量來作這一工作，或者說，自覺這樣的工作，對於我，以及對於思想文化界的意義特別重大，而當時主客觀條件似乎都還不夠成熟。這樣，內心的衝動，一壓就是十年」。[2] 記得當時因為覺得獨自一人難當此重任，曾邀約安順的老友杜應國君合作，他也作了一些準備。但最終還是擱下了。

再次引發研究衝動，已經是1989年：「那個難忘的夏天的一個晚上，中國和我自己都仍處於血腥鎮壓之後的恐怖中。我的面前，放著兩個歷史時期的兩份文件：七十年代毛澤東和蒙哥馬利元帥的講話與八十年代末（1989）鄧小平和中央軍委的談話。我現在已經記不清楚我當時怎麼會把這兩個文件放在一起的；但我記得很清楚的是，同時閱讀這兩個文件所產生的震動：我發現，儘管人們已經千百次地宣布『毛澤東時代』的結束，但兩個時代，兩個領袖人物──毛澤東和鄧小平，其觀念，思維方式，行為方式，以至語言，却是驚人的相似。我當時順手寫下了所感覺到的這種內在與外在的一致，但現在却找不到了這張紙條，或者在某一個恐怖的瞬間將其燒毀，或者隱藏在不知何處，但結論却始終沒有忘記：並不存在所謂『新時期』，我們仍然生活在『毛澤東時代』」，「今天的中國領導人所執行的，仍是『中學為體，西學為用』的路線，所謂『中學』就是『毛澤東文化』，包括毛澤東所建立的以黨為核心的一體化的社會組織結構，和被稱為『毛澤東思想』的統一的意識形態；而『西學』不過是西方的技術，現在又加上的西方的管理經驗」，「事實上，在八九政治風波以後，所謂『後毛澤東時代』已經呼之欲出」，「1978年以後的中國思想解放運動的一個最大失誤，就是沒有明確提出並進行對於毛澤東思想、文化的科學批判，而這一歷史任務不能完成，則將長期地禁錮中國思想的發展與社會的進步。我們遲早要補上歷史的這一課」。[3] 這樣一來，研究毛澤東，就不僅是我個人生命的需要，更是對時代所提出的問題作出回應。

但也只有在1994年，當我有機會到韓國外國語大學任教一年，有了時間

觀」選修課的基礎上，整理出了《心靈的探尋》。

2　參看錢理群：〈我為什麼要研究毛澤東，打算怎樣研究毛澤東〉（1994年12月10日-12日），未刊稿。

3　參看錢理群：〈我為什麼要研究毛澤東，打算怎樣研究毛澤東〉（1994年12月10日-12日），未刊稿。

與空間的距離，以及現實與心理的距離，才有可能正面地來處理這一歷史研究課題。在這個意義上，我是在韓國開始進行毛澤東研究的，我因此對當年邀請我講學的朴宰雨教授等韓國朋友，懷有深深的感激之情。

但我選擇毛澤東作為研究課題，還是有一些心理負擔，也有朋友善意提醒我，要考慮這一研究在政治與學術上的風險。早在1993年，我54歲生日時就寫下了這樣一段話：

> 我知道我的選擇的意義。在某種程度上我是在為未來研究，寫作。這幾乎同時決定了我的命運。我不僅因此選擇了寂寞和孤獨，而且選擇了局限性。正如一位朋友所指出的，我不僅要受到材料的局限，我將在大量事實材料被封鎖與歪曲的情況下從事我的研究；而且要受到自身眼光和方法的局限。因此，儘管我竭盡全力去研究，我的研究成果在後人眼裏，其科學性是極其有限的。但我仍然堅信，即使是這樣，我仍然有僅屬於我自己的價值，就像唐人選唐詩，同代人的某種感受、體驗、觀察與理解，是後人不可能重複的。因此，我應該自信，自尊，自重，堅持自己的選擇，不為外界的種種干擾而動搖。同時，我也應該有自知之明，絕不將自己的選擇絕對化。仍然是馬克思說的那句話：走自己的路！[4]

因此，在某種意義上，我選擇毛澤東研究，是明知其失敗，或明知其侷限性，但仍然要硬做：這可說是「知其不可為而為之」，也是一種「反抗絕望」吧。

這樣，1994-1995年間，我在韓國外國語大學的專家公寓裡，開始了毛澤東研究。我的第一步工作是閱讀毛澤東的原作，以及已經出版的有關毛澤東的研究著作，我記得大約有1,000餘萬字，並作了相應的筆記。最後，「為了清理自己的思想，又考慮到研究課題的尖銳性，預計未來公開出版時，不可能暢所欲言；更懷著發生突然事故，寫作計劃不能開始或完成的隱憂」，我還寫了前面提到的〈我為什麼要研究毛澤東，打算怎樣研究毛澤東〉的長文。這篇文章寫到我當時思考所達到的某些結論，在本書〈導言〉與相關部分多有涉及，這裡不再重複。

4　此日記也為〈我為什麼要研究毛澤東，打算怎樣研究毛澤東〉一文所摘錄。

　　我著重要說的，也是當時考慮最多的，是對研究方法的設想。文章這樣寫道：「從一開始，我便確認，要用我的方法，也即從《心靈的探尋》就已經開始的方法，抓住毛澤東的『基本單位概念』來進行研究。最初開列出來的，計有：1，黨；2，軍隊，戰爭；3，人民（卑賤者，農民，痞子）；4，民族；5，烏托邦，理想；6，群眾，群眾運動，群眾路線；7，鬥爭，革命，專政；8，實踐（知與行，知識，理論）；9，改造；10，精神，意志；11，浪漫主義；12，歷史」。並作了如下說明：「以上都是毛澤東時代最大限度地普及了的概念、觀念，它支配、規定著歷史的發展，決定著國家、民族、人民的命運，並且已經深入幾代人的心靈深處，習以為常。今天應該拉開距離，作歷史的反思，揭示其內在的真實意義與作用」，「不僅注重毛澤東本人的論述，而且注重毛澤東本人的實踐，以及在他思想指導下中國的實際生活，即他的理論的群眾實踐活動，也即理論命題的對象化過程，從思想命題的展開與現實化中來反觀原始思想命題中內蘊的多重因素」，「而且要揭示毛文化的這些基本概念、理念，它們之間的內在聯繫，各自在毛思想文化體系、總體結構中所處的地位」。[5]

　　從韓國回到北京後，我又作出了整體設計：書名定為《毛澤東：世紀中國遺產》，共分二部。「第一部：中心詞的轉移──講述毛澤東（我們的時代，以及我自己）的故事」，其寫作要求與設想是：「1，歷史的，與心理的描述，歷史的細節的感性呈現；2，毛的故事為主，也講一點時代故事，以及我的故事：彼此的互動──敘事的隱與顯，主與次，主體與客體，現實語境和歷史語境；3，一邊講述，一邊質疑。如實地留下空白，揭示矛盾和袒露困惑，建立『坦誠』的新規範──敘述的顛覆性；4，平靜而從容的敘述調子，內蘊著歷史的激情與蒼涼感。──回憶式的」。接著，「第二部：中心詞透視──解析毛澤東（我們的時代，以及我自己）。具體寫作要求與設想是：「1，詞語的政治學、哲學、倫理學、心理學、語言學、文學……綜合分析；2，理論意義和實踐後果的雙向考察與揭示；3，縝密的解剖（層層剝繭式）與冷靜而犀利的剖析（正視後果，不回避一切）；4，對毛話語的批判，也就是對我們時代話語的批

5　　見錢理群：〈我為什麼要研究毛澤東，打算怎樣研究毛澤東〉（1994年12月10日-12日），未刊稿。

判，對我自己的批判（以前者為主）——自省式的」。還有「總體風格」的要求與設想：「自由無羈的，不受規範與約束的。——既是思想的，又是文體的，更是心態的，是終於找到的主體與客體的一種契合。曾有『童言無忌』之說，如今兩鬢斑白卻要追求『無忌』。同時又要質疑：真的能『言無忌』嗎？——相對而已！」[6]

以上設計寫在1995年10月，正要著手進行，但11月8日，一個偶然的約稿，使我改變了計劃，轉過頭來寫《1948：天地玄黃》一書。儘管那本書的寫作，我也準備了很久，但突然擱置毛澤東研究與寫作，也是出乎意外。但細想起來仍是事出有因。

原因大概有四。首先還是研究方法的困惑，儘管已經有了以上設想，但真正要落筆，卻感到很困難，有點無從下手的感覺。其二，是我擺脫不了其他研究課題的誘惑。事實上在1994年去韓國之前，我同時關注兩個課題，毛澤東研究之外，還有四十年代的文學與知識分子選擇的研究。因此，當我的毛澤東研究因為研究方法的困惑而難以動筆時，轉而來寫1948年歷史轉折點上知識分子的選擇，也順理成章了。其三，我更無以擺脫對現實的強烈關懷。因此，在1996年寫完了《1948：天地玄黃》以後，我並沒有回到毛澤東研究。從1997年開始，我直接介入了當下的思想、文化、教育的民間運動，而研究的興趣，也轉入更具有現實迫切性的課題，逐漸集中到對毛澤東時代的民間思想和民間反抗運動的研究、毛澤東時代的知識分子命運的研究，以及對當下社會（也即「後毛澤東時代」）的觀察、評論、研究。現在看來，我的這些研究，表面上似乎遠離了對毛澤東個人及其思想的研究，但卻極大地擴展了研究視野，實際上是對毛澤東時代和後毛澤東時代進行了更具體、深入的考察，這當然也就加深了我對毛澤東及其思想的理解與把握：原來，我始終沒有離開毛澤東，他一直是我關注的中心。

其四，在二十世紀九十年代末和二十一世紀初，將毛澤東研究擱置，還有更為深刻的原因。當我從韓國回到國內，就不能不面對中國的現實：一方面是經濟的高速發展，這正是毛澤東所嚮往、追求的；另一面卻是兩極分化

6　見錢理群：〈毛澤東：世紀中國遺產〉（總體設計）（1995年10月草擬，1996年9月定稿），未刊稿。

日趨嚴重，這又是毛澤東當年曾經想竭力避免的。然而，以損害勞動者的利益為代價的「富國強兵」路線，又恰恰是從毛澤東那裡繼承、發展而來的。這樣一來，我所面對的當下中國社會（我稱之為「後毛澤東時代」）與「毛澤東時代」的關係，就遠比我當初的認識、理解要複雜得多，不僅有繼承、發展（這是主要的），同時也有背離。如此，對毛澤東、毛澤東思想、毛澤東時代的評價，以及對其當下意義的認識，也必然要複雜化，並且至少要跳出絕對肯定與絕對否定、非此即彼的二元對立模式；這也就意味著，我必須要從更高的角度，重新審視我自己與毛澤東、毛澤東時代的關係。與此同時，如何認識和評價毛澤東及毛澤東時代，以至後毛澤東時代，也越來越成為九十年代末以來，中國政治、思想、文化、學術界關注與爭論的焦點，並出現了越來越明顯的分歧。當我意識到，這樣的爭論與分歧，實際上和每個人在中國現實生活中的選擇，以及每個人對現行體制的認識、態度、相互關係，直接聯繫在一起的時候，我又產生了重新研究毛澤東、毛澤東時代的衝動，而這樣的研究又必須是和後毛澤東時代的研究聯成一體的──更準確地說，這已經不是衝動，而是一種社會的、歷史的責任。

　　但我面對這樣的責任時，又不能不多有猶豫。這也有兩方面。最主要的，自然是我對毛澤東、毛澤東時代的認識與評價的猶豫不決，我在本書〈導言〉裡已經說過，這裡不再重複。另一方面，是我始終找不到適合的結構方式與敘述方式，而我對寫作形式問題又極為重視，若形式問題不解決，即使材料準備好了，也無法動筆。我也曾經試圖做過一些嘗試。大概在2004年左右，我重拾1995年寫的那份設計書，想在其基礎上作一點變動：不全面鋪開，而只集中在1956-1966這十年，因為我認為這是建國以後毛澤東獨特思想形成的時期，我曾對有關的材料作逐年梳理，但這也只作了兩年就沒有繼續下去。這樣斷斷續續的寫，我卻越弄越沒有信心，後來就死了心，準備完全放棄毛澤東研究，以為這將會是我學術生涯，以至人生的最大遺憾。

　　沒料到，經過台灣友人陳光興先生的努力，我突然有了一個到台灣講學的機會，我這十數年來的夢想就又死灰復燃了。當陳光興先生專門到我家來討論講學內容時，我立刻想到，如果要讓台灣青年了解大陸的歷史與思想文化，最佳切入口無疑是魯迅與毛澤東。於是我決定同時開設兩門課：在清華大學給大學生講魯迅，在交通大學給研究生講毛澤東。但這也把我自己「逼上

梁山」了：在倉促間，我只能把這15年所積累的全部材料都帶到台灣，在臨行前又逼出了一個「講課提綱」。這樣一逼，卻逼出了靈感：長期困擾我的結構與敘述方式，突然有了一個可操作的方案，或者說，我終於找到了最適合自己的研究方法和歷史書寫方式，這正可說是「眾裡尋它千百度，驀然回首，那人卻在燈火闌珊處」。

關於終於成型的這本書的結構、敘述方式，我在〈導言〉裡曾有過交代：「我試圖建立一個三維講述空間：上層的毛澤東空間，中層的知識分子空間，底層的我和民間思想者、普通民眾的空間，從他們三者的互動中來講述這段歷史」，[7]「我想把毛澤東的故事，知識分子的故事，民間思想者的故事，普通民眾的故事，以及我的故事，放在同一時空中來講述」，[8]「不僅敘述歷史過程，而且盡可能地揭示歷史當事人的心靈世界，講毛澤東的內心矛盾，更講毛澤東極權體制下人的心靈傷害，思想迷誤，精神掙扎，以及背後隱含的人文問題」。[9]這裡，再作一點解說與發揮。

迄今為止，幾乎所有關於這一段共和國歷史的敘述與展開，可以說都圍繞著以毛澤東為核心的中國共產黨領導的活動，這自然有充分的理由，尤其是中國這種高度集權的國家，毛澤東和黨的意志、思想、政策，在歷史發展中起到了決定性的作用。但若僅將中心放在毛澤東和中國共產黨，因此而完全忽略或抹煞普通民眾的意志、思想、活動，卻會造成歷史的遮蔽。尤其是毛澤東治國的最大特點是注重群眾的動員，以及強調群眾運動的作用，儘管毛澤東時代的群眾基本上是處於「被動員」狀態、是高度組織化的，但普通民眾依然用各種方式，頑強地表達自己的獨立意志，對高層決策發揮著自己的制約作用。因此，講述毛澤東時代，就不能只講毛澤東這樣的歷史「大人物」的故事，還要講述普通民眾，尤其是中國農民這些歷史「小人物」的故事。但由於「沉默的大多數」話語權的缺失，留下來的材料極少，我也只能利用有限的史料竭力恢復他們的歷史地位。比如，在講述大饑荒時代的歷史，就以「底層農民的聲音」作為敘述的起點，然後再依次講到「黨的中層、上層的反應」，

7　參看本書〈導言〉，頁22。

8　參看本書〈導言〉，頁22-23。

9　參看本書〈導言〉，頁23。

最後寫到「毛澤東的決策」，雖然這僅是一個嘗試，但卻反映了我的歷史觀。

　　民間的異端思想與活動，在歷來的歷史敘述中都常常被忽略，在毛澤東時代和後毛澤東時代，奉行「強迫遺忘」的思想、文化政策，就更是將民間思想強制抹煞。但恰恰是毛澤東時代，由於毛澤東所採取的群眾運動的動員方式，就把許多完全邊緣化的普通民眾也捲入到歷史進程中，並且形成全民的政治關懷，儘管這也是被動參與、並受到嚴格控制，但一旦人們參與其中，一部分人就有可能會產生獨立思想，再加上毛澤東思想中本身就存在著某種異端成分，他在動員群眾時，也有意無意地培育了異端思想者。通常的情況是，這些民間異端最初被毛澤東所喚醒，最後發展到對毛澤東產生根本性的懷疑，就為毛澤東所不容、遭到殘酷鎮壓，從而激發出他們對毛澤東及其所建立與維護的體制的自覺反抗：這樣的「互動」，貫穿了毛澤東時代全段過程，卻在當下關於毛澤東時代的歷史敘述中，完全被遮蔽、抹殺了。我要做的，就是要將「民間異端思想和民間反抗運動史」作為毛澤東時代和後毛澤東時代歷史的有機組成部分，將其寫進歷史，恢復民間思想者應有的歷史地位。因此，我以極大的篇幅，敘述歷史各階段的民間思想與運動，並將其傑出代表，如民間思想者中的顧準、張中曉、楊偉名、李一哲、陳爾晉、王申酉，民間反抗者中的林昭、林希翎、張志新、張春元、陸文秀……等寫入歷史。

　　這不僅是盡一個歷史學者的責任，而且也會對毛澤東時代、後毛澤東時代形成新的認識。所謂「民間異端」，就是在不同的歷史時期對中國社會的發展道路提出與毛澤東和執政黨不同意見和思路。比如1956年蘇共二十大以後，當歷史提出「如何走出一條中國自己的社會主義發展道路」的問題時，毛澤東和民間思想者（顧準、北大「五一九民主運動」的參與者）都作出了自己的回答：毛澤東主張進行有限的改革以鞏固黨的專政，而民間思想者則提出要走一條民主社會主義的發展道路，也因此必須對一黨專政體制要有所突破。最後，毛澤東將民間思想者通通打成「右派」。這段歷史說明，毛澤東的選擇，並非中國社會發展的唯一選擇，也就是說，並非「存在就是合理」，歷史原本存在著另一種發展的可能性。儘管這樣的可能性被毛澤東的強力鎮壓所扼殺，由於種種歷史條件而未能實現，但我們絕不能按照「成者為王，敗者為寇」的邏輯，否認民間思想者的另一種選擇的歷史合理性。我們在這裡看到的

是，事實上存在著兩個中國、兩條不同的發展路線：一個是毛澤東領導的、占主流地位的中國，另一個則是儘管被鎮壓、被抹殺，卻始終頑強存在的「地下中國」；一條是在現實上實現的毛澤東的發展路線，另一條是與之相對立，儘管沒有現實化，卻存在著合理性的發展路線。而所謂「毛澤東時代」，就是兩個中國、兩條發展路線，相互搏鬥，反抗、鎮壓、再反抗、再鎮壓的歷史過程。即使是我們講的「社會主義中國」，也存在這兩種社會主義思潮——不僅有毛澤東意識形態主導的社會主義（民間思想者把它命名為「國家社會主義」、「史前期社會主義」），也還有一個以民主社會主義為主導的民間社會主義。因此，將民間思想者引入我們的研究視野，進入歷史敘述，將會改變並豐富對毛澤東時代和後毛澤東時代之歷史圖景的認識、描述與想像。更重要的是，當我們走出了「成者為王，敗者為寇」的歷史觀陷阱，我們就能發現民間思想者及其思想成果的意義和價值，它能夠成為我們今天重建批判性理論的重要思想資源。

本書也引入了毛澤東時代知識分子的故事。而且我的敘述是想強調知識分子在毛澤東時代中，不僅是一群被動的受害者（這當然有事實根據，卻往往被現在許多悲情敘述所誇大），他們同時也是歷史的積極參與者（所謂的參與，包括有所貢獻、反抗，更有許多的依附與屈辱）。由於篇幅的限制，本書關於知識分子的敘述相對比較簡略，以後我會有專著來展開。在每一個歷史時期，我都提到一些知識分子，他們是作為一種思想傾向的代表而進入我的敘述，並不是對其作全面的歷史評價，這也是需要說明的。

或許最引人注目的，是本書所講的「我的故事」，其實我在台灣交通大學上課的講題就是《我和毛澤東、共和國六十年》。研究主體的介入，這本是歷史研究和敘述的大忌，據說這會影響研究的客觀性，而客觀性正是歷史研究最高，甚至是唯一的法則、標準。我並不是在一般意義上否認這樣的法則及其合理性，但如果將此法則推向極端，就會有問題，這正是我在本書寫作中想要自覺地挑戰的，我所追求的是主客體交融的歷史敘述。這首先受研究的性質、特點所決定：如前所說，本書是一個歷史在場者對自己親歷的歷史所做的觀察、研究與敘述，這段歷史對我而言，並不是一個純粹客觀的對象，而是和自己的生命糾纏在一起。我要傳達給讀者的，不僅是客觀的歷史事實，還有特定的歷史情境，以及身處其中的、個人生命的、情感的感受與體

驗。這樣的歷史敘述，就不能沒有「我的故事」。由於「我」在毛澤東時代所處的位置──出身在國民黨高級官員的家庭裡，一開始是個普通的中學生、大學生，之後是邊遠地區的普通的中學教師，後30年又成了北京大學的教授與學者──這就使得我的故事，具有某種典型意義和價值。從這樣一個特定的角度描述毛澤東時代，就會將一般歷史敘述所難以進入、卻並非沒有意義的歷史內容包容進去。比如，在毛澤東領導的革命取得全國性勝利的時候，作為這場革命對象的家庭與相關的個人將會作出怎樣的反應，幾乎是無人關注，甚至被認為是必須忽略不計的；但我卻從這裡開始我對毛澤東時代的歷史敘述，這至少是別開生面的，而且恰恰是這一點，讓聽我講述的對象──台灣青年深受感動，這段對他們來說本是完全陌生的歷史，就突然和他們的父輩的歷史記憶有了某種關聯。而以後，「我」的日記和原始筆記裡所反映的，作為一個大學生在大躍進年代的態度、心理，以及作為身處底層的中學教師在大饑荒年代、文革前夕以及文革中的種種經歷、觀察、體驗、思考，也引起了台灣學生強烈興趣：他們從中感受到了歷史的個別性、具體性與可觸性，而這些都是為今天許多宏大敘事所忽略，甚至鄙視的。

　　這裡已經談到了本書的研究方法和敘述方式。我深知自己作為一個文學研究者來寫歷史研究著作的危險性，因此，我以極大的努力作史料的收集、發掘、鑒別、整理工作，力圖做到獨立的史料準備，不僅大量利用其他學者在史料上的研究成果，而且也有自己發掘、蒐集的「獨家史料」，這樣就能做到每一個分析、論斷都有詳實的史料作為支撐。我特別堅持一條原則：「面對一切事實」，一旦發現那些「不利於」我的某些判斷、主觀傾向的材料，也絕不回避，或者修正、完善我的論述，或者在註釋裡如實記下，以形成一種張力。這些努力，都是為了保證我的研究的「歷史性品格」。但另一方面，我也試圖適當地發揮文學研究的優勢，以保持某種「文學性品格」──這可能又觸犯了大忌，但我仍想嘗試一番。所謂「文學性」，主要有二：一是注意歷史細節的感性呈現，二是注意對歷史人物（首先是毛澤東）的內心世界（情感、心理、內在矛盾）的揭示和剖析，也就是說，對歷史的關注，首先是對人的關注，個體的人的關注，人的心靈的關注。我以為這都是文學關照世界的方式，現在，我想嘗試將此方式運用到歷史的關照中。其實這樣的歷史性和文學性的結合，本來就是司馬遷的《史記》所開創的中國史學傳統。在這個意義

上，也可以說，本書的寫作，是繼承中國史學傳統的一次自覺嘗試。

這也涉及到敘述語言的問題。總體來說，本書自然要追求嚴謹、準確的學術語言，但同時我也嘗試運用某種隨筆式的語言，保留課堂教學的語言風格——有節制地插入偶發的感觸與感想，隨意拉開又隨時收回的議論，歷史語境與現實語境的交匯……等，這其實是回到當年（1995年）的研究設想：「平靜而從容的敘述調子，內蘊著歷史的激情與蒼涼」。

此外，還有「坦誠」的風格，堅持研究的「自省式」與「顛覆性」：不回避自己面對歷史複雜性的猶豫不決，「揭示矛盾與袒露困惑」。[10]比如書中多次談到我評價毛澤東時代所面臨的「民族主義與人道主義」的矛盾與困惑等等。也就是說，我寫本書，並不以為自己已經有了對毛澤東時代、後毛澤東時代明確而正確的認識和結論，因而急於向讀者展示、灌輸自以為是的「真理」；而只是向讀者展示我觀察、掌握到的歷史材料，以及我的若干思考，希望和讀者一起來探討、研究這段我認為不可回避的歷史。

最後要說的是，我自己對這本書的估價與期待。前面已經說過，本書，以及我們這一代人，在當下中國的現實和歷史條件下，對毛澤東、毛澤東時代、後毛澤東時代的研究，是一種先天不足的研究。因此，我對本書的分析、判斷，是信心不足的，儘管我也認為它自有價值，比如「五七體制」與「六四體制」概念的提出、概括與貫穿性分析，或許可以為研究毛澤東時代和當下中國社會提供某些思路。我更為看重的，是本書在毛澤東、毛澤東時代、後毛澤東時代研究上所作的研究方法與結構、敘述方式的試驗。因此，在書名中自稱「另一種歷史書寫」，我心嚮往之的始終是「自由無羈的、不受規範與約束」的研究。[11]當然，我不是要藉此否定至今仍占主流地位的歷史研究方法和敘述方式，但我確實希望能夠嘗試探討另一種可能性。

在終於可以為本書劃上最後一個句號的時候，我又想起了這些年一直激勵著自己的座右銘：「我存在著，我努力著，我們又彼此攙扶著——這就夠了」。真的，在這一年半的講學與寫作過程中，我是怎樣地「努力」，又得到了多少朋友的「攙扶」啊。我應該感謝我自己，更要感謝所有的攙扶者，特別是

10　見錢理群：〈毛澤東：世紀中國遺產〉（總體設計），未刊稿。

11　見錢理群：〈毛澤東：世紀中國遺產〉（總體設計），未刊稿。

交通大學社會與文化研究所的劉紀蕙所長，陳光興教授，蘇淑芬、林家瑄、胡清雅、宋玉雯、劉雅芳、翁建鍾、阮芸妍、胡璨文、詹亞訓、張瑜珊等年輕朋友，聯經出版社的林載爵先生。我要特別致意的，是本書的責任編輯芸妍和清雅，她們的細心與認真，給我留下了深刻的印象。我是一個比較粗心的人，又寫得匆忙，在原稿裡，就有不少疏漏。正是兩位責編的辛勤勞動，嚴格把關，糾正了許多錯誤，讓我既慚愧又感動。不可不提及的，還有海內外毛澤東研究的先行者，我從他們的出色研究成果裡所受到的教益和啟示，使我對這些學術前輩和同行永懷感激和敬意。我還要感謝所有聽課的台灣學生——這樣的特定對象，對我的歷史敘述的內容與方式的影響是非常明顯的；在某種程度上，台灣學生也參與了本書的寫作，這本身就是別有意義的。最後要感謝的是一直在關心、支持我的毛澤東研究的大陸和台灣的朋友們，以及我的老伴——我現在可以向你們交差了。而我自己，完成了毛澤東研究，這一生，就真的沒有什麼遺憾了。

2010年12月23日

(附記)本書完稿後，曾電傳給一些朋友，反饋回來的許多寶貴意見，對我都有很大的啟發。特別是中國社會科學院的幾位年輕的朋友——賀照田、何浩、何吉賢、薩支山、程凱、陶慶梅，他們不但仔細地通讀了全書，進行了多次討論，還和我座談了一天。他們的嚴肅、認真，讓我深受感動：我的書本來就是為中國的年輕一代寫的，現在能夠引發他們的思考和回應，我為之付出的一切，都得到了最好的報償。在回應中，這些年輕朋友也坦誠地提出了他們的不同意見，甚至某種不滿，這也是我所期待的。他們的批評，更讓我看清了自身的不足。我認真地思考了他們的意見，感到本書的寫作上，主要存在兩方面的問題，或者說是存在著兩個根本性的矛盾。一是由於本書是一個過程性的寫作，開始只有一個大致的輪廓，對許多問題都採取猶豫不決的態度；但在講課與寫作過程中，逐漸形成了某些比較明確的觀點，看法，並逐漸建立起了一個結構，這對於講課與寫作，都是必要的，必須如此的。但將複雜的歷史納入日見明晰的觀念指向與敘述結構裡，這本身又會形成某種自覺、不自覺的遮蔽，把複雜、豐富的歷史簡單化了。我在寫作後期，試圖進行某種彌補，在重新閱讀史料和已有研究成果的基礎上，補充了許多論

述和大量註釋，以便和原來的論述形成某種張力。但由於行文的匆忙，沒有經過更充分的醞釀，更成熟的思考，就留下了許多的疏漏，遺憾，給人以「夾生」的感覺——急於求成，不夠從容，一直就是我治學的致命傷。這樣重大的選題，竟然在如此短的時間裡完成，這本身就顯得有些孟浪。但正像我多次說過的那樣，對此我也無可奈何，因為有太多太多的研究設想、目標在前方誘惑著我，我只能拼命趕路。因此，我的研究，包括這本毛澤東和毛澤東時代、後毛澤東時代的研究，只能是粗線條的，談不上精細，雖有啟發性，也有一定的開創性，卻多有可斟酌和有待深入研究之處，因而只具有「有缺憾的價值」。我承認，這是我的學術的宿命。

最根本的，還是我的學術追求本身帶來的遺憾與問題。這些年輕朋友注意到，我的研究有兩個自覺追求，同時，也就有了兩個陷阱。一是追求「主客體的融合」，用朋友們的話來說，就是試圖「通過歷史的研究，達到自我確認」，而「在自我確認過程中，就有可能模糊歷史形象」。他們因此提醒說，我的「獨立、自由、批判、創造的知識分子」的堅定立場，固然使我的論述，具有相當的力量，以至魅力，但如果將這樣的立場絕對化、靜態化與固定化，會不會帶來一些問題？比如說，因為這樣的批判立場，就將一黨專政的體制及其具體體現的我所說的「五七體制」和「六四體制」作為毛澤東時代、後毛澤東時代的歷史的終極性的解釋，會不會將歷史簡單化？這就涉及我的另一個追求：歷史研究的「歷史感」與「當代性」的結合，這就會帶來的歷史書寫與現實介入的矛盾。最容易落入的陷阱，就是將歷史的事實、材料，納入現實的批判框架內，把「歷時態」變成「現時態」，從而妨礙進入歷史情境，形成某種遮蔽——當然，這只是「可能的陷阱」，而非「必然」，承認與正視這樣的危險，並非否認追求本身的意義與價值，只是提醒我，要注意掌握主體介入與現實批判的「度」，在客體與主體，歷史與現實之間保持恰當的張力，留有必要的餘地，切忌把話說得太滿。因此，在本書最後定稿時，我也就根據朋友們的提醒，對全書的論述作了認真、反覆的推敲，力求掌握好分寸。

在討論中，我也發現，在如何認識這段歷史（包括具體的歷史事件、現象）上，我和年輕朋友之間，還是存在著不同程度的分歧。這也屬正常，是我預計中的。而且在本書公開出版以後，在讀者中可能還會引發更大的論爭。其實，面對歷史，人們總是會有不同的看法與態度，而且又總是和個人的現

實立場相聯繫。不僅研究和書寫歷史的作者如此，閱讀歷史著作的讀者，也都同樣存在著歷史與現實，客體與主體的糾結。這也是我們必須正視的。這就要求，無論作者還是讀者，在討論中都要既堅持各自的基本觀點和立場，又同時認真聽取他人的批評，進行自我調整和修正。我在最後定稿時，也就根據這樣的原則，沒有變動本書的基本論斷與結構，但又作了局部調整和補充，並且期待更多的讀者更嚴厲的評判。

這一切，都應該感謝我的這些年輕朋友，並向本書的讀者與批評者預致我的謝意。在這個意義上，我期待本書是一個開放性的文本，是引發思考和爭論的「靶子」。我們共同的討論對象：毛澤東和毛澤東時代、後毛澤東時代，無論其複雜性，還是豐富性，在中國歷史以至世界歷史上都幾乎「絕無僅有」、「空前絕後」。它絕不是一個人、一本書，能夠一次性把握的，它必然是由歷史的親歷者和後來者，學者和讀者廣泛參與，不斷探討、爭論的一個漫長的，永無終結的認識過程。而且，在和年輕朋友的座談中，我還談到，作為一個中國的學者，我們還有一個歷史責任或雄心壯志：我們要通過對這段內含著最深刻的「中國經驗和中國教訓」的歷史研究與敘述，進一步提升到理論的高度，創造出具有歷史與現實闡釋力的中國批判理論。這對我來說，是雖不能至，而心嚮往之的；而且只有寄希望於年輕一代了。

2011年7月13日補寫

參考書目

一、歷史文本

（一）專書

《三中全會以來重要文獻選編》（北京：人民出版社，1982）。

《毛澤東思想萬歲（1961-1968）》（文革流傳本）。

《廣場》（1957年北京大學的學生刊物）（複印件）。

中共中央文獻研究室、中國人民解放軍軍事科學院編：《毛澤東軍事文集》（第1卷-第6卷）（北京：軍事科學出版社、中央文獻出版社，1993）。

中共中央文獻研究室編：《毛澤東農村調查文集》（北京：中央文獻出版社，1981）。

中共中央文獻研究室編：《毛澤東書信選集》（北京：中央文獻出版社，1983）。

中共中央文獻研究室編：《毛澤東新聞工作文選》（北京：中央文獻出版社，1983）。

中共中央文獻研究室編：《毛澤東哲學批註集》（北京：中央文獻出版社，1988）。

中共中央文獻研究室編：《毛澤東讀文史古籍批語集》（北京：中央文獻出版社，1993）。

中共中央文獻研究室編：《毛澤東在七大的報告和講話集》（北京：中央文獻出版社，1995）。

中共中央文獻研究室編：《毛澤東詩詞集》（北京：中央文獻出版社，1996）。

中共中央文獻研究室編：《建國以來重要文獻選編》（北京：中央文獻出版社，1997）。

中國人民大學新聞系1956級13班：《中國人民大學新聞系1956級13班班史》（集體編寫，1960）（油印本）。

中國人民解放軍國防大學黨史黨建政工教研室編：《「文化大革命」研究資料》（上、下冊）（北京：內部刊行，1988）。

中國農村發展問題研究組編：《農村‧經濟‧社會》（北京：知識出版社，1985）。

中華人民共和國外交部、中共中央文獻研究室編：《毛澤東軍事外交文選》（北京：中央文獻出版社、世界知識出版社，1994）。

巴金：《巴金全集》（第16卷）（北京：人民文學出版社，1991）。

毛澤東：《毛澤東論教育革命》（北京：人民出版社，1967）。

毛澤東：《毛澤東選集》（一卷本）（北京：人民出版社，1967）。

毛澤東：《毛澤東選集》（第5卷）（北京：人民出版社，1977）。

毛澤東：《建國以來毛澤東文稿》（第1冊-第13冊）（北京：中央文獻出版社，1987-1998）。

毛澤東：《毛澤東文集》（第1卷-第8卷）（北京：人民出版社，1993-1999）。

毛澤東著、中共中央文獻研究室、中共湖南省委《毛澤東早期文稿》組編：《毛澤東早期文稿》（長沙：湖南出版社，1990）。

牛漢、鄧九平主編：《原上草：記憶中的反右派運動》（北京：經濟日報出版社，1998）。

王民三：《三年困難時期的糧食工作：王民三日記摘錄（1959-1961）》，《貴州糧食》（增刊）（2010年3月）（內部刊行）。

王申酉：《王申酉文集》（香港：香港高文出版社，2002）。

王建軍主編：《五八劫：1958年四川省中學生社會主義教育運動記實》（自印本）。

北京大學社會主義思想教育委員會編：《北京大學右派分子反動言論彙集》（1957年10月）（內部參考）。

北京大學經濟系政治經濟學教研室編：《校內外右派言論彙集》（1957）。

外交部、中共中央文獻研究室編：《毛澤東外交文選》（北京：中央文獻出版社、世界知識出版社，1994）。

朱光潛著、朱光潛全集編輯委員會編：《朱光潛全集》（合肥：安徽教育出版社，1993）。

江澤民：《江澤民文選》（第1卷-第3卷）（北京：人民出版社，2006）。

竹內實編：《毛澤東集補卷》（第1卷-第10卷）（日本：蒼蒼社，1985）。

余習廣主編：《位卑未敢忘憂國：「文化大革命」上書集》（香港：泰德時代出版有限公司，2006）。〔錢註：本書由湖南人民出版社於1989年出版大陸版，大陸版和香港版基本內容一致，個別選文有些許不同。〕

余習廣主編：《位卑未敢忘憂國：大躍進‧苦日子上書集》（香港：時代潮流出版有限公司，2005）。

宋永毅、孫大進編著：《文化大革命和它的異端思潮》（香港：田園書屋，1997）。

宋永毅主編：《中國文化大革命文庫》電子光盤（香港：香港中文大學中國研究中心，2002）。

沈從文：《沈從文全集》（太原：北岳文藝出版社，2002）。

周揚、郭沫若編：《紅旗歌謠》（北京：紅旗出版社，1959）。

林希翎：《林希翎自選集》（香港：景順書局，1985）。

林昭、張春元、向承鑒等著：《星火》（第一期全文，第二期稿件），譚蟬雪編著：《求索──蘭州大學「右派反革命集團案」紀實》（香港：天馬出版公司，2010）。

胡平、王軍濤等著：《開拓──北大學運文獻》（香港：田園書屋，1990）。

胡杰編：《林昭詩集》（打印稿）。

徐曉、丁東、徐友漁主編：《遇羅克遺作與回憶》（北京：中國文聯出版公司，1999）。

徐曉主編：《民間書信（1966-1977）》（合肥：安徽文藝出版社，2000）。

國家科技部、國家計委和國家經貿委災害綜合研究組編：《中國重大自然災害與社會圖集》（廣東：科技出版社，2004）。

張中曉：《無夢樓全集》（武漢：武漢出版社，2006）。

張志新：《張志新遺文》（自印稿）。

張新蠶：《紅色少女日記：一個女紅衛兵的心靈軌跡（1966-1977）》（北京：中國社會科學出版社，2003）。

梁漱溟：《梁漱溟全集》（濟南：山東人民出版社，2005）。

陸文秀：《陸文秀遺文》（打印稿）。

傅雷：《傅雷家書》（增補本）（北京：三聯書店，1994）。

童懷周編：《天安門詩抄》（北京：人民文學出版社，1978）。

賀雄飛主編：《邊緣記錄：《天涯》民間語文精品》（海口：南海出版公司，1999）。

楊尚昆：《楊尚昆日記》（上、下冊）（北京：中央文獻出版社，2001）。

楊偉名：《一葉知秋——楊偉名文存》（北京：社會科學文獻出版社，2004）。

趙紫陽：《改革歷程》（香港：新世紀出版社，2009）。

劉少奇：《劉少奇選集》（上、下卷）（北京：人民出版社，1985）。

鄧力群編：《毛澤東讀社會主義政治經濟學批注和談話》（清樣本）（北京：中國人民共和
　　國國史學會，1998）。

鄧小平：《鄧小平文選》（第1卷-第3卷）（北京：人民出版社，1993-1994）。

魯迅：《魯迅全集》（第1卷-第18卷）（北京：人民文學出版社，2005）。

盧叔寧：《劫灰殘編》（北京：中國文聯出版社，2000）。

錢理群：《下鄉日記》（未刊稿，1960）。

羅瑞卿：《我國肅反鬥爭的成就和今後的任務》（北京：中國青年出版社，1958）。

譚天榮：《我所理解的馬克思主義》（手稿）。

譚放、趙無眠選輯：《文革大字報精選》（香港：明鏡出版社，1996）。

蘇曉康、王魯湘：《河殤》（台北：風雲時代出版股份有限公司、金楓出版公司聯合出版
　　發行，1988）。

顧準：《顧準文集》（貴陽：貴州人民出版社，1994）。

顧準：《顧準日記》（北京：中國青年出版社，2002）。

顧準：《顧準自述》（北京：中國青年出版社，2002）。

顧準：《顧準筆記》（北京：中國青年出版社，2002）。

（二）單篇文章

〈一月革命勝利萬歲——上海人民公社宣言〉（1967年2月5日）。

〈中國共產黨中央委員會關於無產階級文化大革命的決定〉（1966年8月8日通過），《人民
　　日報》（1966年8月9日）第1版。

〈人民首都不容麻雀生存——三百萬人總動員第一天殲滅八萬三〉，《人民日報》（1958年4
　　月20日），第1版。

〈毛主席到了徐水〉，《人民日報》（1958年8月11日）。

〈關於建國以來黨的若干歷史問題的決議〉，中共中央十一屆六中全會通過，《人民日報》
　　（1981年8月1日），第1版。

〈陸文秀代遺書〉（1970年3月16日）（鉛印稿）。

〈革命少數贊〉，見井岡山紅衛兵臨時總部、毛澤東思想紅衛兵臨時總部、毛澤東思想紅
　　衛兵八八總部聯合主辦《井岡山》報選編之《徹底革命，徹底造反——批判資產階級

反動路線（二）》（據文革鉛印傳單）。

《人民日報》、《紅旗》雜誌、《解放軍報》社論：〈學好文件抓住綱〉，《人民日報》（1977年
　　2月7日），第1版。

《人民日報》、《紅旗》雜誌、《解放軍報》編輯部文章：〈沿著十月社會主義革命開闢的道
　　路前進〉，《人民日報》（1967年11月6日），第1版。

《人民日報》本報評論員：〈歡呼北大的一張大字報〉，《人民日報》（1966年6月2日），第
　　1版。

《人民日報》社論：〈這是為什麼？〉，《人民日報》（1957年6月8日），第1版。

《人民日報》社論：〈今年夏季大豐收說明了什麼？〉，《人民日報》（1958年7月23日），
　　第6版。

《人民日報》社論：〈毛主席和群眾在一起〉，《人民日報》（1966年8月20日），第1版。

《人民日報》編輯部：〈關於無產階級專政的歷史經驗〉，《人民日報》（1956年4月5日）。

《人民日報》評論員文章：〈讓人民群眾切實感受到司法體制改革成效〉，《人民日報》
　　（2010年2月22日），第1版。

《紅旗》社論：〈無產階級專政下進行革命的理論武器──紀念〈關於正確處理人民內部矛
　　盾的問題〉發表十週年〉，中國共產黨中央委員會編：《紅旗》，1967年第10期。

人民日報編輯部、紅旗雜誌編輯部：〈蘇共領導是當代最大的分裂主義者──七評蘇共中
　　央的公開信〉（1964年2月4日）（北京：人民出版社，1964）。

人民日報編輯部、紅旗雜誌編輯部：〈關於赫魯曉夫的假共產主義及其在世界歷史上的
　　教訓〉（1964年7月14日）（北京：人民出版社，1964）。

劉惠明：〈巴黎公社的全面選舉制〉，《紅旗》1966年第11期（1966年8月21日）。

劉西瑞：〈人有多大膽，地有多大產〉，《人民日報》（1958年8月27日）專欄「壽張來
　　信」，第3版。

吳傳啟：〈社會主義道路和黨的領導〉，《中國青年》1957年13期。

周揚：〈關於馬克思主義的幾個理論問題的探討〉，《人民日報》（1983年3月16日），第4
　　版。

姚文元：〈評陶鑄的兩本書〉，《人民日報》（1967年9月8日），第1版。

姚文元：〈論林彪反革命集團的社會基礎〉，《紅旗》1975年第3期（1975年3月1日）。

張春橋：〈論對資產階級的全面專政〉，《紅旗》1975年第4期（1975年4月1日）。

林彪：〈在接見全國各地來京革命師生大會上林彪同志的講話〉，《人民日報》（1966年11
　　月4日），第2版。

林昭：〈致《人民日報》編輯部的信〉（抄件複印件）。

毛澤東：〈讀《政治經濟學教科書》社會主義部分（第三版）的筆記〉（文革流傳本）。

江楓等：〈我們的歌〉，《紅樓》第4期。

疾風：〈反對黨的某一個組織就不是反黨嗎？〉，《中國青年》1957年18期。

社論：〈全國都應該成為毛澤東思想的大學校──紀念中國人民解放軍建軍三十九周

年〉，《人民日報》（1966年8月1日），第1版。

胡錦濤：〈生動的一課——工人、農民、戰士、學生座談音樂史詩《東方紅》〉，《人民日報》（1964年11月6日）。

胡錦濤：〈高舉中國特色社會主義偉大旗幟　為奪取全面建設小康社會新勝利而奮鬥——在中國共產黨第十七次全國代表大會上的報告〉，《人民日報》（2007年10月25日），第1版。

胡錦濤：〈在紀念黨的十一屆三中全會召開三十周年大會上的講話〉，《人民日報》（2008年12月19日），第1版。

鄧小平：〈關於整風運動的報告〉，《人民日報》（1957年9月23日），第1版。

錢學森：〈糧食畝產量會有多少？〉，《中國青年報》（1958年6月16日）。

錢理群：〈2009年總結〉（未刊稿）。

陳一諮：〈給胡耀邦的信〉（1963年寒假）（油印本）。

陳一諮：〈給楊秀峰的信〉（1964年寒假）（油印本）。

陳一諮：〈給許立群的信〉（1964年9月）（油印本）。

陳一諮：〈給校系工作提幾點意見〉（1965年2月）（油印本）。

陳一諮：〈給毛主席的信〉（1965年2月）（油印本）。

陳一諮：〈給黨和政府工作提的一點意見〉（1965年2月）（油印本）。

陳一諮：〈關於我的一些情況〉（1965年2月）（油印本）。

陳一諮：〈讓事實說話——和黃某的關係〉（1965年）（油印本）。

陳一諮：〈努力學習毛澤東思想，和陸平黑幫作不調和的鬥爭〉（1966年8月）（油印本）。

陳一諮：〈革命何罪——給首都中國人民解放軍的第二封信〉（1968年10月）（油印木）。

陳伯達：〈在毛澤東同志的旗幟下〉，《紅旗》1958年第4期（1958年7月16日）。

陸文秀：〈關於什麼是毛澤東思想的問題〉（1969年11月17日）（鉛印稿）。

陸文秀：〈關於現階段文化大革命形勢的認識〉（1969年11月17日）（鉛印稿）。

陸文秀：〈為知識青年上山下鄉問題給革命家長和各級領導的一封公開信〉（1969年11月22日）（鉛印稿）。

陸文秀：〈再告全國人民書〉（1969年11月29日）（鉛印稿）。

陸文秀：〈多思〉（1969年12月26日）（鉛印稿）。

陸文秀：〈被正式逮捕前的提審筆錄〉（1970年3月15日），〈被正式逮捕後的第一次審訊記錄〉（1970年3月25日），〈被正式逮捕後的第二次審訊記錄〉（1970年4月21日）（鉛印稿）。

陸文秀：〈思想彙報〉（日期不詳）（鉛印稿）。

馬寅初：〈附帶聲明·一，接受《光明日報》的挑戰書〉（1959）。

黃克誠：〈關於對毛主席評價和對毛澤東思想的態度問題〉，《人民日報》（1981年4月11日），第1版。

二、回憶、傳記、年譜

《往事微痕》第5期和15期（自印交流本）。

「毛澤東與我」徵文活動組委會編：《毛主席走遍祖國大地》（山西：人民出版社，1993）。

「毛澤東與我」徵文活動組委會編：《毛主席的光輝》（山西：人民出版社，1993）。

「毛澤東與我」徵文活動組委會編：《毛澤東人際交往側記》（山西：人民出版社，1993）。

「毛澤東與我」徵文活動組委會編：《在毛澤東身邊》（山西：人民出版社，1993）。

「毛澤東與我」徵文活動組委會編：《我見到了毛主席》（山西：人民出版社，1993）。

「毛澤東與我」徵文活動組委會編：《我與毛澤東的交往》（山西：人民出版社，1993）。

「緬懷毛澤東」編輯組編：《緬懷毛澤東》（上、下冊）（北京：中央文獻出版社，1993）。

中共中央文獻研究室編：《毛澤東年譜》（上、中、下卷）（北京：中央文獻出版社，人民出版社，1993）。

中共中央文獻研究室編：《周恩來年譜》（上、中、下冊）（北京：中央文獻出版社，1997）。

中國人民大學新聞系56級13班編：《那時我們多年輕（1956-1960）》（內部自印，2004）。

牛漢、鄧九平主編：《六月雪：記憶中的反右派運動》（第一版）（北京：經濟日報出版社，1998）。

王力：《現場歷史：文化大革命紀事》（香港：牛津大學出版社，1993）。

王力：《王力反思錄》（上、下冊）（香港：北星出版社，2001）。

王希哲自傳：《走向黑暗》（香港：民主大學出版社，1996）。

北島、李陀主編：《七十年代》（香港：牛津大學出版社，2008）。

卡羅爾（K.S. Karol）著，劉立仁、賀季生譯：《毛澤東的中國》（中譯本）（貴陽：貴州人民出版社，1988）。

布衣依舊、畢飛宇等著：《生於六十年代》（上海：漢語大詞典出版社，2004）。

灰娃：《我額頭青枝綠葉：灰娃自述》（北京：人民文學出版社，2010）。

吳江：《政治滄桑六十年──冷石齋憶舊》（蘭州：蘭州大學出版社，2005）。

吳冷西：《憶毛主席──我親身經歷的若干重大歷史事件片斷》（北京：新華出版社，1995）。

吳冷西：《十年論戰：1956-1966──中蘇關係回憶錄》（北京：中央文獻出版社，1999）。

吳法憲：《歲月艱難：吳法憲回憶錄》（上、下冊）（香港：北星出版社，2006）。

吳祖光等：《荊棘路：記憶中的反右派運動》（北京：經濟日報出版社，1998）。

吳德口述，朱元石等訪談、整理：《十年風雨紀事──我在北京工作的一些經歷》（北京：當代中國出版社，2004）。

李志綏：《毛澤東私人醫生回憶錄》（台北：時報文化出版公司，1994）。

李海文主編：《中共重大歷史事件親歷記（1949-1980）》（第一、二編）（成都：四川人民出版社，2006）。

李敏：《我的父親毛澤東》（遼寧：人民出版社，2000）。

李新：《流逝的歲月：李新回憶錄》（太原：山西人民出版社，2008）。

李維漢：《回憶與研究》（上、下冊）（北京：中共黨史資料出版社，1986）。

李銳：《「大躍進」親歷記》（上、下冊）（上海：遠東出版社，1996）。

李銳：《廬山會議實錄》（北京：春秋出版社、長沙：湖南教育出版社，1989）

李銀橋：《走向神壇的毛澤東》（北京：中外文化出版公司，1989）。

李蘊暉（鄒世敏）：《追尋》（蘭州：甘肅人民出版社，2002）。

杜潤生：《杜潤生自述：中國農村體制改革重大決策紀實》（北京：人民出版社，2005）。

杜應國（籃子）：《奔突的地火——一個思想漂泊者的精神旅程》（未刊稿）。

杜應國（籃子）：《絕地困守（自選集）》（未刊稿）。

沈澤宜：《北大，五一九——學生右派們是「怎樣煉成的」》（香港：天行健出版社，2010）。

和鳳鳴：《經歷：我的1957年》（蘭州：敦煌文藝出版社，2006）。

周國平：《歲月與性情：我的心靈自傳》（武漢：長江文藝出版社，2004）。

孟胡翁編：《夢縈未名湖：北京大學四代校友挑戰應戰懷舊文集》（上、下冊）（香港：香港文藝出版社，2009）。

宗鳳鳴記述：《趙紫陽軟禁中的談話》（香港：開放出版社，2007）。

武力主編：《中華人民共和國經濟史（1949-1999）》（上、下冊）（北京：中國經濟出版社，1999）

者永平主編：《那個年代中的我們》（上、下冊）（呼和浩特：遠方出版社，1998）。

金觀濤：《我的哲學探討》（上海：上海人民出版社，1988）。

胡喬木：《胡喬木回憶毛澤東》（北京：人民出版社，1994）。

凌耿著，丁廣馨、劉崑生譯：《天讎：一個中國青年的自述》（香港：新境傳播公司，1972）。

師哲：《在歷史巨人身邊——師哲回憶錄》（北京：中央文獻出版社，1991）。

徐友漁主編：《1966：我們那一代的回憶》（北京：中國文聯出版公司，1998）。

徐景賢：《十年一夢》（香港：時代國際出版有限公司，2005）。

馬識途：《滄桑十年》（北京：中共中央黨史出版社，1999）。

高文謙：《晚年周恩來》（香港：明鏡出版社，2003）。

逄先知、金沖及主編：《毛澤東傳》（上、下冊）（北京：中央文獻出版社，2003）。

崔奇：《我所親歷的中蘇大論戰》（北京：人民日報出版社，2009）。

張元勳：《北大：一九五七》（香港：明報出版社，2004）。

張先癡：《格拉古軼事》（[美]加州：溪流出版社，2007）。

張戎、喬‧哈利戴（Jon Halliday）：《毛澤東鮮為人知的故事》（香港：香港開放出版社，2006）。

張戎著，張樸譯：《鴻——三代中國女人的故事》（台灣：中華書局，1992）。

許覺民編：《走近林昭》（香港：明報出版社，2006）。

郭宇寬：《王佩英評傳》（自印本）。

陳伯達著，陳曉農編注：《陳伯達遺稿——獄中自述及其他》（香港：香港天地圖書有限公司，2000）。

陳奉孝、譚天榮：《沒有情節的故事》（北京：十月文藝出版社，2001）。

陳明洋編：《當年事：《南方周末》解密檔案》（北京：文化藝術出版社，2005）。

陳曉農編著：《陳伯達最後口述回憶》（香港：星克爾出版有限公司，2005）。

喬曉陽主編：《生於70年代》（上海：漢語大辭典出版社，2004）。

馮亦代：《悔餘日記》（河南：人民出版社，2000）。

楊天石主編，姚鴻本卷主編：《毛澤東剪影》（上海：上海辭書出版社，2005）。

楊勝群、陳晉主編：《五十年的回望——中共八大紀實》（北京：三聯書店，2006）。

楊勳：《心路：良知的命運》（北京：新華出版社，2004）。

楊澤泉：《回眸一笑：我在太陽不落的日子裡》（香港：五七學社出版公司，2009）。

楊曦光：《牛鬼蛇神錄：文革囚禁中的精靈》（香港：牛津大學出版社，1994）。

葉匡政主編：《大往事：縱橫歷史解密檔案》（北京：中國文史出版社，2006）。

葉劍英、劉伯承等：《回憶毛主席》（北京：人民文學出版社，1977）。

董邊等編：《毛澤東和他的秘書田家英》（增訂本）（北京：中央文獻出版社，1996）。

廖亦武編：《沉淪的聖殿》（烏魯木齊：新疆青少年出版社，1999）。

熊向暉：《我的情報和外交生涯》（北京：中央黨史出版社，1999）。

赫魯曉夫（Nikita Sergeevich Khrushchev）著、斯特羅勃‧塔爾伯特編、上海《國際問題資料》編輯組譯：《最後的遺言——赫魯曉夫回憶錄續集》（北京：三聯出版社，1975）。

赫魯曉夫（Nikita Sergeevich Khrushchev）著、張岱雲等譯：《赫魯曉夫回憶錄》（北京：東方出版社，1988）。

趙蘅：《下一班火車幾點開》（北京：十月文藝出版社，2006）。

劉仰東：《紅底金字：六七十年代的北京孩子》（北京：中國青年出版社，2005）。

劉海軍著：《束星北檔案：一個天才物理學家的命運》（北京：作家出版社，2005）。

劉景榮、袁喜生：《毛澤東文藝年譜》（長春：吉林人民出版社，2002）。

劉賓雁：《劉賓雁自傳》（台北：時報文化出版公司，1989）。

鄭鴻生：《青春之歌：追憶1970年代台灣左翼青年的一段如火年華》（台北：聯經出版公司，2001）。

鄧力群：《鄧力群自述：十二個春秋（1975-1987）》（香港：大風出版社，2006）。

蕭克、李銳、龔育之等著：《我親歷過的政治運動》（北京：中央編譯出版社，1998）。

錢理群主編：《附中：永遠的精神家園》（南京師大附中1956屆校友分會自印）。

戴煌：《九死一生：我的「右派」歷程》（北京：中央編譯出版社，1998）。

薄一波：《若干重大決策與事件的回顧》（上、下冊）（北京：中共中央黨校出版社，1991、1993）。

謝冕、費振剛編：《開花或不開花的年代——北京大學中文系55級紀事》（北京：北京大

學出版社，2001）。

聶元梓：《聶元梓回憶錄》（香港：時代國際出版有限公司，2005）。

羅斯・特里爾（Ross Terill）：《毛澤東傳》（北京：中國人民大學出版社，2006）。

籃子：《山崖上的守望》（福州：福建教育出版社，1999）。

黨史編委會編：《關於宋慶齡建國後32年經歷的材料》（1994年11月）（傳抄件）。

權延赤：《領袖淚》（北京：求實出版社，1990）。

權延赤：《紅牆內外》（呼和浩特：內蒙古人民出版社，1998）。

三、研究論著

《青年中國（志願者）行動宣言》（內部交流本）。

《胡喬木傳》編寫組編：《胡喬木談中共黨史》（北京：人民出版社，1999）。

丁抒：《陽謀——「反右」前後》（修訂本）（台北：九十年代雜誌社，1993）。

丁抒主編：《五十年後重評「反右」：中國當代知識分子的命運》（香港：田園書屋，2007）。

丁凱文主編：《重審林彪罪案》（上、下冊）（香港：明鏡出版社，2004）。

卜偉華：《「砸爛舊世界」：文化大革命的動亂與浩劫（1966-1968）》，《中華人民共和國史》（第6卷）（香港：香港中文大學當代中國文化研究中心，2008）。

于光遠著、韓鋼詮註：《「新民主主義社會論」的歷史命運——讀史筆記》（武漢：長江文藝出版社，2005）。

孔慶東、王嵐、葉文曦編：《我們的詩文》（北京：北京大學出版社，2010）。

王凡西：《毛澤東思想論稿》（桃園：連結雜誌社、香港：新苗出版社聯合出版，2003）。

王友琴：《文革受難者——關於迫害、監禁和殺戮的尋訪實錄》（香港：香港開放雜誌出版社，2004）。

王年一：《1949-1989年的中國：大動亂的年代》（河南：河南人民出版社，1996）。

王若水：《新發現的毛澤東——僕人眼中的偉人》（香港：明報出版社，2002）。

王紹光：《理性與瘋狂：文化大革命中的群眾》（香港：牛津大學出版社，1993）。

王學泰：《多夢樓隨筆》（北京：學苑出版社，1999）。

史雲、李丹慧：《難以繼續的「繼續革命」：從批林到批鄧（1972-1976）》，《中華人民共和國史》（第8卷）（香港：香港中文大學當代中國文化研究中心，2008）。

布拉莫爾（Chris Bramall）著、李小川等譯：《毛時代經濟再評價——四川：1930-1980》（香港：牛津大學出版社，1995）。

布蘭特利・沃馬克（Brantly Womack）、霍偉岸、劉晨譯：《毛澤東政治思想的基礎（1917-1935）》（北京：中國人民大學出版社，2006）。

本傑明・史華慈（Benjamin Isadore Schwartz）著、陳瑋譯：《中國的共產主義與毛澤東的崛起》（北京：中國人民大學出版社，2006）。

印紅標：《失蹤者的足跡：文化大革命期間的青年思潮》（香港：香港中文大學出版社，

2009）。

朱正：《1957年的夏季：從百家爭鳴到兩家爭鳴》（河南：人民出版社，1998）。

朱正：《反右派鬥爭始末》（上、下冊）（香港：明報出版社，1989）。

朱學勤：《思想史上的失蹤者》（廣州：花城出版社，1999）。

米鶴都：《紅衛兵這一代》（香港：三聯書店（香港）有限公司，1993）。

何方：《從延安一路走來的反思——何方自述》（上、下冊）（香港：明報出版社，2007）。

何方：《黨史筆記——從遵義會議到延安整風》（香港：利文出版社，2008）。

何明、羅鋒編著：《中蘇關係重大事件述實》（北京：人民出版社，2007）。

何清漣：《現代化的陷阱：當代中國的經濟社會問題》（北京：今日中國出版社，1998）。

吳戈：《紅與黑——牟其中為什麼毀滅》（北京：經濟管理出版社，1999）。

宋永毅主編：《文革大屠殺》（香港：開放雜誌社，2002）。

宋永毅主編：《文化大革命：歷史真相和集體記憶》（上、下冊）（香港：田園書屋，2007）。

宋強、張藏藏、喬邊等著：《中國可以說不——冷戰後時代的政治與情感抉擇》（北京：中華工商聯合出版社，1996）。

宋曉軍等著：《中國不高興——大時代、大目標及我們的內憂外患》（南京：江蘇人民出版社，2009）。

李洪林：《中國思想運動史（1949-1989）》（香港：天地圖書出版公司，1999）。

李敦白（Sidney Rittenberg）、雅瑪達 · 伯納（Amanda Bennett）著、林瑞唐譯：《我在毛澤東身邊的一萬個日子》（台北：智庫文化股份有限公司，1994）。

李銳：《毛澤東同志初期革命活動》（北京：中國青年出版社，1957）。（修訂本改名為《毛澤東同志早期革命活動》〔長沙：湖南人民出版社，1980〕）

杜光：《杜光文存》第23期（內部交流稿）。

杜光：《杜光文存 · 紀念特輯》（內部交流稿）。

沈志華：《毛澤東 · 斯大林與朝鮮戰爭》（廣州：廣東人民出版社，2004）。

沈志華：《思考與選擇：從知識分子會議到反右派運動（1956-1957）》，《中華人民共和國史》（第3卷）（香港：香港中文大學當代中國文化研究中心，2008）。

沈展雲：《灰皮書，黃皮書》（廣州：花城出版社，2007）。

汪澍白：《毛澤東的來蹤去跡》（自印本）。

辛子陵：《紅太陽的隕落：千秋功罪毛澤東》（增訂註釋本）（上、下冊）（香港：書作坊，2009）。

阮銘：《鄧小平帝國》（台北：時報文化出版公司：1992）。

阮銘：《鄧小平帝國三十年》（台北：玉山社出版事業股份有限公司，2009）。

周明主編：《歷史在這裡沉思——1966-1976年記實》（太原：北岳文藝出版社，1986）。

定宜莊：《中國知青史——初瀾（1953-1958）》（北京：中國社會科學出版社，1998）。

林蘊暉：《烏托邦運動：從大躍進到大饑荒（1958-1961）》，《中華人民共和國史》（第4

卷)（香港：香港中文大學當代中國文化研究中心，2008）。

林蘊暉：《國史札記——事件篇》（上海：東方出版中心，2008）。

林蘊暉：《國史札記——史論篇》（上海：東方出版中心，2009）。

金觀濤、劉青峰：《開放中的變遷：再論中國社會超穩定結構》（香港：中文大學出版社，1993)。

金觀濤、劉青峰：《毛澤東思想和儒學》（台北：風雲時代出版股份有限公司，2006）。

阿尼達‧陳(陳佩華)著，史繼平、田曉菲、穆建新譯：《毛主席的孩子們：紅衛兵一代的成長和經歷》（天津：渤海灣出版公司，1998）。

洛朗‧若弗蘭(Laurent Joffrin)著，萬家星譯：《1968年5月法國的「文化大革命」》（武漢：長江文藝出版社，2004）。

紀希晨：《史無前例的時代——一位人民日報老記者的筆記》（北京：人民日報出版社，2001）。

約翰‧布萊恩‧斯塔爾(John Bryan Starr)著，曹志為、王晴波譯：《毛澤東的政治哲學》（北京：人民大學出版社，2006）。

胡平：《禪機：1957苦難的祭壇》（廣州：廣東旅遊出版社，2004）。

胡喬木：《胡喬木文集》（第1卷-第2卷）（北京：人民出版社，1992）。

胡鞍鋼：《毛澤東與文革》（香港：大風出版社，2008）。

迪克‧威爾遜(Dick Wilson)著，中共中央文獻研究室《國外研究毛澤東思想資料選輯》編譯組編譯：《歷史巨人——毛澤東》（北京：中央文獻出版社，1993）。

韋政通：《毛澤東與文化大革命》（台北：立緒文化事業有限公司，1995）。

韋政通：《無限風光在險峰——毛澤東的性格與命運》（台北：立緒文化事業有限公司，1999）。

唐少傑：《一葉知秋——清華大學1968年「百日大武鬥」》（香港：中文大學出版社，2003）。

孫立平：《斷裂：20世紀90年代以來的中國社會》（北京：社會科學文獻出版社，2003）。

席宣、金春明：《「文化大革命」簡史》（北京：中共黨史出版社，1996）。

徐友漁：《形形色色的造反：紅衛兵精神素質的形成和演變》（香港，中文大學出版社，1999）。

馬社香：《前奏：毛澤東1965年重上井岡山》（北京：當代中國出版社，2006）。

馬畏安：《高崗饒漱石事件始末》（北京：當代中國出版社，2006）。

高皋、嚴家其：《「文化大革命」十年史》（天津：天津人民出版社，1986）。

高華：《紅太陽是怎樣升起的：延安整風運動的來龍去脈》（香港：中文大學出版社，2000）。

高華：《在歷史的風陵渡口》（香港：時代出版社，2005）。

張占斌、宋一夫：《中國：毛澤東熱》（山西：北岳文藝出版社，1991）。

張良編著：《中國「六四」真相》（上、下冊）（香港：明鏡出版社，2001）。

張素華著：《變局：七千人大會始末》（北京：中國青年出版社，2006）。

張軼東：《毛澤東最後二十年》（香港：文化藝術出版社，2007）。

莫里斯‧邁斯納（Maurice Meisner）著，中共中央文獻研究室《國外研究毛澤東思想資料選輯》編輯組編輯：《毛澤東與馬克思主義、烏托邦主義》（北京：中央文獻出版社，1991）。

莫里斯‧邁斯納（Maurice Meisner）著、杜蒲譯：《毛澤東的中國及其後：中華人民共和國史》（香港：香港中文大學出版社，2005）。

郭德宏、林小波：《四清運動實錄》（杭州：浙江人民出版社，2005）。

陳一諮：《中國：十年改革與八九民運──北京六四屠殺的背後》（台北：聯經出版公司，1990）。

陳小雅主編：《沉重的回音：1989年天安門運動十五周年紀念文集》（香港：開放雜誌社，2004）。

陳永發：《中國共產革命七十年》（上、下冊）（修訂版）（台灣：聯經出版公司，2001）。

陳晉：《毛澤東的文化性格》（北京：中國青年出版社，1991）。

陳晉：《毛澤東之魂》（吉林：人民出版社，1993）。

陳晉：《文人毛澤東》（上海：上海人民出版社，1997）。

陸益龍：《戶籍制度──控制與社會差別》（北京：商務印書館，2003）。

陸學藝主編：《當代中國社會階層研究報告》（北京：社會科學文獻出版社，2002）。

陸學藝主編：《當代中國社會流動》（北京：社會科學文獻出版社，2004）。

麥陽、劉蓬：《毛澤東在一九五八》（北京：中國青年出版社，2008）。

傅國湧編：《林昭之死：1932-1968四十年祭》（香港：開放出版社，2008）。

凱瑟琳‧奎塞（Catherine Keyser）著，方冶立譯：《體改所與政策制定──毛以後中國的專業化研究》（香港：大風出版社，2008）。

單少傑：《毛澤東執政春秋》（香港：明鏡出版社，2001）。

彭大成：《湖湘文化與毛澤東》（長沙：湖南出版社，1991）。

斯塔爾、史華茲等著，蕭延中主編：《「傳說」的傳說──外國人怎樣評價毛澤東》（北京：中國工人出版社，2001）。

費正清（John King Fairbank）主編：《劍橋中華人民共和國史》（上海：上海人民出版社，1990）。

費正清（John King Fairbank）著，劉尊棋譯：《偉大的中國革命（1800-1985）》（北京：世界知識出版社，2000）。

馮驥才：《一百個人的十年》（南京：江蘇文藝出版社，1991）。

黃翔：《喧囂與寂寞》（紐約：柯捷出版社，2003）。

新島淳良、德里克等著，蕭延中主編：《在歷史的天平上──外國人怎樣評論毛澤東》（北京：中國工人出版社，2001）。

楊奎松：《毛澤東與莫斯科的恩恩怨怨》（第4版）（南昌：江西人民出版社，2006）。

楊奎松：《「中間地帶」的革命——國際大背景下的中共成功之道》（山西：人民出版社，
　　2010）。

楊炳章：《從革命到政治：長征與毛澤東的崛起》（北京：中國人民大學出版社，2006）。

楊健：《文化大革命中的地下文學》（濟南：朝華出版社，1993）。

楊繼繩：《中國改革年代的政治鬥爭》（香港：Excellent Culture Press，2004）。

楊繼繩：《墓碑——中國六十年代大饑荒紀實》（上、下冊）（香港：天地圖書有限公司，
　　2008）。

董志凱等：《延安時期毛澤東的經濟思想》（西安：陝西人民教育出版社，1993）。

賈斯柏‧貝克（Jasper Becker）著，姜和平譯：《餓鬼：毛時代大饑荒揭秘》（香港：明鏡
　　出版社，2005）。

鄒讜：《二十世紀中國政治：從宏觀歷史與微觀行動角度看》（香港：牛津大學出版社，
　　1994）。

鄒讜：《中國革命再闡釋》（香港：牛津大學出版社，2002）。

熊景明、關信基編：《中外名學者論21世紀初的中國》（香港香港中文大學，2009）。

趙鼎新：《國家‧社會關係與八九北京學運》（香港：中文大學出版社出版，2007）。

劉青峰編：《文化大革命：史實與研究》（香港：香港中文大學出版社，1996）。

劉建軍：《單位中國——社會調控體系重構中的個人、組織與國家》（天津：人民出版
　　社，2000）。

劉軍寧主編：《北大傳統與近代中國——自由主義的先聲》（北京：中國人事出版社，
　　1998）。

劉國凱主編：《封殺不了的歷史》（香港：香港田園書屋1996）。

劉國凱：《人民文革論》（香港：博大出版社，2006）。

劉勝驥：《大陸民辦刊物的形式和內容分析：1978-1980》（台北：留學出版社出版，
　　1986）。

劉源：《劉少奇與新中國》（香港：大風出版社，2005）。

劉曉：《意識形態與文化大革命》（台北：洪葉文化事業有限公司，2000）。

鄭義：《歷史的一部分：永遠寄不出的十一封信》（台北：萬象圖書股份有限公司，
　　1993）。

盧躍剛：《大國寡民》（北京：中國電影出版社，1998）。

蕭冬連：《歷史的轉軌——從撥亂反正到改革開放（1979-1981）》，《中華人民共和國史》
　　（第10卷）（香港：香港中文大學出版社，2008）。

蕭延中主編：《晚年毛澤東》（北京：春秋出版社，1989）。

蕭延中編：《外國學者評毛澤東——第二卷：從奠基者到「紅太陽」》（北京：中國工人出
　　版社，1997）。

蕭延中：《巨人的誕生：毛澤東現象的意識起源》（南昌：江西人民出版社，2005）。

錢庠理：《歷史的變局：從挽救危機到反修防修（1962-1965）》，《中華人民共和國史》（第

　5卷）（香港：香港中文大學當代中國文化研究中心，2008）。

錢理群、黃子平、陳平原：《二十世紀中國文學三人談》（北京：人民文學出版社，
　1988）。

錢理群主編：《走近北大》（成都：四川人民出版社，2000）。

錢理群編：《校園風景中的永恆：我心目中的蔡元培》（成都：四川人民出版社，2000）。

錢理群、劉鐵芳編：《鄉土中國與鄉村教育》（福州：福建教育出版社，2008）。

錢理群：《周作人傳》（北京：北京十月文藝出版社，1990）。

錢理群：《壓在心上的墳》（成都：四川人民出版社，1997）。

錢理群：《六十劫語》（福州：福建教育出版社，1999）。

錢理群：《心靈的探尋》（北京：北京大學出版社，1999）。

錢理群：《走進當代的魯迅》（北京：北京大學出版社，1999）。

錢理群：《話說周氏兄弟》（濟南：山東畫報出版社，1999）。

錢理群：《語文教育門外談》（桂林：廣西師範大學出版社，2003）。

錢理群：《遠行以後：魯迅接受史的一種描述：1936-2001》（貴陽：貴州教育出版社，
　2004）。

錢理群：《追尋生存之根──我的退思錄》（桂林：廣西師範大學出版社，2005）。

錢理群：《生命的沉湖》（北京：生活・讀書・新知三聯書店，2006）。

錢理群：《拒絕遺忘：「1957年學」筆記》（香港：香港牛津大學出版社，2007）。

錢理群：《豐富的痛苦──堂吉訶德與哈姆雷特的東移》（北京：北京大學出版社，
　2007）。

錢理群：《1948：天地玄黃》（北京：中華書局，2008）。

錢理群：《我的回顧與反思──在北大的最後一門課》（台北：行人出版社，2008）。

錢理群：《我的教師夢──錢理群教育演講錄》（上海：華東師範大學出版社，2008）。

錢理群：《我的精神自傳──以北京大學為背景》（台北：台灣社會研究雜誌社，2008）。

錢理群：《漂泊的家園》（貴陽：貴州教育出版社，2008）。

錢理群：《致青年朋友》（北京：中國長安出版社，2008）。

錢理群：《論北大》（桂林：廣西師範大學出版社，2008）。

錢理群：《那裡有一方心靈的淨土》（北京：中國文聯出版社，2008）。

錢理群：《作教師真難，真好》（上海：華東師範大學出版社，2009）。

錢理群：《拒絕遺忘：錢理群文選》（修訂版）（北京：中國大百科全書出版社，2009）。

錢理群：《知我者謂我心憂──十年觀察與思考（1999-2008）》（香港：星克爾出版（香港）
　公司，2009）。

錢理群：《活著的理由》（桂林：廣西師範大學出版社，2010）。

錢理群：《錢理群語文教育新論》（上海：華東師範大學出版社，2010）。

閻長貴、王廣宇：《問史求信集》（北京：紅旗出版社，2009）。

戴煌：《胡耀邦與平反冤假錯案》（北京：中國工人出版社，2004）。

羅平漢：《天堂實驗：人民公社化運動始末》（北京：中共中央黨校出版社，2006）。

羅德里克‧麥克法夸爾（Roderick MacFarquhar）著，文化大革命的起源翻譯組譯：《文化大革命的起源》（石家莊：河北人民出版社，1989）。

譚宗級、葉心瑜主編：《中華人民共和國實錄：內亂與抗爭——「文化革命」的十年》（上、下冊），《中華人民共和國實錄》（第3卷）（長春：吉林人民出版社，1994）。

蘇共中央馬克思列寧主義研究院編，胡堯之等譯：《回憶馬克思恩格斯》（北京：北京人民出版社，1957）。

四、單篇論文

《中國合作經濟》編輯部：〈馮志來、陳新宇、楊木水：「兩個半」單幹理論家〉，《中國合作經濟》2008年第9期《中國知識分子的百年鄉戀》專號。

支振鋒、臧勱：〈「中國模式」與「中國學派」——「人民共和國60年與中國模式」學術研討會綜述〉，《開放時代》2009年第4期。

王年一：〈關於「五‧一六」的一些資料〉，《中共黨史研究》2002年第1期。

王定：〈狂熱及其災難〉，《南方周末》1998年10月9日，第18版。

王啟星：〈王飛、李慎之與毛澤東秘書談民主〉，《炎黃春秋》2010年第8期。

何明星：〈紅色經典的海外遺產〉，《南風窗》2009年第2期。

李光彩：〈張玉鳳談毛澤東〉，《悅讀》第18卷。

李向平：〈「毛澤東信仰」的現象解讀〉，《南風窗》2009年第6期。

李波：〈「卑賤者最聰明，高貴者最愚蠢」——毛澤東對「鴨綠江一號」拖拉機的批示〉，《百年潮》2009年第8期。

李凌：〈勇破堅冰的《未定稿》〉，《書屋》2003年第1期。

李蔚新：〈90年代自由主義思想在中國的復興〉，《當代中國研究》2002年夏季號。

杜應國：〈理性的聲音——汪小川《二鋪調查》四十五周年祭〉，《二十一世紀》網路版（2007年5月31日），第62期首發。

沈志華：〈赫魯曉夫秘密報告的出台及中國的反應〉，《百年潮》2009年第8期。

周泉纓：〈我心中的文革〉，網上刊物《華夏文摘》增刊「文革博物館通訊」（http://www.cnd.org/CR）第55期（1999年9月7日）。

林蘊暉：〈1956年匈牙利事件引發劉少奇的思考〉，《炎黃春秋》2009年第3期。

金津：〈馬共的革命與終結〉，《炎黃春秋》2010年第4期。

金楓：〈1998：北京之春——中國民主黨組黨運動被鎮壓紀實〉，《北京之春》1999年第4期。

姚力文、劉建平：〈新民主主義的命運和劉少奇的失敗〉，《炎黃春秋》2009年第2期。

茆家升：〈從《張愷帆回憶錄》看大躍進中的安徽官場和一個人的覺醒〉，《炎黃春秋》2009年第12期。

孫言誠：〈青海二‧二三事件〉，《炎黃春秋》2009年第10期。

徐敏：〈王朔與文革後期的城市遊蕩者——以《動物兇猛》為例〉，《上海文化》2009年第1
　　期。

徐樂義：〈安徽農村「大包幹」的起源和發展〉，《當代中國史研究》1998年第6期。

徐遲：〈《一九五八年詩選》序〉，《詩刊》1959年第1期。

馬慶鈺：〈市場經濟呼喚政治改革〉，《炎黃春秋》2010年第11期。

高華：〈在貴州「四清運動」的背後〉，《二十一世紀》（香港）2006年2月號。

商金林：〈關於《摘星錄》考釋的若干商榷〉，《中國現代文學研究叢刊》2010年第2期。

曹前發：〈「錯批一人，誤增三億」說之歷史誤讀〉，《百年潮》2009年第12卷。

郭道暉：〈四千老幹部對黨史的一次民主評議——〈黨的若干歷史問題決議（草案）〉大討
　　論紀略〉，《炎黃春秋》2010年第4期。

陳映真：〈我在台灣所體驗的文革〉，《亞洲週刊》1996年5月26日。

馮敬蘭、劉進、葉維麗、宋彬彬、于羚著：〈卞仲耘之死的另一種陳述〉，《炎黃春秋》
　　2010年第8期。

黃宗智：〈改革中的國家體制：經濟體制和社會危機的同一根源〉，《開放時代》2009年第
　　4期。

溫鐵軍：〈我們還需要鄉村建設〉，《開放時代》2005年第6期。

雷頤：〈「麻雀」有故事〉，《炎黃春秋》2009年第2期。

裴春芳：〈虹影星光或可證——沈從文四十年代小說的愛欲內涵發微〉，《十月》2009年第
　　2期。

趙淮清：〈文革中青海的一次流血事件〉，《炎黃春秋》2008年第12期。

趙雲旗：〈中國當代農民負擔問題研究（1949-2006）〉，《中國經濟史研究》2007年第3期。

趙德馨：〈新中國六十年經濟發展的路徑、成就與經驗〉，《百年潮》2009年第10期。

劉志男：〈關於建國後至中共九大期間「接班人」問題的歷史考察〉，《當代中國史研究》第
　　8卷第6期（2001年11月）。

蔡翔：〈社會主義的危機以及克服危機的努力——兩個「三十年」與「革命之後」時代的文
　　學〉，《現代中文學刊》2009年第2期（總2期）。

鄭永年：〈中國改革的路徑及其走向〉，《炎黃春秋》2010年第11期。

蕭功秦：〈困境之礁上的思想水花——當代中國六大社會思潮析論〉，《社會科學論壇》
　　2010年第8期。

錢理群：〈一個未完成的歷史任務〉，2009年在大陸知識分子紀念「六四」二十周年學術討
　　論會上宣讀，未公開發表。

錢理群：〈和台灣學生的一封通信〉，《思想》第15期（台北：聯經出版公司，2010）。

閻明復：〈1957年形勢與伏羅西洛夫訪華〉，《百年潮》2009年第2期。

謝韜：〈民主社會主義模式與中國前途〉，《炎黃春秋》2007年第2期。

羅冰：〈反右運動檔案解密〉，《爭鳴》（香港）2006年第1期。

鐘舒民：〈正在走向世界舞臺中心的中國外交面臨新挑戰，中國智庫要提升國際對話能

力〉，《文匯報》2010年8月16日，第7版。

黨國英、于莫：〈中國改革的現代性解析〉，《讀書》2010年第8期。

龔育之：〈農民的偉大首創──《起源──鳳陽農業「大包幹」實錄》的序言和前言〉，《中共黨史研究》1998年第5期。

五、網站

〈170名黨員、幹部對黨的十七大的獻言書〉，2011年7月27日取自，《批判與再造》（復刊版）：http://critiqueandtransformation.wordpress.com/2007/10/02/170%e5%90%8d%e9%bb%a8%e5%93%a1%e3%80%81%e5%b9%b9%e9%83%a8%e5%b0%8d%e9%bb%a8%e7%9a%84%e5%8d%81%e4%b8%83%e5%a4%a7%e7%9a%84%e7%8d%bb%e8%a8%80%e6%9b%b8/ 。

〈嵖岈山衛星人民公社試行簡章（草案）〉（1958年8月7日發布），2011年8月16日取自，為人民服務網：http://hi.baidu.com/yh909106/blog/item/4861c32b4b3420f8e6cd40cb.html 。

〈零八憲章〉（2008年12月10日發布），2011年7月27日取自，零八憲章：http://www.2008xianzhang.info/chinese.htm 。

于建嶸：〈中國騷亂事件和管治危機〉（2007年11月5日發布），2011年5月23日取自，大道網：http://www.methodfirst.cn/cl_in.html?id=129 。

劉植榮：〈世界工資研究報告與借鑑〉（2010年3月3日發布），2011年7月27日取自：劉植榮博客──飛翔的鐵塔：http://blog.sina.com.cn/s/blog_46904e310100gufv.html 。

孫立平：〈中國正在加速走向社會潰敗〉（2010年4月1日發布），2011年7月27日取自，中華網：http://club.china.com/data/thread/1638757/2713/17/51/6_1.html 。

宋永毅：〈訪X詩社張鶴慈〉（原載《民主中國》2003年7月號），2011年8月16日取自，地方文革史交流網：http://difangwenge.org/read.php?tid=6246 。

李懷宇：〈沈昌文以文會友辦雜誌「談情說愛」當編輯〉（2006年4月5日發布），2011年8月16日取自，南方網：http://www.southcn.com/nfsq/ywhc/ls/200604050346.htm 。

李昌平：〈九十年代三農政策基本錯誤〉（2008年1月6日發布），2011年7月27日取自，三農中國網：http://www.snzg.cn/article/2008/0106/article_8748.html 。

歐陽懿：〈《零八憲章》：中國社會現代化進程中重要的里程碑〉（2009年11月25日發布），2011年7月27日取自，零八憲章：http://www.2008xianzhang.info/Reviews/20091204%20ouyang%20yi.html 。

秦暉：〈「中國奇蹟」的形成與未來──改革三十年之我見〉（原刊載於2008年2月21日《南方周末》電子報第1254期，2008年2月22日轉發），2011年7月27日取自，學術批評網：http://www.acriticism.com/article.asp?Newsid=9412&type=1002〔錢註：本文原刊載於2008年2月21日《南方周末》電子報第1254期。但該網站上目前本文刊載不全，故轉引自學術批評網〕。

秦暉：〈「中國奇蹟」的形成與未來——改革三十年之我見〉，〈上篇：雙重效率增益與走出「負帕累托」——中國奇蹟1978—1989〉（原刊載於2008年2月21日《南方周末》電子報第1254期），2011年8月17日取自，愛思網：http://www.aisixiang.com/data/20687.html。

秦暉：〈中國更需要民主辯論與重新啟蒙〉（2009年3月8日發布）《亞洲週刊》第23卷第9期，2011年7月27日取自，亞洲週刊：http://www.yzzk.com/cfm/Content_Archive.cfm?Channel=tt&Path=3104908231/09tt1.cfm。

附錄：課用選文 [1]

毛澤東：〈論十大關係〉（1956年4月25日）。

毛澤東：〈關於正確處理人民內部矛盾的問題〉（1957年2月27日）。

毛澤東：〈卑賤者最聰明，高貴者最愚蠢〉（1958年5月18日、20日）。

毛澤東：〈為印發《張魯傳》寫的批語〉（1958年12月7日、10日）。

毛澤東：〈讀《政治經濟學教科書》社會主義部分（第三版）的筆記〉。

錢理群自編：毛澤東醞釀與發動文化大革命的有關文件

　　·毛澤東：〈關於教育革命的談話〉（1964年2月13日）。

　　·毛澤東：〈培養無產階級的革命接班人〉（1964年6月16日）。

　　·毛澤東：〈對謝富治在瀋陽冶煉廠蹲點的報告的批語〉（1964年12月5日）。

　　·毛澤東：〈對陳正人關於社教蹲點情況報告的批語和批注〉（1964年12月12日、1965年1月15日）。

　　·毛澤東：〈對中央關於撤銷《文化大革命五人小組關於當前學術討論的匯報提綱》通知稿的批語和修改〉（1966年4月14日）。

　　·毛澤東：〈對總後勤部關於進一步搞好部隊農副業生產報告的批語〉（1966年5月7日、14日）。

　　·毛澤東：〈給清華大學附屬中學紅衛兵的信〉（1966年7月31日、8月1日）。

　　·毛澤東：〈給江青的信〉（1966年7月8日）。

　　·毛澤東：〈炮打司令部——我的一張大字報〉（1966年8月5日）。

　　·毛澤東：〈關於無產階級專政下繼續革命的理論要點〉（1967年10月）。

林希翎：〈在北大的第一次發言〉（1957年5月23日）。

清華附中紅衛兵：〈三論「革命的造反精神萬歲」〉（1966年6月24日、7月4日）（附）毛澤東給清華大學附屬中學紅衛兵的信。

北京市中學生四三派紅衛兵：〈論新思潮——四三派宣言〉（1967年6月11日）。

李一哲：〈關於社會主義民主與法治〉（1974年10月）。

錢理群：〈魯迅與毛澤東〉（1962）。

錢理群：〈世紀之交的中國大陸知識份子對歷史的反思與現實困境——異國沉思錄之一〉（1995）。

錢理群：〈拒絕遺忘：科學總結20世紀中國經驗的第一步〉（2002）。

1　本選文為錢理群2009年9月至11月於台灣新竹交通大學社會與文化研究所開設之「大陸戰後思想狀況——我和共和國、毛澤東六十年」課程時所用之自編教材。該課程另一教材為，錢理群：《拒絕遺忘：「1957年學」研究筆記》（香港：牛津大學出版社，2008）。

台灣社會研究論壇

台灣社會研究 季刊

Taiwan: A Radical Quarterly in Social Studies

發 行 人：周　渝
社　　長：徐進鈺
總 編 輯：王增勇
執行編輯：蔡志杰
助理編輯：廖瑞華
編輯委員：丸川哲史、王瑾、王增勇、白永瑞、汪暉、邢幼田、柯思仁、孫歌、
　　　　　許寶強、夏曉鵑、夏鑄九、馮建三、趙剛、瞿宛文、Chris Berry、
　　　　　Gail Hershatter
顧　　問：丁乃非、于治中、王振寰、丘延亮、江士林、朱偉誠、呂正惠、
　　　　　何春蕤、李尚仁、李朝津、李榮武、林津如、陳光興、陳忠信、
　　　　　陳信行、陳溢茂、許達然、賀照田、黃麗玲、廖元豪、甯應斌、
　　　　　錢永祥、鄭村棋、鄭鴻生、魏　玓
榮譽顧問：王杏慶、成露茜、李永熾、吳乃德、吳聰敏、林俊義、高承恕、
　　　　　徐正光、梁其姿、蔡建仁、張　復、傅大為、鄭欽仁
國際顧問：溝口雄三、蔡明發、濱下武志、Perry Anderson、Arif Dirlik
網　　址：http://www.bp.ntu.edu.tw/WebUsers/taishe/
電　　郵：taishe.editor@gmail.com
聯絡電話：02-22360556
行政院新聞局出版事業登記證局版台誌字第6395號
中華郵政北台字第2634號執照登記為雜誌交寄

國家圖書館出版品預行編目資料

毛澤東時代和後毛澤東時代（1949-2009）
　　——另一種歷史書寫（下）/錢理群著. 初版.
臺北市. 聯經. 2012年1月. 376面.
17×23公分（聯經學術）
ISBN 978-957-08-3925-8（下冊：平裝）
〔2023年10月初版第十一刷〕

1.中國史　2.現代史

628.7　　　　　　　　　　　　　100023425

聯經學術

毛澤東時代和後毛澤東時代（1949-2009）
——另一種歷史書寫（下）

2012年1月初版　　　　　　　　　　　　定價：新臺幣420元
2023年10月初版第十一刷
有著作權·翻印必究
Printed in Taiwan.

著　　者	錢　理　群	
策　　劃	交通大學亞太	
	/文化研究室	
叢書主編	沙　淑　芬	
執行編輯	阮　芸　妍	
	胡　清　雅	
校　　對	王　中　奇	
封面設計	黃　瑪　琍	
發 行 人	林　載　爵	

出　版　者　聯經出版事業股份有限公司　　總編輯　胡　金　倫
地　　　址　新北市汐止區大同路一段369號1樓　總經理　陳　芝　宇
編輯部地址　新北市汐止區大同路一段369號1樓　社　長　羅　國　俊
叢書主編電話　（02）86925588轉5310　　　發行人　林　載　爵
台北聯經書房　台北市新生南路三段94號
電　　　話　（02）23620308
郵政劃撥帳戶第0100559-3號
郵撥電話　（02）23620308
印　刷　者　中原造像股份有限公司
總　經　銷　聯合發行股份有限公司
發　行　所　新北市新店區寶橋路235巷6弄6號2樓
電　　　話　（02）29178022

行政院新聞局出版事業登記證局版臺業字第0130號